Christian Krajewski / Claus-Christian Wiegandt (Hrsg.)
Land in Sicht

Schriftenreihe Band 10362

Christian Krajewski / Claus-Christian Wiegandt (Hrsg.)

Land in Sicht

Ländliche Räume in Deutschland zwischen
Prosperität und Peripherisierung

Dr. Christian Krajewski, Dipl.-Geograph, geb. 1970, arbeitet seit 2009 als Akademischer Rat bzw. Oberrat am Institut für Geographie der Westfälischen Wilhelms-Universität Münster zu den Themenschwerpunkten Ländliche Raumforschung, Stadt- und Regionalentwicklung und Wohnungsmarktforschung.

Prof. Dr. Claus-Christian Wiegandt, Dipl.-Geograph, geb. 1958, arbeitet seit 2004 als Professor für Stadt- und Regionalforschung im Geographischen Institut der Rheinischen Friedrich-Wilhelms-Universität Bonn zu den Themenschwerpunkten Stadtforschung, Governance und Digitalisierung.

Im Sinne des geschlechtergerechten Sprachgebrauchs haben wir uns einerseits für die Doppelnennung femininer und maskuliner Formen (z. B. Bürgerinnen und Bürger) entschieden. Darüber hinaus soll der Genderstern die gendergerechte Schreibweise kenntlich machen (z. B. Bewohner*innen).

Diese Veröffentlichung stellt keine Meinungsäußerung der Bundeszentrale für politische Bildung dar. Für die inhaltlichen Aussagen tragen die Autorinnen und Autoren die Verantwortung. Beachten Sie bitte auch unser weiteres Print- sowie unser Online- und Veranstaltungsangebot. Dort finden sich weiterführende, ergänzende wie kontroverse Standpunkte zum Thema dieser Publikation.

Die Inhalte der im Text und in den Anmerkungen zitierten Internetlinks unterliegen der Verantwortung der jeweiligen Anbietenden; für eventuelle Schäden und Forderungen übernehmen die Herausgebenden sowie die Autorinnen und Autoren keine Haftung.

Bonn 2020

© Bundeszentrale für politische Bildung
   Adenauerallee 86, 53113 Bonn
Projektleitung: Dr. Birgitta Gruber-Corr, bpb
Lektorat: Barbara Lauer, Bonn
Redaktionsschluss: März 2020
Umschlaggestaltung: Michael Rechl, Kassel
Umschlagfoto: © akg / euroluftbild.de / Werner Riehm
Kartographie der Innenseiten des Umschlags: Irene Johannsen, Bonn
Satzherstellung und Layout: Naumilkat – Agentur für Kommunikation und Design, Düsseldorf
Druck: Druck- und Verlagshaus Zarbock GmbH & Co. KG, Frankfurt / Main

ISBN: 978-3-7425-0362-6

www.bpb.de

Inhalt

Vorwort 8

Einführung 11

CLAUS-CHRISTIAN WIEGANDT / CHRISTIAN KRAJEWSKI
Einblicke in ländliche Räume in Deutschland –
zwischen Prosperität und Peripherisierung 12

I Alltag zwischen Landidyll und Politikverdrossenheit 33

AXEL PRIEBS IM INTERVIEW MIT BIRGITTA GRUBER-CORR
Vielfalt ländlicher Räume 34

PAUL REUBER
Politischer Alltag in ländlichen Räumen 48

JUDITH MIGGELBRINK
Ländliche Räume – strukturschwach, peripher, abgehängt? 64

II Politik zwischen Landgemeinde und Europäischer Union 81

PATRICK KÜPPER / ANTONIA MILBERT
Typen ländlicher Räume in Deutschland 82

RAINER DANIELZYK
Politik für ländliche Räume in Deutschland 98

ULRIKE GRABSKI-KIERON
Politik für ländliche Räume in Europa 112

III Zusammenleben zwischen Dorf und Provinzstadt 127

STEFAN KORDEL / TOBIAS WEIDINGER
Zuwanderung in ländliche Räume 128

SILKE WEIDNER
Provinzstädte als Anker im Raum							143

KARL MARTIN BORN
Leben auf dem Dorf zwischen Idylle und Tristesse				157

CLAUDIA NEU / LJUBICA NIKOLIC
Mythos Gemeinschaft? Vom sozialen Zusammenhalt
in ländlichen Räumen							170

## IV Ländliche Ökonomien – zwischen Hofläden und Hidden Champions							185

PETER DANNENBERG
Landwirtschaft zwischen konventionellem und
ökologischem Landbau							186

MARIUS MAYER / MANUEL WOLTERING / HUBERT JOB
Tourismus in ländlichen Räumen						200

THILO LANG / LUKAS VONNAHME
Hidden Champions in ländlichen Räumen – zur Bedeutung
mittelständischer Unternehmen für Kleinstädte in peripheren Lagen 214

GABRIELA B. CHRISTMANN
Soziale Innovationen in ländlichen Räumen					228

## V Daseinsvorsorge zwischen staatlicher Versorgung und Ehrenamt							241

CHRISTIAN KRAJEWSKI / ANNETT STEINFÜHRER
Daseinsvorsorge in ländlichen Räumen und ihre Ausgestaltung
zwischen Staat, Markt und Ehrenamt						242

MATTHIAS NAUMANN
Technische Infrastrukturen in ländlichen Räumen –
zwischen Abbau, ökologischer Modernisierung und
zivilgesellschaftlichem Protest						261

BERNHARD FALLER / JAN BENDLER
Strukturwandel der Gesundheitsversorgung auf dem Land		273

HOLGER JAHNKE
Bildung in ländlichen Räumen – aktuelle Entwicklungen
im Zeichen des demographischen Wandels   288

MICHAEL LOBECK
Digitalisierung in ländlichen Räumen   300

DÖRTE UND HEINER MONHEIM IM INTERVIEW
MIT CLAUS-CHRISTIAN WIEGANDT
Verkehr und Mobilität in ländlichen Räumen   314

VI   Regionale Fallbeispiele aus Ost und West   329

HEINER SCHÜPP / FLORIAN KÜHNE
Die erfolgreiche Entwicklung ländlicher Räume –
das Beispiel Emsland   330

PETER DEHNE
Auf der Suche nach dem Regionalmanagement –
die Mecklenburgische Seenplatte   345

THOMAS SCHWARZE
Grenzfall Eifel – über zugeschriebene Randlagen eines
Mittelgebirges und Konsequenzen für die Lebensqualität   362

MARTIN GRAFFENBERGER
Das Erzgebirge – ländlicher Raum zwischen Tradition
und Innovation   377

STEPHANIE ARENS / CHRISTIAN KRAJEWSKI
Südwestfalen – Zukunftsgestaltung in einem wirtschaftsstarken
ländlichen Raum mit demographischen Herausforderungen   389

Verzeichnis der Autorinnen und Autoren   406

Vorwort

Als uns die Bundeszentrale für politische Bildung im Herbst 2018 fragte, einen Sammelband zu ländlichen Räumen in Deutschland herauszugeben, haben wir nicht lange gezögert. Diese Aufgabe erschien uns sehr reizvoll, nicht nur, weil diese Raumkategorie derzeit gesellschaftlich wie politisch in aller Munde ist und für die Zukunft Deutschlands eine wichtige Rolle spielt, sondern auch, weil wir beide eine ganz persönliche Beziehung zu ländlichen Räumen haben. Aufgewachsen im Sauerland bzw. im Emsland, wissen wir beide aus eigener Erfahrung, über welche besonderen Qualitäten, aber auch Nachteile ländliche Räume verfügen. Dies herauszustellen, war ein Anliegen, das wir mit unserem Sammelband verfolgen.

Für dieses Vorhaben konnten wir 37 Autorinnen und Autoren gewinnen, die in 26 Beiträgen ganz unterschiedliche Facetten ländlicher Räume bearbeitet haben. Sie beschäftigen sich wissenschaftlich in der Geographie oder der Soziologie, in der Raumplanung oder im Städtebau mit Entwicklungen, Problemen und besonderen Herausforderungen, die dünn besiedelte und oft peripher gelegene Regionen zu bewältigen haben. Wir freuen uns, dass sich auch Kolleginnen und Kollegen aus der außeruniversitären Praxis bereitfanden, die sich in ihrem beruflichen Alltag engagiert für die Interessen der Bewohnerinnen und Bewohner ländlicher Räume einsetzen. Dass ländliche Räume ganz unterschiedlich sein können, soll der Titel unseres Sammelbandes verdeutlichen: Ländlich-peripher heißt nicht zwangsläufig strukturschwach, rückständig und abgehängt, sondern kann auch prosperierend, weltoffen und wirtschaftlich erfolgreich bedeuten. Dennoch stehen alle ländlichen Räume vor politischen, gesellschaftlichen, demographischen und wirtschaftlichen Herausforderungen.

Ein Vorwort bietet eine gute Gelegenheit, sich bei allen engagierten Mitwirkenden unseres Sammelbandes zu bedanken. Zuallererst bei Frau Dr. Birgitta Gruber-Corr und Herrn Dr. Hans-Georg Golz von der Bundeszentrale für politische Bildung, die uns die Freiheit ließen, die Beiträge zusammenzustellen, und uns zugleich in zahlreichen Diskussionen unterstützt haben, das Profil und den roten Faden für den Sammelband zu schärfen. Ebenso möchten wir uns bei unserer Lektorin Barbara Lauer bedanken. Sie hat ganz wesentlich zur guten Lesbarkeit der einzelnen Beiträge beigetragen. Unser Dank für die Unterstützung bei der redaktionellen Bearbeitung gilt ebenso allen beteiligten Mitarbeiterinnen und Mitarbeitern in den geographischen Instituten in Münster und Bonn, insbesondere Julian Elfering, Annika Fleischhauer, Franziska Gutzweiler und Hannah Matheja. Schließlich bereichern die Karten von Irene Johannsen und die Fotos von Dr. Stefan Schmitz unseren Sammelband. Zu guter Letzt bedanken wir uns als Herausgeber bei allen beteiligten Autorinnen und Autoren, die zum Gelingen dieses Sammelbandes beigetragen haben. Allen Leserinnen und Lesern wünschen wir interessante und spannende Erkenntnisse zur Vielfalt ländlicher Räume in Deutschland.

Münster / Bonn, im März 2020
Christian Krajewski und Claus-Christian Wiegandt

Einführung

Claus-Christian Wiegandt / Christian Krajewski

Einblicke in ländliche Räume in Deutschland – zwischen Prosperität und Peripherisierung

In ihrem Gesellschaftsroman »Unterleuten« beschrieb die Schriftstellerin Juli Zeh im Jahr 2016 eindrucksvoll das Zusammenleben der Bewohnerinnen und Bewohner in der ländlichen Peripherie Brandenburgs. In einem fiktiven Dorf namens Unterleuten kommt es zu einem Streit über eine neue Windkraftanlage, bei dem Alteingesessene auf Zugezogene treffen – ein bodenständiger Landwirt auf eine Reitstallbesitzerin aus dem niedersächsischen Oldenburg, Stadtflüchtlinge aus Berlin auf einen ortsansässigen Automechaniker, ein bayerischer Investor auf einen ehemaligen Brigadeführer einer Landwirtschaftlichen Produktionsgenossenschaft. Der Roman zeigt sehr anschaulich, wie in einer vermeintlichen Landidylle persönliche und gesellschaftliche Konflikte zum Teil schmerzhaft untereinander ausgetragen werden. Dörfer wie »Unterleuten« sind heute nicht mehr nur auf sich selbst bezogen, sondern eng mit dem Rest der Republik verflochten und unmittelbar in aktuelle gesellschaftliche und wirtschaftliche Entwicklungen eingebunden. Dies gilt nun nicht nur für die Dorfbewohner im Roman, sondern eben auch für das reale Leben in ländlich-peripheren Räumen – wie in diesem Sammelband mit seinen weiteren 25 Beiträgen gezeigt werden soll.

Gewachsene Aufmerksamkeit für ländliche Räume

Der Bestseller-Roman von Juli Zeh steht hier am Anfang des Sammelbandes stellvertretend für eine gewachsene Aufmerksamkeit, die ländliche Räume in den vergangenen Jahren in vielen gesellschaftlichen Bereichen erfahren haben – nicht nur in der Literatur oder den Medien[1], sondern

◄ Berlingen in der Eifel, © Stefan Schmitz

Mecklenburg-Vorpommern
© Stefan Schmitz

auch in der Politik[2] oder den Wissenschaften[3]. Seit Sommer 2018 hat Bundespräsident Frank-Walter Steinmeier unter dem Motto »Land in Sicht – Zukunft ländlicher Räume« mehrere ländliche Regionen Deutschlands besucht[4] und dabei vor einer wachsenden Kluft zwischen Stadt und Land gewarnt: »Wir müssen die Attraktivität des ländlichen Raumes wieder stärken«, sagte er in einem Interview mit dem ARD-Morgenmagazin. Die Lebenswelten zwischen Stadt und Land hätten sich in den vergangenen Jahrzehnten auseinanderentwickelt. In ländlichen Räumen schlössen Arztpraxen und Schulen; Lebensmittelläden und Busverbindungen würden aufgegeben. Dies seien für die Bürgerinnen und Bürger der ländlichen Räume keine einfachen Lebensbedingungen. Steinmeier spricht in diesem Zusammenhang ausdrücklich über die Schrumpfungsprozesse in ländlichen Räumen. Diese Veränderungen – so spitzt es der Bundespräsident weiter zu – gefährdeten den Zusammenhalt in der Gesellschaft.

So werden nicht nur in der fiktiven Welt der Romane, sondern auch beim Besuch realer ländlich-peripherer Räume – wie durch den Bundespräsidenten im Bayerischen Wald oder der Uckermark, der Südwestpfalz oder der Oberlausitz – die besonderen Lebensbedingungen des Alltags auf dem Land offensichtlich, die mancherorts zu dem unguten Lebensgefühl führen, hinter den Standards städtischer Räume zurückzubleiben. Die Wahlerfolge rechtspopulistischer Parteien werden dabei häufig in einen Zusammenhang mit dem »Gefühl des Abgehängtseins« gebracht[5] (s. Beiträge von Reuber und Miggelbrink in diesem Band). Beides lässt sich sowohl in ländlichen als auch in städtischen Räumen beobachten. Der Diskurs um Zustände oder Gefühle des »Abgehängtseins« weist dabei drei verschiedene Narrative auf: Zum Ersten ist die Rede von »infrastrukturell Abgehängten«, die fehlende oder ausgedünnte Infrastrukturen als einen Mangel empfänden, um den sich Staat und Politik nicht kümmerten, woraus Frust, Unzufriedenheit und Ohnmachtsgefühle entstünden. Zum Zweiten wird von einem »wirtschaftlichen Abgehängtsein« gesprochen, das sich aus einem infolge der Globalisierung verschärften Wettbewerb und damit verbundenen Ängsten vor sozialem Abstieg ergebe, sowie zum Dritten von einem »kulturellen Abgehängtsein«, das kosmopolitische, moderne Wertvorstellungen und Lebensweisen ablehne.[6] Der ehemalige Chefredakteur und Kolumnist der Süddeutschen Zeitung Heribert Prantl bringt ein solches Gefühl des Abgehängtseins auf die Formel »Die Leute fühlen sich entheimatet«.[7] Diese Empfindungen sind besonders in ländlichen Räumen eng verbunden mit dem Phänomen der Peripherisierung,[8] das heute auch medial aufgegriffen wird und in der diskursiven Überzeichnung von ländlichen Räumen als rückständige »Resträume« zum Ausdruck kommt. Dadurch könnten ländliche Benachteiligungen diskursiv reproduziert und verstärkt werden.[9] Dies kann sich auch auf die Eigenwahrnehmung der Akteure in peripherisierten Räumen auswirken und zu negativen mentalen Blockaden führen.[10]

Stellenwert ländlicher Räume und Narrative von Ländlichkeit

Unabhängig von der angesprochenen Problematik wurde der Stellenwert ländlicher Räume für die Entwicklung Deutschlands lange Zeit unterschätzt und vernachlässigt. Im Zuge des Booms von Metropolregionen war die Aufmerksamkeit für ländliche Regionen meist gering,[11] trotz des bemerkenswert hohen Anteils der Bevölkerung in ländlichen Räumen. Bei allen Schwierigkeiten, ländliche von städtischen Räumen abzugrenzen[12] (s. Beitrag Küpper / Milbert), lebt heute je nach Definition knapp ein Drittel der Bevölkerung Deutschlands in ländlichen Räumen – bei einem recht hohen Flächenanteil dieser Raumkategorie von rund 70 % des gesamten Bundesgebietes.[13]

Ein großer Teil der Menschen in Deutschland bevorzugt das Leben auf dem Lande. So antworteten 45 % der Befragten im Jahr 2015 bei einer

Umfrage im Auftrag der Bundesstiftung Baukultur, dass sie unabhängig von ihrer finanziellen Situation oder anderen Rahmenbedingungen am liebsten in einer ländlichen Gemeinde wohnen wollten.[14] Andere, schon etwas ältere Umfragen aus dem Jahr 2010 zeigen, dass in ländlichen Räumen vor allem die Naturnähe, ein aktives soziales Miteinander in Familie und lokalen Gemeinschaften sowie die Sicherheit aufgrund eines übersichtlicheren Lebensraums geschätzt werden.[15]

Solche positiven Einschätzungen passen zu den gegenwärtigen Narrativen von Landleben und Ländlichkeit (s. Beitrag Born).[16] Schon länger dient die Imagination des Ländlichen als Kontrapunkt zum (modernen) Stadtleben.[17] Der Wunsch nach Naturnähe, dörflicher Gemeinschaft, einem engen sozialen Miteinander sowie nach Ruhe, Entschleunigung und Achtsamkeit weckt die Sehnsucht der Stadtbewohner nach dem »guten Leben« auf dem Land (s. Beitrag Neu / Nikolic). Die hohen Auflagen der landbezogenen Hochglanz-Lifestyle-Magazine (z. B. Landliebe, Landlust) bedienen diese Sehnsucht nach »neuer Ländlichkeit«, die von romantischen Attributen eines idealisierten Lebens auf dem Land gekennzeichnet sind.[18] Dazu passt auch eine Allensbach-Untersuchung, nach der die Mehrheit der Deutschen das Glück ohnehin eher auf dem Land vermutet (Großstädter zu 23 %, Landbewohner zu 54 %).[19]

Gleichwertige Lebensverhältnisse – eine Politik für strukturschwache ländliche Räume

Diesen vielfach positiven Einstellungen zum Leben auf dem Lande stehen Analysen des Bundesinstituts für Bau-, Stadt- und Raumforschung (BBSR)[20] gegenüber, die auf eine Kleine Anfrage im Bundestag zur Stärkung strukturschwacher Räume zurückgehen[21]. Für sechs Lebensbereiche wurden mit einer größeren Zahl möglichst objektiver Indikatoren 26 von 361 Regionen in ganz Deutschland als Regionen mit stark unterdurchschnittlichen Lebensverhältnissen identifiziert – und 32 Regionen mit weit überdurchschnittlichen Lebensverhältnissen. Subjektive Aspekte der Lebensqualität blieben bei der Untersuchung allerdings unberücksichtigt. Stark unterdurchschnittliche Lebensverhältnisse finden sich vor allem in den dünn besiedelten ländlichen Regionen Ostdeutschlands abseits der großen Zentren. Ländliche Regionen im Umland dynamischer Zentren profitieren hingegen von deren Wachstum.

Mit der Beobachtung, dass sich in einigen ländlichen Räumen jüngst die Strukturprobleme verschärft und die Lebensbedingungen verschlechtert haben, hat die Debatte über die Gleichwertigkeit der Lebensverhältnisse

Herrsching am Ammersee, Bayern
© Stefan Schmitz

im Bundesgebiet und damit auch über die Förderung ländlicher Räume Fahrt aufgenommen (s. Beitrag Danielzyk). Ende der 1960er-, Anfang der 1970er-Jahre spielte das Ziel der Gleichwertigkeit in Zeiten einer ausgleichsorientierten Raumordnungspolitik in Westdeutschland schon einmal eine große Rolle, in den 1990er-Jahren nach der Vereinigung mit gravierenden und offensichtlichen regionalen Disparitäten zwischen Ost und West dann ein zweites Mal. Eine Politik des regionalen Ausgleichs und Abbaus von Disparitäten, die die soziale und wirtschaftliche Situation in benachteiligten Regionen verbessern will, hat in einer deutschen wie auch europäischen Raumordnungs- und Regionalpolitik ihre Wurzeln (s. Beiträge Priebs, Danielzyk und Grabski-Kieron). Nach einer Phase der Kritik am Gleichwertigkeitsziel, die in den Nullerjahren mit dem zunehmenden internationalen Standortwettbewerb sowie der Notwendigkeit, öffentliche Haushalte zu sanieren, begründet wurde, hat der Ausgleichsgedanke jetzt vor dem Hintergrund des Abgehängtseins (s. o.) und des hohen Stimmenanteils rechtspopulistischer Parteien erneut an Bedeutung gewonnen. Manche Menschen auf dem Land oder in kleineren Städten äußern das Empfinden, nicht ausreichend beachtet und in ihren Bedürfnissen nicht richtig verstanden zu werden. Vor allem in Ostdeutschland hat sich eine Skepsis gegenüber gesellschaftlichen Veränderungen eingestellt, die nicht nur auf die vielfältigen Globalisierungsphänomene, sondern auch auf die Erfahrungen eines Systemumbruchs zurückzuführen sind.[22] Die Bundesregierung setzte 2018 eine Kommission »Gleichwertige Lebensverhältnisse« ein, um Handlungsempfehlungen mit Blick auf unterschiedliche regionale Entwicklungen und den demographischen Wandel in Deutschland zu erarbeiten.[23]

Vielfalt ländlicher Räume – zwischen Prosperität und Peripherisierung

Wie in der ländlichen Raumforschung inzwischen üblich,[24] sind ländliche Räume im Titel dieses Sammelbandes bewusst im Plural formuliert. Damit soll auf ihre Heterogenität hingewiesen werden. Bereits vor über 25 Jahren haben die Autoren des Raumordnungsberichts 1993 die vielfältigen Differenzierungen ländlicher Räume herausgearbeitet.[25] Auch heute stehen strukturstärkere ländliche Räume mit ausgeprägter Produktions- oder Dienstleistungsorientierung und Wachstumstendenzen dünn besiedelten, strukturschwächeren Räumen gegenüber. Andere ländliche Räume eignen sich besonders für die landwirtschaftliche Produktion, wiederum andere weisen große touristische Potenziale auf. Unterschiede ergeben sich auch durch die Lage zu den Agglomerationsräumen. Die Vielfalt ländlicher Räume reicht von Regionen, die noch im Einflussbereich der zunehmenden Stadt-Umland-Verflechtungen liegen, bis zu ländlichen Regionen, die sich durch eine periphere, abgeschiedene Lage auszeichnen und in denen sozioökonomische Aktivitäten rückläufig sind.[26] Zwischen den beiden Extremformen ländlicher Räume sind die Übergänge fließend. Unterschiede gibt es außerdem in der infrastrukturellen Ausstattung oder in der ökologischen Bedeutung. So haben sich verschiedene Typen ländlicher Räume mit spezifischen Stärken und Schwächen herausgebildet (s. Beitrag Küpper / Milbert). Sie stellen schon seit Langem keine homogenen Einheiten mehr dar. Auch die Abgrenzung zu städtischen Räumen fällt schwer, weshalb häufig von einem Stadt-Land-Kontinuum gesprochen wird. Ein genaueres Hinsehen ist also erforderlich und wird auch allenthalben gefordert.[27]

Bis heute ist allen ländlichen Räumen gemeinsam, dass sie sich immer noch durch eine geringe Bevölkerungsdichte sowie ein Erscheinungsbild auszeichnen, das trotz aller Veränderungen der Kulturlandschaft visuell weiterhin stark durch land- und forstwirtschaftliche Flächen geprägt ist. Die Bevölkerung lebt in den ländlichen Räumen meist in überschaubaren Klein- und Mittelstädten (s. Beitrag Weidner), zu einem größeren Teil auch in Dörfern (s. Beitrag Born). Die Erreichbarkeit von Läden oder die Versorgung mit Dienstleistungen vor Ort wird mit abnehmender Siedlungsdichte immer schwieriger. Dies bringt besondere Herausforderungen für ein Leben in ländlichen Räumen mit sich, die im Alltag immer wieder neu zu meistern sind, da sich die Angebote der Daseinsvorsorge zunehmend auf zentrale Orte konzentrieren. Um diese Nachteile zu kompensieren, bedarf es zumeist einer staatlichen Unterstützung, die aber ohne das besondere Engagement der Bewohnerinnen und Bewohner nicht funktionieren würde (s. Beitrag Krajewski / Steinführer).

Viele ländliche Räume befinden sich in peripheren Lagen, in großer Distanz zu den Agglomerationsräumen. Solche Randlagen im Staatsgebiet sind meist nicht nur mit dünner Besiedlung, geringer Bevölkerungsdichte, größeren Bevölkerungsverlusten und selektiven Abwanderungen, sondern auch mit hoher ökonomischer Abhängigkeit verbunden. Die so charakterisierte Peripherie als ein eher statischer Zustand ist um eine dynamische Sichtweise zu erweitern, nach der spezifische wirtschaftliche, politische und sozial-kommunikative Prozesse erst zur Herausbildung von Peripherien führen. Diese prozessuale Perspektive wird in den Raumwissenschaften unter dem Begriff der Peripherisierung diskutiert (s. Beitrag Miggelbrink), die als mehrdimensionaler Abstiegsprozess mit Abwanderung, Abkopplung, Abhängigkeit und negativen Merkmalszuschreibungen verbunden ist.[28] Abwanderung steht dabei in einem engen Zusammenhang zur wirtschaftlichen Strukturschwäche bzw. -stärke einer Region, die häufig mit einer sich verstärkenden Abwärtsspirale einhergeht. Von einer ökonomischen, politischen, kulturellen und infrastrukturellen Abkopplung der Räume ist hier die Rede, von Abhängigkeiten peripherisierter Räume mit einem Mangel an Autonomie bei Entscheidungen, die in den großen Zentren getroffen werden.[29] Negativ besetzte Begriffe wie »Verliererregionen« oder »Verödung ländlicher Räume« werden in diesem Zusammenhang gebraucht, wodurch diese Regionen im gesellschaftlichen Diskurs stigmatisiert werden.

Neben solchen strukturschwachen Regionen existieren aber auch ländliche Räume mit selbsttragenden Entwicklungsdynamiken, die durch ihre Industrie oder den Tourismus prosperieren und boomen. Einige dieser metropolenfernen Regionen konnten sich in den vergangenen Jahren von Peripherisierungsprozessen und Abhängigkeiten befreien und beschreiten individuelle, erfolgreiche Entwicklungspfade.[30] In solchen Regionen hat sich ein »Wir-Gefühl« eingestellt, das als eine Gegenbewegung zur Globalisierung verstanden werden kann.[31] Regionale Kooperationen in übersichtlichen und überschaubaren Strukturen bieten hier ebenso Erklärungen wie eine gemeinsam erlebte Notsituation (s. Beitrag Schüpp / Kühne).

Entwicklungstrends – Auswirkungen auf ländliche Räume

Die Entwicklung ländlicher Räume in Deutschland ist aktuell durch tief greifende Veränderungsprozesse gekennzeichnet. Der demographische Wandel, die Globalisierung, die Digitalisierung und der Wandel der Daseinsvorsorge sowie neue politische Steuerungsrealitäten der Gesellschaft (Governance) sind – neben dem Klimawandel – Megatrends, die Gegenwart und Zukunft der ländlichen Regionen beeinflussen.

Trend 1: Demographischer und gesellschaftlicher Wandel: ländliche Räume zwischen Entleerung, Entschleunigung und sozialem Zusammenhalt

Für die Entwicklung ländlicher Räume in Deutschland ist heute der demographische Wandel zentral. Dieser Wandel umfasst den Rückgang und die Alterung sowie die Heterogenisierung und Internationalisierung der Bevölkerung. Bevölkerungsverluste ländlicher Räume sind entweder auf Geburtendefizite oder Abwanderungen zurückzuführen, wobei diese beiden Komponenten des demographischen Wandels auch gleichzeitig auftreten und sich gegenseitig verstärken können. Für ländliche Räume zeigt sich in Deutschland ein durchaus heterogenes Bild:[32] Meist sind es ländliche, dünn besiedelte Regionen in peripheren Lagen, die durch Entleerung gekennzeichnet sind, doch trifft dies keineswegs für alle ländlichen Regionen zu (s. Beitrag Kordel / Weidinger).

Die regionalen Unterschiede der Bevölkerungsentwicklung sind eng mit der Strukturstärke bzw. -schwäche einer Region verbunden. Viele Gemeinden in strukturschwachen, agglomerationsfernen ländlichen Räumen haben in etwas mehr als einem Vierteljahrhundert bis zu einem Fünftel ihrer Einwohnerschaft verloren (s. Abb. 1). Dies lässt sich in Ostdeutschland neben dem stark negativen natürlichen Bevölkerungssaldo infolge der deutschen Einheit vor allem auf Binnenwanderungen von Ost nach West zurückführen. Seit Mitte der 2000er-Jahre sind aber nicht nur ostdeutsche Regionen von Abwanderung betroffen, sondern zunehmend auch ländlich-periphere Räume in Westdeutschland.[33] Insgesamt ist die Bevölkerungsentwicklung der vergangenen Jahre durch ein zum Teil kleinräumiges Nebeneinander von Wachstum und Schrumpfung gekennzeichnet, wobei Schrumpfung als Zusammenspiel einer demographisch und ökonomisch negativen Entwicklung verstanden wird.

Bevölkerungsverluste ländlicher Räume werden durch selektive Abwanderungsprozesse verstärkt (s. Abb. 2). Vor allem junge Arbeitskräfte und Auszubildende (meist die 18- bis unter 30-Jährigen) verlassen ländlich-periphere Regionen, weil es ihnen an Ausbildungsmöglichkeiten oder

Abbildung 1: Kleinräumige Bevölkerungsentwicklung in Deutschland 1990–2018

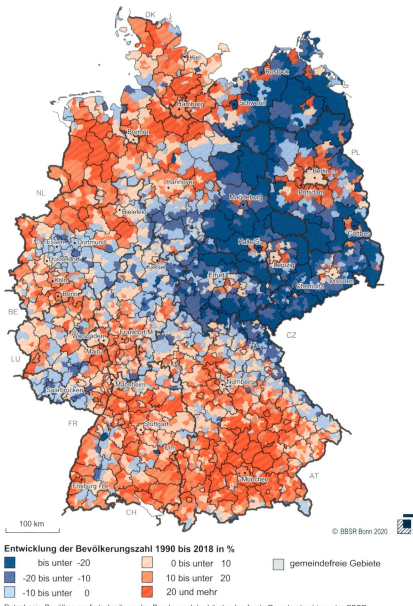

Entwicklung der Bevölkerungszahl 1990 bis 2018 in %

- bis unter -20
- -20 bis unter -10
- -10 bis unter 0
- 0 bis unter 10
- 10 bis unter 20
- 20 und mehr
- gemeindefreie Gebiete

Datenbasis: Bevölkerungsfortschreibung des Bundes und der Länder, Laufende Raumbeobachtung des BBSR, Geometrische Grundlage: Gemeindeverbände (generalisiert), 31.12.2018 © GeoBasis-DE/BKG, Bearbeitung: A. Milbert

Abbildung 2: Binnenwanderungen in Deutschland 2007 bis 2017

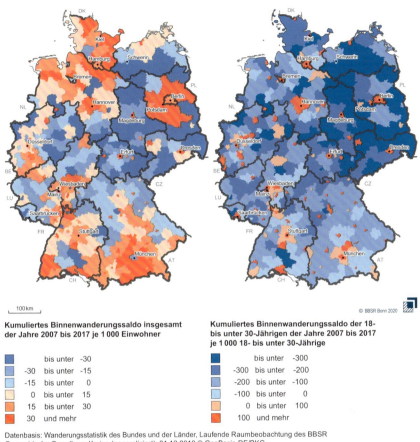

Perspektiven auf dem Arbeitsmarkt, aber auch an kulturellen Angeboten und Austauschmöglichkeiten mangelt.[34] Urbane Lebensstile lassen sich für diese Bevölkerungsgruppen in solchen ländlichen Räumen kaum realisieren. Ein spezifisches Phänomen ist dabei, dass gerade junge Frauen häufig mobiler sind als junge Männer und es dadurch zu Geschlechterungleichgewichten bei den betroffenen Jahrgängen kommt.[35] Unter dem Stichwort des Braindrains beeinträchtigen diese Abwanderungen die wirtschaftliche und soziale Entwicklung einiger ländlicher, dünn besiedelter Regionen – vor allem in Ostdeutschland (s. Beiträge von Dehne und Graffenberger), aber mittlerweile ebenfalls in einigen westdeutschen Regionen (s. Beiträge

In der Rhön
© Stefan Schmitz

von Arens/Krajewski, Schwarze und Schüpp/Kühne).³⁶ Das regionale Arbeitskräftepotenzial vor Ort wird durch die Abwanderungen gerade dieser Altersgruppen ausgedünnt. Fachkräftemangel ist in diesen Regionen die Folge.

In einigen Abwanderungsregionen besteht die Hoffnung, dass Rückkehrwanderungen zur Lösung der strukturellen Probleme beitrage können (s. Beitrag Kordel/Weidinger). Ländliche Regionen könnten hier stärker von Rückkehrenden profitieren als städtische,³⁷ wobei Männer häufiger als Frauen in ihre Herkunftsregionen zurückwandern.

Demographische Veränderungen beeinflussen also die wirtschaftliche wie auch die gesellschaftliche Entwicklung ländlicher Räume in komplexer Weise. Dies ist eng mit Veränderungen in den Arbeits- und Lebenswelten verbunden und kommt auch auf dem Land durch eine stärkere Pluralisierung von Lebensstilen, Lebens- und Beziehungsformen sowie hybriden Berufsbiografien und Lebensläufen zum Ausdruck. Lebensstilbezogene oder annehmlichkeitsorientierte Motive können weiterhin Zuwanderung hervorrufen. Solche Zuwanderungsgruppen suchen Annehmlichkeiten wie eine attraktive Landschaft, bestimmte Angebote und Infrastrukturen oder Möglichkeiten der Entschleunigung und Selbstverwirklichung – und können auch als ein Ausdruck der gegenwärtigen Postwachstums- und Nachhaltigkeitsdebatten verstanden werden.

Trend 2: Globalisierung und Transformation ländlicher Ökonomien: Einbindung ländlicher Räume in die Welt

Alle Regionen Deutschlands sind heute in vielfältige Globalisierungsprozesse eingebunden. Der weltweite Austausch von Waren, Dienstleistungen, Finanzen und Investitionen, Arbeitskräften sowie Informationen und Wertvorstellungen[38] trifft so auch die ländlich-peripheren Räume. Globale und lokale Strukturen sind zunehmend in einem dynamischen Wechselspiel miteinander verwoben.[39] Dadurch werden nicht nur einst eindeutige Grenzen zwischen dem globalen Norden und globalen Süden,[40] sondern auch Grenzen zwischen städtischen und ländlichen Räumen immer durchlässiger. Die Entwicklung in ländlichen Räumen erfolgt kaum noch abgekoppelt von Entwicklungen in urbanen Räumen. In der Folge sind ländliche von städtischen Lebensweisen – anders als Jahrzehnte zuvor – kaum noch zu unterscheiden.[41] Annäherung, Überlagerung und Verschmelzung von Ruralität und Urbanität führen zu einer neuen, vernetzten Ländlichkeit.

Diese Veränderung lässt sich auch an einer wirtschaftlichen Diversifizierung ablesen, bei der heute der sekundäre und tertiäre Sektor in zahlreichen ländlichen Räumen weitaus stärker zum Wohlstand beitragen als die vormals viel bedeutendere Landwirtschaft. Inzwischen sind insbesondere kleine und mittelständische Unternehmen – oft auch sogenannte Hidden Champions (s. Beitrag Lang/Vonnahme) – die Basis für die Prosperität in ländlichen Räumen. In Nordrhein-Westfalen beispielsweise schlägt das »industrielle Herz« schon lange nicht mehr im Ruhrgebiet, sondern in verschiedenen ländlichen Regionen (s. Beitrag Arens/Krajewski).[42] Zudem trägt der Tourismus vornehmlich in landschaftlich und naturräumlich attraktiven ländlichen Regionen wesentlich zur Wertschöpfung bei (s. Beitrag Mayer/Woltering/Job).

Mit der Globalisierung hat sich die Gesellschaft in allen Teilen Deutschlands seit den 1980er-Jahren schleichend verändert. Soziale Ungleichheiten haben sich verschärft. In der spätmodernen Gesellschaft hat sich eine Polarisierung auf der Ebene von Bildung und kulturellem Kapital eingestellt, die schon länger vorhandene materielle Ungleichheiten überlagert.[43] In den Städten schlägt sich dies in einer stärkeren Segregation zwischen attraktiven Gründerzeitvierteln der Akademiker und benachteiligten Quartieren ausgegrenzter und marginalisierter Menschen nieder. Bundesweit lässt sich Vergleichbares für die räumliche Polarisierung zwischen Boomregionen und »abgehängten« Regionen beobachten. Der Konzentration der akademischen Mittelklasse auf die Metropolen und Universitätsstädte steht der schon beschriebene Bevölkerungsverlust in ländlich-peripheren Räumen und Kleinstädten gegenüber. Auch darin kommt eine Differenz zentraler und peripherer Lebensstile zum Ausdruck.[44] Die verstärkte Polarisierung zwischen urbanen Zentren und ländlichen Räumen ist die Folge – auf der einen Seite attraktive Schwarmstädte, auf der anderen peripherisierte und »abgehängte« Regionen.

In diesem Zusammenhang wird in Diskussionen zur Globalisierung zumeist die These vertreten, dass wichtige ökonomische und politische Entscheidungen in den großen Zentren dieser Welt getroffen würden. Dadurch würden ländlich-periphere Räume zunehmend von städtischen Zentren gesteuert.[45] Diese These ist jedoch zu differenzieren. Prosperierende ländliche Regionen sind über die Hidden Champions ökonomisch in das Weltgeschehen eingebunden und keineswegs nur von außen gesteuert (s. Beitrag Lang/Vonnahme). Ebenso lassen sich Ansätze für soziale Innovationen in ländlichen Räumen finden (s. Beitrag Christmann). Eine besondere Herausforderung ergibt sich für traditionelle Ökonomien wie die Landwirtschaft (s. Beitrag Dannenberg). Diese müssen sich nicht nur an die Erfordernisse des Weltagrarhandels anpassen, sondern auch an gewandelte gesellschaftliche Ansprüche – etwa hinsichtlich der Ökologie, der Nahrungsmittelqualität und des Tierwohls.

Trend 3: Digitalisierung und Wandel der Daseinsvorsorge: Chancen und Herausforderungen für ländliche Räume

Seit Ende der 1990er-Jahre hat die Digitalisierung nahezu alle Bereiche des Alltags- und Berufslebens verändert. Beim Einkauf gewinnt E-Commerce, bei der gesundheitlichen Versorgung E-Health, bei der Ausbildung E-Learning oder bei den Kontakten zu öffentlichen Verwaltungen E-Government an Bedeutung. Mit der Digitalisierung verknüpfen sich neue Hoffnungen für die Entwicklung ländlicher Räume – zugleich werden aber auch die Grenzen deutlich (s. Beitrag Lobeck).

Neue Informations- und Kommunikationstechnologien können Innovations- und Kreativitätsmöglichkeiten für ländliche Räume eröffnen, da mit ihnen die Vorteile des Landlebens mit den Anforderungen der vernetzten Berufstätigkeit verbunden und ländliche Räume für junge Menschen wieder attraktiver werden können. Freiberuflerinnen und Freiberufler sowie kreativ Schaffende können – ein leistungsfähiges Netz vorausgesetzt – zukünftig in ländlichen Räumen fernab der großen Zentren digital arbeiten. Niedrige Wohnkosten und günstige Immobilienpreise sowie die Möglichkeit, mit unkonventionellen Ideen leerstehende Immobilien zu nutzen, bieten hier Zukunftschancen. Online-basierte Angebote ermöglichen etwa im Einzelhandel oder bei verschiedenen Dienstleistungen Chancen, die Versorgung der Bevölkerung in ländlichen Räumen zu sichern, gar zu verbessern. Wegstrecken und Zeit können eingespart werden, wenn Einkäufe nicht mehr stationär im nächstgelegenen Zentrum, sondern online getätigt werden.[46] Alle Güter des mittel- und langfristigen Bedarfs werden inzwischen im Netz angeboten und sind auch von peripheren Standorten aus schnell zu bestellen und dorthin zu liefern. Zukünftig wird der Online-Handel sicherlich auch bei Lebensmitteln und anderen Produkten des täglichen Bedarfs eine größere Rolle spielen und die Grundversorgung ländlicher Räume weiter verändern. Jenseits dieser Chancen sind vor dem Hintergrund der notwendigen Mobilitätswende daran aber auch Fragen des Umwelt- und Klimaschutzes geknüpft, die – ebenso wie Rentabilitätsfragen – noch zu lösen sind.

Der nur langsam vorankommende Ausbau des Breitbandnetzes auf dem Land ist aktuell allerdings ein noch zu überwindender Standortnachteil. Eine gewisse Skepsis bleibt, weil sich eine gleichwertige Versorgung aller Landesteile mit Breitbandanschlüssen auch zukünftig kaum einstellen wird. Die Übertragungstechniken entwickeln sich zwar ständig weiter, doch werden neue Techniken mit hohen Bandbreiten zunächst in den dicht besiedelten urbanen Räumen eingeführt. Dünn besiedelte ländliche Räume bleiben benachteiligt, weil die Netzbetreiber ihre Anschlüsse zunächst in bevölkerungsreichen Regionen vermarkten.

Unabhängig von der Digitalisierung, die die Daseinsvorsorge massiv verändern wird, beeinträchtigt der demographische Wandel mit Abwanderung und Alterung bereits deutlich die Trag- und Leistungsfähigkeit zahlreicher Infrastrukturen.[47] Zu den zentralen Herausforderungen für die zukünftige Entwicklung ländlicher Räume zählt deshalb die weitere Ausgestaltung, Aufrechterhaltung und Anpassung der Daseinsvorsorge. Regionale Unterschiede in der Daseinsvorsorge sind ebenfalls als Ausdruck der Peripherisierung ländlicher Räume zu verstehen. Herausforderungen ergeben sich beispielsweise in den Bereichen Gesundheit, Soziales, Bildung, Energie, Wasser oder Verkehr, die sowohl durch privatwirtschaftliche Akteure oder zivilgesellschaftliche Organisationen als auch durch die öffentliche Versorgung getragen werden (s. Beitrag Krajewski / Steinführer). So gehen beispielsweise manchen Schulen die Schülerinnen und Schüler aus (s. Beitrag Jahnke), der öffentliche Personennahverkehr lässt sich immer weniger rentabel betreiben (s. Beitrag Monheim / Monheim), eine unzureichende Internetversorgung führt dazu, dass ländliche Regionen für junge Menschen unattraktiv sind (s. Beitrag Lobeck). Zudem ist die zukünftige Infrastrukturversorgung durch unterschiedliche, teils widersprüchliche Entwicklungstendenzen geprägt, die sich zwischen Abbau, ökologischer Modernisierung (»Energiewende«) und zivilgesellschaftlichem Protest bewegen (s. Beitrag Naumann). Anpassungsbedarfe ergeben sich außerdem für die Wirtschaft sowie die Arbeits- und Wohnungsmärkte. Auf ländlichen Wohnungsmärkten treten in Abwanderungsregionen vermehrt Leerstände auf, begleitet von einem Preisverfall der Immobilien.[48] Gleichzeitig steigt in diesen Regionen die Anzahl der Hochbetagten, mit großen Herausforderungen für das Gesundheits- und Pflegewesen (s. Beitrag Faller / Bendler).

Trend 4: Neue Formen der Steuerung und Governance – ländliche Räume zwischen Politikverdrossenheit und zivilgesellschaftlichem Engagement

Durch die ausgleichsorientierte Politik des Wohlfahrtstaats hat ein Großteil der ländlichen Räume in Deutschland seit Bestehen der Bundesrepublik mithilfe umfangreicher Investitionen und Interventionen eine von oben gesteuerte umfassende Modernisierung erfahren. Im Kontext ökonomischer Globalisierung, politischer EU-Integration sowie veränderter Politik- und Planungskulturen hat sich in den vergangenen Jahrzehnten das Verhältnis von Staat, Markt und Zivilgesellschaft allerdings nachhaltig verändert. Dieser Wandel lässt sich charakterisieren mit den Formeln »vom Wohlfahrtsstaat zum Gewährleistungsstaat«, »vom Interventionsstaat zum Wettbewerbsstaat« sowie »von einer Hoheitsverwaltung zum kooperativen Staat«.[49] Dabei haben sich neue Strategien, Verfahren und Instrumente der Koordination, Regelung und institutionellen Steuerung der räumlichen Entwicklung herausgebildet. Sie umfassen neue informelle und formelle Akteurskonstellationen sowie Netzwerke und werden unter dem Begriff der Mehrebenen-Governance zusammengefasst (s. Beitrag Reuber). Im Zeichen des Neoliberalismus sind dies Deregulierungs- und Privatisierungsprozesse, die auf die Kräfte des Marktes setzen und insbesondere strukturschwache ländliche Räume vor besondere Herausforderungen stellen. Im Zeichen einer Bürgergesellschaft sind es die Bemühungen des Staates, die auf mehr Bürgerpartizipation, Transparenz, Mitbestimmung, Teilhabe und Selbststeuerung in der Zivilgesellschaft setzen und damit Identität (»Wir-Gefühl«), Solidarität und Gemeinwohlorientierung stärken wollen. Auch wenn in ländlichen Räumen von einer langen Tradition der Eigeninitiative auszugehen ist, stellt es immer wieder neu eine große Herausforderung dar, Leistungen im Rahmen des bürgerschaftlichen Engagements eigenverantwortlich und selbstständig zu erbringen.

Kallmünz in der Oberpfalz
© Stefan Schmitz

Ausblick: Spezifische Besonderheiten der ländlichen Räume be(ob)achten

Vielfältige Facetten aktueller bzw. zukünftiger Entwicklungen ländlicher Räume wurden bereits angesprochen. Sie werden in den folgenden 25 Beiträgen aufgegriffen und jeweils vertieft. Anfang der 2020er-Jahre zeigen sich demnach problematische wie positive Entwicklungen in den ländlichen Räumen Deutschlands:
- Einerseits sind einige ländliche Räume bereits heute oder werden wohl auch zukünftig von Peripherisierung betroffen sein. Als sogenannte abgehängte Räume sind sie durch Überalterung, schlechte Erreichbarkeit, Abhängigkeit von außen, unattraktive Lebensbedingungen und vieles mehr gekennzeichnet. Sie drohen von gesamtgesellschaftlichen Entwicklungen abgekoppelt zu werden.
- Andererseits stellen ländliche Räume aber auch einen Gegenpol zu überlasteten Ballungsräumen dar; sie fungieren als ökologische Ausgleichsräume und als Erholungszonen, in sozialer Hinsicht als Orte von Überschaubarkeit und Vertrautheit, in ökonomischer Hinsicht als Labor für Innovationen in Wirtschaft, Mobilität, Dienstleistungen. Zahlreiche

ländliche Räume weisen also auch positive wirtschaftliche und gesellschaftliche Entwicklungen auf.

Zwischen diesen beiden Polen – zwischen Peripherisierung und Prosperität – verbirgt sich unter dem Begriff der ländlichen Räume somit eine große Vielfalt ganz unterschiedlicher Regionen, die durch jeweils spezifische Merkmale charakterisiert sind und in ihren Entwicklungen ganz eigenen Logiken folgen (s. Beiträge von Schüpp / Kühne, Graffenberger, Schwarze, Dehne und Arens / Krajewski). Ganz unterschiedliche, häufig kaum bekannte Orte werden dabei sichtbar (s. die einzelnen Beiträge und die Karten vorn und hinten im Buchumschlag).

Um einer räumlichen Polarisierung zwischen peripherisierten und prosperierenden ländlichen Räumen entgegenzuwirken, braucht es den Politikansatz einer integrierten ländlichen Entwicklung, der die Multifunktionalität ländlicher Räume als Wohn-, Wirtschafts-, Erholungs- und Ausgleichsräume adressiert.[50] Mit solchen integrierten Entwicklungsstrategien ist den Herausforderungen des demographischen Wandels, der Globalisierung, der Digitalisierung und Daseinsvorsorge sowie dem Wandel der Steuerungsrealitäten im Sinne einer lokalen und regionalen Governance zu begegnen, um schrumpfende ländliche Räume zu revitalisieren bzw. prosperierende ländliche Räume zu stabilisieren. Dazu gehören Strategien gegen den Fachkräftemangel ebenso wie eine Politik zur Ausgestaltung, Aufrechterhaltung und Anpassung der Daseinsvorsorge.

Die Sicherung gleichwertiger Lebensverhältnisse in allen Teilräumen Deutschlands bleibt dabei eine der großen Zukunftsaufgaben für eine räumlich ausgerichtete Politik auf allen staatlichen Ebenen. Dazu ist eine den spezifischen lokalen oder regionalen Bedingungen angepasste Entwicklung anzustreben. Es bedarf des Zusammenspiels ganz unterschiedlicher Akteure auf verschiedenen räumlichen Maßstabsebenen. Die kommunale, die regionale und die Bundespolitik sind hier ebenso gefragt wie die Privatwirtschaft vor Ort sowie die Selbstverantwortung und die Zusammenarbeit der Bürgerinnen und Bürger in zivilgesellschaftlichen Gruppen.

Anmerkungen

1 Statt vieler: Michael Bauchmüller, Der Kampf gegen die Not der Städter muss auf dem Land beginnen, in: Süddeutsche Zeitung vom 21.9.2018; Daniel Dettling, Stadtfrust? Landlust! Das Glück liegt in der Provinz, in: Frankfurter Allgemeine Zeitung vom 9.10.2018; Alexander Haneke, Der Dorfkern soll leben, in: Frankfurter Allgemeine Zeitung vom. 29.12.2018; Hier ist noch Platz. Chancen in der Provinz, in: brand eins 05 (2019).

2 www.bmi.bund.de/DE/themen/heimat-integration/gleichwertige-lebensverhaeltnisse/gleichwertige-lebensverhaeltnisse-node.html (abgerufen am 13.2.2020); Akademie für Raumforschung und Landesplanung (ARL), Politik für periphere, ländliche Räume. Für eine eigenständige und selbstverantwortliche Regionalentwicklung (Positionspapier aus der ARL Nr. 77), Hannover 2008.
3 Michael Mießner/Matthias Naumann (Hrsg.), Kritische Geographien ländlicher Entwicklung. Globale Transformationen und lokale Herausforderungen, Münster 2019; Ingo Mose, Ländliche Räume in Deutschland zwischen Multifunktionalität und Polarisierung, in: Praxis Geographie 5 (2016), S. 4–10; Clemens Renker, Das neue Dorf. Gestalten, um zu überleben – vier Handlungsfelder zum Erhalt dörflicher Gemeinden, Wiesbaden 2016; Werner Bätzing, Das Landleben. Geschichte und Zukunft einer gefährdeten Lebensform, München 2020; Werner Nell/Marc Weiland (Hrsg.), Dorf. Ein interdisziplinäres Handbuch, Berlin 2019.
4 www.bundespraesident.de/DE/Bundespraesident/Land-in-Sicht/Land-in-Sicht-node.html (abgerufen am 13.2.2020).
5 Larissa Deppisch/Andreas Klärner/Torsten Osigus, Ist die AfD in ländlichen Räumen besonders erfolgreich?, in: Wissen schafft Demokratie 5 (2019), S. 74–87.
6 Larissa Deppisch, »Wo sich Menschen auf dem Land abgehängt fühlen, hat der Populismus freie Bahn« – eine Analyse des populär-medialen Diskurses zu der Bedeutung von Infrastrukturverfall, Abstiegsangst und rechten (extremistischen) Werten für den Zuspruch zum Rechtspopulismus (Thünen Working Paper 119), Braunschweig 2019.
7 Heribert Prantl, Heimat ade, in: Süddeutsche Zeitung vom 18./19.5.2019.
8 Manfred Kühn/Thilo Lang, Metropolisierung und Peripherisierung in Europa: eine Einführung, in: Europa regional 23 H. 4 (2017), S. 2–14.
9 Vgl. M. Mießner/M. Naumann (Anm. 3), S. 15.
10 Vgl. M. Kühn/T. Lang (Anm. 8), S. 8.
11 Christian Krajewski, Entwicklungsperspektiven und -probleme eines ländlichen Zwischenraumes in Nordrhein-Westfalen – das Beispiel Südwestfalen, in: Europa regional 19 H. 2 (2014), S. 4f.
12 Karl Martin Born, Komplexe Steuerung in ländlichen Räumen: Herausforderungen und Perspektiven von Governance in einer spezifischen Raumkategorie, in: Wilfried Kürschner (Hrsg.), Der Ländliche Raum. Politik – Wirtschaft – Gesellschaft, Münster 2017, S. 9–33; Bernd Wolfgang Hawel, Für eine neue Sicht auf den Ländlichen Raum, in: Planerin 2 (2019), S. 5–8.
13 www.bbsr.bund.de/BBSR/DE/Raumbeobachtung/Raumabgrenzungen/deutschland/kreise/Kreistypen2/kreistypen_node.html (abgerufen am 27.2.2020).
14 Bundesstiftung Baukultur, Baukulturbericht Stadt und Land 2016/17, Berlin 2016, S. 155.
15 Bundesinstitut für Bau-, Stadt- und Raumforschung (BBSR), Lebensqualität in kleinen Städten und Landgemeinden. Aktuelle Befunde der BBSR-Umfrage, in: BBSR-Berichte KOMPAKT 5 (2011), S. 15.
16 Auch außerhalb der Wissenschaften: brand eins (Anm. 1).
17 Claudia Neu, Neue Ländlichkeit. Eine kritische Betrachtung, in: Aus Politik und Zeitgeschichte, APuZ 46-47 (2016), S. 4–9.
18 I. Mose (Anm. 3), S. 5.

19 Vgl. C. Neu (Anm. 17), S. 6.
20 BBSR, Regionen mit stark unterdurchschnittlichen Lebensverhältnissen, o. O. 2017, www.bbsr.bund.de/BBSR/DE/Raumentwicklung/RaumentwicklungDeutschland/Projekte/abgehaengte-regionen/abgehaengte_regionen.html?nn=396022 (abgerufen am 13.2.2020).
21 Deutscher Bundestag, Kleine Anfrage der Abgeordneten Markus Tressel, Britta Haßelmann, Christian Kühn (Tübingen), Harald Ebner, Nicole Maisch, Friedrich Ostendorff, Matthias Gastel und der Fraktion BÜNDNIS 90/DIE GRÜNEN. Stärkung strukturschwacher Regionen in Deutschland, Drucksache 18/10951 (2017), http://dip21.bundestag.de/dip21/btd/18/109/1810951.pdf (abgerufen am 14.2.2020).
22 Steffen Mau, Lütten Klein. Leben in der ostdeutschen Transformationsgesellschaft, Berlin 2019.
23 Bundesministerium des Innern, für Bau und Heimat (BMI), Gleichwertige Lebensverhältnisse, www.bmi.bund.de/DE/themen/heimat-integration/gleichwertige-lebensverhaeltnisse/gleichwertige-lebensverhaeltnisse-node.html (abgerufen am 14.2.2020).
24 Jüngst z. B. Ingo Mose, Ländliche Räume, in: ARL, Handwörterbuch der Stadt- und Raumentwicklung, Hannover 2018, S. 1324; Tanja Ernst, Editorial, in: Nachrichten der ARL 2 (2019), S. 2 f.
25 Bundesministerium für Raumordnung, Bauwesen und Städtebau, Raumordnungsbericht 1993, Bonn 1994, S. 39 ff.; I. Mose (Anm. 24).
26 Ulrike Grabski-Kieron, Geographie und Planung ländlicher Räume in Mitteleuropa, in: Hans Gebhardt/Rüdiger Glaser/Ulrich Radtke/Paul Reuber (Hrsg.), Geographie. Physische Geographie und Humangeographie, Heidelberg 2011^2, S. 820–837.
27 Vgl. B. W. Hawel (Anm. 12).
28 Vgl. M. Kühn/T. Lang (Anm. 8).
29 Vgl. M. Kühn/T. Lang (Anm. 8), S. 7.
30 Rainer Danielzyk/Philipp Friedsmann/Carl-Hans Hauptmeyer/Nadja Wischmeyer, Erfolgreiche metropolenferne Regionen. Das Emsland und der Raum Bodensee-Oberschwaben, Ludwigsburg 2019, S. 79.
31 R. Danielzyk/P. Friedsmann/C.-H. Hauptmeyer/N. Wischmeyer (Anm. 30), S. 303.
32 Antonia Milbert/Gabriele Sturm, Binnenwanderungen in Deutschland zwischen 1975 und 2013, in: Informationen zur Raumentwicklung Heft 2 (2017), S. 121–144.
33 Christian Krajewski, Demographischer Wandel in ländlichen Räumen Deutschlands, in: Hans Gebhardt/Rüdiger Glaser/Ulrich Radke/Paul Reuber/Andreas Vött (Hrsg.), Geographie. Physische Geographie und Humangeographie, Heidelberg 2020^3, S. 915 ff.
34 BBSR, Raumordnungsbericht, Daseinsvorsorge sichern, Bonn 2018, S. 15.
35 Tim Leibert/Karin Wiest, Sexualproportion: Ist die ländliche Peripherie männlich?, in: Nationalatlas aktuell 4 (2010), S. 11; S. Mau (Anm. 22), S. 197 ff.
36 BBSR (Anm. 34), S. 27; A. Milbert/G. Sturm (Anm. 32).
37 Michaela Fuchs/Robert Nadler/Duncan Roth/Stefan Theuer/Antje Weyh, Rückwanderung von Erwerbspersonen – aktuelle Deutschlandzahlen im regionalen Vergleich, in: Nationalatlas.de (2017), http://aktuell.nationalatlas.de/rueckwanderung-4_05-2017-0-html/ (abgerufen am 14.2.2020).
38 Frank Roost, Globalisierung, in: Akademie für Raumforschung und Landesplanung. Handwörterbuch der Stadt- und Raumentwicklung, Hannover 2018, S. 852 ff.

39 Martina Neuburger, Entangled Ruralities. Hierarchien, Verwobenheiten und Hybriditäten des Ländlichen, in: M. Mießner/M. Naumann (Anm. 3), S. 42.
40 Andreas Reckwitz, Die Gesellschaft der Singularitäten, Berlin 2017, S. 20.
41 Vgl. I. Mose (Anm. 24), S. 1324.
42 Vgl. C. Krajewski (Anm. 11), S. 9.
43 Vgl. A. Reckwitz (Anm. 40), S. 280.
44 Vgl. A. Reckwitz (Anm. 40), S. 358.
45 Vgl. M. Neuburger (Anm. 39), S. 42.
46 Arbeitsgruppe »Onlinehandel und Raumentwicklung« der Landesarbeitsgemeinschaft Nordrhein-Westfalen der ARL, Onlinehandel und Raumentwicklung. Positionspapier aus der ARL (im Druck).
47 Claus-Christian Wiegandt/Antonia Milbert, Binnenwanderung in Deutschland – Entwicklungen nach der Wiedervereinigung, in: Geographische Rundschau 3 (2019), S. 10–16.
48 Christian Krajewski/Jana Werring, Ländliche Immobilienmärkte im Kontext des demographischen Wandels – Herausforderungen, Steuerungsmöglichkeiten und Handlungsfelder am Beispiel des Hochsauerlandes, in: Christian Krajewski/Karl-Heinz Otto (Hrsg.), Zukunftsfähige Regionalentwicklung in Südwestfalen zwischen wirtschaftlicher Prosperität, demographischen Herausforderungen und Klimawandel (Siedlung und Landschaft in Westfalen 40), Münster 2014, S. 37 ff.
49 Klaus Einig/Dietrich Fürst/Jörg Knieling, Einführung in das Themenheft »Aktionsraum Region – Regional Governance«, in: Informationen zur Raumentwicklung 8/9 (2003), S. I–VI.
50 Vgl. I. Mose (Anm. 3), S. 9.

Alltag zwischen Landidyll und Politikverdrossenheit

Axel Priebs im Interview mit Birgitta Gruber-Corr

Vielfalt ländlicher Räume

Frau Dr. Gruber-Corr, Referentin in der Bundeszentrale für politische Bildung, hat Herrn Dr. Axel Priebs zur Vielfalt ländlicher Räume interviewt. Nach vielen Jahren in der Regionalplanung lehrt dieser an den Universitäten Wien und Kiel. Das Gespräch fand im August 2019 statt.

Gruber-Corr: *Herr Professor Priebs, das Landleben und die Heimat haben Konjunktur. Die Zahl der Zeitschriften mit dem Wort »Land« im Titel ist groß, Lebensmittel werben mit ihrer regionalen Herkunft, und es gibt ein Bundesministerium, das auch für die Heimat zuständig ist. Was kommt darin zum Ausdruck? Ist das, zugespitzt gefragt, der Anfang vom Ende der Herrschaft der Metropolen?*

Priebs: Das ist mir doch etwas zu holzschnittartig. Erstens bin ich kein Freund davon, das Leben in Metropolen und auf dem Land gegeneinander auszuspielen, wobei es die häufig unterstellte Dichotomie von Stadt und Land so ohnehin nicht gibt. Zweitens kann man Heimat sowohl im Dorf als auch im Quartier einer Metropole finden. Und drittens sagt die große Zahl der Zeitschriften über das Land nichts darüber, wie viele Menschen tatsächlich ihren Lebensmittelpunkt dorthin verlegen. Und ganz jenseits aller wissenschaftlichen Betrachtungen und Befunde: In der Literatur oder der Malerei hat es immer schon eine romantische Verklärung des ländlichen Lebens gegeben.

Gruber-Corr: *Das ist sicher richtig. Aber wenn man ketzerisch ist, galt »das Land« lange Zeit als der Inbegriff des Rückständigen, des Nachzubessernden, des Abgehängten.*

Priebs: Das galt immer nur für bestimmte ländliche Räume. Es gibt sehr erfolgreiche ländliche Regionen, umgekehrt aber auch Großstädte, die den

◀ Burglengenfeld in der Oberpfalz, © Stefan Schmitz

Niedergang der Industrie noch nicht verkraftet haben und deswegen mit hoher Arbeitslosigkeit und leeren kommunalen Kassen kämpfen. Aber wir reden heute nicht über Großstädte. Deswegen zurück zum sogenannten Landleben: Ich halte es für völlig falsch, »das Land« pauschal schlechtzureden.

Gruber-Corr: *Das liegt mir völlig fern. Aber haben Sie noch nie abfällige Bezeichnungen wie »Mezzogiorno« oder »Landeier« gehört?*

Priebs: Doch, natürlich. Jedes Land hat seinen Mezzogiorno – diese Region in Süditalien ist für manche ein Inbegriff für strukturschwache und periphere Räume abseits der großen Städte und Verkehrsachsen. Meine Mutter stammte aus einer kleinen badischen Stadt, die als Eingangstor nach »Badisch Sibirien« galt. Das hört sich tatsächlich nicht besonders liebevoll an. Und die Ostfriesenwitze waren auch kein wirkliches Kompliment für die Menschen an der Nordseeküste. Häufig folgt aus solchen Bezeichnungen eine Stigmatisierung, die schwer abzustreifen ist. Aber der Begriff »Landeier« wird auch liebevoll verwendet – häufig bezeichnen sich Leute aus einem ländlichen Raum selbst so!

Gruber-Corr: *Wenn Sie sagen, jedes Land hätte seinen Mezzogiorno: Dann sind das Reden über ländliche Räume und die Weise, wie wir es tun, keine deutsche Spezialität?*

Priebs: Nein, absolut nicht. In allen Ländern, die ich kenne, gibt es große mentale Gegensätze zwischen zentralen Regionen und solchen, die aus deren Perspektive weit weg sind. Weil ich gerade die Ostfriesenwitze erwähnte: Fast die gleichen Witze gibt es in Dänemark über die Leute aus Århus – für Kopenhagener eine Stadt tief in der Provinz. Aber dieses Beispiel zeigt auch, dass die echte oder auch liebevolle Abneigung gegenseitig ist: Kopenhagen ist in der dänischen »Provinz« genau so unbeliebt wie Wien im restlichen Österreich. Und in vielen Filmen ist der Gegensatz zwischen Metropolen und »Provinz« mit den verbundenen gegenseitigen Vorurteilen ein beliebtes Thema. Problematisch wird es nur, wenn Vorurteile auf der einen Seite zu Ängsten auf der anderen Seite werden. So schöpft die polnische Regierungspartei ihren Rückhalt vor allem aus den Regionen mit objektiven oder auch nur subjektiven Benachteiligungen, die sich als Verlierer fühlen und wo die Ängste der Menschen geschickt mit populistisch anmutenden Botschaften bedient werden.

Bushaltestelle in Brandenburg
© plainpicture / Sarah Eick

Gruber-Corr: *Aber der aktuelle Hype um die ländlichen Räume – ist das eher ein deutsches Phänomen? Wie wird in anderen Ländern das Thema behandelt?*

Priebs: Ich würde den Begriff »Hype« gerne etwas differenzieren, zumindest zwischen der Konjunktur der Landmagazine und der politischen Aufmerksamkeit, die den ländlichen Räumen von den zentralen Regierungen entgegengebracht wird.

Gruber-Corr: *Okay. Wie sieht es denn mit der politischen Aufmerksamkeit aus?*

Priebs: Angesichts der seit geraumer Zeit wieder sehr starken Bevölkerungsbewegungen in die Städte – in der Wissenschaft wird inzwischen von Reurbanisierung gesprochen – und der steigenden Unzufriedenheit in einigen ländlichen Regionen gibt es zum Teil sehr hektische Bestrebungen der Regierungen, etwas für die peripheren oder strukturell benachteiligten Räume zu tun. Das sehe ich in Deutschland auf Bundes- und Landesebene, aber beispielsweise auch in Österreich und in Dänemark. In Dänemark gibt es schon zwei Beschlüsse, staatliche Institutionen aus dem Kopenhagener Raum in andere Landesteile zu verlagern.

Gruber-Corr: *Das ist doch ein guter Ansatz! Wenn ich richtig informiert bin, explodieren auch in Kopenhagen die Immobilienpreise, während ländliche Regionen mit der Abwanderung gerade junger Leute zu kämpfen haben. Ist es da nicht vernünftig, staatliche Institutionen besser in der Fläche zu verteilen?*

Priebs: Kopenhagen boomt, das ist absolut richtig. An mehreren Stellen entstehen neue Stadtteile, wobei kritisiert wird, dass vor allem das Hochpreissegment bedient wird. Und die Überlegung, staatliche Arbeitsplätze gleichmäßiger zu verteilen, ist im Grundsatz absolut richtig.

Gruber-Corr: *Was heißt im Grundsatz? Da sind Sie ja sehr zurückhaltend. In ländlichen Regionen wären die Immobilienpreise doch sowohl für die öffentlichen Einrichtungen wie für die Beschäftigten niedriger.*

Priebs: Ja, diese Differenz im Preisniveau gibt es natürlich. Aber man kann den Ansatz nicht auf alle staatlichen Institutionen anwenden und darf die negativen Effekte nicht übersehen.

Gruber-Corr: *Da wäre ein Beispiel interessant.*

Priebs: Gerne. Es gibt bestimmte Institutionen, die müssen eng an den zentralen Entscheidungsträgern insbesondere in den Hauptstädten dran sein. Die räumliche Nähe und die informellen Face-to-Face-Kontakte dürfen nicht unterschätzt werden. In Dänemark wurden öffentliche Arbeitsplätze zwar verlagert, aber kritisiert wurde, dass davon in Jütland auch wieder nur große Städte profitiert haben. Raumordnungs- und strukturpolitisch relevant ist vor allem, dass mit der Verlagerung von Arbeitsplätzen auch die Beschäftigten umziehen und nicht nur zum neuen Standort pendeln. In einer modernen Gesellschaft, in der beide Erwachsene einer Familie oder einer Beziehung erwerbstätig sind, ist das schwierig, und es kommt daher zu einem starken Wochenend-Pendelverkehr. In Dänemark gibt es außerdem schon Anzeichen für einen empfindlichen Braindrain in der öffentlichen Verwaltung. Gerade spezialisierte Fachkräfte finden in der Wirtschaft schnell einen neuen Arbeitsplatz und machen den Umzug nicht mit, wenn sie in der Hauptstadtregion bleiben wollen.

Gruber-Corr: *Das können aber auch Startprobleme sein, die sich in der nächsten Beschäftigtengeneration ändern.*

Priebs: Zum Teil ist das sicherlich so. Wenn wir uns als Beispiel in Deutschland die Verlagerung des Umweltbundesamtes von Berlin nach

Dessau ansehen, spricht zuerst einiges für diese These. Untersuchungen für die Jahre 2009, 2013 und 2017 zeigen deutlich, dass sich der Anteil der Beschäftigten mit Erstwohnsitz in Berlin-Brandenburg deutlich verringert hat. Aber nachdenklich muss stimmen, dass bei der letzten Befragung immer noch fast 30 Prozent der Beschäftigten aus dem Raum Berlin-Brandenburg einpendelten. Das zeigt die gegenläufigen Kräfte deutlich. Kontrovers wurden im vergangenen Jahr auch die Verlagerungspläne für Behörden des Landes Brandenburg diskutiert. Landesbehörden sollten aus Potsdam etwa in die Uckermark, vor allem aber in die Lausitz umziehen. Das Wissenschaftsministerium sollte nach Cottbus verlagert werden. Dagegen haben nicht nur Potsdamer Akteure protestiert, sondern die Leitungen von Kultureinrichtungen im ganzen Land, für die Cottbus zu abgelegen ist.

Gruber-Corr: *Also sollte man lieber auf die Dezentralisierung staatlicher Arbeitsplätze verzichten?*

Priebs: Nein. Es ist wichtig, stabile öffentliche Arbeitsplätze in ihrer raumordnungs- und strukturpolitischen Bedeutung zu sehen. Und es gibt ja in der Tat Menschen, die eigentlich aus einer ländlichen Region stammen und nach ihrer Ausbildung gerne dorthin zurückkehren würden – übrigens eine interessante Zielgruppe für Regionalpolitik. Aber es müssen nicht immer spektakulär angekündigte Aktionen sein. Die Bundes- und Landesverwaltungen in Deutschland arbeiten ohnehin sehr dezentralisiert. Da viele Backoffice-Funktionen völlig raumunabhängig ausgeführt werden können, werden bei der Bundesverwaltung beispielsweise Reisekostenabrechnungen oder Personalauswahlverfahren dezentral bearbeitet. Ein anderer Aspekt ist, dass gerade die Landesverwaltung in der Fläche ansprechbar sein muss. Dass es sonst Probleme gibt, wurde in Niedersachsen nach der Auflösung der vier Mittelbehörden, der Bezirksregierungen, deutlich. Während der Westen Niedersachsens komplexe Themen vorher mit der Bezirksregierung in Oldenburg verhandeln konnte, mussten Bürgermeister und Landrätinnen seit 2005 zu den Ministerien ins weit entfernte Hannover fahren. Das war eine sinnlose Zentralisierung, und deswegen ist der jetzt verfolgte Weg richtig, mit den Ämtern für regionale Landesentwicklung wieder dezentrale Anlaufstellen auszubauen.

Gruber-Corr: *Das mit der Landesverwaltung ist ja offenbar eine spezifisch niedersächsische Entwicklung. Aber bundesweit gibt es doch die Landkreise, die ziemlich dicht dran sind an den regionalen Themen. Wie sehen Sie denn den Stellenwert oder auch den Einfluss der Landkreise im Beziehungsgeflecht der Akteure in den ländlichen Räumen?*

Priebs: Wir müssen hier zwei Dinge unterscheiden. Erstens geht es um originäre Landesaufgaben, bei denen die Länder beispielsweise bei großen Genehmigungsverfahren im Straßenbau mit eigenen Mittelbehörden tätig sind und deswegen in der Fläche ansprechbar sein müssen. Da war mein Petitum, dass hier eine Zentralisierung wie damals in Niedersachsen der falsche Weg ist. Aber zweitens ist es richtig, dass ein Land gerade auf der unteren Verwaltungsebene nicht alles selbst machen kann. Das ist der Punkt, bei dem die Landkreise ins Spiel kommen, die ja eine doppelte Funktion haben. Sie nehmen zum einen übertragene Verwaltungsaufgaben des Landes etwa im Umweltbereich oder bei der Bauaufsicht wahr, weil eine eigene Behördenpräsenz des Landes mit vielen kleinen Spezialbehörden vor Ort nicht sinnvoll ist. Aber zum anderen sind die Landkreise auch kommunale Selbstverwaltungskörperschaften. Bei allen kommunalen Themen, die einer übergemeindlichen Aufgabenwahrnehmung bedürfen, haben die Landkreise als zweite kommunale Ebene eine hohe Bedeutung und Verantwortung. Auch wenn bei der Leistungsfähigkeit der Kreise deutliche Unterschiede bestehen, gibt es bundesweit zahlreiche gute Beispiele, bei denen Kreise ihren Teil zu einer aktiven regionalen Strukturpolitik beitragen. Kreise gibt es ja bei Weitem nicht nur in ländlichen Räumen, aber gerade in ländlichen Räumen mit Strukturschwächen müssen die Landkreise sich in besonderer Weise als Initiatoren, Motivatoren und Moderatoren sehen und natürlich auch als Sprachrohr ihrer Gebiete. Wichtige direkte und indirekte Einrichtungen der Kreisebene, beispielsweise Berufsschulen, Krankenhäuser, Volkshochschulen, Musikschulen, Verkehrsbetriebe, Wirtschaftsförderungseinrichtungen und die sozialen Angebote schaffen Lebensqualität und gestalten Zukunft. In diesem Sinne engagieren sich viele Kreise auch bei der Breitbandversorgung.

Um handlungsfähig zu sein, darf man natürlich nicht alle öffentlichen Einrichtungen verkaufen, sonst hat man schnell nur noch die übertragenen staatlichen Verwaltungsaufgaben zu erledigen und kann nicht mehr gestalten. Und da sind wir bei einem wichtigen Punkt: Natürlich braucht man für eine aktive übergemeindliche Daseinsvorsorge auch eine stabile und auskömmliche Finanzierung. Da stellt aus meiner Sicht die Umlagefinanzierung eine große Schwäche dar. Der alljährliche Kampf zwischen Gemeinden und Kreisen um die Umlagehöhe ist unwürdig und häufig kontraproduktiv für eine gute übergemeindliche Daseinsvorsorge. Beide kommunalen Ebenen sind wichtig für die Sicherung guter Lebensverhältnisse und ergänzen sich in ihren Aufgaben. Auch die Kreise müssen deswegen direkt aus dem Steueraufkommen den ihnen gebührenden Anteil bekommen.

Lingen an der Ems
© Claus-Christian Wiegandt

Gruber-Corr: *Danke für diese deutliche Positionierung, auch wenn die Finanzministerien der Länder vielleicht nicht begeistert sein werden. Aber kommen wir noch einmal zurück auf die Präsenz der Verwaltungen in der Fläche. Da hatten Sie ja am Beispiel Niedersachsens gezeigt, dass sich die Landesverwaltung um mehr Ortsnähe bemüht, was natürlich für Regionen umso wichtiger ist, je weiter sie von der Landeshauptstadt entfernt sind. Und Ihr Beispiel zeigte ja, dass staatliche Verwaltungen lernfähig sind.*

Priebs: Natürlich, aber ich muss mit dem Blick auf bundesweite Entwicklungen den Finger doch noch einmal in die Wunde legen und auf die angesprochenen Behördenverlagerungen zurückkommen. Statt hier große Aktionen anzukündigen, hielte ich es für besser, das in der Fläche zu lassen, was dort ist. In den vergangenen Jahrzehnten wurde viel Energie darauf verwendet, kleine Katasterämter und Amtsgerichte zu schließen, was gerade kleinere Städte in ländlichen Regionen getroffen hat. Das mag für die einzelnen Einrichtungen streng betriebswirtschaftlich zu Einsparungen geführt haben. Aber es wurden weder volkswirtschaftliche Effekte berücksichtigt noch raumordnerische Kriterien beachtet. Dabei bieten Behörden und Gerichte stabile Arbeitsplätze und stärken die Nachfrage in kleinen und mittleren Städten.

Gruber-Corr: *Das ist ein gutes Stichwort. Wären nicht gerade angesichts einiger überlasteter Boom-Metropolen die vielen Kleinstädte in ländlichen Räumen prädestiniert für einen innovativen Raumordnungsansatz? Gezielt mehr Arbeitsplätze, gute medizinische Einrichtungen und Förderung leistungsfähiger Verkehrsnetze? Sind die Kleinstädte nicht eigentlich die Hidden Champions?*

Priebs: Absolut, das habe ich in den vergangenen Jahren auch offensiv so vertreten. Hier liegt ein wichtiger Schlüssel für die Schaffung gleichwertiger Lebensverhältnisse in allen Teilräumen, was ja eine wesentliche Leitvorstellung der Raumordnung ist. Nach meiner Überzeugung kann die Stabilisierung der strukturschwachen ländlichen Räume nur gelingen, wenn die Klein- und Mittelstädte gestärkt werden. Politik für ländliche Räume wird aber häufig sehr interessengeleitet betrieben und gleichgesetzt mit Politik für Landwirtschaft und Dörfer. Die kleinen und mittleren Städte werden meist aus der Folie herausgeschnitten und haben kaum eine Lobby – und das, obwohl hier auch wichtige Unternehmen ihren Sitz haben, die teilweise sogar Weltmarktführer sind.

Gruber-Corr: *Diese Kritik erscheint mir zugespitzt und vereinfacht. Es gibt doch seit Jahrzehnten in der Raumordnung das System der zentralen Orte.*

Priebs: Ja, und das ist auch gut so! Aber gerade der Sinn und die Bedeutung dieses Systems werden häufig nicht richtig verstanden, weil es sich für viele nach Zentralisierung anhört. In der Politik sehe ich eine große Skepsis oder gar Ablehnung dieses Ansatzes. Deswegen muss man schon bei der Begrifflichkeit ansetzen.

Gruber-Corr: *Ist das nicht bloße Kosmetik?*

Priebs: Das hört sich nur so an. Ich habe es oft erlebt: Spreche ich von zentralen Orten, schlägt mir Ablehnung entgegen. Wenn ich aber für Klein- und Mittelstädte plädiere, bekomme ich eher Beifall. Es geht vor allem darum, die richtigen Bilder in den Köpfen zu erzeugen, um möglichst viele Akteure mitzunehmen und Unterstützung zu bekommen.

Gruber-Corr: *Das leuchtet ein. Aber wie kann es denn nun gelingen, die Potenziale kleinerer Städte tatsächlich zu aktivieren und neue Stärken zu entwickeln?*

Priebs: Zuerst einmal muss akzeptiert werden, dass diese Städte Teil der ländlichen Räume sind. Schon die Nachbardörfer grenzen sich häufig von ihnen ab, etwa durch die Bildung von Verwaltungsgemeinschaften ohne die Kleinstadt. Ich respektiere, dass Menschen gerne in einem Dorf leben. Es gibt beispielsweise hoch qualifizierte Menschen, die aus der Hektik des Großstadtlebens aussteigen und sich entschließen, ihren individuellen Lebensentwurf in einem ruhigen Dorf zu realisieren, wo ja auch die Immobilienpreise in der Regel deutlich günstiger sind. Aber diese Menschen brauchen ja auch Kultureinrichtungen, Einkaufsmöglichkeiten, Fachärzte, Krankenhäuser und für ihre Kinder gute, insbesondere weiterführende Schulen, damit die Lebensqualität stimmt. Und diese Einrichtungen kann man nicht beliebig verteilen, sondern die Bündelung in den Klein- und Mittelstädten ist aus vielen Gründen richtig. Was wir brauchen, ist ein politisches Bekenntnis auf allen Ebenen zu den Klein- und Mittelstädten als den Leistungsträgern in der Fläche.

Gruber-Corr: *Und wie lässt sich das erreichen?*

Priebs: Wir müssen Interesse an einer integrierten und aktiven Entwicklungspolitik für Länder und Regionen wecken. Und wir Fachleute müssen alles tun, raumordnerische Zusammenhänge besser und mit mehr Empathie zu erläutern, und uns kritischen Diskussion stellen. Nehmen Sie zum Beispiel das zentralörtliche System in der deutschen Raumordnung, nach dem Sie eben schon gefragt haben. Wenn es dieses System zur Stärkung der regionalen und kleinräumigen Zentren nicht gäbe, müsste man es erfinden. Aber man muss es auch konsequent anwenden, weil sich die betreffenden Städte bislang von dem verliehenen Prädikat nicht viel kaufen können. Im bayerischen Landesentwicklungsplan wird sogar ausdrücklich betont, dass die Kommunen keinen Anspruch haben, von den staatlichen Ebenen bestimmte Ausstattungselemente eines zentralen Ortes einzufordern. Auf Landesebene fühlen sich die einzelnen Ressorts häufig nicht an das zentralörtliche System gebunden, wenn es um Standortentscheidungen oder Schließen von Einrichtungen geht.

Deswegen führt für mich kein Weg daran vorbei, dass wir zu verbindlichen Mindeststandards kommen müssen, was in jedem Grund- oder Mittelzentrum zumindest an öffentlichen Einrichtungen vorgehalten wird. Da geht es um die schulische Versorgung, um soziale Einrichtungen, um das Gesundheitswesen oder auch um Sportanlagen. Daran müssen sich auf der einen Seite die Länder für die in ihrer Verantwortung liegenden Einrichtungen halten. Aber natürlich müssen die Kommunen auch ihren Teil leisten. In diesem Sinne habe ich Sympathie für jene Länder, etwa Schleswig-Holstein oder Hessen, in denen die zentralörtlichen Funktionen im Finanzausgleich gesondert dotiert werden. Das könnte man ausbauen und die Verwendung zusätzlich erforderlicher Landesmittel zur Erfüllung der Anforderungen durch Zielvereinbarungen sowohl individueller als auch verbindlicher gestalten.

Gruber-Corr: *Aber das Angebot eines zentralen Ortes umfasst ja nicht nur öffentliche Einrichtungen.*

Priebs: Das ist richtig. Aber die öffentliche Seite muss Orientierung für die privaten Akteure geben. Die Kommune stellt öffentliche Einrichtungen der Daseinsvorsorge bereit und sorgt für ansprechende öffentliche Räume sowie verkehrliche Erreichbarkeit. Im Gegenzug müssen Handel und private Dienstleister zu mehr Engagement und Kooperation kommen. Das fängt bei abgestimmten Öffnungszeiten an und geht bis zur gemeinsamen Werbung oder zur finanziellen Beteiligung an der Weihnachtsbeleuchtung. Ein Innenstadtmarketing, das Kommunen gemeinsam mit der Wirtschaft installieren, sollte im Idealfall genauso effizient sein wie das Management eines Einkaufszentrums. Da werden gemeinsame Aktionen finanziert, und es gibt ein waches Auge auf Leerstände und Branchenmix. Wenn das Gesamtprodukt »Innenstadt« stimmt, hält man sich gerne dort auf, wovon Handel und Gastronomie profitieren.

Gruber-Corr: *Gerade der Handel steht vor gewaltigen Herausforderungen. Zu den allgemeinen Konzentrationstendenzen kommt die übermächtige Konkurrenz des Internethandels.*

Priebs: Dieses Lied singe ich so nicht mit. Erstens ist der Internethandel differenziert zu sehen, schließlich sorgt er auch dafür, dass Menschen in peripheren Regionen den gleichen Zugang zu spezialisierten Waren haben wie in Großstädten. Und zweitens sehe ich trotz Internet eine klare Zukunft für den stationären Einzelhandel. Einkaufen in der Stadt hat auch etwas mit Begegnung und Kommunikation zu tun. Und es ist etwas anderes, wenn ich Waren in die Hand nehmen, prüfen und vergleichen kann. Die Bedeutung des Haptischen und einer guten Beratung sollten wir nicht unterschätzen. Nehmen wir als Beispiel den Buchhandel, der schon lange massiv von der Internetkonkurrenz bedrängt wird. Trotzdem schlagen sich viele Buchhandlungen gut, weil sie die Vorteile des persönlichen Service ausspielen. Natürlich hilft auch die Preisbindung. Aber gerade in kleinen Städten übernehmen Buchhandlungen selbstbewusst die Rolle eines Kulturträgers und organisieren in ihren Räumen Lesungen und Veranstaltungen. Und mit ihrem Internetauftritt sind manche örtliche Buchhandlungen Vorbild für andere Branchen. Denn viele Kunden wollen sich schon zu Hause über das Geschäft und bestimmte Produkte informieren oder etwas bestellen. Und bei Service und Kundenorientierung gibt es immer Luft nach oben, weswegen innovative Geschäfte auch einen Lieferservice bieten.

Gruber-Corr: *Jetzt haben wir viel über Kleinstädte gesprochen. Ich würde mit Ihnen gerne auch über die Dörfer sprechen. Haben Sie die schon aufgegeben?*

Priebs: Nein, aber ich sehe da keinen Gegensatz. Für die Lebensqualität im Dorf ist die Nähe einer attraktiven Kleinstadt wichtig. Ich habe mich schon in meiner Dissertation mit dorfbezogener Politik in Dänemark beschäftigt und mich seitdem insbesondere für die dörfliche Grundversorgung eingesetzt. Die ist wichtig, damit sich die immobilen Teile der Bevölkerung selbst versorgen können. Aber ein Dorfladen ist immer auch sozialer Treffpunkt. Beide Komponenten wirken etwa im erfolgreichen schleswig-holsteinischen »Markttreff«-Konzept zusammen. Und in der Region Hannover haben wir örtliche Initiativen unterstützt, wieder einen Dorfladen auf die Beine zu stellen. Solch zivilgesellschaftliches Engagement ist in vielen Dörfern eine besondere Stärke und gleicht manche Defizite aus.

Gruber-Corr: *Das ist richtig, aber reicht das? Es gibt harte Fakten, was die Schattenseiten des Landlebens angeht: weite Wege, fehlende Versorgung, Überalterung, Abhängigkeit von wenigen Arbeitgebern und das im Vergleich zur Stadt deutlich schmalere Kulturangebot. Sind da nicht alle gesellschaftlichen und politischen Akteure aufgerufen, wirklich gegenzusteuern und den Mangel nicht nur zu kaschieren?*

Priebs: Noch einmal: So pauschal würde ich es nicht sehen. Ländliche Räume sind vielfältig, und es gibt viele Regionen, auf die diese Beschreibung nicht zutrifft. Aber die ländlichen Räume, die vor großen Herausforderungen stehen, brauchen tatsächlich mehr Aufmerksamkeit im Rahmen einer aktiven Raumordnungs- und Landesentwicklungspolitik. Maßstab bleibt der Auftrag des Raumordnungsgesetzes, gleichwertige Lebensverhältnisse zu schaffen. Aber man muss immer genau hinsehen – etwa wenn beklagt wird, dass es in vielen Kleinstädten kein Kino mehr gibt. Da hat mir das Argument eines Bürgermeisters aus dem Harz gefallen, der in einer Diskussionsrunde selbstbewusst ausgeführt hat, dass man von seiner Stadt aus das Kino in der Nachbarstadt in der gleichen Zeit erreichen könne wie Kinobesucher in einer Großstadt, die meist auch erst ins Zentrum oder einen anderen Stadtteil fahren müssen.

Gruber-Corr: *Ja, aber in Berlin setzt man sich in die U-Bahn. Auf dem Lande ist der Nahverkehr meist ziemlich ausgedünnt, und nicht alle haben ein Auto.*

Priebs: Richtig. Zwar spielt in ländlichen Räumen der Pkw traditionell eine große Rolle, aber die Zeiten haben sich geändert. Immer mehr Menschen können oder wollen sich kein eigenes Auto leisten. Andere können es aus Altersgründen nicht mehr nutzen. Und bei jungen Menschen haben sich die Prioritäten verschoben. Führerschein und Pkw sind nicht mehr die primären Statussymbole. Deswegen wundere ich mich, wie klaglos die teilweise wirklich schlechte ÖPNV-Bedienung in ländlichen Räumen akzeptiert wird – in vielen ländlichen Kreisen ist das Angebot weitgehend identisch mit dem Schulverkehr, was auch bedeutet, dass es am Wochenende und am Abend keine Fahrten gibt. Die Zeit ist reif, ähnlich wie in der Schweiz auch bei uns flächendeckend zu einer guten und vertakteten Bahn- und Busbedienung zu kommen. Erfreuliche Ansätze in dieser Richtung gibt es beispielsweise mit dem PlusBus-Konzept im Mitteldeutschen Verkehrsverbund und in Brandenburg. Dadurch wird übrigens auch die Erreichbarkeit der Einrichtungen in den zentralen Orten gestärkt.

Für mich ist die Sicherstellung individueller Mobilität ein zentraler Bestandteil der Gleichwertigkeit. Natürlich müssen wir in diesem Sinne die vertakteten Busangebote auch durch flexible Bedienungsformen ergänzen, um tatsächlich jede abgelegene Siedlung zu erreichen. Interessant sind da insbesondere die Perspektiven autonom fahrender Kleinbusse. Bislang sehe ich aber gerade im Mobilitätsangebot wirklich eine Benachteiligung vieler ländlicher Regionen.

Gruber-Corr: *Danke für diese klare Aussage. Und wie sehen Sie es beim Ausbau der von Ihnen ja schon kurz angesprochenen digitalen Infrastruktur, die ja auch den Erfordernissen weit hinterherhinkt?*

Priebs: Auch das ist ein gravierendes Problem, wobei der Breitbandausbau selbst in manchen Großstädten mangelhaft ist. Es ist wirklich traurig, dass Deutschland als reiches und technisch entwickeltes Land diese Herausforderungen nicht rechtzeitig erkannt hat. Es ist aber auch ein Beispiel dafür, dass die Marktkräfte eben nicht alles heilen. Die Betreiber haben sich auf lukrative Bereiche konzentriert, und um den Rest muss sich nun doch wieder die öffentliche Seite kümmern. Aber gerade die Akteure der beiden kommunalen Ebenen haben sich aus der Not heraus dem Thema gestellt. Und es ist richtig, dass ein leistungsfähiger Zugang zum Internet gerade für periphere ländliche Räume Impulse bringen kann. Ob sich dadurch die großen Entwicklungslinien automatisch umdrehen, würde ich mal infrage stellen, aber viele Räume bekommen dadurch eine echte Chance, und es hilft, die Standortbedingungen zu verbessern und zu einer positiveren Stimmung zu kommen.

Gruber-Corr: *Gut, dass Sie die Stimmung ansprechen. Sie hatten vorhin schon Polen genannt, wo sich die Menschen in vielen Regionen abgehängt fühlen und deswegen offener für Populismus zu sein scheinen. Auch bei uns wenden sich Menschen in ländlichen Räumen vermehrt den vermeintlichen »Problemlösern« am rechten Rand zu. Lässt sich das durch einen paradoxen »Heimatverlust« erklären? Meint: Man ist einerseits durch Eigentum oder Verwurzelung an einen Raum gebunden, der aber andererseits nach und nach seine Identität verliert, sei es durch Fortzüge, sei es durch Still- oder Leerstand, sei es durch das Wegbrechen von Infrastruktur. Was kann die Politik hier leisten?*

Priebs: Die Probleme des Rechtsrucks in unserer Gesellschaft erfüllen auch mich mit Besorgnis, und wir müssen uns intensiv um die Ursachen kümmern. Auch wenn die Anfälligkeit für populistische Thesen ja nicht auf ländliche Räume begrenzt ist, müssen wir das dort entstandene Gefühl, dass vieles Vertraute wegbricht und dass die Versorgung schlechter wird, ernst nehmen. Vor allem muss die Landes- und Kommunalpolitik immer im Gespräch mit den Menschen bleiben und zuhören können. Sie muss aber auch Zusammenhänge deutlich machen. Wenn ich den Verlust von Läden und Gaststätten im Dorf beklage, gleichzeitig aber selbst zum Discounter in die Stadt fahre, nur noch im Internet bestelle und meine Familienfeste statt in der Gaststätte in anderen Räumlichkeiten ausrichte, kann ich nicht nur mit dem Finger auf andere zeigen. Aber manchmal ist es schwer, Stimmungen zu verstehen, etwa in Regionen, in denen viele Projekte nur mit EU-Mitteln realisierbar waren und dennoch gegen Politik und Europa gehetzt wird. Das betrifft ja auch britische Regionen, wo mit EU-Mitteln tolle Infrastruktur geschaffen wurde, aber trotzdem die Brexit-Befürworter in der Mehrheit waren. Etwas differenziert sehe ich es übrigens bei den Abwanderungen aus den ländlichen Räumen. Da halte ich es gar nicht für so schlecht, dass junge Menschen für die Ausbildung in eine größere Stadt gehen. Wichtig ist aber, dass sie eine Chance haben, zurückzukehren, wenn sie es wollen. Sie bringen dann nämlich auch wertvolle Erfahrungen und Impulse mit, die sie in ihrer Heimat und für deren Zukunftsfähigkeit nutzen können.

Gruber-Corr: *Weil wir jetzt bei sehr grundsätzlichen Widersprüchen in unserer Gesellschaft sind: Auf der einen Seite fühlen sich Menschen abgehängt, auf der* *anderen Seite gibt es große Proteste gegen neue Infrastruktur. Niemand will neue Überlandstromtrassen, bei neuen Verkehrswegen wird der Verlust von Naturräumen beklagt, und bei anderen Projekten ruft schon das bloße Vorhaben eine Sankt-Florians-Haltung hervor. Wie lassen sich die widerstrebenden Interessen, auch des Tourismus, des Naturschutzes, einer anderen Landwirtschaft, in Einklang bringen mit dem Anspruch auf gleichwertige Lebensverhältnisse? Welche Rolle spielen hier bürgerschaftliches Engagement oder andere Formen politischer Beteiligung?*

Priebs: Das sind in der Tat sehr grundsätzliche und weitreichende Fragen. Aber diese Widersprüche und Konflikte sind Teil unserer Gesellschaft. Da gibt es kein Patentrezept, aber mir sind vier Botschaften wichtig: Erstens müssen wir bei Planungen und Projekten noch frühzeitiger und intensiver kommunizieren und sehen, dass alle Erkenntnisse und Argumente auf den Tisch kommen. Da spielen engagierte Bürgerinnen und Bürger eine wichtige Rolle. Zweitens kann man wegen der komplexen Wirkungszusammenhänge an große Vorhaben nicht mehr mit einer rein fachlichen Brille herangehen. Da bietet die Regionalplanung mit ihrem überfachlichen Ansatz und ihren breiten Beteiligungsverfahren eine gute Plattform für Diskussionen und Konfliktmoderation. Drittens müssen wir offen darüber sprechen, welche Teilräume welche Beiträge zum Funktionieren des Gesamtsystems leisten. Und viertens muss dann, wenn alle Argumente auf dem Tisch sind und abgewogen wurden, entschieden werden. Da kann nicht ausschlaggebend sein, wer sich am lautesten artikuliert. Legitimiert entscheiden kann nur das Gremium, das hierfür das Mandat hat, das heißt der Gemeinderat, der Kreistag, eine Regionalversammlung oder der Landtag. Da kenne ich keine bessere Lösung als die repräsentative Demokratie.

Paul Reuber

Politischer Alltag in ländlichen Räumen

Der politische Alltag in ländlichen Räumen ist nicht denkbar ohne den Blick auf die Zentren, denn dort bündeln sich häufig die Machtnetzwerke der Globalisierung. Umgekehrt ergibt sich damit eine gewisse »Peripherisierung ländlicher Räume […] in Politik- und Machtdiskursen: Sie haben häufig geringe Zugänge zu den Zirkeln der Macht und politischer Wahrnehmung«[1], schreibt der Geograph Karl Martin Born und resümiert: »Es gibt keine Lobby für Dörfer und ländliche Räume.«[2]

In dieser Diagnose steckt zweifellos aus dem Blickwinkel vieler ländlicher Regionen in Deutschland und ihrer politischen Akteure eine kollektiv gefühlte Wahrheit. Andererseits sind die zunehmend komplexeren global-lokalen Netzwerkstrukturen in ihrer Verflechtung über alle Maßstabsebenen hinweg ein Grund dafür, dass sich die Situation des politischen Alltags in ländlichen Räumen je nach lokalem Kontext zunehmend stärker differenziert (s. allgemeiner das Konzept eines hybriden, verflochtenen »global sense of place« der britischen Geographin Doreen Massey[3] sowie entsprechende Beiträge in dem von Michael Mießner und Matthias Naumann herausgegebenen Sammelband »Kritische Geographien ländlicher Entwicklung«[4]). Man denke neben den vielen strukturschwachen und vergleichsweise »machtlosen« ländlich-dörflichen Regionen beispielsweise an die äußerst erfolgreichen und sektoral innovativen ländlichen Regionen, in denen als Hidden Champions bezeichnete global agierende Unternehmen ihren Standort haben, die von dort mit ihren machtvollen ökonomischen und auch politischen Verbindungen durchaus kraftvoll in die Politik einzuwirken vermögen (s. Beitrag von Lang/Vonnahme in diesem Band). Und man denke, um ein zweites Beispiel aus dem Feld des Politischen zu nennen, an neue rechte Bewegungen und Parteien, die sich in manchen Teilen der Republik auch in ländlichen und peripheren Räumen einer zunehmend stärkeren Machtbasis erfreuen. Gleichzeitig zeigen bereits diese beiden Beispiele, dass solche Entwicklungen – von politisch-ökonomisch erfolgreichen Landkreisen bis zu Hochburgen neuer rechter Bewegungen – eben gerade nicht für alle ländlichen Räume gleichermaßen gelten, sondern dass hier eine große Spannweite und Differenzierung zu beobachten ist.

Wenn man also über den politischen Alltag in ländlichen Räumen sprechen will, muss man sich zunächst etwas grundsätzlicher der Frage widmen, ob denn die »Ländlichkeit« von Räumen generell ein Kriterium darstellt, das eine spezifische Erscheinungsform des Politischen bedingt oder nach sich zieht. Hier sind Zweifel angesagt. Bereits in den 1970er-Jahren merkte der Geograph Hans-Georg Wehling an, dass »das ›Land‹ keine homogene Einheit ist, sondern differenziert betrachtet werden muß«[5], dass es entsprechend gelte, »von ländlichen Räumen im Plural zu sprechen«[6].

Wer implizit von Unterschieden des Politischen zwischen städtischen und ländlichen Räumen ausgeht, muss erst einmal zur Kenntnis nehmen, dass die gesetzlichen Grundanlagen gerade im gesellschaftlichen Segment des »Politischen« keine entsprechenden Differenzen vorsehen. Anders als im Bereich der Ökonomie macht die politische Verfasstheit der Bundesrepublik keine Unterschiede zwischen Stadt und Land. Mochte im europäischen Mittelalter noch zutreffen, dass »Stadtluft frei macht«, dass mit der Zugehörigkeit zu einer städtischen Bürgergesellschaft andere politische Rechte und Privilegien verbunden sein konnten als für die Bürger*innen außerhalb der Stadtmauern, so gelten heute die politischen Regeln der föderalen Demokratie in gleicher Weise in städtisch und ländlich geprägten Räumen. Kommunale Rechte und Pflichten sind dem Grunde nach über die gesamte Republik hinweg einheitlich. Fragen der politischen Repräsentation in den Kreisen und Kommunen, deren Aufgaben bei der politischen Steuerung der örtlichen Belange, bei der Bereitstellung von Dienstleistungen und bei den Verfahrensweisen zur Planung der verfügbaren Ressourcen werden vom Prinzip her in Oberhausen nicht anders organisiert als in Oberndorf, in Oberstdorf oder in Oberwiesenthal.

Wenn also Disparitäten in der ökonomischen Struktur, Ausstattung und Leistungsfähigkeit zwischen manchen städtischen und ländlichen Regionen als Teil der wettbewerbsorientierten Logik im marktwirtschaftlichen System erscheinen, wenn regionale Ungleichgewichte in der funktionalen, demographischen und sozialen Struktur als Folgeerscheinungen unterschiedlicher Leistungs- und Attraktionsfähigkeiten gewertet werden können, dann ist es aus einem solchen Blickwinkel vielleicht gerade das politische System, das vom Grundsatz her gleiches Recht für alle bereitstellt und das in vielen Fällen eher auf einen strukturpolitischen Ausgleich als auf eine weitere Polarisierung regionaler Disparitäten gerichtet ist (s. Beitrag von Danielzyk in diesem Band).

Will man die oben angerissenen Dimensionen exemplarisch etwas genauer ausloten, so kann dies in zwei Betrachtungsdimensionen geschehen,

die andeuten, aus welch unterschiedlichen Blickwinkeln die »Politik ländlicher Räume« aus einer geographischen Perspektive betrachtet werden kann:
- Zunächst soll aus einer »wahlgeographischen« Perspektive die politische Differenziertheit ländlicher Räume beleuchtet werden, um von hier aus deutlich zu machen, wie differenziert das Wahlverhalten der Bürger*innen in ländlichen Räumen Deutschlands ist und wie sehr diese Befunde einer homogenisierenden Betrachtung dieser Raumordnungskategorie entgegenstehen.
- Anschließend soll aus einer eher politisch-geographischen Perspektive gezeigt werden, warum es heutzutage wenig sinnvoll erscheint, hinsichtlich der Praktiken und Erscheinungsformen des Politischen von einer spezifischen »Politik ländlicher Räume« zu sprechen. Dieses Argument wird im Rückbezug auf aktuelle Ansätze einer Multi-Level-Governance zusätzlich gestärkt.

Politische Geographien des Wahlverhaltens ländlicher Regionen in der Bundesrepublik

Ein Blick auf Analysen der regionalen Verteilung des Wahlverhaltens in der Bundesrepublik macht deutlich, dass klare Unterschiede und eindeutige Erklärungen im Bereich des Wahlverhaltens zwischen städtischen und ländlichen, zwischen verdichteten und weniger verdichteten Räumen nicht beobachtbar sind. Es gibt keine klar identifizierbare oder gar verallgemeinerbare »politische Grundstimmung ländlicher Räume«, auch wenn in dieser Hinsicht in der Bevölkerung teilweise »gefühlte Wahrheiten« kursieren, z. B. über den politischen Konservatismus eher ländlich geprägter Regionen.

Hier gilt es also, genauer hinzusehen. Das soll nachfolgend exemplarisch an einigen aktuelleren Arbeiten zur regionalen Verteilung des Wahlverhaltens geschehen. Eine erste Annäherung ermöglicht die multivariat angelegte statistische Analyse von Martin Jacobs über das Wahlverhalten zur Bundestagswahl 2017 in Rheinland-Pfalz.[7] Sie macht deutlich, dass Unterschiede zwischen Stadt und Land nur dort relevant werden, wo sie mit spezifischen Ausprägungen sozialer bzw. demographischer Art zusammentreffen. Dies zeigt sich besonders an zwei Punkten:
1. Unterschiede in der Siedlungsstruktur zwischen städtischen und ländlichen Räumen können für die Erklärung einer unterschiedlichen Wahlbeteiligung eine Rolle spielen, wenn sie in Kombination mit den Anteilen bildungsferner und sozial schwacher Bevölkerung betrachtet werden. Dabei gilt, wie Jacobs 2018 ausführt: »Die Wahlbeteiligung steht am stärksten mit der Siedlungsstruktur und dem Anteil sozial Schwacher

in Zusammenhang. In städtischen Gebieten mit hohen Anteilen sozial schwacher und bildungsferner Personen ist die Wahlbeteiligung geringer als in ländlichen Räumen ohne ausgeprägte soziale Problematik.«[8]
2. Siedlungsstrukturelle Unterschiede können bezogen auf das Wahlergebnis einzelner Parteien dort wichtig werden, wo sie in Kombination mit dem Anteil höher Gebildeter auftreten. In diesem Falle lässt sich beobachten:»Das Ergebnis der GRÜNEN korreliert am stärksten mit der Siedlungsstruktur und dem Anteil höher Gebildeter. Die Partei ist in verdichteten Räumen mit hohem Akademikeranteil deutlich erfolgreicher [als in weniger verdichteten Räumen mit geringem Akademikeranteil].«[9]
Diese Mahnung vor vereinfachten Stadt-/Land-Vorstellungen bezüglich der politischen Geographien des Wahlverhaltens unterstützen auch Analysen, die sich expliziter mit der Frage regionaler Unterschiede auseinandersetzen. Leibert und Haunstein weisen mit einem clusteranalytischen Ansatz nach, dass sich bezüglich möglicher Muster der regionalen Verteilung zwischen Stadt und Land sehr unterschiedliche Logiken für die alten und neuen Bundesländer zeigen.[10] In den neuen Bundesländern lassen sich kaum statistisch signifikante Differenzierungen zwischen dem Wahlverhalten in städtischen und ländlichen Regionen erkennen. Sie sind vielmehr gemeinsam – von wenigen Ausnahmen abgesehen – durch gegenüber dem Bundesdurchschnitt stark überdurchschnittliche Anteile von AfD und Die Linke gekennzeichnet (s. Abb. 1).

In den alten Bundesländern lassen sich dagegen durchaus regionale Unterschiede erkennen, und in manchen Regionen folgen diese – wie oben bereits am Beispiel Rheinland-Pfalz angedeutet – u. a. auch der siedlungsstrukturellen Differenz von städtisch und ländlich geprägten Gebietskategorien, allerdings nur in Kombination mit weiteren sozialstrukturellen Merkmalen: Die »westdeutschen Groß- und Universitätsstädte waren sowohl 2013 als auch 2017 Hochburgen [...] der Grünen; auch die Linkspartei kann in diesen urbanen Milieus zunehmend Fuß fassen«[11]. Diese Besonderheit gilt jedoch nicht einheitlich für alle Städte, sondern nur für die angesprochenen Stadttypen.

Noch stärker entziehen sich nach den Analysen von Leibert und Haunstein die ländlichen Regionen Westdeutschlands einer einheitlichen politisch-geographischen Zuordnung. Es gibt beispielsweise ländliche Regionen, die einen relativ hohen Anteil an katholischer Bevölkerung haben und im Wahlverhalten überdurchschnittlich hohe CDU-Anteile aufweisen (z. B. ländliche Regionen in Rheinland-Pfalz, Teile Ostwestfalens, ländliches Münsterland, Typ 4 in Abb. 1). Es finden sich aber auch ländliche Regionen, die mit einer spezifischen Industriegeschichte immer noch über dem Bundestrend

Abbildung 1: Wahlgeographie – Bundestagswahl 2017 nach Kreisen

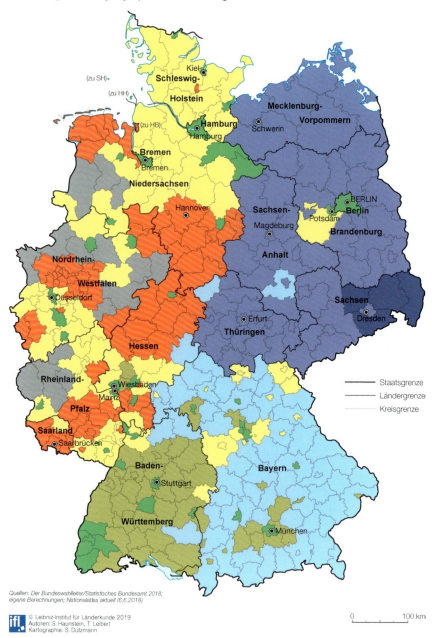

Quelle: T. Leibert / S. Haunstein 2018, o. S.[12]

**Wahl zum 19. Deutschen Bundestag
am 24. September 2017**

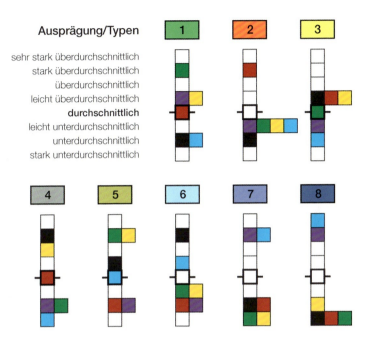

liegende SPD-Wähleranteile mobilisieren (z. B. Nordhessen, Teile der ländlichen Regionen Niedersachsens, des Saarlandes und der Pfalz, Typ 2 in Abb. 1). Hier zeigt sich erneut, dass nicht in erster Linie der »ländliche Charakter« entscheidend ist, sondern regionale ökonomische und soziale Entwicklungspfade das Wahlverhalten stärker strukturieren und differenzieren.

Was vielleicht trotz aller Unterschiede auffällt, ist – sehr vorsichtig formuliert – eine aus dem Wahlverhalten herauslesbare gewisse Art von »konservativer Tendenz« der politischen Einstellung vieler Menschen in ländlich geprägten Regionen. Diese wird sichtbar, wenn man – in einer etwas zugespitzten Interpretation – die Wahlergebnisse in ihren jeweiligen regionalhistorischen Kontext setzt, wo dann Wahlmehrheiten für ein und dieselbe Partei auf teilweise unterschiedlichen Einstellungen und Wahlmotivationen beruhen können.

Zwei Beispiele mögen diesen Gedanken illustrieren: Für viele Regionen Ostdeutschlands (ländliche wie städtische) lassen sich überdurchschnittliche Anteile von Die-Linke- und AfD-Wähler*innen – ungeachtet der erheblichen programmatischen Differenzen – als Votum für den Wunsch nach Rückkehr, Tradition und Bewahrung interpretieren, Erstere wohl eher als eine nach wie vor vorhandene Bindung an die sozialistische politische Vergangenheit (aus der PDS (mit) hervorgegangene Linke), Letztere als Wunsch nach Rückkehr zu einem politisch nationalkonservativen (national und sozialistisch ausgerichteten) Leitbild, das in eine Zeit noch vor dem Staatssozialismus der DDR zurückverweist.

Als zweites Beispiel artikulieren in den westlichen Bundesländern derzeit sowohl die überdurchschnittlichen CDU- bzw. SPD-Anteile unter ihren jeweils spezifischen regionalen sozioökonomischen Pfadabhängigkeiten ebenfalls gemeinsam eine Art rückwärts gerichteten »konservativ-bewahrenden Reflex«, während es »im Westen« kaum ländliche Regionen gibt, die einen überdurchschnittlichen Wähleranteil für Grüne oder Linke aufweisen. Beide Parteien werden in diesen Teilen Deutschlands eher von Wähler*innen unterstützt, die für sektoral verändernde Politikstile stehen.

Dass dennoch auch mit solchen Differenzierungsversuchen am Ende erneut kein klares Land / Stadt-Bild entsteht, zeigen die vielen Ausnahmen, z.B. ähnlich konservative Wahlvoten in den meisten Städten Ostdeutschlands oder vom obigen Trend abweichende Wahlergebnisse in einer erheblichen Reihe deutscher Städte, die die o. a. Muster konterkarieren (beispielsweise Städte mit hohem SPD-Anteil in Altindustrieregionen oder Städte mit hohem CSU-Anteil in Bayern).

Verabschieden muss man mit Blick auf die Wahlergebnisse auch die zuweilen gehörte These, dass sich das Faible für rechtskonservative bis rechtsextreme Politikmodelle gerade in jenen ländlichen Regionen besonders zeige, die aus unterschiedlichen Gründen negative Auswirkungen der Globalisierung zu spüren bekommen und deswegen zuweilen als »Modernisierungsverlierer« bezeichnet werden. Es sind gerade die ökonomisch prosperierenden ländlichen Regionen Bayerns, die uns mit ihrer AfD-Begeisterung vor diesem gedanklichen Kurzschluss warnen: »Dass die AfD in den alten Ländern gerade in wirtschaftsstarken Kreisen mit Vollbeschäftigung und hohem Einkommensniveau besonders stark ist, zeigt auch aus einer räumlichen Perspektive, dass die ›Modernisierungsverlierertheorie‹ den AfD-Erfolg bei der Bundestagswahl 2017 allenfalls teilweise erklären kann«, schreiben Leibert und Haunstein.[13] Und es sind auch Regionen mit einem spezifischen Protestverhalten wie das Wendland, die mit ihren hohen Anteilen grüner Wähler*innen deutlich machen, dass Orte, die den ökologischen Preis der industriellen Modernisierung tragen sollen, nicht automatisch nach rechts driften müssen, sondern aus ihrer Enttäuschungs- und Protesterfahrung durchaus auch progressive Politikmodelle favorisieren können.

Zwischen lokaler Governance und Multi-Level-Governance: Politik in ländlichen Räumen im Spannungsfeld vielfältiger Akteure, Institutionen und Maßstabsebenen

Nach dieser eher makroperspektivisch angelegten Betrachtung der Politik in ländlichen Räumen am Beispiel des Wahlverhaltens soll es im zweiten Teil stärker um konkrete Formen des politischen Alltags in ländlichen Räumen gehen. In diesem Kontext stellte Wehling noch Ende der 1970er-Jahre die Frage, »ob hier nicht jeweils spezifische Denk- und Verhaltensmuster und – in Verbindung damit – eigenständige politische Ablaufmuster gelten«[14].

Argumente, die eine solche Frage eher bejahen, speisen sich nicht selten aus historischen gesellschaftlichen Vorstellungen über ländliche Räume und ihre Dörfer. In diesen geht sinngemäß eine starke lokale Identifikation der Bewohner*innen mit ihren Orten und Gemeinschaften sowie ein hohes Maß an sozialem, häufig ehrenamtlichem Engagement damit einher, dass sich (daraus) auch im Bereich der Politik ein Netzwerk lokal machtvoller politischer »Schlüsselpersonen« herausbildet, das – bei einer geringeren Bedeutung parteipolitischer Differenzen – aus dieser informell-formellen Dichte heraus die lokale Politik orchestriert. Auch Gerhard Henkel konstatiert, dass »die zwischenmenschlichen Beziehungen [...] im ländlichen Raum enger und überschaubarer«[15] seien, dass dörfliche Siedlungen in ländlichen Regionen aufgrund ihrer vergleichsweise geringeren Anzahl und Dichte an Akteuren gleichzeitig engere Kontakte und Kommunikationsbeziehungen ausbildeten. Dorfsoziologische Befunde der 1970er-Jahre leiten aus entsprechenden Bedingungen ab, dass die gegenseitige Informiertheit und das traditionell hohe ehrenamtliche Engagement der Bürger*innen zu einer weniger klaren Trennung zwischen formeller

Politik und informellem politisch wirksamem Engagement führen könnten. Auch sie weisen darauf hin, dass in diesen Dekaden noch insbesondere dörfliche Politik nicht in erster Linie nach parteipolitischen Mustern ausgerichtet gewesen sei, sondern stärker an personenbezogenen Machtnetzwerken entlang orientiert schien.[16]

Es gibt solche dorfsozialen Kontexte in manchen ländlichen Peripherien sicherlich bis heute. Sie zeichnen sich durch vielfältige lokale Kooperationen, Arbeitsgemeinschaften etc. sowie ein hohes Maß an Vertrautheit aus. In solchen Netzwerken können formell und informell wirkmächtige Einzelakteure aus unterschiedlichen gesellschaftlichen Segmenten im Sinne von »Schlüsselfiguren als Triebkräfte der Regionalentwicklung«[17] wirksam werden. Sie werden damit zu machtvollen Kernen lokalpolitischer Entscheidungs- und Umsetzungssysteme.

Solche Kontexte lassen sich bis zu einem gewissen Grad mit dem Begriff der lokalen Governance umschreiben. Deren fallweise positiv hervorgehobener Effektivität in der politischen Umsetzung von Projekten steht jedoch die Kritik einer graduellen Entdemokratisierung entgegen, denn an den »Runden Tischen« lokaler Governance-Prozesse sitzen eben nicht nur gewählte Repräsentant*innen der gesamten Breite der jeweiligen Gemeinschaft. Sie weisen vielmehr, wie Kropp feststellt, »eine sozial deutlich selektive Zusammensetzung auf, die ältere, gebildete und saturierte Bevölkerungsgruppen überrepräsentiert«. Es komme dabei häufig beispielsweise zu einer »informelle[n] Exklusion der Perspektiven von Menschen in Grundsicherung, Zuwanderern, aber auch Mietern und Kindern«.[18]

Jenseits der Fokussierung auf lokale Governance-Systeme kommen Analysen in den vergangenen Jahrzehnten ohnehin »zu einem komplexeren Verständnis von Dorfpolitik«[19]. So weist Born[20] darauf hin, dass gerade aus der Sicht der kleinsten dörflichen Siedlungseinheiten in ländlichen Räumen die Situation in den vergangenen Dekaden zunehmend differenzierter geworden sei. Dafür lassen sich drei wichtige Gründe anführen:
- Erstens sind für diese Entwicklung die Gemeindegebietsreformen verantwortlich. Sie haben auch auf politischer Ebene die Vielzahl kleiner, selbstständiger Dörfer und/oder Ämter in größere politische und administrative Einheiten hineingewoben.[21] Dabei sind die Bundesländer teilweise sehr verschiedene Wege gegangen, was im Ergebnis recht unterschiedliche politische Strukturen und Kleinteiligkeiten erzeugt hat (s. z. B. die sehr differenzierten Verläufe und Ergebnisse der Gemeindegebietsrefomen in den alten und neuen Bundesländern). Trotzdem wurde damit generell gesehen ein Trend eingeleitet, in dem parteibezogene Strukturen zulasten der traditionell stärker an Personen orientierten Politik eher zunehmen.

- Zweitens können auch die Siedlungen in ländlich geprägten Räumen heute kaum mehr das Merkmal größerer innerer sozialer Stabilität für sich verbuchen, das in den Zeiten der Moderne zumindest teilweise noch als Begründungsansatz für spezifische Formen des Politischen getaugt haben mag. Längst haben auch »im Dorf« Elemente der mobilen und multilokalen Gesellschaft Einzug gehalten. Die Bildungswanderung der jungen Generation führt in die Großstädte (und nur ein Teil von ihr kehrt wieder zurück). Tages- und Wochenendpendler gehören zum vertrauten Bild, Zweitwohnsitze »auf dem Land« können in touristisch attraktiven Regionen ganze Siedlungen prägen und bringen damit verbundene Problematiken auch in den politischen Alltag der lokalen Gemeinschaften hinein (z. B. verminderte politische und ehrenamtliche Teilhabe). Auch mit Blick auf solche Phänomene ist es heute wenig sinnvoll, die Heterogenität der damit verbundenen Problemlagen für den politischen Alltag ländlicher Räume hinter dem homogenisierenden Etikett des »ländlichen Raums« verschwinden zu lassen. Stattdessen gilt es, sich auf die sehr »hybriden Geographien« und die damit verbundenen unterschiedlichen politischen Gestaltungsfragen und Akteurskonstellationen zu konzentrieren.
- Drittens haben sich im Zuge der ökonomischen Globalisierung und der politisch-administrativen EU-Integration[22] der vergangenen Dekaden auch die in den lokal-regionalen Kontext intervenierenden Netzwerke übergeordneter Entscheidungsebenen vervielfältigt und verdichtet. Entsprechend wird, wie Henkel konstatiert, »die Entwicklung des ländlichen Raumes mehr denn je durch zentrale politisch-administrative Steuerungen geprägt«[23]. Bezogen auf die vorhandenen Macht- und Entscheidungsstrukturen bringt Born[24] dafür den von Scharpf und Benz[25] geprägten Begriff der Multi-Level-Governance ins Spiel, der übertragen auf ländliche Räume »die spezifische Besonderheit [aufweist], dass zumindest im Kontext der Governance-basierten Regionalentwicklung zu einer normalen vertikalen Multi-Level-Governance eine horizontal ausdifferenzierte Multi-Level-Governance«[26] hinzutritt. Gemeint ist damit die Vervielfältigung politisch relevanter Entscheidungsstrukturen sowohl in Richtung übergeordneter vertikaler Ebenen (Bundesländer, Bund, EU) als auch horizontal innerhalb der Region in Richtung von Akteuren außerhalb des politischen Systems (z. B. Wirtschaftsakteure, freie Träger, Umwelt-NGOs). Hinzu kommt, dass soziale Netzwerke und IT-basierte Informationsdienstleistungen heute die Menschen selbst noch in den kleinsten Dörfern in großer Geschwindigkeit in die auch für die politische Meinungsbildung hoch relevanten global-lokalen Ströme und Netzwerke des Informationszeitalters einbinden.

Vor diesem Hintergrund muss man die Frage diskutieren, inwieweit sich hier noch von einer »Politik in ländlichen Räumen« sprechen lässt, gemäß der von Born vertretenen These, dass Governance-Strukturen / -Regime in ländlichen Räumen »einen ganz spezifischen Charakter aufweisen«[27]. Denn die »zunehmende Dichte der rechtlichen Regelungen, die die Spielräume der Kommunalpolitik unübersichtlich macht und schrumpfen lässt«, die Henkel kritisch hervorhebt,[28] führt auch in ländlichen Räumen zu einer Angleichung politischer Gestaltungs- und Aushandlungsprozesse. Komplexe Multi-Level-Governance-Systeme finden sich in ländlichen wie in verdichteten Räumen. Hilfreich wäre es hier erneut, die Grenze nicht in erster Linie zwischen städtischen und ländlichen Regionen zu ziehen, sondern die zuweilen großen Unterschiede in den Politik- und Machtstrukturen unterschiedlicher ländlicher Gemeinden und Regionen in den Blick zu nehmen. So ließen sich die differenzierten »lokalen politischen Geographien« ländlicher Regionen ausleuchten, die von »sterbenden Dörfern« in manchen Peripherien Ostdeutschlands bis zu politisch kraftvollen, mit starken ökonomischen und zivilgesellschaftlichen Akteuren versehenen Klein- und Mittelstädten in wirtschaftlich prosperierenden Regionen reichen können.

Die oben skizzierten Befunde beschränken sich nicht auf wissenschaftliche Analysen. Vielmehr zeugt z. B. das Bemühen um eine Stärkung lokal-regional differenzierter Ansätze in Politik und Planung von einer zunehmenden diesbezüglichen Sensibilisierung der politischen Gestaltungsebenen. Beispiele dafür finden sich in neueren Förderstrategien sowohl der EU als auch der nationalen Politik der vergangenen Dekaden (s. Beiträge von Danielzyk und Grabski-Kieron in diesem Band). Sie deuten eine zumindest graduelle Veränderung der übergeordneten Politikstile an. In diesem Sinne plädierte die OECD bereits 2006 für ein »neues Paradigma für den ländlichen Raum«, indem sie konstatierte: »Die Politik des ländlichen Raums hat sich zu einer eigenständigen Politikarena entwickelt, in der sich die betroffenen Länder darum bemühen, den spezifischen Bedürfnissen [unterschiedlicher] ländlicher Gebiete und der dort lebenden Bevölkerung gerecht zu werden und die gebotenen Chancen zu nutzen«[29] (s. auch Tab. 1).

Hinzu kam ein Paradigmenwechsel in der Regionalpolitik aufgrund der Beobachtung, dass regionale Umverteilungs- und Subventionspolitiken offensichtlich in vielen ländlichen Räumen allenfalls teilweise erfolgreich waren und sich existierende Disparitäten zwischen Regionen trotzdem häufig weiter vergrößert haben. Dieser führt in der Tendenz »von einer Top-down-Strategie, in der regionale Disparitäten mit Beihilfen reduziert werden sollen, zu einer breiter fundierten Familie von Politikmaßnahmen, die auf eine Verbesserung der regionalen Wettbewerbsfähigkeit abzielen«[30].

Auch wenn in solchem Vokabular Verweise auf den allgemeinen Zeittrend einer Neoliberalisierung politischer Steuerungen durchschimmern, sind damit nach der Zentralisierungseuphorie vergangener Dekaden wieder politische Formen möglich, die vorhandene Wirtschaftspotenziale regional differenziert fördern, lokal vorhandene Expertise aktivieren sowie spezifische Governance-Konzepte etablieren. In diesen Modellen werden zwar weiterhin nationale, regionale und lokale Politikebenen zusammengedacht, allerdings übernimmt die nationale Ebene eine zunehmend geringere Steuerungsrolle. Damit soll ein Politikstil möglich werden, der im Sinne eines »raumbezogenen Ansatzes«[31] die Spezifika der sehr unterschiedlich strukturierten ländlichen Regionen besser adressieren kann.

Tabelle 1: Das neue Paradigma für ländliche Räume aus Sicht der OECD

	Altes Konzept	Neues Konzept
Zielsetzungen	Ausgleich, Agrareinkommen, Agrarwettbewerbsfähigkeit	Wettbewerbsfähigkeit ländlicher Räume, Valorisierung lokaler Aktiva, Ausschöpfung ungenutzter Resoureen
Wichtigster Zielsektor	Landwirtschaft	Verschiedene Sektoren ländlicher Volkswirtschaften (z. B. ländlicher Tourismus, Verarbeitendes Gewerbe, IKT-Industrie usw.)
Wichtigste Instrumente	Subventionen	Investitionen
Wichtigste Akteure	Nationale Regierungen, Landwirte	Alle Regierungsebenen (supranational, regional und lokal), verschiedene lokale Stakeholder (öffentlich, privat, NRO)

Quelle: OECD 2006, S. 64[32]

Dies zeigte sich bereits Mitte der 2000er-Jahre auch in den inhaltlichen Segmenten für die entsprechende Förderstrategien unterschiedlicher Fachpolitiken. Sie markieren eine gewisse Abkehr von der dominierend auf die Landwirtschaft ausgerichteten politischen Förderung hin zu einer Strategie, die aus Sicht der OECD vor allem vier zentrale Politikbereiche umfasst:[33]
1. Infrastrukturpolitik: Sie beinhaltet zum einen die politische Förderung neuer, innovativer, an mittlere bis geringe Bevölkerungsdichten und regionalspezifische demographische Strukturen angepasste Formen des Verkehrs, zum anderen die politische Ermöglichung und Implementation leistungsfähiger Breitbandnetze, die in sehr unterschiedlichen Segmenten der regionalen Struktur nützlich werden können.
2. Gesundheits- und Bildungspolitik: Hier geht es insbesondere um die politische Ermöglichung und Förderung regional angepasster Bildungs-

und Gesundheitsdienstleistungen vor dem Hintergrund des sich in vielen ländlichen Räumen verschärfenden demographischen Wandels.
3. Identitätspolitik: Beim Schutz und der Inwertsetzung natur- und kulturräumlicher Identitäts- und Attraktivitätsfaktoren sind politische Steuerungen von der lokal-regionalen bis zur nationalen Ebene insbesondere dort notwendig, wo es um Attraktivitätswerte geht, »bei denen es sich um öffentliche Güter und / oder Externalitäten handelt, so dass es zur Aufrechterhaltung des entsprechenden Angebots [...] direkter staatlicher Eingriffe bedarf«[34].
4. Wirtschaftspolitik: Hier geht es um eine politische Förderung des ländlichen Unternehmertums, wobei diese Maßnahmen der Wirtschaftsförderung v. a. klein- und mittelständische Unternehmen in den Fokus nehmen, weniger die Hidden Champions, die von manchen ländlichen Regionen aus mit großer Kraft sowohl ihre lokal-regionalen Machtpotenziale ausspielen als auch ihre globalen Netzwerke betreiben.

Zusammenfassung und Schlussplädoyer

Dieser kurze Blick auf die Politik in ländlichen Räumen macht bereits deutlich, dass ländliche Räume in ihren politischen Geographien vielgestaltiger und unterschiedlicher sind, als einschlägige Vorurteile suggerieren. Belege und Beispiele dafür finden sich auf verschiedenen Ebenen. Auf der Makroebene von »Wahlgeographien« zeigt sich durch entsprechende Studien, dass die Bevölkerungen in unterschiedlichen ländlichen Regionen ein fallweise recht differenziertes Wahlverhalten an den Tag legen und dass dabei einfache Vorstellungen vom unterschiedlichen Wahlverhalten etwa zwischen Stadt und Land kaum sinnvolle Erklärungsansätze liefern. Sie werden erst relevant im Zusammenspiel mit sozialen und demographischen Differenzierungen des Wahlverhaltens, und gemeinsam führen diese für die Bundesrepublik zu einem deutlich komplexeren Mosaik regionaler Unterschiede des Politischen.

Auch beim Blick auf die Mikroebene der Politik in ländlichen Regionen muss man sich von alten Vorstellungsbildern verabschieden, dass die Gemeinden in ländlichen Räumen eine Art von besonderem Politikstil hervorbringen würden. Zum einen können die politischen, ökonomischen und sozialen Rahmenbedingungen in ländlichen Kommunen je nach den lokal-regionalen Möglichkeiten sehr stark auseinanderklaffen. Sie reichen von kraftvollen, ökonomisch und politisch ambitionierten ländlichen Mittelstädten bis zu peripher gelegenen schrumpfenden Kleingemeinden. Dies wirkt sich sowohl auf die politischen Zusammensetzungen und Dynamiken lokaler Governance-Systeme als auch auf deren Gestaltungsspielräume stark differenzierend aus. Hinzu kommt, dass alle Gemeinden, in den ländlichen wie auch in den verdichteten Regionen, heute mehr denn je in komplexe Multi-Level-Governance-Strukturen unterschiedlicher politisch-ökonomischer Einfluss- und Entscheidungsebenen (Bundesland, Bund, EU, globale Netzwerke und Entwicklungen) eingebunden sind, die lokale Spezifika und Freiheitsgrade beeinflussen und teilweise einschränken.

Insgesamt zeigen solche Befunde, dass Vorstellungen von einer spezifischen Politik in ländlichen Räumen eine Vereinfachung darstellen, die der aufmerksamen Betrachtung und Analyse entsprechender Situationen, Probleme und Möglichkeiten eher im Wege steht als nützt. Sinnvoller ist es, an ländliche Regionen und ihre Politik mit einem emanzipierten Respekt vor lokal-regionalen Differenzierungen und einem geschärften Blick für deren hybride Vernetzungen mit vielfältigen nationalen bis globalen Einflüssen heranzugehen. Aus einem solchen Blickwinkel heraus ist es möglich, die politischen Geographien ländlicher Räume in angemessener Weise in ihren unterschiedlichen Perspektiven, Dynamiken und regionalpolitischen Entwicklungen sichtbar zu machen.

Die Befunde sind damit – in einem übergeordneten und durchaus »politischen« Sinne – auch eine Warnung vor einem Denken in der »räumlichen Falle«. Unterscheidungen »politischer Räume« entlang der Kategorien von Stadt und Land sind eher eine Form der Abstraktion, oder, um es politisch-geographisch auszudrücken: eine gesellschaftliche *Raum-Produktion*. Sie mögen auf den ersten Blick eine gewisse Übersicht und Ordnung in die »politische Landschaft« bringen. Gleichzeitig bergen sie aber die Gefahr, zu vergessen, dass (auch) in ländlichen Regionen Menschen mit sehr unterschiedlichen politischen Ansichten, Traditionen und Utopien leben, die – sofern sie denn im Rahmen von Grundgesetz und Verfassung unseres Landes operieren – in einer lebendigen Demokratie miteinander in einem konstruktiven, respektvollen Streit die Entwicklungspfade und Perspektiven für die Zukünfte unserer ländlichen Regionen aushandeln.

Anmerkungen

1 Karl Martin Born, Komplexe Steuerung in ländlichen Räumen. Herausforderungen und Perspektiven von Governance in einer spezifischen Raumkategorie, in: Wilfried Kürschner (Hrsg.), Der ländliche Raum. Politik – Wirtschaft – Gesellschaft, Münster 2017, S. 10 f.
2 K. M. Born (Anm. 1), S. 11.
3 Vgl. Doreen Massey, A Global Sense of Place, in: Anton Escher und Sandra Petermann (Hrsg.), Raum und Ort (Basistexte Geographie Band 1), Stuttgart 2016, S. 191 – 200.
4 Michael Mießner / Matthias Naumann (Hrsg.), Kritische Geographien ländlicher Entwicklung. Globale Transformationen und lokale Herausforderungen, Münster 2019.
5 Hans-Georg Wehling, Dorfpolitik. Fachwissenschaftliche Analysen und didaktische Hilfen, Berlin 1978, S. 9.
6 Vgl. H.-G. Wehling (Anm. 5).
7 Martin Jacobs, Bundestagswahl 2017: Faktorenanalyse. Dimensionen der sozialen und ökonomischen Struktur und Wahlverhalten, in: Statistische Monatshefte Rheinland-Pfalz 5 (2018), S. 311.
8 Vgl. M. Jacobs (Anm. 7), S. 322.
9 Vgl. M. Jacobs (Anm. 7), S. 322.
10 Tim Leibert / Stefan Haunstein, Wahlverhalten macht zunehmende Differenzierung der Gesellschaft deutlich, in: Nationalatlas aktuell 12 (2018).
11 Vgl. T. Leibert / S. Haunstein (Anm. 10), o. S.
12 Vgl. T. Leibert / S. Haunstein (Anm. 10).
13 Vgl. T. Leibert / S. Haunstein (Anm. 10), o. S.
14 Vgl. H.-G. Wehling (Anm. 5), S. 19.
15 Gerhard Henkel, Der Ländliche Raum. Studienbücher der Geographie, Berlin – Stuttgart 2004.
16 Utz Jeggle / Albert Ilien, Die Dorfgemeinschaft als Not- und Terrorzusammenhang. Ein Beitrag zur Sozialgeschichte des Dorfes und zur Sozialpsychologie seiner Bewohner, in: H.-G. Wehling (Anm. 5); Jörg Bogumil / Lars Holtkamp, Kommunalpolitik und Kommunalverwaltung. Eine policyorientierte Einführung, Wiesbaden 2006.
17 https://leibniz-irs.de/forschung/projekte/projekt/schluesselfiguren-als-triebkraefte-in-der-raumentwicklung (abgerufen am 26.7.2019).
18 Cordula Kropp, Local Governance – Modewort oder wichtiger Ansatz für die Zukunft ländlicher Räume?, in: Silke Franke / Manfred Miosga / Sören Schübel-Rutschmann (Hrsg.), Impulse zur Zukunft des ländlichen Raums in Bayern. Positionen des Wissenschaftlichen Kuratoriums der Bayerischen Akademie Ländlicher Raum, München 2015, veröffentlicht als pdf-Datei über Researchgate, https://www.researchgate.net/publication/283725666, o. S. (abgerufen am 11.2.2020).
19 Herbert Schneider, Dorfpolitik, in: Roland Roth / Hellmut Wollmann (Hrsg.), Kommunalpolitik. Politisches Handeln in den Gemeinden, Wiesbaden 1994, S. 122.
20 Vgl. K. M. Born (Anm. 1), S. 11.
21 Zu den möglichen Machtdynamiken dieser Entwicklung im ländlichen Raum vgl. exemplarisch: Paul Reuber, Gemeindegebietsreform und Zentralität. Lokale Ent-

scheidungskonflikte und ihre räumlichen Folgen. Das Beispiel Lennestadt, in: Berichte zur deutschen Landeskunde 70 (1976), S. 503–521; Paul Reuber, Raumbezogene politische Konflikte. Geographische Konfliktforschung am Beispiel von Gemeindegebietsreformen, Stuttgart 1999.

22 Dietrich Tränhardt, Die Kommunen und die Europäische Gemeinschaft, in: R. Roth / H. Wollmann (Anm. 19).
23 Vgl. G. Henkel (Anm. 15), S. 275.
24 Vgl. K. M. Born (Anm. 1), S. 18.
25 Vgl. Arthur Benz / Susanne Lutz / Uwe Schimank / Georg Simonis (Hrsg.), Handbuch Governance. Theoretische Grundlagen und empirische Anwendungsfelder, Wiesbaden 2007; Fritz W. Scharpf, Regieren im europäischen Mehrebenensystem – Ansätze zu einer Theorie, in: Leviathan – Zeitschrift für Sozialwissenschaften 30 (1), 2002, S. 65–87.
26 Vgl. K. M. Born (Anm. 1), S. 18.
27 Vgl. K. M. Born (Anm. 1), S. 18 ff.
28 G. Henkel (Anm. 15), S. 365.
29 OECD, Das neue Paradigma für den ländlichen Raum. Politik und Governance. OECD-Berichte über die Politik für den ländlichen Raum, o. O. 2006.
30 Vgl. OECD (Anm. 29), S. 63.
31 Vgl. OECD (Anm. 29), S. 63.
32 OECD (Anm. 29).
33 Vgl. OECD (Anm. 29), S. 63 f.
34 Vgl. OECD (Anm. 29), S. 78.

Judith Miggelbrink

Ländliche Räume – strukturschwach, peripher, abgehängt?

»Wenn Unterschiede in den Lebensverhältnissen zu einem Nachteil werden, muss sich die Politik kümmern.«[1] Mit diesen Worten wird der Bundesminister des Innern, Horst Seehofer, als Vorsitzender der Kommission »Gleichwertige Lebensverhältnisse«[2] anlässlich der Vorstellung des abschließenden Berichts dieser Kommission am 10. Juli 2019 in Berlin zitiert. Noch am selben Tag kommentiert Agrarheute.com, eine vom Deutschen Landwirtschaftsverlag betriebene Website, diesen Bericht unter der Überschrift »Das Land soll nicht weiter abgehängt werden«[3]. Auch wenn die Fokussierung der Kommissionsarbeit auf »das Land« sicherlich der Klientel des Verlags geschuldet ist, so ist doch bemerkenswert, dass in diesem Zusammenhang »das Land« ziemlich pauschal als abgehängt beziehungsweise als vom Abgehängt-Werden bedroht dargestellt wird.

Im Begriff des Abgehängt-Seins werden aktuell von ganz unterschiedlichen Seiten viele negative Erfahrungen und problematische Entwicklungen gefasst, gebündelt und gespiegelt. Er ist eine Chiffre vor allem für das, was als Folgelasten des Beitritts der DDR zu einem gesamtdeutschen Staat empfunden wird, und – ganz allgemein – ein Kristallisationspunkt für die Probleme in ländlichen Räumen: Abwanderung und Alterung der Bevölkerung, mangelhafte technische und soziale Infrastruktur, eine als unzureichend empfundene politische Repräsentation. Und es ist dieser Begriff, der immer dann fällt, wenn es darum geht, ein Erstarken rechter politischer Positionen und die Wahlerfolge der AfD zu erklären. Ob und in welchem Ausmaß dies zutrifft und wie dies theoretisch gefasst und methodisch nachgewiesen werden kann, wird aktuell intensiv diskutiert.[4] Der Bericht der Kommission »Gleichwertige Lebensverhältnisse« kennt allerdings keine *abgehängten* Regionen – weder städtische noch ländliche – , sondern nur »strukturschwache«[5], die – wie es die Wortwahl nahelegt – gefördert werden müssen, um »Strukturstärke« zu gewinnen. Die Unterscheidung von »städtisch« bzw. »urban« und »ländlich« durchzieht den gesamten Text; zugleich macht der Bericht aber auch deutlich, dass »Strukturschwäche« – eine zentrale Vokabel zur Kennzeichnung räumlicher Einheiten anhand von Indikatoren – sowohl in städtischen als auch in ländlichen Räumen beobachtet werden kann und zu beheben ist[6]. Wenn also ländliche Räume als strukturschwach, abgehängt oder – eine dritte Variante – als peripher bezeichnet werden, dann stehen dahinter unterschiedliche Deutungsweisen, aber auch unterschiedliche gesellschaftliche Arenen, in denen bestimmte Begriffe verankert sind und benutzt werden, während andere vielleicht eher vermieden werden. Weil Sprache Denken und Handeln strukturiert und legitimiert, weil Begriffe immer auch strategische Bedeutungen haben, ist es sinnvoll, sich näher damit auseinanderzusetzen, wovon denn die Rede ist, wenn ländliche Räume als strukturschwach, peripher oder abgehängt wahrgenommen und gekennzeichnet werden. Zu dieser Auseinandersetzung will der Text beitragen.

»Strukturschwach«, »peripher«, »abgehängt« – wie ländliche Räume verhandelt werden

Strukturschwach ist eine – angesichts ihrer Omnipräsenz in Regierungs- und regierungsnahen Schriften – erstaunlich unscharf definierte Vokabel. Sie wird primär verwendet, um innerstaatliche Gegensätze zwischen Wachstumsregionen und solchen Gebieten zu kennzeichnen, die in der raumordnungspolitischen Sprache der alten Bundesrepublik lange Zeit als »hinter der allgemeinen Entwicklung zurückgeblieben«[7] galten. Zur Bestimmung solcher Gebiete dienten diverse Indikatoren: Arbeitslosenrate und durchschnittliche Löhne, Industriebesatz und Erreichbarkeiten, Bildungseinrichtungen und andere Infrastrukturen. Diese Gebiete wurden zwar nicht gänzlich gleichgesetzt mit ländlichen Räumen, als aus heutiger Sicht schon fast klassische Beispiele galten aber das Emsland, der Bayerische und der Oberpfälzer Wald sowie die Eifel[8] (s. Beiträge von Schüpp / Kühne und Schwarze in diesem Band).

Sowohl in der älteren, wohlfahrtsstaatlich ausgerichteten Variante als auch in der heutigen wettbewerbsstaatlichen Rede von strukturschwachen Regionen sind primär wachsende interregionale Disparitäten vor dem Hintergrund eines staatlichen Interesses an Stabilität durch sozialen Ausgleich gemeint.[9] Im Kontext raumordnerischen Handelns auf verschiedenen Maßstabsebenen sind strukturschwache Gebiete Räume mit einem besonderen Interventionsbedarf des Staates, um ein Auseinanderdriften der Lebensverhältnisse (z.B. in Bezug auf die Arbeitsmarkt- und Lohnentwicklung) zu verhindern. Das kann zum einen konjunkturell bedingt sein, wobei Rezessionen natürlich nicht ausschließlich ländliche Räume,

Holzheim in der Eifel
© Stefan Schmitz

diese aber tendenziell stärker treffen.[10] Wenn Strukturschwäche festgestellt wird, kann dies zum anderen aber auch Folge einer verstetigten Bevorzugung bestimmter struktureller Raumkategorien – Großstädte und Agglomerationsräume – sein. Eine solche Begünstigung des Urbanen spiegelt beispielsweise die Äußerung der Bundesministerin für Bildung und Forschung, Anja Karliczek, wider, der Mobilfunkstandard 5G sei »nicht an jeder Milchkanne notwendig«[11]. Neben konjunkturellen und raumordnerischen Einflüssen ist ein dritter Kontext, in dem Strukturschwäche zur raumdifferenzierenden Variable wurde, der Beitritt der DDR zum Gebiet der Bundesrepublik. In diesem Fall ist sie nicht an die Differenz von Stadt und Land gekoppelt, sondern eher als »Systemerbe« aufgefasst worden – durchaus aber mit der Abstufung, dass vereinigungsbedingte Krisensymptome (u. a. Abwanderung, Deindustrialisierung, Arbeitsplatzverluste in der Landwirtschaft) in den ländlich-kleinstädtischen Räumen noch tiefer ausgeprägt und zäher sind als in den größeren Städten.

Peripher ist dagegen anders konnotiert: In einer auf den ersten Blick simplen Lesart kann darunter die randliche Lage in einem Territorium oder Herrschaftsgebiet verstanden werden. Peripher verweist auf den Aufwand, den es gemessen in Zeit, Kosten, Mühen bedeutet, von einem Zentrum dorthin bzw. von dort ins Zentrum zu gelangen. Peripherie kann also mit mangelnder Erreichbarkeit gleichgesetzt werden: lange Fahrtzeiten mit dem Pkw, schlechte Anbindung an den schienengebundenen Verkehr, schlechte Taktzeiten bei Bus und Bahn; aber auch mangelnder Zugang zum »schnellen Internet« (≥ 50 MBit/s).

Schon in dieser auf Erreichbarkeit heruntergebrochenen Lesart wird deutlich, dass Peripheralität eine relationale Kategorie ist: Peripher ist etwas im Verhältnis zu einem Zentrum. Es geht also nicht um einen absoluten Raum, sondern um ein gesellschaftliches Verhältnis, in dem es ein Zentrum und davon abhängige, kontrollierte und auf dieses Zentrum hin ausgerichtete Peripherien gibt. Jenseits einer bloßen Lagebeziehung ist damit häufig eine ökonomische Abhängigkeit gemeint, z. B. in dem Sinne, dass Peripherien reine Rohstofflieferanten oder nur Absatzorte von Konsumgütern sind, während Zentren durch die Kontrolle über die Produktion und die Konzentration von Entscheidungsprozessen gekennzeichnet sind. Zentrum-Peripherie-Beziehungen sind mithin durch Wertschöpfungsverluste aufseiten der Peripherie, geringe politische Repräsentanz und Gestaltungsmöglichkeiten sowie durch eingeschränkte Möglichkeiten gesellschaftlicher Normsetzung und diskursiver Gestaltung gekennzeichnet.[12]

Der heute oft verwendete Begriff der *Peripherisierung* bringt nicht nur den relationalen Charakter des Verhältnisses zum Ausdruck, sondern auch dessen prozessualen Charakter: Peripherien werden hergestellt und reproduziert.[13] Was das jeweilige Zentrum ist, ist keineswegs immer klar bestimmbar und lokalisierbar; es kann sich um »die Hauptstadt«, ein Regierungszentrum, die Mehrheitsgesellschaft gegenüber einer Minderheitsgesellschaft, aber auch um die Zentrale eines Konzerns handeln, der die lokale bzw. regionale Wirtschaft dominiert.

Ökonomische Abhängigkeitsverhältnisse lassen sich vermutlich für viele ländliche Räume rekonstruieren, sie sind aber keineswegs darauf beschränkt. Dependenzen basieren auf Machtbeziehungen, die politischer, aber auch symbolisch-kultureller Art sein können – Ersteres, wenn Entscheidungen »weit weg« in Berlin oder Brüssel oder von einer Konzernverwaltung in München getroffen werden, Letzteres beispielsweise, wenn Normen des Verhaltens, Sprechens, Geschmacks einseitig durchgesetzt und andere Normen abgewertet werden. Eine solche normative Herabsetzung kommt – in Bezug auf ländliche Räume – beispielsweise im Begriff des »Landeis« zum Ausdruck oder auch im Belächeln als »ländlich« empfundener Sprechweisen und Dialekte (s. Beitrag von Priebs in diesem Band).

Tatsächlich kann man die Geschichte der Industrialisierung als Geschichte der Verflechtung von Industrialisierung und Urbanisierung lesen, in der »das Land« primär als Lieferant billiger, oft wenig gebildeter Arbeitskräfte sowie von Lebensmitteln für die Ernährung einer wachsenden urbanen Bevölkerung gesehen wird. Diese Funktionalisierung des ländlichen Raums als Komplementärraum für eine moderne, urbane Gesellschaft findet sich bis in die Redeweise vom ländlichen Raum als »Ergänzungsraum« – mit dem scheinbar paradoxen Effekt, dass die städtische Bevölkerung auf eine »Denaturierung« des ländlichen Raums empfindlicher reagiert als die ländliche Bevölkerung.[14] Die Durchsetzung von als »städtisch« oder »urban« empfundenen oder als solche markierten Normen, Orientierungen und Verhaltensweisen bewirken also eine Peripherisierung entsprechender »ländlich« konnotierter Normen, Orientierungen und Verhaltensweisen. Ralf Dahrendorf hat für die alte Bundesrepublik schon in den 1960er-Jahren mit der Formel von der »katholischen Arbeitertochter vom Lande« auf strukturelle Diskrepanzen – insbesondere Bildungsungleichheiten – hingewiesen, die sich in tendenziell abschätzigen Stereotypisierungen spiegelten und letztlich in unterschiedlichen Lebenschancen niederschlügen.[15]

Dahrendorfs Formel benennt aber mehr als nur Ungleichheiten, die eine Differenz von »Stadt« und »Land« reproduzieren. Vielmehr fasst seine Formel von der »katholischen Arbeitertochter vom Lande«, dass Benachteiligungen und gesellschaftliche Ausschlüsse sich durch unterschiedliche, einander überlagernde und verstärkende gesellschaftliche Kategorien entfalten. Individuen erfahren Randständigkeit – Marginalisierung – im gesellschaftlichen Gefüge mithin nicht (nur) als Arbeiterkinder, nicht nur, weil sie in ländlichen Verhältnissen aufwachsen, sondern auch, weil sie in – vermeintlich oder tatsächlich – modernisierungsskeptischen Milieus *und* als Frauen aufwachsen. Das heißt: Ob und wie sich ökonomische, politische und symbolische Peripherisierungen auswirken, ist wesentlich davon abhängig, wie sie mit sozialen Kategorien verflochten sind, denen Menschen angehören bzw. zugerechnet werden. Und folglich sind auch dann, wenn Menschen in ähnlicher Weise in *peripherisierten* Verhältnissen leben, die Marginalisierungen, die sie individuell erfahren, nicht gleich. Es ist aber unter Bedingungen der Peripherisierung wahrscheinlicher, dass sozial-kategoriale Benachteiligungen individuell und gruppenbezogen kumulieren.[16] Prozesse der Peripherisierung – der Entstehung und Verstärkung ökonomischer Abhängigkeit sowie der politischen und kulturell-symbolischen Unterwerfung – prägen die möglichen Positionen, die ein Mensch als gesellschaftliches Subjekt einnehmen kann und gegen die es sich ggf. auflehnen wird.[17]

Abgehängt dagegen ist ein Begriff, der weniger in wissenschaftlichen als vor allem in politischen Debatten verortet ist; er bezeichnet die Wahrnehmung eines *Verlustes*, eines Nicht-mehr-Dazugehörens, einer meist unge-

Dermbach in der Rhön
© Stefan Schmitz

wollten Abkopplung, eines Ausschlusses. Abgehängt bezeichnet keine konkrete Form, etwa eine strukturelle Situation im Sinne der Strukturschwäche oder eine konkrete Ausformung von Abhängigkeit im Sinne der Peripherisierung. Abgehängt meint vielmehr die Wahrnehmung eines sozialen Verhältnisses, in dem Individuen bzw. die soziale Gruppe, der sie sich zurechnen, sich als nicht mehr ganz zu einem sozialen Gebilde – einer Gemeinschaft, einem Staat – zugehörig empfinden. Sie fühlen sich innerhalb der Gemeinschaft an den Rand gedrängt. Assoziiert wird damit ein nicht immer klar fassbarer Zustand bzw. eine drohende Situation des Nicht-Teilhaben-Könnens, des Ausgeschlossen-Werdens, aber auch des Vergessens-worden-Seins und einer Asymmetrie öffentlicher bzw. politischer Aufmerksamkeit. Abstrakter lässt sich diese Situation als subjektive Empfindung einer Abkopplung und Entfremdung beschreiben.[18]

Für das Verständnis dieser Zustandsbeschreibung ist es aufschlussreich zu erkennen, welche Ursachen als Erklärung angeboten oder bereitgestellt werden. Ebenso wichtig ist es zu verstehen, ob und wie die wahrgenommene Situation des Abgehängt-Seins bzw. Abgehängt-Werdens und deren vermutete Ursachen räumlich repräsentiert werden. Gerade weil Abgehängt-Sein wesentlich auf individuelle und kollektive *Erfahrungen* bezogen ist, lassen sich Kausalitäten nur schwer fassen. In öffentlichen und politischen Debatten sind Ursachen weniger geprüfte Kausalzusammenhänge, sondern vielmehr als hinreichend plausibel angenommene und legitim empfundene Deutungen, wie eine bestimmte Situation entstanden ist, warum sie so ist, wie sie ist – und ggf. auch, wer sie verursacht hat.[19] Vielfältige, vielleicht schon über mehrere Generationen aufgeschichtete Folgen ökonomischer, politischer und soziokultureller Peripherisierungen, die sich biografisch niederschlagen, begünstigen eine Wahrnehmung des Abgehängt-Seins aber vermutlich.

Die Rede vom Abgehängt-Sein verbindet subjektive Erfahrungen, Emotionen und Affekte mit strukturellen Defiziten. Wenn »Abgehängt-Sein« die sprachliche Form ist, die über lange Zeit, vielleicht schon generationenübergreifend Erfahrungen bündelt und fokussiert – wenn also beispielsweise hohe Arbeitslosigkeit, prekäre Beschäftigungsverhältnisse, Abwanderung und defizitäre technische und soziale Infrastrukturen prägende Momente des Alltagslebens geworden sind – dann *kann* »Strukturschwäche« als Beschreibung wie auch als (mögliche) Erklärung dieses Zustands dienen. Das bedeutet aber nicht, dass »Strukturschwäche« eine hinlängliche Erklärung für ein Gefühl des Abgehängt-Seins ist. Denn wenn sich das Gefühl des Abgehängt-Seins auch aus politischer Fremdbestimmung oder kulturellen Hegemonieansprüchen und aus daraus resultierenden tief greifenden existenziellen Verunsicherungen nährt, dann sagen Momentaufnahmen zur »Strukturschwäche« oder »-stärke« verhältnismäßig wenig aus über die Wahrnehmungen von Menschen in ihren jeweiligen lokalen bzw. regionalen Lebensumfeldern.

Weil *Abgehängt-Sein* stärker als die beiden anderen Begriffe emotional besetzt ist, auf ein Lebensgefühl zielt und zugleich hinreichend unscharf ist, lässt er sich politisch relativ leicht nutzen. Gerade deswegen ist aber sowohl die rhetorische Verknüpfung von Erfahrungen des Abgehängt-Seins und angenommenen politischen Folgen (rechte politische Orientierung) kritisch zu hinterfragen. Diese Erfahrung bedingt keine bestimmte politische Orientierung, macht aber vielleicht anfälliger für Deutungsangebote und Änderungsversprechen.

Ebenso kritisch zu hinterfragen ist auch die rhetorische Verknüpfung von Abgehängt-Sein mit bestimmten raumstrukturellen Kategorien. Erfahrungen des Abgehängt-Seins sind nicht eindeutig kausal auf bestimmte Raumkategorien wie »ländlicher Raum« oder »strukturschwacher Raum« beziehbar; abgehängt kann man sich auch – und vielleicht gerade – in »blühenden Landschaften« fühlen. Es führt weiter – bei grundsätzlich vielschichtigen Verursachungszusammenhängen – , danach zu fragen, wie Gefühle des Abgehängt-Seins mit der Einbindung und Einbettung von

Lebenswelten in ökonomische, politische und andere soziale Abhängigkeiten zusammenhängen. Problematisch werden sie dann, wenn sie zugleich eine Entfremdung vom Staat erzeugen.[20]

Die räumlichen Bezüge, die in öffentlichen Debatten, in privaten Gesprächen, in politischen Auseinandersetzungen oder bei anderen Anlässen gewählt werden, können je nach Situation und Kontext variieren: Mal wird dann Abgehängt-Sein mit der Lage fern der identifizierten Machtzentren (»Berlin«, »Brüssel«) assoziiert, mal mit der Nähe zur Staatsgrenze, mal mit dem Strukturwandel einer Region, mal mit Ländlichkeit oder ländlichen Räumen. Abgehängt-Sein ist die sprachliche Form, mit der Marginalisierungserfahrungen kommunizierbar und damit gesellschaftlich verhandelbar gemacht werden. In den jeweiligen *räumlichen* Zuschreibungen können Erklärungen für die Ursachen des empfundenen Abgehängt-Seins stecken, sie sind aber häufig implizit und fragmentarisch – etwa in der Form: Berlin ist weit weg, daher verstehen/sehen »die« unsere Probleme nicht und wir sind »denen« auch nicht wichtig (genug).

Zusammenfassend ist festzuhalten: Wesentliche Begriffe, mit denen »ländliche Räume« und »ländliche Lebensverhältnisse« verknüpft werden, sind in unterschiedlichen diskursiven Kontexten verankert. Im *Zentrum-Peripherie-Diskurs* stehen primär sozioökonomische und politische Abhängigkeits- und Dominanzbeziehungen. *Abgehängt-Sein* verweist vor allem auf die individuelle wie kollektive Erfahrung der Ablösung von einem Gemeinwesen, des Ausschlusses und einer drohenden oder schon eingetretenen Missachtung. Stärker als beim Begriff der Peripherisierung wird hier eine emotionale und subjektive Komponente angesprochen, die über ökonomische Verteilungsfragen hinausgeht und auch mit politischer Teilhabe nicht vollständig erfasst wird. Die subjektive Relevanz von Peripherisierungsprozessen wird im Konzept der Marginalisierung angesprochen als Erfahrung multipler Ausschlüsse. Diese können zwar ökonomische Gründe haben – ein niedriges Einkommen hat unleugbar Auswirkungen auf gesellschaftliche Teilhabemöglichkeiten – , Ausschlüsse werden aber nicht zuletzt vermittelt durch Abhängigkeiten, Stigmatisierungen, Verachtung. Aussagen zur *Strukturschwäche* schließlich sind eher einem planerischen Diskurs zuzurechnen, der sich auf eine indikatorenbasierte Analyse stützt, um in objektivierender Weise Interventionsbedarfe zu ermitteln sowie eine auf räumlichen Ausgleich ausgerichtete Politik vorzubereiten und zu legitimieren (s. Beitrag von Danielzyk in diesem Band).

Allen drei Ansätzen ist gemeinsam, dass sie – sobald sie mit räumlichen Vorstellungen verknüpft werden – tendenziell soziale Differenzen nivellieren. In ländlichen Räumen zu leben, führt nicht zwangsläufig zu einer subjektiven Erfahrung des Abgehängt-Seins – selbst dann nicht, wenn

diese Räume den Kriterien der Strukturschwäche entsprechen. Dennoch ist die Assoziation von Stadt und Zentrum versus Land und Peripherie nicht grundlegend falsch. In diesem Zusammenhang sind meines Erachtens zwei Fragen zentral:
1. Erstens geht es um die Frage, wie »der ländliche Raum« und »ländliche Lebensverhältnisse« in Prozesse der Arbeitsteilung – nicht zuletzt zunehmend in globalisierte Produktionsprozesse und Finanzströme[21] –, in Formen politischer Organisation und Repräsentation und in kulturell-symbolische Ordnungen eingebunden sind.
2. Zweitens geht es darum, wie sich diese räumlich manifestierten Lebensverhältnisse in individuelle Biografien einschreiben; wie sie mit Bedingungen der Sozialisation und mit individuellen Haltungen, Sichtweisen und Entscheidungen zusammenhängen, die das Alltagsleben formen und durchziehen.

Diese Fragen lassen sich in diesem Rahmen nicht abschließend beantworten. Für beide Aspekte ist es aber wichtig, einerseits strukturelle Disparitäten als Voraussetzungen für gesellschaftliche Teilhabemöglichkeiten in den Blick zu nehmen und sich dabei von einer vorschnellen Reduktion auf einen Stadt-Land-Gegensatz zu verabschieden und andererseits dezidierter als bislang üblich nach dem Zusammenhang zwischen räumlich-strukturellen Defiziten und deren subjektiver Relevanz zu fragen.

Teilhabe am gesellschaftlichen Leben – objektive Möglichkeiten und subjektive Wahrnehmung

Räumliche Unterschiede der Teilhabemöglichkeiten quer zur Stadt-Land-Unterscheidung

2017 stellten mehrere Abgeordnete der Fraktion Bündnis 90 / Die Grünen eine Kleine Anfrage an den Bundestag zur Identifikation von Regionen in Deutschland mit »stark unterdurchschnittlichen« und »sehr stark unterdurchschnittlichen Lebensverhältnissen«, die vonseiten der Bundesregierung mithilfe einer Untersuchung des Bundesinstituts für Bau-, Stadt- und Raumforschung (BBSR) beantwortet wurde.[22] Demnach leben sowohl in Mecklenburg-Vorpommern als auch in Sachsen-Anhalt über 30% der Bevölkerung in Regionen mit »sehr stark unterdurchschnittlichen Lebensverhältnissen« und noch einmal 28 bzw. 37% in »stark unterdurchschnittlichen Lebensverhältnissen«. Deutschlandweit fallen mit Ausnahme der Stadt Herne ausschließlich ländlich-kleinstädtisch geprägte Kreise in diese Kategorie.[23] Auch der 2019 erschienene »Teilhabeatlas« des Berlin-Instituts für Bevölkerung und Entwicklung[24] arbeitet innerstaatliche Disparitäten als Unterschiede in den Teilhabemöglichkeiten am gesellschaftlichen Leben heraus. Er verwendet dafür haushaltsbezogene (vor allem soziale) wie auch auf die räumliche-politische Organisation bezogene Indikatoren (u. a. kommunale Finanzen): »Wie viel Geld haben die Haushalte im Schnitt zur Verfügung? Welche finanziellen Spielräume haben die Kommunen, um eine Kita oder ein Schwimmbad zu betreiben? Wie einfach lassen sich Apotheke, Supermarkt oder Oberschule erreichen? Und können die Menschen zügig im Internet surfen oder müssen sie in der digitalen Wüste leben?«[25] Anhand dieser Leitfragen werden »städtische« und »ländliche« Kreise nach Ähnlichkeiten clusteranalytisch differenziert, wobei die Unterscheidung von Stadt und Land bereits als gegeben vorausgesetzt wird.

Ausgewiesen wird u. a. eine Gruppe der »abgehängten Regionen« innerhalb der Gruppe der »ländlichen Kreise«. Das sind ländliche Regionen mit einer Kombination der Merkmale »hohe SGB-II-Abhängigkeit, geringes Einkommen, geringes Steueraufkommen, sehr hoher Anteil Schulabbrecher, geringe Lebenserwartung, stärkere Abwanderung, geringe Breitbandversorgung, sehr geringe Nahversorgung«[26]. Diese Kategorie umfasst die gesamte Fläche der neuen Länder mit folgenden Ausnahmen: die großen Städte, die bis auf Dresden und Potsdam zur Gruppe der »Städte mit Problemlagen«[27] gehören, die »Kragenkreise« rund um Berlin (ohne den Kreis Märkisch-Oderland und den Landkreis Oder-Spree) sowie die Kreise Leipziger Land und Meißen. Im Westen fallen lediglich die Kreise Aurich, Leer und Friesland (Niedersachsen), Merzig-Wadern (Saarland), der Donnersbergkreis und der Kreis Kusel (Rheinland-Pfalz) sowie die Kreise Heide und Schleswig (Schleswig-Holstein) in diese Gruppe (s. Abb. 1). Von der Kategorie der »Städte mit Problemlagen« unterscheidet sich diese Gruppe interessanterweise in zwei Punkten: In den Städten sind die Breitbandversorgung und die Nahversorgung besser.

Die Gruppe der »abgehängten Regionen« deckt sich zudem relativ gut mit den Kreisen, die laut Kommission für gleichwertige Lebensverhältnisse über die geringsten kommunalen Einnahmen aus Einkommens- und Umsatzsteuern verfügen (< 350 €/E)[28]. Zudem handelt es sich um Kreise, in denen viele Kommunen besonders hohe Ausgaben für die Kosten der Unterkunft und Heizung nach dem Sozialgesetzbuch (teilweise > 20 €/E) zu tragen haben. Dieses Merkmal teilen die »abgehängten Regionen« allerdings nicht mit anderen ländlichen Räumen, sondern u. a. mit Städten im Ruhrgebiet. Nutzt man die oben genannten Indikatoren, sticht also weniger die Unterscheidung zwischen Stadt und Land hervor als vielmehr die zwischen Kreisen, in denen die Finanzsituation der Kommunen relativ gut ist, und solchen mit hoher Verschuldung, hohen Kassenkrediten und geringen Einnahmen.

Abbildung 1: Clusteranalyse der Kreise und kreisfreien Städte in Deutschland zu unterschiedlichen Teilhabechancen

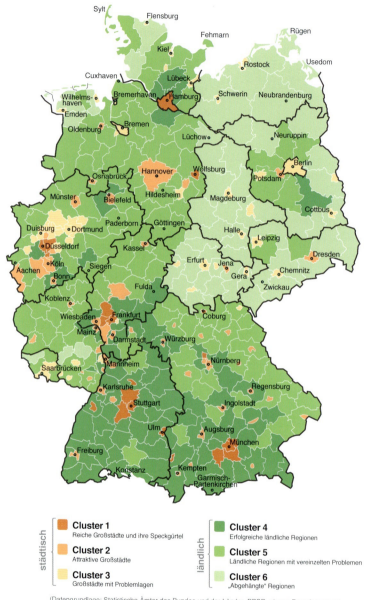

Quelle: Verändert nach Berlin-Institut für Bevölkerung und Entwicklung 2019, S. 12[29]

Dieses räumliche Bild zeigt, dass a) die Mehrzahl der Kreise inklusive zahlreicher Städte im Osten Deutschlands (mit Ausnahme der Großstädte und ihres jeweiligen Umlands) und b) im Westen primär Altindustriestädte im Ruhrgebiet eine ähnliche Situation aufweisen. Aus diesen Beobachtungen lässt sich mit Vorsicht schließen, dass wir gegenwärtig zwei Peripherisierungsprozesse beobachten können: einen, der (Teile von) altindustrielle(n) Regionen betrifft, deren massive ökonomische Entwertung nach wie vor nicht ausgeglichen werden konnte, und einen, der aus den für den Osten und Westen Deutschlands ungleichen Folgen des Beitritts der DDR zur Bundesrepublik resultiert. Beiden gemeinsam ist, dass sie nicht als isolierte innerdeutsche Prozesse betrachtet werden dürfen, sondern im Kontext der ökonomischen und politischen Einbettung von Staat und Wirtschaft in eine globalisierte Welt zu verstehen,[30] also auch nicht allein auf der nationalen Ebene lösbar sind.

Abschließend noch ein Blick auf den Zusammenhang zwischen räumlicher Dimension und subjektiver Wahrnehmung.

Subjektive Perspektiven von Bewohnerinnen und Bewohnern »abgehängter Regionen«

Für die Bewohnerinnen und Bewohner ländlicher Räume stellen sich diese Diagnosen auf den ersten Blick als Verteilungs- und Zugangsfragen dar: Unter Bedingungen der Schrumpfung – ein wesentliches Problem der ländlichen Räume im Osten Deutschlands – wird die Möglichkeit, Dienstleistungen zu nutzen, erschwert oder verhindert (z. B. Rückgang der Zahl der Allgemeinärzte, aber auch schlechte ÖPNV-Abdeckung). Hinzu kommen Gebiets- und Verwaltungsreformen, deren Sinnhaftigkeit die Bürgerinnen und Bürger nicht nachvollziehen können. Dabei geht es nicht nur um kommunale Gebietsreformen, durch die teilweise extrem große Territorien geschaffen werden – Gardelegen in Sachsen-Anhalt ist gemessen an der Fläche nach Berlin und Hamburg die drittgrößte Gemeinde Deutschlands –, sondern um eine Ausdünnung bzw. einen Rückzug des Staates; auch die beiden großen Kirchen schaffen durch die Zusammenlegung ursprünglich selbstständiger Gemeinden sehr viele größere Verwaltungseinheiten[31].

Versteht man Staat als Form der territorialen Organisation von Gesellschaft, dann bedeutet ein »Rückzug aus der Fläche«, dass die territoriale Organisation weniger dicht wird: Wege verlängern sich, bestimmte Dienstleistungen werden nur noch an einem Standort in einer großflächigen Kommune angeboten, das örtliche Krankenhaus verschwindet zugunsten einer größeren Klinik, ein Dorffest findet nur noch statt, wenn

Auf Rügen, Mecklenburg-Vorpommern
© Stefan Schmitz

sich ehrenamtlich geführte Vereine darum kümmern usw.³² Das muss nicht per se negativ sein, es *kann* als Chance zur eigenverantwortlichen Gestaltung begriffen werden. Es ist aber ein tief greifender Einschnitt, und man muss zunächst einmal »Entfremdungstendenzen«³³ in Rechnung stellen, die besonders dann zu erwarten sind, wenn die politische und administrative Organisation und die damit verbundenen Regelungen des Alltagslebens über einen längeren Zeitraum (generationsübergreifend) stabil waren und es nun nicht mehr sind. Verteilungs- und Zugangsfragen sind also nicht nur *als solche* relevant, sondern auch als auslösende Momente für Prozesse, in denen das Verhältnis von »Staat« und »Subjekt« neu verhandelt wird. Dieses »Neuverhandeln« bedeutet, dass alte Verhältnisse aufgegeben werden, was selbst dann mit negativen Emotionen aufgeladen sein kann, wenn die früheren Verhältnisse als verbesserungswürdig empfunden wurden. Durch diese affektive Dimension, vielfach Frustration und Enttäuschung, fallen Appelle zur Selbstverantwortung jenseits des Staates (»Responsibilisierung«) nicht unbedingt auf fruchtbaren Boden.³⁴

Diese Neuverhandlung geschieht gerade in vielen schrumpfenden, alternden, meist ländlichen Regionen. In den neuen Ländern trifft sie aber auf eine andere Geschichte als im Westen; eine Geschichte, die häufig von Verlusterfahrungen, arbeitsbiografischen Brüchen und Verunsicherungen geprägt ist.³⁵· Anders als etwa der Strukturwandel des Ruhrgebiets, den die Menschen dort als primär ökonomisches Erfordernis erlebten, war (und ist) der Strukturwandel im Osten Deutschlands ein politischer *und* ökonomischer und – in deren Folge – auch vielfach ein sozialer Bruch. Das, was als »Strukturschwäche« oder »sehr stark unterdurchschnittliche Lebensverhältnisse« objektivistisch konstatiert wird, muss sich subjektiv im Leben der Betroffenen anders entfalten, weil es für einen wesentlich radikaleren Transformationsprozess steht. Auch wenn objektive Indikatoren ein ähnliches Bild zeichnen, können die kollektiven und individuellen Kontextualisierungen dessen, was »Strukturschwäche« bedeutet, ganz erheblich variieren.

Fazit

Nicht zuletzt angesichts einer zunehmenden Rechtsradikalisierung und lauter werdender populistischer Strömungen erfahren ländliche Räume aktuell mehr politische Aufmerksamkeit, weil vermutet wird, dass strukturell-räumliche Merkmale, (subjektive) Empfindungen des Abgehängt-Seins und politische Orientierung in einem kausalen Zusammenhang stehen. Insbesondere der erste Aspekt ist mit der raumordnungspolitisch und raumanalytisch etablierten Differenz von Stadt und Land unterlegt. Gerade neuere Untersuchungen lassen jedoch zunehmend Zweifel daran aufkommen, dass die Unterscheidung von städtischen und ländlichen Räumen mit den sich in der Wahrnehmung niederschlagenden Erfahrungen von Abgehängt-Sein übereinstimmt. Vielmehr liegt diese eher quer dazu. Allerdings sind sehr stark negative Lebensverhältnisse tendenziell eher in ländlichen Räumen in den neuen Ländern anzutreffen, und zwar primär in Sachsen-Anhalt und Mecklenburg-Vorpommern.

Gleichzeitig lässt sich kaum von der Hand weisen, dass strukturelle Indikatoren nicht wiedergeben, welche mentalen Dispositionen dort anzutreffen sind, wo diese Indikatoren auf Strukturschwäche hinweisen. Erfahrungen der Fremdbestimmung, die kennzeichnend sind für Peripherisierungsprozesse und welche die deutsche Einheit massenhaft produziert hat, lassen sich kaum mittels Strukturdaten erfassen, sondern bedürfen anderer methodischer Zugänge. Diese müssen – jenseits einer Unterscheidung von ländlich und städtisch – die Wirkungszusammenhänge zwischen ökonomischer, politischer und symbolischer Raumproduktion, subjektiver Wahrnehmung und gesellschaftlicher Integration ergründen.

Ländliche Räume können strukturschwach, peripher und abgehängt sein – wichtiger jedoch als eine kategoriale Unterscheidung von Stadt und Land ist ein Blick auf die Lebensverhältnisse, die mit diesen Kategorien erfasst werden sollen, aber bislang oft nur unzureichend abgebildet werden.

Anmerkungen

1 www.bmi.bund.de/SharedDocs/topthemen/DE/topthema-kommission-gleichwertige-lebensverhaeltnisse/kom-gl-artikel.html (abgerufen am 28.8.2019).
2 Co-Vorsitzende waren Julia Klöckner, Bundesministerin für Ernährung und Landwirtschaft, und Dr. Franziska Giffey, Bundesministerin für Familie, Senioren, Frauen und Jugend. Der Bericht wurde veröffentlicht als: Bundesministerium des Innern, für Bau und Heimat (BMI), Unser Plan für Deutschland. Gleichwertige Lebensverhältnisse überall, Berlin 2019.
3 www.agrarheute.com/politik/land-abgehaengt-555172 (abgerufen am 4.9.2019).
4 Vgl. Holger Lengfeld, Die »Alternative für Deutschland«: eine Partei für Modernisierungsverlierer?, in: KZfSS Kölner Zeitschrift für Soziologie und Sozialpsychologie 69 (2), 2017, S. 209–232; Susanne Rippl/Christian Seipel, Modernisierungsverlierer, Cultural Backlash, Postdemokratie, in: KZfSS 70 (2), 2018, S. 237–254.
5 Der Begriff wird 239-mal in dem 164 Seiten umfassenden Bericht verwendet.
6 BMI (Anm. 2), S. 17.
7 Deutscher Bundestag, 5. Wahlperiode, Raumordnungsbericht 1968 der Bundesregierung, Drucksache V/3958 (1969).
8 Deutscher Bundestag (Anm. 7), S. 54.
9 Vgl. Michael Mießner, Raumordnungspolitik als Verdichtung politischer Kräfteverhältnisse, in: sub/urban 5 (1/2), 2017, S. 21–40.
10 Vgl. M. Mießner (Anm. 9).
11 Hier zitiert nach www.zeit.de/news/2019-03/11/warum-5g-nicht-an-jeder-milchkanne-verfuegbar-sein-wird-190311-99-327560 (abgerufen am 20.9.2019).
12 Stephan Beetz, Peripherisierung als räumliche Organisation sozialer Ungleichheit, in: Eva Barlösius/Claudia Neu (Hrsg.), Peripherisierung – eine neue Form sozialer Ungleichheit? (Materialien der Interdisziplinären Arbeitsgruppe Zukunftsorientierte Nutzung ländlicher Räume Band 21), Berlin 2008, S. 7–16.
13 Vgl. Eva Barlösius/Claudia Neu, Territoriale Ungleichheit. Eine spezifische Ausprägung räumlicher Untergleichheit, in: E. Barlösius/C. Neu (Anm. 12), S. 17–24; PoSCoPP, Understanding New Geographies of Central and Eastern Europe, in: Thilo Lang/Sebastian Henn/Wladimir Sgibnev/Kornelia Ehrlich (Hrsg.), Understanding Geographies of Polarization and Peripheralization. Perspectives from Central and Eastern Europe and Beyond, Basingstoke 2015 (= New Geographies of Europe).
14 Wolfgang Haber, Das Konzept der differenzierten Landnutzung. Grundlage für Naturschutz und nachhaltige Naturnutzung, in: Bundesministerium für Umwelt, Naturschutz und Reaktorsicherheit, Ziele des Naturschutzes und einer nachhaltigen Naturnutzung in Deutschland, Bonn 1998, S. 57–64.
15 Ralf Dahrendorf, Bildung ist Bürgerrecht, Hamburg 1966.
16 »Marginality is a complex of disadvantage which individuals and communities experience as a result of vulnerabilities that may arise from unfavourable environment, cultural, social, political and economic factors« (Assefa Mehretu/Bruce W. Pigozzi/Lawrence M. Sommers, Concepts in social and spatial marginality, in: Geografiska Annaler 82B, 2000, S. 89–101, hier S. 90).

17 Frank Meyer / Judith Miggelbrink, The Subject and the Periphery. About Discourses, Loopings and Ascriptions, in: Andrea Fischer-Tahir / Matthias Naumann (Hrsg.), Peripheralization. The Making of Spatial Dependencies and Social Injustice, Wiesbaden 2013, S. 207–223.
18 Frank Meyer, Subjekt, Dislokation und Territorium. Eine Fallstudie zur subjektiven Wahrnehmung des Rückzugs territorialer Regulationsregime am Beispiel des Abbaus von Pfarrstellen in einer schrumpfenden ländlichen Region, Dissertation, Leipzig 2019, S. 87 ff.
19 Larissa Deppisch, »Wo sich Menschen auf dem Land abgehängt fühlen, hat der Populismus freie Bahn« – eine Analyse des populär-medialen Diskurses zu der Bedeutung von Infrastrukturverfall, Abstiegsangst und rechten (extremistischen) Werten für den Zuspruch zum Rechtspopulismus (Thünen Working Paper 119), Braunschweig 2019, http://hdl.handle.net/10419/193140 (abgerufen am 30.10.2019).
20 Vgl. F. Meyer (Anm. 18), S. 87 f.
21 Vgl. zur Einführung Michael Mießner / Matthias Naumann, Kritische Geographien ländlicher Entwicklung. Globale Transformationen und lokale Herausforderungen. Zur Einleitung, in: dies. (Hrsg.), Kritische Geographien ländlicher Entwicklung. Globale Transformationen und lokale Herausforderungen (Raumproduktionen: Theorie und gesellschaftliche Praxis), 2019, S. 9–26.
22 Vgl. hierzu die Bundestagsdrucksachen 18/10951 und 18/11263 (2017).
23 Die Darstellung auf der Website des BBSR ist deutlich detaillierter: www.bbsr.bund.de/BBSR/DE/Raumentwicklung/RaumentwicklungDeutschland/Projekte/abgehaengte-regionen/abgehaengte_regionen.html (abgerufen am 3.10.2019).
24 Frederick Sixtus / Manuel Slupina / Sabine Sütterlin / Julia Amberger / Reiner Klingholz, Teilhabeatlas Deutschland. Ungleichwertige Lebensverhältnisse und wie die Menschen sie wahrnehmen, Berlin 2019.
25 F. Sixtus / M. Slupina / S. Sütterlin / J. Amberger / R. Klingholz (Anm. 24), S. 4.
26 F. Sixtus / M. Slupina / S. Sütterlin / J. Amberger / R. Klingholz (Anm. 24), S. 15.
27 F. Sixtus / M. Slupina / S. Sütterlin / J. Amberger / R. Klingholz (Anm. 24), S. 15.
28 BMI (Anm. 2), S. 7.
29 F. Sixtus / M. Slupina / S. Sutterlin / J. Amberger / R. Klingholz (Anm. 24).
30 Michael Hüther / Jens Südekum / Michael Voigtländer (Hrsg.), Die Zukunft der Regionen in Deutschland. Zwischen Vielfalt und Gleichwertigkeit (IW-Studien – Schriften zur Wirtschaftspolitik), Köln 2019.
31 Vgl. F. Meyer (Anm. 18), S. 81 f.
32 F. Meyer (Anm. 18), S. 82.
33 F. Meyer (Anm. 18), S. 82.
34 Vgl. Tom Schwarzenberg / Judith Miggelbrink / Frank Meyer, »Nicht für Erich Honecker früher oder heute für Angela Merkel, sondern für sich selber«. Eine Fallstudie zu ehrenamtlichen Engagementformen im ländlichen Raum zwischen gesellschaftspolitischen Ansprüchen und individuellen Wahrnehmungen, in: Raumforschung und Raumordnung 75 (6), 2017, S. 563–576.
35 Siehe hierzu auch die Rede der Bundeskanzlerin Angela Merkel anlässlich des Festakts zum Tag der Deutschen Einheit in Kiel am 3.10.2019, www.youtube.com/watch?v=5dOyNAYVEQo (abgerufen am 4.10.2019).

II Politik zwischen Landgemeinde und Europäischer Union

Patrick Küpper / Antonia Milbert

Typen ländlicher Räume in Deutschland

Von der Einheitlichkeit zur Vielfalt ländlicher Räume

Im Mittelalter war klar definiert, was Stadt und was Land war. Mit der Stadtmauer gab es baulich eine klare Trennung zwischen Stadt und Land. Zudem zeichnete sich die Stadt durch gewisse rechtliche Privilegien aus. Dieses spezielle Stadtrecht verschwand bis zum Beginn des 20. Jahrhunderts. Ob eine Kommune den Titel »Stadt« trägt, ist nicht mehr mit Sonderrechten oder besonderen Funktionen verbunden. Lediglich die Stadtstaaten und kreisfreien Städte haben seit der preußischen Kreisordnung[1] bestimmte Kompetenzen, die über die der kreisangehörigen Städte und Gemeinden hinausreichen.

Neben diesem rechtlichen Wandel hat sich auch die wissenschaftliche Sicht auf das Ländliche und das Urbane stark verändert.[2] Auf der Grundlage soziologischer Studien des ausgehenden 19. und beginnenden 20. Jahrhunderts entstand das Bild eines ländlichen Raums, der sich hinsichtlich seiner Siedlungs-, Wirtschafts- und Sozialstruktur klar vom städtischen Raum abgrenzen ließ und als relativ homogen galt. Dieser Raum wurde verbunden mit geringer Bevölkerungsdichte und kleinen Siedlungen, d.h. Dörfern und Weilern. Land- und Forstwirtschaft sowie Bergbau bildeten seine die wirtschaftliche Basis. Schließlich bestand das Bild einer wenig differenzierten Gesellschaft im Vergleich zu den Städten mit ihrer stärkeren Arbeitsteilung und verschiedenen Statusgruppen.

In diesen klassischen Charakterisierungen war das Verhältnis von Stadt und Land relativ ausbalanciert mit einer gegenseitigen Abhängigkeit. Der ländliche Raum ermöglichte durch Abgabe seiner Überschüsse (Lebensmittel, Rohstoffe, Arbeitskräfte, Erholungsorte) an die Städte erst die Industrialisierung und Urbanisierung.[3] Auch die jeweiligen soziokulturel-

◀ Rathaus in Alsfeld, Hessen, © Stefan Schmitz

len Zuschreibungen waren normativ relativ ausgeglichen. Dieses Verhältnis wird als Stadt-Land-Gegensatz oder -Dichotomie bezeichnet. Spätestens nach dem Zweiten Weltkrieg veränderte sich diese ausbalancierte Sicht auf Stadt und Land. Ländliche Räume wurden als rückständig abgewertet und gerieten in Abhängigkeit von den Städten. Der Erwerbstätigenanteil im primären Sektor ging zurück, und lokale handwerkliche Produktion wurde durch industriell gefertigte Vor- und Endprodukte verdrängt. Steigende Pendelzahlen waren die Folge. Mit den neuen Mobilitätsformen wuchsen die Städte auch baulich entlang der Verkehrsachsen weit ins Umland hinaus. Neue Begriffe wie Stadtregion, Stadtlandschaft, Suburbanisierung, Periurbanisation oder Zwischenstadt beschreiben diesen fließenden Übergang von Stadt und Land. Damit wurde das alte Bild einer Stadt-Land-Dichotomie zugunsten eines neuen Stadt-Land-Kontinuums abgelöst. Eine klare Abgrenzung des ländlichen vom städtischen Raum wird dadurch erschwert.

Diese traditionellen Verständnisse des Ländlichen, nach denen die Siedlungsstruktur und Lage zur Stadt die Sozialstrukturen und kulturellen Lebensstile bestimmten, gelten als weitgehend widerlegt.[4] Stattdessen betonen neuere Verständnisse des ländlichen Raums dessen Vielfalt. Sie sprechen daher nicht mehr von dem einen ländlichen Raum, sondern von den ländlichen Räumen in der Mehrzahl.[5] Die ländlichen Räume unterscheiden sich demnach hinsichtlich soziokultureller und -ökonomischer Faktoren. Ein typischer ländlicher Lebensstil oder typische Werte lassen sich nicht feststellen. Land- und Forstwirtschaft sowie Bergbau spielen sowohl für die Wertschöpfung als auch für die Erwerbstätigkeit auch in den ländlichen Räumen heute nur noch eine marginale Rolle, sodass keine spezifische ländliche Wirtschaftsstruktur existiert. Land- und Forstwirtschaft prägen lediglich noch das Landschaftsbild in ländlichen Räumen, was aber von vornherein nicht als besondere Naturnähe interpretiert werden darf. Hinsichtlich vieler wirtschaftlicher, sozialer oder infrastruktureller Indikatoren sind die Unterschiede innerhalb ländlicher und städtischer Räume in der Regel wesentlich größer als zwischen diesen beiden Raumkategorien.[6]

Zur Ordnung einer komplexen Welt, im Denken und Handeln der Menschen (z. B. bei Umzugsentscheidungen), im politisch-medialen Diskurs und in der fachlichen Praxis (z. B. im Rahmen der Förderprogramme zur Entwicklung ländlicher Räume), spielen städtische und ländliche Räume aber immer noch eine zentrale Rolle, finden hier ihre materielle Grundlage und können demnach auch verortet werden. Wie eine solche Verortung aussieht, wird nachfolgend für zwei zentrale Abgrenzungen und Typisierungen in Deutschland erörtert, auf die auch in anderen Beiträgen dieses Bandes Bezug genommen wird.

Abgrenzungen und Typisierungen ländlicher Räume

Die Spezialisierung und Heterogenisierung der Regionen führt zu einer Vielfalt ländlicher Räume, die hinsichtlich ihrer sozioökonomischen Stärke, der dort verfolgten Lebensstile, der Intensität der Flächennutzung und der Ausstattung mit Infrastruktur kaum noch verbindende Gemeinsamkeiten aufweisen, die sie von anderen Raumkategorien unterscheiden. Meist verständigt man sich auf den Minimalkonsens, dass ländliche Räume weniger verdichtet und stärker durch kleinere Städte und Siedlungen geprägt sind. Dieser Ansatz dient vornehmlich dazu, ländliche von städtischen Räumen abzugrenzen. In Deutschland stehen die siedlungsstrukturellen Kreistypen des Bundesinstituts für Bau-, Stadt- und Raumforschung (BBSR) für diesen Ansatz. Angesichts der Heterogenität der Regionen innerhalb der ländlichen Räume verfolgen andere Ansätze das Ziel, verschiedene Typen zu bestimmen. Für diesen Ansatz steht in Deutschland die Thünen-Typologie.

In der wissenschaftlichen Diskussion und im Rahmen staatlicher Förderprogramme und Planungsdokumente existieren weitere Abgrenzungen, die auf verschiedenen räumlichen Ebenen und auf unterschiedlichen Verständnissen ländlicher Räume beruhen. Der Ländliche Raum verbleibt dabei meist als »Restraum« eines wie auch immer definierten Verdichtungs-, Agglomerations- oder Ballungsraums. Beispiele hierfür sind Abgrenzungen der UN, der EU oder vieler Bundesländer im Rahmen der Europäischen Programme zur Entwicklung des Ländlichen Raumes und in den Landesentwicklungsplänen. Diese Ansätze bleiben zudem meist bei einer einfachen Stadt-Land-Dichotomie stehen, ohne die Vielfalt ländlicher Räume abzubilden.

Im Folgenden werden die BBSR-Abgrenzung und die Thünen-Typologie vorgestellt, die nach bundeseinheitlichen Kriterien vorgehen, für die Beschreibung und Analyse ländlicher Räume konzipiert und genutzt werden und in der bundesweiten Raumforschung als Standardreferenzen gelten können.

Die siedlungsstrukturellen Kreistypen des Bundesinstituts für Bau-, Stadt- und Raumforschung

Eine erste Version dieser Typisierung wurde im Rahmen des Raumordnungsberichts 1982[7] eingeführt. Intendiert war mit Einführung dieser Typisierung ein einfaches Klassifikationsschema des Raums zum Zwecke der Informationsaufbereitung, der anschaulichen Darstellung wesentlicher Unterschiede im Raum und einer Diskussion möglicher Ursachen und Folgen. »Diese Gebietstypen schreiben keine räumlichen Problemkategorien fest [...]«[8] Angesichts der aktuellen Debatten zur Gleichwertigkeit und (demographischen) Entwicklung des ländlichen Raums kann auf dieses Wesensmerkmal der Typisierung nicht häufig genug hingewiesen werden. Trotz leichter Abwandlungen über die Zeit waren Zentralität und Verdichtung stets die Kriterien des siedlungsstrukturellen Kreistyps. Erst mit einer grundlegenden Reform der siedlungsstrukturellen Gebietstypen 2012 wurden die Dimensionen Zentralität und Siedlungsstruktur in je eigene Raumtypisierungen getrennt.[9] Aufgegriffen wurden damit vergleichbare Ansätze aus internationalen Berichtssystemen.[10] Auch die neuere Forschung zu Peripherisierungsprozessen legt eine Trennung der Zentrum-Peripherie-Achse von der Stadt-Land-Achse nahe, da nicht nur ländliche Räume von Peripherisierung betroffen sind.[11]

Die Kreise stellen eine angemessene Berichtsebene für räumliche Entwicklungen dar, nicht nur aus Praktikabilitätsgründen (Datenverfügbarkeit), sondern auch als regionaler Bezugsraum für die Bevölkerung und einer klaren Zuständigkeit von Stadt- und Landräten für die überkommunale Erfüllung gemeinschaftlicher Selbstverwaltungsaufgaben. Zur Herstellung bundesweiter Vergleichbarkeit wurden lediglich die im Bundesgebiet unausgewogen und länderspezifisch ausgewiesenen kleinen kreisfreien Städte mit den sie umgebenden oder an sie angrenzenden Landkreisen zusammengefasst. Sie werden in den sogenannten Kreisregionen[12] wie kreisangehörige Städte behandelt.

Kriterien zur Abgrenzung der siedlungsstrukturellen Kreistypen sind der Anteil der Bevölkerung in Groß- und Mittelstädten und die Einwohnerdichte. Abgesehen von den kreisfreien Großstädten über 100 000 Einwohner als eigene Kategorie gelten Landkreise als städtisch geprägt, wenn mindestens die Hälfte der Bevölkerung in Groß- und Mittelstädten lebt und / oder die Einwohnerdichte mindestens 150 Einwohner pro km² beträgt. Einige Kreise sind durch langjährige Suburbanisierungsprozesse stark zersiedelt und verdichtet, was sich in einer hohen Einwohnerdichte außerhalb der Groß- und Mittelstädte ausdrückt. Die übrigen Landkreise, auf die die genannten Bedingungen nicht zutreffen, gelten als ländlich, wobei hier die dünn besiedelten ländlichen Kreise von ländlichen Kreisen mit Verdichtungsansätzen unterschieden werden (s. Abb. 1).

Die Typisierung wird vornehmlich im wissenschaftlichen und politischen Kontext, insbesondere für die Bundesraumordnung, als Gebietskulisse angewendet. Sie hat darüber hinaus auch Eingang in einzelne Planungsrichtlinien gefunden, z. B. für die Facharztplanung.[13]

Mit der Zusammenfassung der kreisfreien Großstädte und der städtischen Kreise zum städtischen Raum und der beiden ländlichen Kreiskategorien zum ländlichen Raum kommt das BBSR dem ministeriellen und

Abbildung 1: Karte der siedlungsstrukturellen Kreistypen des BBSR

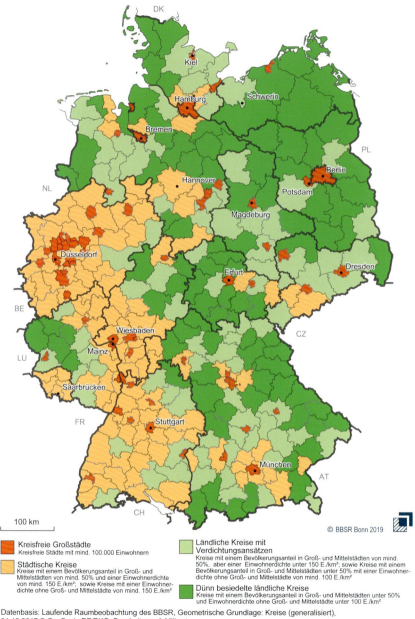

© BBSR Bonn 2019

Kreisfreie Großstädte
Kreisfreie Städte mit mind. 100.000 Einwohnern

Städtische Kreise
Kreise mit einem Bevölkerungsanteil in Groß- und Mittelstädten von mind. 50% und einer Einwohnerdichte von mind. 150 E./km²; sowie Kreise mit einer Einwohnerdichte ohne Groß- und Mittelstädte von mind. 150 E./km²

Ländliche Kreise mit Verdichtungsansätzen
Kreise mit einem Bevölkerungsanteil in Groß- und Mittelstädten von mind. 50%, aber einer Einwohnerdichte unter 150 E./km²; sowie Kreise mit einem Bevölkerungsanteil in Groß- und Mittelstädten unter 50% mit einer Einwohnerdichte ohne Groß- und Mittelstädte von mind. 100 E./km²

Dünn besiedelte ländliche Kreise
Kreise mit einem Bevölkerungsanteil in Groß- und Mittelstädten unter 50% und Einwohnerdichte ohne Groß- und Mittelstädte unter 100 E./km²

Datenbasis: Laufende Raumbeobachtung des BBSR, Geometrische Grundlage: Kreise (generalisiert), 31.12.2017 © GeoBasis-DE/BKG, Bearbeitung: A.Milbert

öffentlichen Anliegen entgegen, Informationen über Unterschiede und Entwicklungstrends in der verkürzten Stadt-Land-Dichotomie bereitzustellen. In dem so abgegrenzten ländlichen Raum leben rund 26 Mio. bzw. 32 % der Einwohner auf rund 68 % der Landesfläche.

Selbstkritisch ist hierbei anzumerken, dass diese Beschränkung auf zwei Kategorien der verkürzten Debatte um das Auseinanderdriften von Stadt und Land Schützenhilfe leistet. Das ist in geringerem Ausmaß der Fall, wenn die Typisierung die Unterschiedlichkeit ländlicher Räume explizit berücksichtigt wie in der Thünen-Typologie, die nachfolgend vorgestellt wird.

Die Thünen-Typologie

Die Thünen-Typologie wurde 2016 für das Monitoring ländlicher Räume entwickelt. Sie erfolgt nicht nur entlang des Stadt-Land-Kontinuums, sondern auch der sozioökonomischen Lebensverhältnisse. Damit wird ein zweidimensionaler Typisierungsansatz wieder aufgegriffen, der bereits im Raumordnungsbericht aus dem Jahr 2000 mit etwas anderer Methodik verwendet wurde.[14] Zur Typisierung werden zunächst die ländlichen Räume von den übrigen Räumen abgegrenzt und dann die ländlichen Räume weiter differenziert.[15] Die beiden Dimensionen Ländlichkeit und sozioökonomische Lage werden anhand von Indikatoren gebildet, die in der Wissenschaft als besonders geeignet gelten. Die Indikatoren werden für jede Dimension mithilfe eines statistischen Verfahrens, der Hauptkomponentenanalyse, zu einem Index verknüpft. Dieses Verfahren wird bereits seit Langem zur Abgrenzung und Typisierung ländlicher Räume im Vereinigten Königreich genutzt[16] und hat den Vorteil, dass keine explizite, schwer zu begründende Gewichtung der Indikatoren nötig ist. Die Berechnung erfolgt ebenfalls auf der Ebene der 361 Kreisregionen (s. o.), wodurch sich dieser Ansatz von traditionellen kleinräumigen Sichtweisen auf das Ländliche abhebt. Damit wird der Regionalisierung von Aktions- und Identifikationsräumen Rechnung getragen,[17] der Tatsache, dass sich das Leben der Menschen nicht mehr auf einen Ort fokussiert, sondern in größeren räumlichen Zusammenhängen abspielt. Zudem entspricht diese räumliche Perspektive neueren Definitionsansätzen, dass auch kleinere und mittlere Zentren als Standorte wichtiger Versorgungsfunktionen oder von Beschäftigungsmöglichkeiten ausdrücklich Bestandteil ländlicher Räume sind.[18]

Der Index zur Ländlichkeit bildet das Stadt-Land-Kontinuum von der hochverdichteten Metropole bis hin zum dünn besiedelten peripheren Raum ab. Hierzu wurden fünf Indikatoren genutzt. Die Ländlichkeit steigt demnach an, je geringer die Siedlungsdichte, je höher der Anteil land- und forstwirtschaftlicher Fläche, je höher der Anteil der Ein- und Zweifamilienhäuser, je geringer die Bevölkerungszahl im Umkreis und je abgelegener die Region von großen Zentren ist. Die letzten beiden Indikatoren beziehen die Umgebung der betrachteten Raumeinheiten unabhängig vom administrativen Gebietszuschnitt ein. Tatsächlich war die Reform der siedlungsstrukturellen Kreistypen 2012 einer der Hauptgründe, warum das Thünen-Institut für ländliche Räume eine eigene Abgrenzung und Typisierung für das Monitoring vornahm und nicht diese bestehenden Kreistypen nutzte.

Anhand des Ländlichkeitsindexes werden die nicht-ländlich von den ländlichen Räumen abgegrenzt und diese in eher ländliche und sehr ländliche Räume eingeteilt. Die genutzten Schwellenwerte wurden so gesetzt, dass sich die Kategorien möglichst deutlich unterscheiden. Im Ergebnis der Abgrenzung werden 267 der 361 Kreisregionen als ländliche Räume bezeichnet (s. Abb. 2). Hier leben ca. 47 Mio. Menschen, was ca. 57 % der Bevölkerung Deutschlands entspricht, auf ca. 91 % der Fläche.

Die zweite Dimension der Typisierung, die sozioökonomische Lage, soll die Lebensverhältnisse in den ländlichen Regionen abbilden. Die verwendeten Indikatoren wurden zum einen anhand der wissenschaftlichen Diskussion insbesondere zu Lebensqualität, Lebenslagen und Sozialindikatoren[19] und zum anderen aus bestehenden Messkonzepten übernommen, z. B. dem Index zur Abgrenzung der Fördergebietskulisse in der Gemeinschaftsaufgabe »Verbesserung der regionalen Wirtschaftsstruktur« oder dem »Human Development Index« der Vereinten Nationen. Insgesamt wurden neun Indikatoren aus den Bereichen öffentliche Dienstleistungen, Einkommen, Wohnen, Gesundheit, Bildung und Arbeitslosigkeit zu dem Index verknüpft. Anschließend wurden anhand eines Schwellenwerts ländliche Räume in solche mit guter und solche mit weniger guter sozioökonomischer Lage unterschieden.

Durch die Kombination der beiden Dimensionen ergeben sich die vier Typen ländlicher Räume, die in Abbildung 2 dargestellt sind. Dabei fällt auf, dass auch fast 30 Jahre nach der deutschen Einheit keine ländlichen Regionen mit guter sozioökonomischer Lage in Ostdeutschland zu finden sind. Ländliche Räume mit weniger guter sozioökonomischer Lage liegen dagegen nicht nur in Ostdeutschland, sondern z. B. auch in Rheinland-Pfalz oder Schleswig-Holstein. Ländliche Räume mit guter sozioökonomischer Lage befinden sich hingegen überwiegend in Süddeutschland. Mit ca. 38 % der Fläche Deutschlands ist der Typ sehr ländlich / weniger gute sozioökonomische Lage am ausgedehntesten. Bezogen auf die Bevölkerung sind die vier Typen aber relativ ausgeglichen, wobei die Anteile zwischen ca. 11 und 16 % liegen.

Abbildung 2: Karte der Thünen-Typologie ländlicher Räume

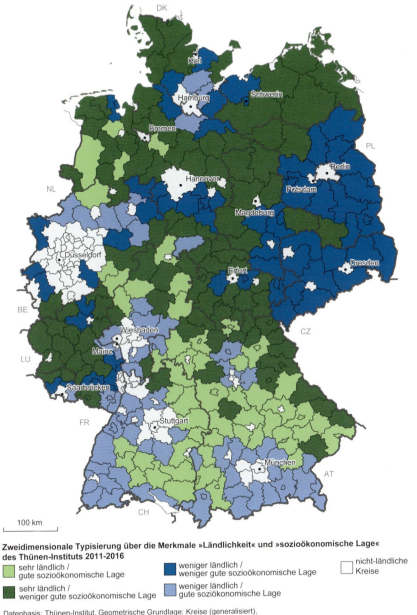

Zweidimensionale Typisierung über die Merkmale »Ländlichkeit« und »sozioökonomische Lage« des Thünen-Instituts 2011-2016

- sehr ländlich / gute sozioökonomische Lage
- sehr ländlich / weniger gute sozioökonomische Lage
- weniger ländlich / weniger gute sozioökonomische Lage
- weniger ländlich / gute sozioökonomische Lage
- nicht-ländliche Kreise

Datenbasis: Thünen-Institut, Geometrische Grundlage: Kreise (generalisiert), 31.12.2015 © GeoBasis-DE/BKG

Quelle: BBSR 2019

Die Typen weisen auf reale Unterschiede in den Lebensverhältnissen in Deutschland hin. In sehr ländlichen Kontexten ist es tendenziell aufwendiger und kostenintensiver, technische und soziale Infrastrukturen sowie privatwirtschaftliche Dienstleistungen bereitzustellen. So dürften die Erreichbarkeit, die Qualität, die Auswahlmöglichkeiten, aber auch die Kostenvorteile dieser Dienstleistungen unter sonst gleichen Bedingungen in den nicht-ländlichen Räumen höher, in den eher ländlichen mittel und in den sehr ländlichen niedriger sein. Eine gute sozioökonomische Lage bietet jedoch die Möglichkeit, siedlungsstrukturell bedingte Nachteile eher kompensieren zu können.

Die »objektiven« Verhältnisse, die zur Typisierung genutzt wurden, müssen nicht unbedingt mit den subjektiven Bewertungen der Bewohner übereinstimmen. Die Erwartungen an die Versorgungssituation sind in sehr ländlichen Regionen oftmals geringer als in nicht-ländlichen Regionen, zudem ist die Bereitschaft, lange Wege (in der Regel mit dem Auto) zurückzulegen, entsprechend größer. Die Menschen passen ihre Bedürfnisse meist an die Gelegenheitsstrukturen an und entwickeln Strategien, mit Angebotsdefiziten umzugehen. Insgesamt dürfte jedoch der Bedarf zur Verbesserung der Daseinsvorsorge und zur Förderung der sozioökonomischen Entwicklung im Typ sehr ländlich / weniger gute sozioökonomische Lage am höchsten sein, weil ungünstige Gelegenheitsstrukturen auf eine geringe Ressourcenausstattung treffen und aktuelle Lebensverhältnisse beeinträchtigen sowie künftige Entwicklungsmöglichkeiten tendenziell einschränken. Darüber hinaus können natürlich auch in den anderen Typen ländlicher Räume Probleme auftreten – auch wenn sie vielleicht nicht so geballt sind.

Selbstverständlich stellt die Thünen-Typologie eine Vereinfachung der wesentlich vielfältigeren Raumstrukturen dar. Dennoch erlaubt die Begrenzung auf vier Typen ländlicher Räume gut interpretierbare Analysen und bildet ihre Vielfalt besser ab als reine Stadt-Land-Unterscheidungen. Die Gegenüberstellung beider Dimensionen zeigt zudem, dass der Zusammenhang zwischen Ländlichkeit und sozioökonomischer Lage nahezu nicht vorhanden ist. Damit wird die theoretische Diskussion bestätigt, dass von Ländlichkeit nicht (mehr) auf bestimmte wirtschaftliche und soziale Merkmale geschlossen werden kann, um einen bestimmten Lebensstil oder die »Rückständigkeit« im Modernisierungsprozess zu erklären.

Vergleich der beiden Typologien und Anwendungsgebiete

So unterschiedlich die beiden Gebietstypologien auf den ersten Blick scheinen mögen, gibt es doch große Schnittmengen (s. Tab. 1): Zwei Drittel aller Regionen sind übereinstimmend als entweder Städte bzw. städtisch beim BBSR und als nicht-ländlich vom Thünen-Institut oder in beiden Typologien als ländliche Kreise unabhängig weiterer Differenzierungen definiert. Die strittigen Fälle sind die in der BBSR-Typik als städtisch eingeordneten Kreise, die vom Thünen-Institut als eher oder sehr ländlich eingestuft werden. Es handelt sich einmal um die kreisfreie Stadt Salzgitter, die vom BBSR erst seit 2017 aufgrund ihres anhaltenden Bevölkerungswachstums wieder als Großstadt eingestuft wird, losgelöst von ihrer vorhergehenden Kreisregionszugehörigkeit (s. o.). Bei den anderen städtischen Kreisen wird die Bedeutung des Flächenanteils landwirtschaftlicher oder Waldflächen für die Bewertung als ländlich in der Thünen-Typologie deutlich, während das BBSR hier eher das Lebensumfeld der Menschen in größeren Städten oder die Überformung durch Zersiedlung betont. Als Beispiele können die Kreise Euskirchen in Nordrhein-Westfalen, Sankt Wendel im Saarland, Tübingen und Zollernalbkreis in Baden-Württemberg oder Miltenberg und Würzburg in Bayern genannt werden.

Tabelle 1: Vergleich der siedlungsstrukturellen Kreistypen des BBSR mit den Typen ländlicher Räume des Thünen-Instituts (jeweils in Anzahl der Kreisregionen)

Siedlungs-struktureller Kreistyp nach BBSR	Thünen-Typologie: Typen ländlicher Räume						Gesamt
	sehr ländlich		eher ländlich		nicht-ländlich		
	weniger gute sozio-ökonom. Lage	gute sozio-ökonom. Lage	gute sozio-ökonom. Lage	weniger gute sozio-ökonom. Lage			
Dünn besiedelter ländlicher Kreis	62	13	4	12	–		91
Ländlicher Kreis mit Verdichtungsansätzen	27	26	9	22	–		84
Städtischer Kreis	9	14	46	22	28		119
Kreisfreie Großstadt	–	–	–	1	66		67
Gesamt	98	53	59	57	94		361

Quelle: Statistische Daten des Bundes und der Länder, laufende Raumbeobachtung des BBSR 2019

Tabelle 2: Kennziffern für die siedlungsstrukturellen Kreistypen des BBSR und die Typen ländlicher Räume des Thünen-Instituts

	Siedlungsstruktureller Kreistyp			
	Dünn besiedelter ländlicher Kreis	Ländlicher Kreis mit Verdichtungsansätzen	Städtischer Kreis	Kreisfreie Großstadt
Bevölkerungsentwicklung 1990 bis 2017 in %	-1,4	4,6	9,2	5,2
Bevölkerungsentwicklung 2012 bis 2017 in %	0,9	1,7	2,7	4,9
Anteil ältere Menschen (75 Jahre und älter) in %	12,4	12,0	11,3	10,5
Anteil junge Erwachsene (18 bis unter 30 Jahre) in %	11,8	12,4	13,6	16,7
Binnenwanderungssaldo der jungen Erwachsenen (18 bis unter 30 Jahre) je 1 000 Einwohner	-18,4	-18,0	-10,1	22,8
Binnenwanderungssaldo der Familien (unter 18 und 30 bis unter 50 Jahre) je 1 000 Einwohner	3,0	2,0	-0,9	-18,7
Mittleres Bruttoentgelt eines Vollzeitbeschäftigten in € je Monat	2 737	2 872	3 258	3 480
Arbeitsproduktivität (BIP in € je Erwerbstätigen)	64 198	66 219	73 190	78 764
Arbeitslosenquote in %	5,5	4,8	4,8	7,7
Anteil Schulabgänger ohne Hauptschulabschluss in %	7,0	6,8	5,6	7,3
Anteil Schulabgänger mit allg. Hochschulreife in %	29,6	29,3	34,0	41,8
Anteil Einwohner mit max. 1 000 m Luftliniendistanz zum nächsten Supermarkt oder Discounter	59,1	61,1	73,0	94,0
Anteil Einwohner mit max. 1 000 m Luftliniendistanz zur nächsten Apotheke	47,8	51,0	67,0	91,1
Anteil Einwohner mit max. 1 000 m Luftliniendistanz zur nächsten Grundschule	51,5	55,9	72,4	91,1

Quelle: Statistische Daten des Bundes und der Länder, laufende Raumbeobachtung des BBSR 2019

Thünen-Typologie					Insgesamt
sehr ländlich		eher ländlich		nicht-ländlich	
weniger gute sozioökonom. Lage	gute sozioökonom. Lage	gute sozioökonom. Lage	weniger gute sozioökonom. Lage		
-1,6	12,0	15,6	-3,9	6,2	5,6
0,3	3,1	3,8	0,4	4,3	2,9
12,3	10,7	10,9	13,1	10,8	11,3
12,0	14,4	14,0	11,0	15,7	14,0
-21,3	-11,9	-11,6	-19,0	14,2	-3,2
2,5	-1,5	-2,0	4,5	-12,9	-5,0
2 767	3 201	3 223	2 714	3 462	3 179
62 762	72 534	71 855	63 518	78 763	72 290
5,5	3,2	3,6	6,5	7,0	5,8
7,2	5,7	5,4	7,1	6,6	6,5
29,3	26,1	31,4	34,1	40,5	34,8
56,8	60,8	70,0	65,3	90,3	75,0
47,3	50,2	62,7	55,9	87,0	68,5
51,3	59,3	70,4	58,2	87,8	71,9

Ländliche Kreise mit guter sozioökonomischer Lage entwickeln sich demographisch unabhängig von ihrem Grad der Ländlichkeit aktuell sehr ähnlich wie die nicht-ländlichen Kreise (s. Tab. 2). Grund hierfür ist, dass gute sozioökonomische Bedingungen wie höhere Einkommen und Bildung von Bevölkerung und Erwerbstätigen sowie niedrigere Arbeitslosigkeit mit stärkerer Zuwanderung – vor allem junger Bevölkerung – und positiver Bevölkerungsentwicklung einhergehen. Im langfristigen Rückblick (1990 bis 2017) ist die Bevölkerungsentwicklung in den ländlichen Kreisen guter sozioökonomischer Lage doppelt so hoch wie in den nicht-ländlichen Kreisen. Bei den siedlungsstrukturellen Kreistypen des BBSR erkennt man dagegen sehr stark die Tendenzen zur Suburbanisierung und Verstädterung in diesem Zeitraum, da die städtischen Kreise sowohl gegenüber den Großstädten als auch gegenüber den ländlichen Kreisen die höchsten Bevölkerungsgewinne verzeichneten.

Im Bereich der sozialen Infrastruktur spielt der Grad der Ländlichkeit eine höhere Rolle als die sozioökonomische Lage. Hier stimmen beide Typologien dahingehend überein, dass mit Zunahme der Ländlichkeit bzw. mit Abnahme der Siedlungsdichte auch die Dichte der Infrastruktureinrichtungen abnimmt, sodass sich der Anteil der Bevölkerung, der Einrichtungen wie Apotheken, Supermärkte oder Schulen fußläufig erreichen kann, graduell verringert.

In diesem Zusammenhang sei der Blick auf den Indikator »Anteil der Schulabgänger mit Allgemeiner Hochschulreife« gelenkt. In eher ländlichen Kreisen erwerben tendenziell mehr Schulabgänger die Allgemeine Hochschulreife als in sehr ländlichen Kreisen. In beiden Ländlichkeitskategorien ist der Anteil bei den Kreisen mit weniger guter sozioökonomischer Lage um drei Prozentpunkte höher als bei denen mit guter sozioökonomischer Lage. Dies dürfte daran liegen, dass in den wirtschaftlich starken ländlichen Kreisen gute Möglichkeiten zur dualen Ausbildung bestehen, sodass weniger Jugendliche die Hochschulreife anstreben. Die siedlungsstrukturelle Kreistypisierung zeigt dagegen, dass sowohl in den Großstädten als auch in städtischen Kreisen mehr Schulabgänger die Allgemeine Hochschulreife haben als in verdichteten und in dünn besiedelten ländlichen Kreisen. Die Erklärung liegt in dem hohen Bevölkerungsanteil in Groß- und Mittelstädten, die besser mit Gymnasien oder weiterführenden Schulen ausgestattet sind. Die räumliche Nähe zu einer Schule, die die Allgemeine Hochschulreife ermöglicht, befördert deren Abschluss.

Zusammenfassend bildet die Thünen-Typologie die siedlungsstrukturellen und sozioökonomischen Unterschiede innerhalb ländlicher Räume ab und kann für Analysen genutzt werden, inwiefern sich Disparitäten vergrößern oder verringern. Die fünf Klassen sind in sich homogener als die vier siedlungsstrukturellen Kreistypen, was zu erkennen ist an den fast durchgängig niedrigeren Werten der Standardabweichung, ein statistisches Maß für die Streuung. Es lassen sich allerdings nicht alle Lebensbereiche stringent an der sozioökonomischen Lage ablesen. Gerade was die Daseinsvorsorge als zentralen Bereich gleichwertiger Lebensverhältnisse betrifft, bilden Zentralitäten und Siedlungsdichten, also die Siedlungsstruktur, nach wie vor die entscheidenden Faktoren.

Fazit

Beide Typisierungen setzen auf eine Praktikabilität, die sich in der Wahl der Kreise als Basiseinheiten äußert, in der bewusst niedrigen Zahl an Kategorien und in der überschneidungsfreien und eindeutigen Zuordnung jedes Kreises zu einer Kategorie innerhalb des Typs. Obwohl die Kulissen bzw. die Kartenbilder auf den ersten Blick einen sehr unterschiedlichen Eindruck vermitteln, gehen beide Typisierungen von einem gleichen Verständnis der ländlichen Räume aus: einem Stadt-Land-Kontinuum und einer Verschiedenheit der ländlichen Räume. Die gewählten Kriterien und Schwellenwerte betonen ebenso die ländlichen Merkmale innerhalb der städtischen Räume wie die Bedeutung von Städten innerhalb der ländlichen Räume. In der Wissenschaft wird in diesem Zusammenhang auch von hybriden Räumen gesprochen.

Methodik und Schwellenwerte führen bei beiden Typisierungen zu einer unterschiedlichen Abgrenzung der ländlichen Räume. Folglich weisen beide Abgrenzungen unterschiedliche Angaben z. B. zum Bevölkerungs- oder Flächenanteil der ländlichen Räume auf. Die gesetzten Schwellenwerte unterstellen eine Eindeutigkeit der Zuordnung von Regionen, die nicht gegeben ist. »Jede Kategorie erscheint an ihren Grenzen abwegig. Wir müssen dennoch Trennlinien ziehen, damit wir über Dinge reden können.«[20] So ist diese eindeutige Zuordnung der Kreise zu einer Kategorie für die Analyse des Raums und Zusammenstellung von Informationen notwendig. Auch die teils hohe Heterogenität innerhalb eines Kreises wird bei beiden Typisierungen ausgeblendet. Ein extremes Beispiel hierfür sind die Umlandkreise von Berlin, die im unmittelbaren Berliner Speckgürtel hochverdichtet sind, abseits davon aber periphere und dünn besiedelte Teilgebiete aufweisen.

Welche Typisierung genutzt werden soll, hängt von der jeweiligen Untersuchungsfrage ab. Die siedlungsstrukturellen Kreistypen des BBSR eignen sich besonders, wenn Unterschiede entlang des Stadt-Land-Kontinuums im Fokus stehen. Trotz der Reform in 2012 haben die Siedlungsstrukturtypen eine lange Tradition, eine Konstanz in den verwendeten

Schwellenwerten und der räumlichen Kulisse, weshalb vielfältige Ergebnisse für den Vergleich über die Zeit und verschiedene Fragestellungen vorliegen. Die Thünen-Typologie ist eher auf Analysen innerhalb ländlicher Räume ausgerichtet. Sie ist zweidimensional angelegt, kombiniert strukturelle sowie auf die räumliche Lage bezogene Indikatoren und orientiert sich an empirisch in den Verteilungen begründeten statt normativ gesetzter Schwellenwerte.

Dass es für einen Staat mehrere Typisierungen gibt – und geben muss –, ist nichts Besonderes. So berichtet Woods, dass es allein auf der nationalen Ebene für die USA sechs und für das Vereinigte Königreich 30 offizielle Abgrenzungen ländlicher Räume gibt.[21] Denn eine allgemeingültige, für verschiedenartige Auswertungszwecke geeignete Typik gibt es nicht, weshalb an keine Typisierung überzogene inhaltliche Ansprüche erhoben werden können.

Anmerkungen

1 Zur Entstehung der Stadt- und Landkreise und ihren Aufgaben siehe u. a. Hans-Günther Hennecke, Friedrich der Große und die landrätlichen Creyße, in: Deutscher Landkreistag, Landkreise, Landkommissariate und ihr langer Weg zum Landkreistag (Schriften des deutschen Landkreistages Band 133) Berlin 2018, S. 5 –7.

2 Übersichten über den Wandel von Stadt-Land-Verhältnissen und der Definitionen ländlicher Räume finden sich bei Detlev Ipsen, Stadt und Land – Metamorphosen einer Beziehung, in: Hartmut Häußermann u. a. (Hrsg.), Stadt und Raum – Soziologische Analysen, Pfaffenweiler 1991; Ilse Helbrecht, Urbanität und Ruralität, in: Tim Freytag / Roland Lippuner / Julia Lossau (Hrsg.), Schlüsselbegriffe der Kultur- und Sozialgeographie, Stuttgart 2014; Marc Redepenning / Claudia Hefner, Stadt und Land als Klassiker der Raumwissenschaften, in: Adrianna Hlukhovych (Hrsg.), Kultur und kulturelle Bildung: Interdisziplinäre Verortungen – Lehrerinnen- und Lehrerbildung – Perspektiven für die Schule, Bamberg 2018.

3 D. Ipsen (Anm. 2).

4 Keith H. Halfacree, Locality and Social Representation: Space, Discourse and Alternative Definitions of the Rural, in: Journal of rural studies 9 (1993), S. 23 –37; I. Helbrecht (Anm. 2); Keith Hoggart, Let's Do Away with Rural, in: Journal of Rural Studies 6 (1990), S. 245 –257.

5 Gerhard Henkel, Der ländliche Raum: Gegenwart und Wandlungsprozesse seit dem 19. Jahrhundert in Deutschland, Stuttgart 2004; Antonia Milbert u. a., Raumabgrenzungen und Raumtypen des BBSR, Bonn 2012; Ulrich Planck / Joachim Ziche, Land- und Agrarsoziologie: Eine Einführung in die Soziologie des ländlichen Siedlungsraumes und des Agrarbereiches, Stuttgart 1979.

6 S. z. B. Patrick Küpper / Jan Cornelius Peters, Entwicklung regionaler Disparitäten hinsichtlich Wirtschaftskraft, sozialer Lage sowie Daseinsvorsorge und Infrastruktur in Deutschland und seinen ländlichen Räumen, Braunschweig 2019.

7 Vgl. Deutscher Bundestag, Raumordnungsbericht 1982 der Bundesregierung, Drucksache 10/2010 (1983), S. 176–181.
8 Hans-Peter Gatzweiler, Statement auf der Sitzung des Ausschusses für Regionalstatistik zur Statistischen Woche 1986 am 24.6.1986.
9 A. Milbert u. a. (Anm. 5), S. 50–54.
10 Vgl. OECD, Territorial Indicators of Employment. Focusing on Rural Development, Paris 1996, S. 15–22; Eurostat, Eine revidierte Stadt-Land-Typologie. Eurostat-Jahrbuch der Regionen (2010), S. 239–253.
11 Vgl. hierzu Eva Barlösius / Claudia Neu, Territoriale Ungleichheit. Eine spezifische Ausprägung räumlicher Untergleichheit, in: dies. (Hrsg.), Peripherisierung – eine neue Form sozialer Ungleichheit? Materialien der Interdisziplinären Arbeitsgruppe »Zukunftsorientierte Nutzung ländlicher Räume«, Berlin 2008, S. 17–24; Claudia Neu, Territoriale Ungleichheit – eine Erkundung, in: Aus Politik und Zeitgeschichte, APuZ 37 (2006), S. 8–15; Manfred Kühn, Peripherisierung und Stadt. Städtische Planungspolitiken gegen den Abstieg, Bielefeld 2016; Manfred Kühn / Claudia Neu, »LandInnovation« Nr. 21, Berlin 2008, S. 17–23.
12 A. Milbert u. a. (Anm. 5), S. 46–49.
13 Vgl. Bedarfsplanungs-Richtlinie, Stand 16. Mai 2019 des Gemeinsamen Bundesausschusses über die Bedarfsplanung sowie die Maßstäbe zur Feststellung von Überversorgung und Unterversorgung in der vertragsärztlichen Versorgung, www.g-ba.de/downloads/62-492-1851/BPL-RL_2019-05-16_iK_2019-06-30.pdf (abgerufen am 2.12.2019).
14 Vgl. Bundesamt für Bauwesen und Raumordnung, Raumordnungsbericht 2000, Bonn 2000, S. 63–67.
15 Vgl. Patrick Küpper, Abgrenzung und Typisierung ländlicher Räume, Braunschweig 2016.
16 Paul J. Cloke, An index of rurality for England and Wales, in: Regional Studies 11 (1977), S. 31–46.
17 D. Ipsen (Anm. 2), S. 120.
18 Ulrike Grabski-Kieron, Geographie und Planung ländlicher Räume in Mitteleuropa, in: Hans Gebhardt u. a. (Hrsg.), Geographie, Heidelberg 2007.
19 Heinz-Herbert Noll, Konzepte der Wohlfahrtsentwicklung. Lebensqualität und »neue« Wohlfahrtskonzepte, Mannheim 1999; Norbert Hirschauer / Mira Lehberger / Oliver Musshoff, Happiness and Utility in Economic Thought – Or: What Can We Learn from Happiness. Research for Public Policy Analysis and Public Policy Making?, in: Social Indicators Research 121 (2015), S. 647–674; Wolfgang Zapf, Zur Messung der Lebensqualität, in: Zeitschrift für Soziologie 1 (1972), S 353–376; vgl. P. Küpper / J. C. Peters (Anm. 6).
20 Michael M. Bell, The Two-Ness of Rural Life and the Ends of Rural Scholarship, in: Journal of Rural Studies 23 (2007), S. 402–415, hier S. 405 (eigene Übersetzung des Zitats).
21 Michael Woods, Rural Geography: Processes, Responses and Experiences in Rural Restructuring, London 2009^4, S. 6.

Rainer Danielzyk

Politik für ländliche Räume in Deutschland

Über lange Zeit galten in den Raumwissenschaften und der Raumordnung ländliche Räume als landwirtschaftlich geprägt, dünn besiedelt, strukturschwach und peripher gelegen bzw. infrastrukturell »abgehängt«. Diese Beschreibung ist schon lange nicht mehr zutreffend: »Tatsächlich ist von einer ausgesprochenen Heterogenität ländlicher Räume auszugehen.«[1] Während das in der Raumordnungspolitik[2] sowie in der amtlichen Raumforschung[3] schon lange bekannt ist, werden in Politik, Medien und Öffentlichkeit durchaus weiterhin die stereotypen Vorstellungen von ländlichen Räumen als dauerhaft strukturschwach und benachteiligt gepflegt. Dabei gibt es eine ganze Anzahl ländlicher Regionen, die mit wettbewerbsfähiger Landwirtschaft, Nahrungs- und Genussmittelindustrie oder einem boomenden Tourismus, aber auch mit einer diversifizierten mittelständischen Industriestruktur ausgesprochen erfolgreich sind. Gerade der letztgenannte Typ ländlicher Regionen mit seinen erfolgreichen, vielfach auch in Krisenzeiten stabilen mittelständischen Industriebetrieben (Hidden Champions) kann durchaus als ein Faktor der Stärke und Wettbewerbsfähigkeit der deutschen Volkswirtschaft gesehen werden, die keinesfalls allein auf den in Metropolen ansässigen Großkonzernen beruht.

Trends der räumlichen Entwicklung

Ein Blick auf die aktuellen Trends der Raumentwicklung offenbart genau diese Vielfalt und eben nicht nur strukturschwache ländliche Räume und prosperierende Städte. Blickt man etwa auf den demographischen Wandel als wichtigen Faktor der räumlichen Entwicklung, der zugleich Ausdruck wie auch Ursache für die Entwicklung von Regionen ist, so zeigt sich kein eindeutiges Bild[4]. Wachstum und Schrumpfung der Bevölkerung verteilen sich weder entlang von Himmelsrichtungen wie Nord versus Süd oder Ost versus West noch entlang von Raumkategorien wie Stadt oder Land. Es gibt boomende Stadtregionen, z. B. Hamburg, München und das

Rheinland, aber auch demographisch längerfristig wachsende ländliche Regionen etwa in Nord- und Nordwestdeutschland sowie südlich von München, am Bodensee usw. Andererseits wird weiten Teilen der ländlichen Regionen in Ostdeutschland langfristig eine schrumpfende Bevölkerung vorhergesagt, wie auch manchen ländlichen Regionen im Westen (Südniedersachsen / Nordhessen, bayerisch-tschechischer Grenzraum), ebenso einigen Städten mit altindustrieller Vergangenheit an der Küste und im Ruhrgebiet.

Ein gewiss nicht immer problemfreier Indikator für die Entwicklung der Wirtschaft und Beschäftigung in einer Region ist die jeweilige Arbeitslosenquote, insbesondere die Quote der Langzeitarbeitslosen. Auch hier zeigt sich ein überaus heterogenes Bild: »Besonders betroffen sind Teile des Ruhrgebiets, einige Küstenstädte, Teile der Pfalz oder periphere Gebiete in Brandenburg und Sachsen-Anhalt. Besonders gering ist die Quote in den südlichen Bundesländern, aber etwa auch im Emsland.«[5]

Betrachtet man integriert die Bevölkerungs- und Beschäftigungsentwicklung für die vergangenen beiden Jahrzehnte in ihrer regionalen Verteilung[6], dann fällt auf, dass »Gewinnerregionen« sowohl städtisch als auch ländlich geprägt sein und sowohl im Süden (München, Ingolstadt) als auch im Nordwesten (Oldenburg, Emsland) liegen können. Negative Entwicklungen konzentrieren sich vor allem in einigen ostdeutschen Regionen.

Dieses Bild wird auch durch differenzierte regionalwissenschaftliche Analysen zur Verteilung von Wohlstand und Armut in Deutschland bestätigt. Eine aktuelle Clusteranalyse[7] zeigt, dass »ländliche geprägte Räume in der dauerhaften Strukturkrise« ausschließlich in den ostdeutschen Ländern liegen, wohingegen städtisch geprägte Regionen mit Strukturproblemen vor allem im Westen (Küstenstädte, Ruhrgebiet, Saarland) zu finden sind. Zahlreiche ländlich geprägte Räume, vor allem im Umland der großen Metropolen und dazwischen weisen hingegen ein überdurchschnittliches Wohlstandsniveau auf.

Angesichts dieses heterogenen Bildes räumlicher Entwicklungstendenzen in ländlichen Regionen stellt sich durchaus die Frage, ob es noch sinnvoll ist, an einer übergreifenden Raumkategorie »ländliche Räume« festzuhalten. In der Tat dürften, zugespitzt formuliert, die Gemeinsamkeiten etwa zwischen ländlichen Räumen in Vorpommern oder in der Lausitz verglichen mit dem oberbayerischen Alpenvorland sehr begrenzt sein. Wenn es denn überhaupt so etwas wie gemeinsame Probleme ländlicher Räume gibt, dann sind diese am ehesten in Defiziten der infrastrukturellen Ausstattung zu sehen. Gerade sie können die Lebensführung und das Lebensgefühl nachhaltig beeinträchtigen und die Attraktivität des Lebens in ländlichen Räumen erheblich vermindern. Besondere infrastrukturelle

Benachteiligungen ländlicher Räume sind beim öffentlichen Nahverkehr und vor allem bei der Breitbandversorgung festzustellen.[8]

Bislang ist es leider nicht gelungen, diese raumwissenschaftlich sehr gut aufzeigbare Heterogenität ländlicher Räume durch überzeugende Begriffe und Typisierungen zu erfassen. Die bekanntesten Typisierungen ländlicher Räume in Deutschland, etwa vom Bundesinstitut für Bau-, Stadt- und Raumforschung (BBSR) und vom Thünen-Institut (s. Beitrag von Küpper/ Milbert in diesem Band), sind fachlich (z. B. in der Auswahl der Indikatoren) gut begründet, aber machen z. T. widersprüchliche Aussagen. So werden dieselben Kreise bisweilen in der einen Typisierung als städtisch, in der anderen als (sehr) ländlich charakterisiert. In der öffentlichen, medialen Kommunikation überzeugende Begrifflichkeiten sind dabei bislang nicht entstanden (das gilt auch für den Begriff »erfolgreiche metropolenferne Regionen«[9]).

Leitvorstellung »Gleichwertige Lebensverhältnisse«

Zentrale Leitvorstellung der Raumordnung ist die »Gleichwertigkeit der Lebensverhältnisse«. Obgleich seit der Etablierung der Raumordnung in der Bundesrepublik ausgleichspolitische Zielsetzungen – damals noch eher schlicht »zwischen Stadt und Land« – eine wesentliche Rolle spielten, wurde die Leitvorstellung »Gleichwertigkeit der Lebensverhältnisse« erst in den 1970er-Jahren in den raumordnungspolitischen Diskurs eingeführt und fand gar erst 1989 Eingang in das Raumordnungsgesetz.[10] Der Begriff »gleichwertige Lebensverhältnisse« ist durchaus vieldeutig und interpretierbar. Klar ist eigentlich nur, dass es dabei nicht um eine »Gleichheit« der Lebensverhältnisse geht, da diese angesichts der überaus vielfältigen Raumstrukturen in Deutschland kein sinnvolles Ziel sein kann. Bisweilen wird kritisiert, dass »Gleichwertigkeit der Lebensverhältnisse« durchaus gemäß dem »Wandel des Zeitgeistes« mal als sozialstaatliches Ausgleichsziel, mal als zu fördernde differenzierte Vielfalt räumlicher Entwicklungsmuster interpretiert wird.[11]

Trotz dieser Offenheit und Auslegungsbedürftigkeit hat die Leitvorstellung erstaunlich kritische Äußerungen provoziert. So formulierte der damalige Bundespräsident Horst Köhler im Jahr 2004 in einem Interview mit einer Wochenzeitschrift, dass es »überall in der Republik große Unterschiede in den Lebensverhältnissen [gibt …] Wer sie einebnen will, zementiert den Subventionsstaat und legt der jungen Generation eine untragbare Schuldenlast auf.«[12] Dagegen wird jüngst immer stärker gefordert, endlich auch im Grundgesetz die Zielvorstellung gleichwertiger Lebensverhältnisse zu verankern.[13]

Inzwischen wird die Leitvorstellung gleichwertiger Lebensverhältnisse durchaus als räumlicher Ausdruck von Konzepten sozialer Gerechtigkeit gesehen. Zwar ist immer kritisch zu fragen, ob die räumliche Dimension überbewertet wird und es eher auf die Bekämpfung sozialer Ungleichheiten ankommt. Denn einkommensschwache Bevölkerungsgruppen sind – plakativ formuliert – in prosperierenden Metropolen angesichts angespannter Wohnungsmärkte besonders benachteiligt und »leiden« ggf. sogar unter der sozioökonomischen Dynamik. Mit dem Theologen Huber lässt sich aber auch die Eigenständigkeit einer räumlichen Perspektive auf Gerechtigkeit betonen.[14] So ist z. B. räumlich manifestierte Ungerechtigkeit sehr langlebig, benachteiligende räumliche Differenzierungen können zu unfreiwilligen Beschränkungen bis hin zur Stigmatisierung infolge »schlechter Adressen« führen, und eine ungleiche räumliche Verteilung von Ressourcen, etwa öffentlicher Finanzmittel, wirkt benachteiligend. Dabei setzt sich allerdings auch zunehmend die Auffassung durch, dass die Verwirklichung der Gleichwertigkeit nicht allein durch öffentliches Handeln möglich ist. Nicht zuletzt angesichts der differenzierten Aufgabenstellungen ist ebenso privatwirtschaftliches wie zivilgesellschaftliches Engagement erforderlich, um Infrastrukturen und die Daseinsvorsorge zu gewährleisten, ohne dass der Staat grundsätzlich aus der Verantwortung entlassen werden kann.

Diese Zielsetzung findet weithin Zustimmung. Bei ihrer Umsetzung gibt es allerdings vielfältige Herausforderungen. Da gilt es zunächst einmal, den Maßstab für die Beurteilung räumlicher Differenzierung zu bestimmen. In der Regel wird hier der Durchschnittswert für einen Indikator (etwa als Bundes- oder Landesdurchschnitt) zugrunde gelegt. Politisch definierte Sollwerte (wie bei den Fahrzeiten des Rettungsdienstes) sind in vielen Bereichen nicht vorhanden und auch politisch schwer vermittel- und durchsetzbar. Zudem wird häufig, gerade z. B. im Hinblick auf die Infrastrukturen der Daseinsvorsorge, die materielle Infrastruktur (Schulen, Krankenhäuser, Verkehrswege usw.) gemessen, weniger deren Wirkungen. Dabei käme es am Ende ja eher auf den Status der Gesundheit, der Bildung/Qualifikation und der Erreichbarkeit in und von Regionen an. Dies ist allerdings ebenfalls in Öffentlichkeit und Politik vielfach nur schwer vermittelbar. Zudem stellt sich die Herausforderung, dass verschiedene Dimensionen gleichwertiger Lebensverhältnisse aus Sicht des Individuums und des Haushalts gegeneinander kompensierbar sind. Individuell kann man sich durchaus dafür entscheiden, wegen besserer Umweltqualität und niedriger Immobilienpreise weitere Wege zur Arbeit und Ausbildung in Kauf zu nehmen oder umgekehrt einen hohen Wohnungspreis dafür zu zahlen, dass man in der Kernstadt alle relevanten Infrastrukturen in nächster Nähe vorfindet. Für eine gesamte regionale Gesellschaft kann das aber kaum politisch entschieden werden.

Ländliche Räume in der Raumordnung

Erster Zugang der Raumordnung zu ländlichen Räumen ist ihre Ausweisung als definierte Raumkategorie, etwa in Plänen und Programmen der Landesplanung. Die Bedeutung dieser bisweilen noch vorgenommenen Ausweisung hat allerdings tendenziell abgenommen, da die schlichte Bezeichnung »ländliche Räume« der oben skizzierten Heterogenität und der Vielfalt der Problemlagen nicht gerecht wird. Eher wäre es sinnvoll, innerhalb der ländlichen Räume (wie grundsätzlich auch in Stadtregionen) »Räume mit besonderem Handlungsbedarf« auszuweisen. Für diese könnten besondere integrative Entwicklungsstrategien und Förderanstrengungen definiert werden. Eine derartige, sachlich sehr sinnvolle teilräumliche Differenzierung etwa durch die Landesplanung ist aber aufgrund politischer Verteilungskämpfe in der Regel höchst umstritten. Sie ist bislang nur in Ausnahmefällen überzeugend gelungen.[15]

Die wohl erste teilräumlich differenzierte Betrachtung ländlicher Räume in der Raumordnung findet sich im Raumordnungspolitischen Handlungsrahmen von 1995[16], in dem fünf Typen ländlicher Räume unterschieden wurden:
- ländliche Räume in der Nähe von Agglomerationsräumen und großräumigen Verkehrsachsen;
- attraktive ländliche Räume für den Tourismus;
- ländliche Räume mit günstigen Produktionsbedingungen für die Landwirtschaft;
- gering verdichtete ländliche Räume mit wirtschaftlicher Entwicklungsdynamik;
- strukturschwache periphere ländliche Räume.

Diese Typisierung weist zu Recht darauf hin, dass es keinesfalls nur in den oft im Vordergrund stehenden strukturschwachen peripheren ländlichen Räumen Aufgabenstellungen der Raumordnung gibt, sondern auch in den anderen Raumtypen. So geht es etwa in den Tourismusregionen und in den Regionen mit agrarer Intensivwirtschaft darum, eine Übernutzung von Ressourcen sowie massive Konflikte, nicht nur zwischen Ökonomie und Ökologie, zu verhindern. Die Raumordnung muss auch zwischen unterschiedlichen ökonomischen Interessen vermitteln (z. B. zwischen den belastenden Folgen agrarer Intensivwirtschaft und dem Interesse der Kommunen, jüngere Familien und hoch qualifizierte Arbeitskräfte anzusiedeln).

Abbildung 1: Leitbild »Wettbewerbsfähigkeit stärken«

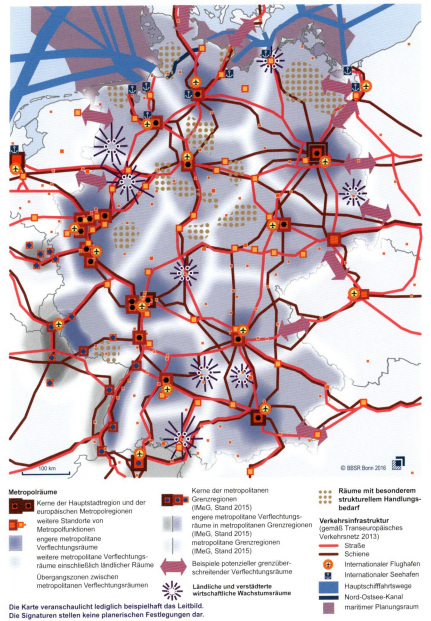

Quelle: BBSR / MKRO 2017, S. 14[17]

Abbildung 2: Leitbild »Daseinsvorsorge sichern«

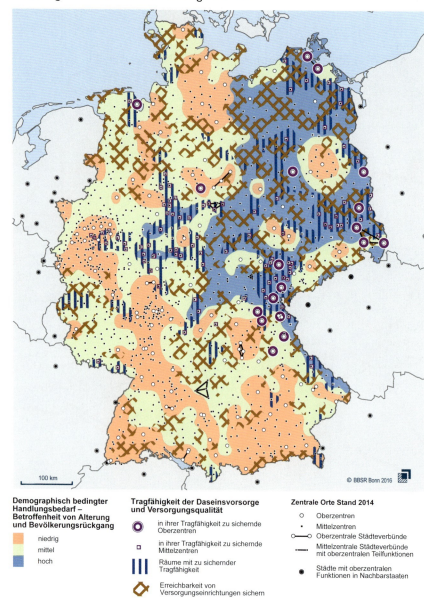

Demographisch bedingter Handlungsbedarf – Betroffenheit von Alterung und Bevölkerungsrückgang
- niedrig
- mittel
- hoch

Tragfähigkeit der Daseinsvorsorge und Versorgungsqualität
- ⊙ in ihrer Tragfähigkeit zu sichernde Oberzentren
- ▫ in ihrer Tragfähigkeit zu sichernde Mittelzentren
- ||| Räume mit zu sichernder Tragfähigkeit
- ✕ Erreichbarkeit von Versorgungseinrichtungen sichern

Zentrale Orte Stand 2014
- ○ Oberzentren
- • Mittelzentren
- ○—○ Oberzentrale Städteverbünde
- ▬▬ Mittelzentrale Städteverbünde mit oberzentralen Teilfunktionen
- ● Städte mit oberzentralen Funktionen in Nachbarstaaten

Die Karte veranschaulicht lediglich beispielhaft das Leitbild.
Die Signaturen stellen keine planerischen Festlegungen dar.

Quelle: BBSR / MKRO 2017, S. 20

Gerade auch in ländlichen Räumen und im Umland großer Städte sind die Siedlungsflächenentwicklung und der Ausbau der Infrastrukturen zu regulieren.
Aktuell sind für die Raumordnung bzw. Raumentwicklungspolitik in Bund und Ländern die Leitbilder zur Raumentwicklung der Ministerkonferenz für Raumordnung[18] maßgeblich, wenn auch nicht planungsrechtlich verbindlich. Die Entwicklung ländlicher Räume spielt dabei gleich mehrfach eine wichtige Rolle.

Im Leitbild 1 »Wettbewerbsfähigkeit stärken«[19] wird zwar zunächst auf die Entwicklung der Metropolregionen eingegangen (s. Abb. 1)[20]. Allerdings wird auch schon in diesem Kapitel der Leitbilder zur Raumentwicklung ausdrücklich auf die »Stärkung und Nutzung der Potenziale der ländlichen und strukturschwachen Räume innerhalb der Metropolräume« hingewiesen und generell die »langfristige Sicherung und Weiterentwicklung der ländlichen Räume mit ihren vielfältigen Teilräumem« gefordert. Auch in den Handlungsansätzen der folgenden Teilkapitel dieses Leitbildes 1 werden vielfach die ländlichen Räume erwähnt, wobei vor allem integrierte Entwicklungs- und Stabilisierungsstrategien empfohlen werden, die verschiedene fach- und förderpolitische Ansätze kombinieren. Diese Präferenz entspricht dem integrativen und fachübergreifenden Ansatz der Raumordnung und Raumentwicklungspolitik, durch den die Begrenztheit sektoraler, wenn auch oft finanzstarker Föderansätze überwunden werden soll. Ausdrücklich wird zudem der Ausbau der Verkehrsinfrastrukturen und die Sicherung der Mobilität betont. In der zum Leitbild 1 gehörenden Karte[21] werden im Hinblick auf die oben skizzierte Heterogenität ländlicher Raumentwicklung sowohl »ländliche und verstädterte wirtschaftliche Wachstumsräume« als auch (meist ländliche) »Räume mit besonderem strukturellem Handlungsbedarf« (nicht rechtsverbindlich) ausgewiesen.

Im Leitbild 2 »Daseinsvorsorge sichern«[22] steht die Daseinsvorsorge »insbesondere in ländlich-peripheren Teilräumen mit besonderen demographischen Herausforderungen« eindeutig im Mittelpunkt (s. Abb. 2). Wichtigster Ansatz einer integrativen Raumentwicklungspolitik für diese Aufgabenstellung ist das Konzept der »Zentralen Orte«, auf das die Versorgung mit Infrastrukturen auszurichten ist. Dabei werden die Vorteile der Verwirklichung des Zentrale-Orte-Ansatzes aus ökologischer und ökonomischer wie auch aus Sicht der Erreichbarkeit für die Bevölkerung hervorgehoben. Gerade in strukturschwachen, von demographischen Problemen gekennzeichneten ländlichen Räumen werden innovative, flexible und interkommunale Problemlösungen zur Sicherung der Infrastruktur gefordert, wobei die Notwendigkeit des »Zusammenwirkens von öffentlicher

Hand, zivilgesellschaftlichem Engagement und privater Wirtschaft«[23] betont wird. Zur Umsetzung dieser Ziele wurden und werden eine Vielzahl von Projekten, etwa im Rahmen des Programms »Modellvorhaben der Raumordnung« (MORO), durchgeführt. Hervorzuheben ist hier vor allem das »Aktionsprogramm regionale Daseinsvorsorge«, bei dem in zahlreichen Modellregionen exemplarisch innovative und kooperative Lösungen zur Sicherung ausgewählter Daseinsvorsorgebereiche initiiert und erprobt wurden.[24] Neben dem unabdingbar notwendigen Ausbau von Kooperationen wird hier zu Recht die Sicherung der Erreichbarkeit betont. Gerade hierzu gibt es inzwischen aber eine kaum noch überschaubare Fülle von befristeten Modellvorhaben zur Förderung der Nahmobilität in dünn besiedelten ländlichen Räumen, die von verschiedensten Ressorts der Bundes- und Landesregierungen unterstützt werden. Dauerhafte Veränderungen des »Alltagsbetriebs«, etwa durch Veränderung gesetzlich definierter Mindeststandards, sind demgegenüber bislang kaum realisiert worden.

So überzeugend aus Sicht der Raumordnung das Konzept der Zentralen Orte zur Sicherung der Daseinsvorsorge in ländlichen Räumen ist, so ist dieser Ansatz in Politik und Öffentlichkeit immer wieder umstritten. Vielfach gilt es als Ausdruck einer Top-down-Strategie zur Konzentration in ländlichen Räumen.[25] Allerdings wird sich die Daseinsvorsorge, etwa im Gesundheitswesen, ohne ein Mindestmaß an Konzentration nicht realisieren lassen, gerade angesichts immer weiterer Ausdifferenzierungen von Nachfragen und Angeboten (s. Beitrag von Faller/Bendler in diesem Band). In diesem Sinne sind Zentrale Orte »Ankerpunkte« in ländlichen Räumen, die allerdings unbedingt »aus der Fläche« gut erreichbar wie untereinander im Sinne der funktionalen Arbeitsteilung sehr gut vernetzt sein müssen. Durchaus umstritten ist zudem, inwieweit für die verschiedenen Stufen der Zentralen Orte (Grund-, Mittel-, Oberzentren) in ländlichen Räumen verbindliche Mindeststandards der Ausstattung sowie auch verbindlich spezifische Zuschläge im kommunalen Finanzausgleich definiert werden sollten. Eine konsequente Umsetzung dieses Ansatzes würde das verlangen, politisch ist es kaum realisierbar.

Jenseits einer rein technisch-infrastrukturellen und fiskalpolitischen Betrachtung der ländlichen Daseinsvorsorge gewinnen Klein- und Mittelstädte »auf dem Land« in jüngerer Zeit – in der Regel die Grund- und Mittelzentren aus der Sicht der Raumordnung – erheblich an Aufmerksamkeit (s. Beitrag von Weidner in diesem Band). Gerade um jüngere und hoch qualifizierte Bevölkerungsgruppen zum Bleiben oder Rückkehren in ländliche Regionen zu gewinnen, scheint ein Mindestmaß an »Urbanität« im Sinne von gelebter soziokultureller Vielfalt in erreichbarer Nähe erforderlich zu sein. Klein- und Mittelstädte sind unverzichtbare Elemente für die Lebensqualität in ländlichen Räumen. Einen Gegensatz zwischen dem »eigentlichen Landleben« in Dörfern und den Klein- und Mittelstädten in ländlichen Regionen zu konstruieren, wird zunehmend als nicht sachgemäß angesehen (s. Beitrag von Priebs in diesem Band).[26]

Vielfalt von Handlungsansätzen der Raumentwicklung

Zur Entwicklung ländlicher Räume gibt es über die gerade skizzierten Konzepte der Raumordnung und Raumentwicklungspolitik hinaus eine kaum überschaubare Fülle von Strategien und Ansätzen. Zunächst ist hier auf die europäische Politik für ländliche Räume hinzuweisen, die sich sowohl in der Politik für ländliche Räume als Teil der Agrarstrukturpolitik als auch in den Förderansätzen des Europäischen Fonds für regionale Entwicklung (EFRE) ausdrückt (s. Beitrag von Grabski-Kieron in diesem Band).

In der Bundesrepublik sind vielfältige Ressorts der Bundes- und Landesregierungen mit der Förderung ländlicher Regionen befasst, so etwa die jeweils zuständigen Ressorts für Raumentwicklung, für Landwirtschaft und ländliche Räume, für Verkehr, für Wirtschaft, aber auch das Bundesforschungsministerium mit Ansätzen wie »Kommune innovativ«. Diese Vielfalt ist Ausdruck des Stellenwerts, den die Entwicklung ländlicher Räume in der raumbezogenen Politik hat. Gleichwohl mangelt es an Integration und Koordination, wobei ein besonderes Problem darin besteht, dass gerade sektorale Ansätze oft finanzstärker und handlungsorientierter sind als die integrativen Perspektiven in der Raumordnung und Raumentwicklung.

Auf regionaler Ebene kommt hier der Regionalplanung eine wichtige Koordinierungsaufgabe zu. Dazu gehören sowohl die Aufstellung des Regionalplans als auch informell erarbeitete Regionalkonzepte der Daseinsvorsorge. Für dieses »informelle« Engagement der Raumordnung fehlen aber oft Kapazitäten in den Dienststellen und Akzeptanz bei den Adressaten.[27] Diese Koordinierungsaufgabe ist umso wichtiger, als sehr oft von verschiedenen Seiten regionale Entwicklungskonzepte und Regionalmanagements initiiert werden, wodurch die Gefahr von Parallelstrukturen entsteht. In diesem Sinne sind hier neue Formen einer Rural Governance erforderlich, die ebenenübergreifend die relevanten Akteure zusammenführen und insbesondere Privatwirtschaft, Zivilgesellschaft und öffentlichen Sektor verknüpfen.[28]

Beispiel: Die REGIONALEN in Nordrhein-Westfalen

Die REGIONALEN sind ein strukturpolitischer Ansatz in NRW, der dort seit Ende der 1990er-Jahre praktiziert wird und grundsätzlich für alle Regionstypen des Landes gedacht ist. In einigen ländlichen Regionen Westfalens wurden und werden sie mit besonderem Erfolg durchgeführt: in Ostwestfalen-Lippe in den Jahren 2000 und 2022[29], in Südwestfalen in den Jahren 2013 und 2025 (s. Beitrag von Arens/Krajewski in diesem Band) und im westlichen Münsterland im Jahre 2016[30]. REGIONALEN wollen die Wahrnehmung einer Region von innen und außen sowie die Rahmenbedingungen für Leben und Arbeiten durch innovative, integrative, interkommunale Projekte verbessern.[31] Zur Steuerung des Prozesses wird befristet für den Zeitraum der Laufzeit einer REGIONALE eine Managementeinheit (REGIONALE-Agentur) eingerichtet, neben dem politisch-administrativen System der Region, aber im engen Kontakt mit ihm. Durch die Agentur werden Netzwerke relevanter Akteure initiiert, Prozesse moderiert und Projekte qualifiziert.

Die ländlichen Regionen Westfalens sind in weiten Teilen als durch industriellen Mittelstand geprägte Regionen wirtschaftlich sehr dynamisch. Dort adressieren die REGIONALEN die für viele ländliche Regionen durchaus typischen Strukturprobleme wie demographischer Wandel, Fachkräftemangel, Verschärfung des Wettbewerbs durch Globalisierung, Infrastrukturdefizite usw. Die beiden aktuell dort laufenden REGIONALEN (Südwestfalen 2025 und Ostwestfalen-Lippe 2022) wollen vor allem die Chancen der Digitalisierung für die Entwicklung ländlicher Räume nutzen sowie die kulturelle Vielfalt als Qualitätsmerkmal ländlichen Lebens fördern. So geht es etwa der REGIONALE Ostwestfalen-Lippe 2022 explizit »darum, urbane Lebensstile auf dem Land möglich zu machen«[32]. Ziel ist es u. a., »lebendige Quartiere« auch in Kleinstädten und Dörfern zu schaffen, neue Wohnformen in der Stadt und auf dem Land zu ermöglichen und die Infrastrukturen der Daseinsvorsorge »mit innovativen Mitteln auch bei schwierigen Rahmenbedingungen« zu sichern[33].

Der komplexe Ansatz der REGIONALEN in NRW realisiert in gewisser Weise die Forderung nach neuen Formen einer kooperativen, integrativen und ebenenübergreifenden Rural Governance.[34]

Schlussbemerkungen

Es kann kein Zweifel bestehen, dass die Vielfalt der Trends und Entwicklungsmuster in den ländlichen Regionen Deutschlands entsprechend individuelle, spezifisch angepasste integrative Strategien erfordert. Dabei geht es aus Sicht von Raumordnung und Raumentwicklung um ein sehr breites Spektrum von Aufgabenstellungen: In den dynamischen Regionen im Umfeld der und zwischen den Metropolregionen sind das zum Beispiel Fragen der Regulierung der Siedlungsflächenentwicklung im Hinblick auf künftige Infrastrukturkosten und Erhalt der Kulturlandschaften. In den mehr oder weniger stark prosperierenden, von intensiver Agrarwirtschaft, starkem Tourismus oder mittelständischer Industrie geprägten ländlichen Regionen muss es um den Schutz der Ressourcen gehen. Weitere wichtige Themen sind die Moderation und Regelung von Konflikten zwischen unterschiedlichen Raumnutzungen und Interessen sowie die Sicherung der Grundlagen für künftige Entwicklungen angesichts vielfältiger Herausforderungen. In den strukturschwachen und dünner besiedelten, oft peripher gelegenen ländlichen Räumen steht die Sicherung der Daseinsvorsorge im Vordergrund. Aus Sicht der Raumordnung sind für die genannten Aufgabenstellungen polyzentrische Raumstrukturen (mit einer gewissen Konzentration der Daseinsvorsorge auf dezentrale Klein- und Mittelstädte bzw. Grund- und Mittelzentren) ein adäquates raumstrukturelles Leitbild, das sowohl dem Schutz der (natürlichen) Ressourcen, der Reduzierung der Flächeninanspruchnahme als auch der Sicherung der Tragfähigkeit und Erreichbarkeit der Infrastrukturen dient.

Zeitgemäße Raumentwicklungspolitik geht aber über funktionale Leitbilder (z. B. das der Zentralen Orte) und die Erarbeitung von Förderstrategien hinaus und berücksichtigt, dass die Stärkung ländlicher Räume mehrdimensional zu sehen ist. Die aktuelle Debatte um »Heimat« zeigt, dass Raumentwicklung auch eine emotionale Dimension hat. So stellt der Beirat für Raumentwicklung beim Bundesministerium des Innern, für Bau und Heimat unter der Überschrift »Räume entwickeln – Heimat gestalten!« fest, dass »bei der Verbesserung der Lebensverhältnisse [auch in ländlichen Räumen] auf die emotionale Bindung der Menschen an spezifische Räume mit ihren sozialen und materiellen Strukturen Rücksicht«[35] zu nehmen sei. »Heimat« entstehe durch das Handeln der Menschen in einer Region. »Das Erleben von Handlungsfähigkeit, Akzeptanz und Selbstverwaltung verweist auf den Aktivitäts- und Integrationsgehalt einer Beheimatung.«[36] Daher muss es in einer entsprechend konzipierten Raumentwicklungspolitik immer auch um entsprechende Mitwirkungsmöglichkeiten für die beteiligten Akteure und Bevölkerungsgruppen im Sinne einer Rural Governance gehen, um das Gefühl der »Beheimatung« zu unterstützen.

Anmerkungen

1 Ingo Mose, Ländliche Räume, in: Akademie für Raumforschung und Landesplanung (ARL), Handwörterbuch der Stadt- und Raumentwicklung, Hannover 2019, S. 1324.
2 Ministerkonferenz für Raumordnung (MKRO), Raumordnungspolitischer Handlungsrahmen, Bonn 1995.
3 Bundesamt für Bauwesen und Raumordnung (BBSR), Raumordnungsbericht 2000, Bonn 2000.
4 Bundesinstitut für Bau-, Stadt und Raumforschung im BBSR, Raumordnungsbericht 2017, S. 15, Karte 5.
5 Bernd Hallenberg, Die Langzeitarbeitslosigkeit in regionaler Perspektive, in: Forum Wohnen und Stadtentwicklung 10 (2018), S. 336.
6 BBSR (Anm. 4), S. 21.
7 Friedrich-Ebert-Stiftung 2019, Ungleiches Deutschland. Sozioökonomischer Disparitätenbericht 2019. Hintergründe zu Trends, Indikatoren, Analysen, Bonn 2019, http://library.fes.de/pdf-files/fes/15406-20190528.pdf (abgerufen am 14.2.2020).
8 BBSR (Anm. 4), S. 120; Beiträge von Monheim/Monheim und Lobeck in diesem Band.
9 Rainer Danielzyk/Philipp Friedsmann/Carl-Hans Hauptmeyer/Nadja Wischmeyer, Erfolgreiche metropolenferne Regionen. Das Emsland und der Raum Bodensee-Oberschwaben, hrsg. v. d. Wüstenrot Stiftung, Ludwigsburg 2019.
10 In der allgemeinen politischen Diskussion wird häufig behauptet, dass die »Gleichwertigkeit der Lebensverhältnisse« im Grundgesetz (insbesondere Artikel 72 Abs. 2 GG) verankert sei. Dort wird aber nur die Sicherung der bundesstaatlichen Einheit der Bundesrepublik Deutschland angesprochen, regionalpolitische Hinweise lassen sich daraus nicht ableiten.
11 Carsten Kühl, Gleichwertigkeit der Lebensverhältnisse – die neue Aktualität eines alten Themas, in: Martin Junkernheinrich/Joachim Lange (Hrsg.), Gleichwertigkeit der Lebensverhältnisse – zwischen produktiver Vielfalt und problematischer Ungleichheit, Loccum 2019.
12 Focus Nr. 38 vom 13.9.2004.
13 ARL, Daseinsvorsorge und gleichwertige Lebensverhältnisse neu denken. Perspektiven und Handlungsfelder, Hannover 2016; Beirat für Raumentwicklung, Räume entwickeln – Heimat gestalten. Empfehlungen vom 15.1.2019, Berlin 2019.
14 Wolfgang Huber, Daseinsvorsorge und räumliche Gerechtigkeit, in: ARL-Nachrichten 1 (2017), S. 5–8, https://shop.arl-net.de/media/direct/pdf/nachrichten/2017-1/NR_1_2017_Huber_S5-8_online.pdf (abgerufen am 14.2.2020).
15 Landesentwicklungsplan (LEP) M-V 2016, Kapitel 3.2.2; LEP Thüringen sowie zu den Problemen entsprechender Ansätze in der planungspolitischen Praxis: Ludwig Scharmann, Gleichwertige Lebensverhältnisse (nur) durch »gleiche« Mindeststandards? Ansätze und Sichtweisen aus der Landesplanung am Beispiel Sachsens, in: Informationen zur Raumentwicklung 1 (2015), S. 29–44.
16 MKRO (Anm. 2).
17 BBSR/MKRO, Leitbilder und Handlungsstrategien für die Raumentwicklung in Deutschland, Berlin 2017.

18 BBSR / MKRO (Anm. 17).
19 BBSR / MKRO (Anm. 17).
20 Zur Kritik an der ersten Fassung der Leibilder zur Raumentwicklung aus dem Jahr 2006 vgl. Rainer Danielzyk, Der raumordnungspolitische Metropolendiskurs – Konstruktion von (neuen) Peripherien?, in: disp 48 (2012).
21 BBSR / MKRO (Anm. 17), S. 14.
22 BBSR / MKRO (Anm. 17), S. 16 ff.
23 BBSR / MKRO (Anm. 17), S. 16.
24 Bundesministerium für Verkehr und digitale Infrastruktur (BMVI), Aktionsprogramm Regionale Daseinsvorsorge, Berlin 2015.
25 Gerhard Henkel, Rettet das Dorf jetzt! Was jetzt zu tun ist!, München 2016^2
26 Rainer Danielzyk / Axel Priebs (Hrsg.), Klein- und Mittelstädte, in: Neues Archiv für Niedersachsen II (2017), http://www.wig-niedersachsen.de/Neues_Archiv/Neues_Archiv_Inhalt_17_02.pdf (abgerufen am 26.2.2020).
27 Bundesministerium für Verkehr und digitale Infrastruktur (BMVI), Daseinsvorsorge in der Regionalplanung und Möglichkeiten ihrer formellen und informellen Steuerung (BMVI-Online-Publikation Nr. 3/2017), Berlin 2017, www.bbsr.bund.de/BBSR/DE/Veroeffentlichungen/ministerien/BMVI/BMVIOnline/2017/bmvi-online-03-17-dl.pdf?__blob=publicationFile&v=3 (abgerufen am 5.5.2020).
28 I. Mose (Anm. 1).
29 Herbert Weber, Eine neue Nähe von Stadt und Land – das UrbanLand OstWestfalen-Lippe, in: Forum Wohnen und Stadtentwicklung 10 (2018), S. 309 – 312.
30 Lisa Barthels, ZukunftsLAND Regionale 2016. Potenziale und Perspektiven der formatorientierten Stadt- und Regionalentwicklung, Münster 2018.
31 Allgemein Rainer Danielzyk / Mario Reimer, Die REGIONALEN in NRW, in: Neues Archiv für Niedersachsen II (2018), S. 61 – 68.
32 H. Weber (Anm. 29), S. 310.
33 H. Weber (Anm. 29), S. 311.
34 I. Mose (Anm. 1).
35 Beirat für Raumentwicklung (Anm. 13).
36 Beirat für Raumentwicklung (Anm. 13).

Ulrike Grabski-Kieron

Politik für ländliche Räume in Europa

Über die Hälfte der Bevölkerung in der Europäischen Union lebt in ländlichen Räumen. Auch unter den Gesichtspunkten von Flächenanteilen, geringer Siedlungsdichte und Verstädterungsgrad stellen ländliche Räume in Europa eine bedeutende Raumkategorie dar, wenngleich sich in den einzelnen Mitgliedstaaten große Unterschiede zeigen. Diese manifestieren sich in einer Vielfalt an naturräumlichen Ausstattungen, Kulturlandschaften und in der Mannigfaltigkeit regionaler Entwicklungspfade.

Ländliche Räume – regionale Vielfalt in Europa

Diese Differenziertheit wird aktuell durch den demographischen Wandel und Prozesse des sozioökonomischen Struktur- und Funktionswandels weiter akzentuiert. Globale Megatrends, die mit den Stichworten Digitalisierung und technologischer Wandel, Verstädterung, Klimawandel und anhaltende Gefährdung der natürlichen Ressourcen grob skizziert werden können,[1] stellen maßgebliche Herausforderungen für die Zukunft dar. Je nach räumlichen Ausgangslagen und Einflussfaktoren sind ländliche Räume in ganz unterschiedlicher Weise davon betroffen: Veränderte Muster der Landnutzung, Strukturumbrüche im ländlichen Siedlungswesen und angepasste Infrastrukturen sind Ausdruck dieser Transformationen.

Ländliche Räume in Europa zeigen heute ein Entwicklungsspektrum zwischen Suburbanisierung und Peripherisierung, zwischen Entleerung und Siedlungswachstum. Sie stehen für hochproduktive agroindustrielle, gewerblich-industrielle oder auch für bedeutsame Dienstleistungsstandorte. Es gibt darunter dynamische Räume mit hoher Wirtschaftskraft, mit bemerkenswertem Innovationsgeschehen und hoher regionaler Wertschöpfung. Gleichzeitig enthalten sie großflächige Natur- und Wildnisgebiete hoher ökologischer Wertigkeit.

Mit sich verändernden gesellschaftlichen Werthaltungen, Lebensstilen und Raumwahrnehmungen wandeln sich Standortpräferenzen der Wirtschaft genauso wie für individuelle Lebens- und Arbeitsumfelder. Die daran gebundenen Transformationsprozesse verändern das raumordnerische Gefüge und die Positionen ländlicher Räume darin. Unter den skizzierten Einflussfaktoren nehmen Differenziertheit und regionale Disparitäten weiter zu. Torres und Wallet sprechen gar mit Blick auf den europäischen Raum von einer zunehmenden »Fragmentierung ländlicher Räume«.[2] Diese findet nicht nur auf der übergeordneten Maßstabsebene statt, sondern lässt sich auch im Vergleich der Regionen untereinander und selbst in innerregionalen Prozessen ausmachen – z. B. in einer differenzierten Dorf- und Stadtentwicklung, in der Diversifizierung des Agrarsektors oder der Ausprägung regionaler Wertschöpfungsketten und Soziokulturen.

Entwicklungspfade von Regionen sind jedoch nicht per se vorgegeben. Ganz im Gegenteil: Ihre Dynamik wird vielerorts mit hohem Engagement von einzelnen Menschen, Unternehmen sowie sonstigen öffentlichen und privaten Institutionen aus diesen Regionen getragen.

Grundlagen europäischer Politik für ländliche Räume: Raumtypisierungen

Um dieser Vielfalt und Dynamik zu begegnen, braucht die europäische Politik verlässliche Grundlagen der Raumbeobachtung und des Monitorings, die der Differenziertheit gerecht werden und die Begründungszusammenhänge für politische Zielsetzungen deutlich machen. Den Weg dazu ebnen Raumtypisierungen: In ihnen werden ausgewählte statistische Kriterien aggregiert, z. B. zur Siedlungsstruktur, zur Demographie, zur Wirtschaftskraft oder zur Erreichbarkeit zentraler Einrichtungen. Regionen gleicher Merkmalsausprägungen werden als Regionstypen kartographisch dargestellt.

Für die europäische Politikgestaltung leistet dies das Statistische Amt der Europäischen Union (Eurostat) mit Sitz in Luxemburg.[3] Aus dessen laufender Raumbeobachtung wird die Typisierung europäischer Regionen kontinuierlich angepasst und aktualisiert. Zeitreihen erlauben es, Dynamiken von Teilräumen nachzuvollziehen und ablesbar zu machen. Verschiedenen Bedarfen von Politik, Planungspraxis und Wissenschaft wird so begegnet. Eine allein gültige Standardtypologie gibt es weder auf europäischer noch auf nationaler Ebene (s. Beitrag von Küpper / Milbert in diesem Band). Raumtypologien auf EU-Ebene zielen primär nicht darauf ab, ländliche

Räume von städtischen Räumen abzugrenzen. Vielmehr werden ländliche Räume als Regionaltypen mit vielfältigen Ausprägungen im Gesamtspektrum aller europäischen Regionen dargestellt und so auch im europäischen Raumgefüge sichtbar (s. Abb. 1).[4] In Anbetracht der zunehmenden Stadt-Land-Verflechtungen, die in vielen Staaten der EU zu beobachten sind, reichen strukturelle Kriterien (z. B. Siedlungsdichte) allein für eine zeitgemäße Typisierung nicht mehr aus. Funktionale Abgrenzungskriterien, etwa die Erreichbarkeit zu den Zentren, müssen hinzugenommen werden. Eurostat bezieht in seine Arbeit verschiedene Maßstabsebenen und dort verortete Kriterien ein, um unterschiedliche Themen für die Typisierung aufzuarbeiten. Um die »Performance« von Regionen europaweit vergleichbar zu machen, werden die statistischen regionalen Einheiten der EU (NUTS 2 und 3) genutzt, die verschiedene räumliche Verwaltungsebenen abdecken. NUTS steht für *nomenclature des unités territoriales statistiques*, das offizielle statistische Gebietsraster der EU. Jedes Mitgliedsland ordnet seinem Verwaltungsaufbau entsprechend diesem räumlich-statistischen System Teilräume auf drei Ebenen zu, was statistische Daten im EU-Kontext vergleichbar macht. In Deutschland (NUTS-1-Ebene) entspricht NUTS 2 den Bundesländern, NUTS 3 den im Verwaltungsaufbau der Bundesländer definierten administrativen Mittelebenen.

Eurostat folgt diesem Prinzip in einem gestaffelten Kartensystem. Darin werden Darstellungen auf regionaler Maßstabsebene durch solche auf lokaler Ebene ergänzt. Diese Typeneinteilung in abgestufter inhaltlicher Konkretisierung entspricht den Anforderungen der Politik für ländliche Räume im Zusammenspiel von EU, den Mitgliedstaaten und ihren jeweiligen administrativen Körperschaften (s. auch vorletztes Kapitel).

Auf übergeordneter, d. h. hier der regionalen Ebene der NUTS-3-Regionen, wird seit einigen Jahren eine Typologie von städtischen und ländlichen Regionen *(urban-rural typology)* auf Basis von Bevölkerungsanteilen[5] veröffentlicht (s. Abb. 1). Dabei werden folgende Regionstypen unterschieden:
- vorherrschend ländliche Regionen *(predominantly rural regions)*
- intermediäre ländliche Regionen *(intermediate regions)*
- vorherrschend städtische Regionen *(predominantly urban regions)*

Nationale Statistiken und Raumbeobachtungen in den einzelnen EU-Mitgliedsländern ergänzen das europäische Monitoring auf nationaler Ebene. Sie ermöglichen eine maßstäbliche Feinjustierung, auf deren Basis auch die politischen Ziele für die ländlichen Räume im Mehrebenensystem der EU bedarfsorientierter für die Regionen ausgerichtet werden können. Zur statistischen Raumbeobachtung auf europäischer Ebene liefern u. a. auch Berichte und Kartenwerke aus dem »Europäischen Forschungsnetzwerk

Abbildung 1: Typologie städtischer und ländlicher Räume nach Eurostat

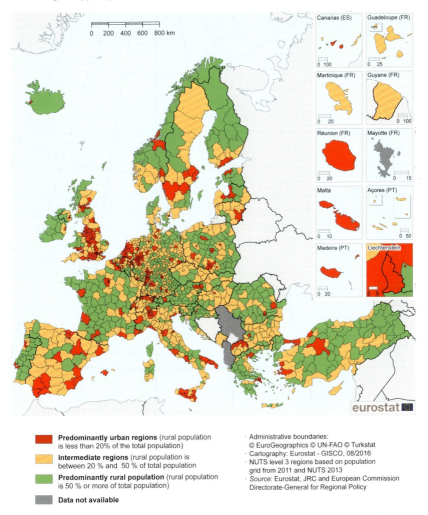

Quelle: Eurostat / JRC and European Commission / Directorate General for Regional Policy 2019[6]

für Raumentwicklung und territorialen Zusammenhalt« (*European Observation Network for Territorial Development and Cohesion*, ESPON[7]) wichtige Ergänzungen. Besonders hervorzuheben ist der zuletzt im Jahr 2014 erschienene ESPON Atlas.[8]

Es liegen also Raumbeobachtungskarten und statistische Auswertungen auf verschiedenen Maßstabsebenen vor, die in unterschiedlichen Themenfeldern und Aussagetiefen ländliche Räume abbilden. Ihre unterschiedlichen Ausgangslagen erschließen sich zuallererst mit Blick auf die unterschiedlichen Naturräume und auf die spezifischen historisch-kulturellen und politischen Entwicklungspfade, die die Regionen Europas als Kulturlandschaften im Laufe ihrer Geschichte genommen haben. Darin liegen Ankerpunkte z. B. für die Art und Weise der Inwertsetzung der naturräumlichen Potenziale in Land- und Flächennutzung, für die Ausprägung regionalspezifischer ländlicher Siedlungsstrukturen und Verkehrsbeziehungen, für Stadt-Land-Beziehungen und nicht zuletzt für nationale Kulturen und Gesellschaftsstrukturen begründet. Sie alle bedingen die Vielfalt ländlicher Kulturlandschaften in Europa.

Vor diesem Hintergrund differenzieren sich Prozesse des aktuellen Struktur- und Funktionswandels in unterschiedlicher Intensität und Geschwindigkeit aus. Von besonderer Bedeutung sind ohne Frage demographisch-gesellschaftliche Veränderungen mit Folgen einerseits für regionale Wirtschaftsstrukturen und Arbeitsmärkte, für Verdichtung, Verstädterungs- oder Entleerungsprozesse. In ländlichen Regionen mit Bevölkerungsrückgang, etwa im Norden Skandinaviens, Portugals oder in Teilen Rumäniens, haben die Probleme der Daseinsvorsorge und der Tragfähigkeit von Infrastrukturen eine besondere Brisanz. Ihnen stehen Regionen gegenüber, die positive Entwicklungs- oder Stabilisierungstrends aufweisen, teilweise verbunden mit in den vergangenen Jahren wachsenden Verstädterungsraten. Dies gilt z. B. für den Süden Englands oder für die Küstenregionen Frankreichs.

In vielen ländlichen Regionen wird der Struktur- und Funktionswandel darüber hinaus durch veränderte sozioökonomische Impulse vorangetrieben. Sie sind zum einen an neue oder veränderte Inwertsetzungen regionaler Entwicklungspotenziale gebunden: So können bisher nicht genutzte Wertschöpfungsketten entstehen oder neue Märkte erschlossen werden, beispielsweise aus einer veränderten Wahrnehmung und neu initiierten Produktion traditioneller landwirtschaftlicher Erzeugnisse (z. B. Wolle, Salz, Obst) – verbunden mit innovativer Weiterverarbeitung und Vermarktung in der Region. Landschaftspotenziale können in ihrer Erlebniswirksamkeit, klimatischen Heilwirkung oder mit besonderen Standortqualitäten Basis für neue regionale Dienstleistungssektoren sein. Durch solche regionalen Entwicklungsprozesse konnten sich viele ländliche Regionen, auch in peripheren Lagen Europas, in den vergangenen Jahrzehnten stabilisieren und eine neue wirtschaftliche Tragfähigkeit aufbauen, auch in regionalen Wirtschaftskreisläufen. In Regionen Schottlands, Portugals oder den östlichen Landesteilen Österreichs lassen sich Beispiele für solche Entwicklungen finden. In anderen Regionen haben landschaftliche Attraktivität oder auch die Verfügbarkeit besonderer natürlicher Ressourcen zur Betonung einzelner Raumfunktionen geführt. Hierzu zählen z. B. die Tourismusräume der Alpen oder die Küstenregionen des Mittelmeeres; in anderer Funktionalität trifft dies auch auf die Intensivagrarlandschaften im Norden Frankreichs oder die Sonderkulturlandschaften Andalusiens zu. Viele dieser Regionen stoßen heute sowohl aus gesellschaftlicher als auch ökologischer Perspektive an die Grenzen ihrer Tragfähigkeiten.

Viele vormals periphere ländliche Grenzregionen haben in den vergangenen Jahrzehnten auch durch neue grenzüberschreitende Kooperationen neue Impulse erhalten. Sie entwickeln sich zu diversifizierten Wirtschaftsregionen auf teilweise hohem technologischem Niveau, wie es z. B. im französisch-italienischen Grenzraum zu beobachten ist. Und nicht zuletzt sind Impulse für die Entwicklung der ländlichen Räume auch an intensiver werdende Stadt-Umland-Verflechtungen gebunden. Mit ihnen gehen verbesserte Erreichbarkeit und Zugang zu Versorgungs- und Bildungsinfrastrukturen einher. Mit dem Wachstum steigt die Nachfrage nach Flächen für Wohnen, Verkehr, Wirtschaft und Erholung, damit sind auch eine veränderte Wahrnehmung von Standortqualitäten und neue Funktionszuweisungen verbunden. Besonders in den ländlichen Regionen, die unter den Einflüssen des Städtewachstums und der Metropolisierung liegen, werden die begrenzte Verfügbarkeit von Flächen, die Konkurrenzen in der Flächennutzung sowie der Ressourcenschutz zu maßgeblichen Problemen. Überall in Europa lassen sich aktuell im Umland der großen Städte und Metropolen solche ländlichen Transformationsräume mit hohem Problemdruck erkennen.

Politik für ländliche Räume – ein querschnittsorientiertes Politikfeld

Politik für die ländlichen Räume baut auf diesem Grundverständnis differenzierter regionaler Ausgangslagen und Entwicklungspfade auf. Sie ist weniger eine sektoral ausgerichtete Politik als vielmehr ein politisches Handlungsfeld, in dem verschiedene raumwirksame Politiken zusammenwirken.[9] Im Vordergrund stehen die Raumordnungs- und regionale Strukturpolitik sowie die Agrarstrukturpolitik. Ergänzt werden diese durch die Naturschutz- und Umweltpolitik. Im Zeichen des demographischen Wandels, der Integration und der Daseinsvorsorge ist für die ländliche Raumentwicklung des Weiteren der Stellenwert der Sozial-, Bildungs- und Kulturpolitik gestiegen.

Die inhaltliche wie regionale Komplexität der Problemlagen ländlicher Entwicklungen verlangt also eine sektorübergreifende Politikgestaltung. Sie folgt als ganzheitliche, d. h. querschnittsorientierte oder integrierte Politik für die ländlichen Räume dem Leitgedanken, in einem abgestimmten Einsatz ressortspezifischer Instrumente und Mittel Synergien für die ländliche Raumentwicklung zu erzeugen und zu fördern. Politik für die ländlichen Räume hat damit die doppelte Zielsetzung, sowohl regionalspezifische Entwicklungswege zu ermöglichen als auch einen Beitrag zum Abbau regionaler Disparitäten in der EU zu leisten. Sie findet ihre Grenzen jedoch in enger werdenden finanziellen Spielräumen, einer abnehmenden Akzeptanz der Rolle und des Budgets der EU-Agrarpolitik und nicht zuletzt in den zurzeit offenen Diskursen zur weiteren Ausgestaltung des gesamten Handlungs- und Steuerungsregimes der EU.

Der Weg hin zu diesem umfassenden Politikverständnis unserer Tage war durch zahlreiche Paradigmenwechsel geprägt, vom Entstehen der Europäischen Wirtschaftsgemeinschaft (1958) an und besonders seit Bildung der Europäischen Union (1992). Darin spiegelt sich nicht nur die Formulierung und Weiterentwicklung europäischer Raumentwicklungsziele unter den Leitideen von Kohäsion und Kohärenz wider, sondern auch ein zunehmend breiteres Verständnis der Multifunktionalität ländlicher Räume im Zeichen von Nachhaltigkeit und Disparitätenabbau.

Die Ausarbeitung und Umsetzung politischer Ziele vollzieht sich dabei in einer Planungskultur, die im Zeichen eines veränderten Verantwortungs- und Steuerungsverständnisses steht, was heute unter dem Governance-Begriff verhandelt wird. Mit der Betonung von Kompetenzen und Partizipation lokaler und regionaler Akteure, von regionalspezifischen, im hohen Maße projekt- und umsetzungsorientierten Entwicklungsprozessen steht seitdem ein Paradigma im Vordergrund, das den regionalen und lokalen Akteuren für die Entwicklung ländlicher Räume einen maßgeblichen Stellenwert beimisst. Auf der Basis von Kooperationen und kommunikativen Netzwerken, die als öffentlich-private Entwicklungspartnerschaften verstanden werden, wird die Fähigkeit von Regionen zur Selbststeuerung zentral. Sie sollen befähigt werden, sowohl ihre jeweils spezifischen Problemlagen durch zielführende Entwicklungs- und Anpassungsprozesse selbst zu lösen als auch ihre regionalen Potenziale zu erschließen und zu erhalten.[10]

Seit jeher ist die Agrarstrukturpolitik als Teil der Gemeinsamen Agrarpolitik (GAP) der EU in der Entwicklung ländlicher Räume neben der regionalen Strukturpolitik wesentlich, weil sie mit ihren Teilpolitiken der

Markt- und Preispolitik, der Struktur- und Agrarumweltpolitik direkt oder indirekt auf Entscheidungen zur Landnutzung einwirkt. Ihre inhaltliche Programmatik und Mittelausstattung wurden über die Jahrzehnte hinweg in verschiedenen Reformen jeweils neu ausgerichtet und aus der engeren Agrarstrukturverbesserung in einen weiteren programmatischen Ansatz zur ländlichen Entwicklung überführt. Entscheidend für dieses verändertes Verständnis war das umfassende Reformpaket AGENDA 2000 der EU, weil hier zum ersten Mal explizit die Entwicklung ländlicher Räume als politisches Ziel der EU formuliert wurde. Dem entsprach, innerhalb der GAP das Zielkonzept einer integrierten ländlichen Entwicklung zur Grundlage der Politik für die ländlichen Räume zu machen: Lösungen für regional-spezifische, oft komplexe Problemlagen wurden im Sinne einer ganzheitlichen Raumentwicklung fortan in einem sektorübergreifenden, d. h. querschnittsorientierten Einsatz von Handlungsansätzen und Fördermitteln gesehen. Seitdem bildet die auf ländliche Entwicklung abzielende Agrarstrukturpolitik die sogenannte zweite Säule der EU-Agrarpolitik. Sie tritt neben die »klassische« Agrarmarkt- und Preispolitik (erste Säule; s. Beitrag von Dannenberg in diesem Band).

Dieses Säulengebäude der EU-Agrarpolitik (GAP) wird auch zukünftig ihre Grundstruktur bilden. Allerdings war die zweite Säule finanziell stets deutlich schlechter als die erste Säule ausgestattet. Verschiedene Anpassungen in den zurückliegenden Förderperioden haben daran grundsätzlich nichts geändert. Dies zeichnet sich auch für die Förderperiode ab 2021 ab. Darauf deuten die aktuellen Debatten um die anstehende Reform der GAP hin, die mit Beginn der nächsten Förderperiode ab 2021 wirksam werden soll.[11] Diese Diskrepanz zwischen der Politik zur ländlichen Entwicklung und der Markt- und Preispolitik, v. a. aber die Mängel in der Passgenauigkeit der Programmatik bei den sich verändernden Rahmenbedingungen ländlicher Raumentwicklung, lassen immer wieder Kritik laut werden. Dazu kommt die seit Langem kritisch diskutierte komplexe Bürokratie bei der Umsetzung der EU-Politik in den Mitgliedstaaten.

Die EU-Politik für die ländlichen Räume als Teil des politischen Mehrebenensystems

Die Umsetzung der politischen Agenda für die ländlichen Räume folgt dem Subsidiaritätsprinzip, nach dem sich grundsätzlich die Zusammenarbeit und Zuständigkeitsbereiche zwischen der EU und den Mitgliedstaaten regeln. Damit ist verbunden, dass die EU-Politik in einem Mehrebenensystem von EU, Bund und Bundesländern verankert ist und dort über die verschiedenen administrativen Ebenen hinweg schrittweise konkretisiert wird (s. Abb. 2). In Deutschland soll die Politik für die ländlichen Räume u. a. dazu beitragen, die Leitbilder der Raumordnung umzusetzen – also die Wettbewerbsfähigkeit zu stärken, Daseinsvorsorge zu sichern, Raumnutzungen zu steuern und nachhaltig zu entwickeln, dem Klimawandel zu begegnen und die Energiewende zu gestalten (s. Beitrag von Danielzyk in diesem Band). Als raumwirksame Politik ist sie in das föderative System von Bund und Bundesländern eingefügt. Die grundlegenden Prinzipien von Subsidiarität und Gegenstrom gewährleisten, dass Leitbilder, Ziele und Maßnahmen aus verschiedenen Politikbereichen über die verschiedenen Ebenen hinweg abgestimmt und im Sinne der Raumordnung zusammengeführt werden (s. Abb. 2).

Die Ausarbeitung und Umsetzung politischer Ziele vollzieht sich dabei in einer Planungskultur, die räumliche Entwicklung nicht mehr allein als Aufgabe des Staates begreift. Vielmehr rückt das Zusammenwirken öffentlicher und privater Akteure in den Vordergrund. Prozesse der Zielfindung und Entscheidung werden durch Bürgermitwirkung getragen und in öffentlich-privaten Kooperationen oder Partnerschaften vorangebracht. Regionale und lokale Raumkontexte sind dafür besonders geeignet, weil hier am ehesten gemeinsame Strategien und Ziele entworfen und Maßnahmenprioritäten festgelegt werden können. In raumwirksamen Gesetzen sowie formalrechtlichen Planungs- und Förderinstrumenten spiegeln sich heute Inhalte und Programmatik dieses sogenannten Governance-Verständnisses von Planung wider. Rechtliche Grundlagen und Instrumente eröffnen Optionen zur Gestaltung dieser informellen Prozesse der Akteursmitwirkung oder Netzwerkarbeit. Mehr noch: Förderprogrammatiken verpflichten dazu, weil sie in ihre formalrechtlichen Regelungsinhalte oder Fördertatbestände solche informellen Komponenten partnerschaftlichen und strategischen Vorgehens einbetten und sie sogar zu Voraussetzungen für Entscheidungen oder Bewilligungen machen. Damit wirken auf den unterschiedlichen Steuerungs- und Entscheidungsebenen gleichzeitig einerseits formalrechtliche Planungs- und Förderinstrumente, andererseits zahlreiche informelle Planungsinstrumente und Handlungsansätze zusammen (s. Abb. 2).

Die Zielsteuerung der EU erfolgt aus rechtlicher Sicht mittels EU-Verordnungen und Richtlinien. Sie entfalten entweder direkte Wirkungen in den Mitgliedstaaten (Verordnungen) oder müssen von diesen in nationales Recht übernommen werden (Richtlinien), um dort wirksam zu werden. Diese EU-Rechtsakte bilden auch die Grundlagen für unterschiedliche EU-Förderprogrammatiken, die sich vor allem an unterschiedlichen EU-Strukturfonds und EU-Gemeinschaftsinitiativen festmachen (s. Abb. 2).

Abbildung 2: Das Mehrebenensystem in der Entwicklung ländlicher Räume

Formal-rechtliche Instrumente				Instrumente u. a. mit Betonung informeller Handlungsansätze			
Raumordnung / Strukturpolitik	Agrarstrukturpolitik	Sonstige Fachpolitiken		Raumordnung / Strukturpolitik	Agrarstrukturpolitik	Sonstige Fachpolitiken	
Europa 2020 – Strukturfonds der regionalen Strukturpolitik	Europäischer Landwirtschaftsfonds (ELER)/Verordnung zur Entwicklung ländlicher Räume (2014–2020)	Richtlinien Verordnungen	Europa	Territoriale Agenda	Gemeinschafts- initiative LEADER im Rahmen ELER-VO (2014–2020)	z. B. EU-Wasser- rahmenrichtlinie: Flussgebiets- management	
Bundesraumordnungs- gesetz (ROG) / Gemein- schaftsaufgabengesetz »Verbesserung der Wirtschaftsstruktur« (GRW)	Gemeinschafts- aufgabengesetz »Verbesserung der Agrarstruktur und des Küstenschutzes« (GAK)	z. B. Biodiversitätsstrategie BNatSchG	Bund	Leitbilder der Raumordnung / Modellvorhaben	Bundesinitiative „Ländliche Entwicklung" mit Bundesprogramm „Ländliche Entwicklung"	z. B. in der GRW: Förderung von Innovationsclustern in regionaler Wirtschaft	
Landesent- wicklungs- planung	Länderprogramme, Förderrichtlinien, Nationale Strategie zur Entwicklung ländlicher Räume	Landesrecht/Natur- und Umweltschutz/ Länderprogramme	Länder	Programme, Wettbewerbe, Modellvorhaben auf Bundes- und Länderebene			
Regionale Raumordnungs- pläne	Agrarumwelt- maßnahmen, z. B. ländliche Bodenordnung	z. B. Landschafts- rahmenplanung	Regionen	Städtenetze, regionale Entwicklungs- konzepte (REK)	Integrierte ländliche Entwicklungs- konzepte	z. B. Regional- management	
Bauleitungsplanung, sonstige städtebauliche Planung	z. B. landwirtschaftliche Fachbeiträge	z. B. Landschafts- pläne	Kommunen	z. B. Masterpläne, Quartiers- management	Dorfneuerung und -entwicklung	z. B. Projekte zur Förderung der E-Mobilität oder zum lokalen Klimaschutz	

Quelle: Verändert nach Grabski-Kieron, APuZ 2016[12]

Die Wirkungsmechanismen der EU-Agrarstrukturpolitik entfalten sich über die verschiedenen politischen Ebenen hinweg in differenzierten Ziel- und Anreizsystemen, die in komplexen Abstimmungsprozessen auf die nationale und – in Deutschland – auf die föderative Ebene der Bundesländer »heruntergebrochen« werden.[13]

Die EU-Agrarpolitik folgt den für alle Politikbereiche geltenden Leitzielen der von der Europäischen Kommission verabschiedeten Europa-2020-Strategie.[14] Daraus leiten sich die aktuell gesetzten Prioritäten für die Entwicklung ländlicher Räume ab, die mit folgenden Schlagworten umrissen werden:
- Wissenstransfer, Bildung und Beratung
- Wettbewerbsfähigkeit
- Lebensmittelketten und Risikomanagement
- Förderung von Ökosystemen
- Förderung der Ressourceneffizienz
- Arbeit und Entwicklung in ländlichen Räumen
- Priorität für methodische Ansätze

Dies findet seinen Niederschlag in den aktuellen sektorpolitischen Förderkorridoren der unterschiedlichen Europäischen Struktur- und Investitionsfonds. In der Förderperiode bis 2020 werden sie ganz im Sinne querschnittsorientierter Entwicklung im Gemeinsamen Strategischen Rahmen (GSR) als dem maßgeblichen Strategieinstrument zur Gestaltung einer kohärenten, d. h. aufeinander abgestimmten Förderpolitik auf nationaler Ebene zusammengeführt. Für die Förderperiode ab 2021 sind hier weitere Akzentuierungen angekündigt. Für die Entwicklung ländlicher Räume sind darin vor allem der Europäische Fonds für die regionale Entwicklung (EFRE) und besonders der in der Agrarstrukturpolitik verankerte Europäische Landwirtschaftsfonds für die Entwicklung des ländlichen Raumes (ELER) eingebunden. Zudem kommen auch die anderen EU-Fonds ländlichen Räumen zugute – namentlich der Europäische Sozialfonds (ESF) und in den Küstenregionen der Europäische Meeres- und Fischereifonds (EMFF). In den Mitgliedstaaten werden die Fonds dadurch raumwirksam, dass sie, ausgehend vom GSR, auf nationaler Ebene bzw. in Deutschland auf Ebenen des Bundes und der Länder, in ihren Förderprogrammatiken raum- und problembezogen konkretisiert und hier auch in der Regel kofinanziert werden. Ein komplexer verwaltungstechnisch-organisatorischer und instrumenteller Rahmen gewährleistet die »Durchgängigkeit« der EU-Förderprogrammatik bis auf die unterste administrative Ebene. Erst über diese nationale Ausgestaltung kommen die Gelder den Förderregionen zugute. Um davon zu profitieren, sind an die Ausschreibungen der Programme heute im Allgemeinen Wettbewerbsverfahren gebunden, an denen sich die Regionen beteiligen können. Die Mitgliedstaaten sind verpflichtet, für eine laufende oder abgelaufene Förderperiode der EU Evaluierungen und Rechenschaftsberichte vorzulegen, in denen Mittelverwendung und Zielerreichung dargelegt werden sollen.

In der Agrarstrukturpolitik selbst wird in Deutschland diese Konkretisierung im Zuge der Umsetzung der »Gemeinschaftsaufgabe Verbesserung der Agrarstruktur und des Küstenschutzes« (GAK) vollzogen.[15] Im GAK-Rahmenplan werden dazu die europäischen Ziele des ELER unter Berücksichtigung nationaler und länderspezifischer Bedarfe modifiziert, mit Kofinanzierung unterlegt und in ein gemeinschaftliches Förderprogramm gefasst. Die Bundesländer ihrerseits füllen diese Zielprogrammatik in eigenen operationellen Programmen zur Entwicklung ländlicher Räume weiter aus.[16] In der Förderperiode ab 2021 wird es außerdem einen Nationalen Strategieplan geben, an dessen Aufstellung die Bundesländer mitarbeiten.

Für die ländlichen Räume Europas hat insbesondere die in der EU-Agrarstrukturpolitik verankerte Gemeinschaftsinitiative LEADER *(liaison entre actions de développement de l'économie rurale)* seit den 1990er-Jahren eine zentrale Bedeutung, denn sie stellt – ganz im Sinne des bereits skizzierten

An der Saale, Sachsen-Anhalt
© Stefan Schmitz

Verständnisses kooperativer Steuerung – die regionale und lokale Handlungsebene mit ihren Akteuren in den Mittelpunkt. LEADER ist darauf ausgerichtet, deren Kompetenzen für Steuerung und Entscheidung von regionaler oder lokaler Entwicklung zu fördern und über die Finanzierung von Projekten oder eines professionellen Regionalmanagements zu unterstützen. Hatte LEADER in seiner Implementierungsphase in den 1990er-Jahren eher den Charakter eines »Experimentallabors«, in dem erstmalig neue Ideen für die eigenständige Entwicklung gerade der peripheren ländlichen Regionen Europas entwickelt wurden, ist die LEADER-Förderung heute aus der »Mainstream-Förderung« der Agrarstrukturpolitik nicht mehr wegzudenken. Auch die Gebietskulisse wurde zugunsten weiterer Typen ländlicher Räume ausgeweitet. In Deutschland werden die aktuell rund 320 LEADER-Aktionsgruppen (LAGs) u. a. von der Deutschen Vernetzungsstelle LEADER unterstützt. Sie arbeitet als Forum für Information, Wissensaustausch und Kommunikation.[17]

Zusammenfassende Schlussbemerkung

Um den unterschiedlichen Ausgangslagen und Entwicklungspfaden ländlicher Räume in Europa in der Ausgestaltung der Politik gerecht zu werden, kommt Typisierungen eine besondere Bedeutung zu. Angesichts der Dynamik wachsender Stadt-Umland-Verflechtungen, die in vielen Mitgliedsländern zu beobachten ist, wird in der EU u.a. mit Stadt-Land-Typologien gearbeitet, für die je nach Betrachtungsebene und -tiefe unterschiedliche Kriterien herangezogen werden. In Kenntnis der regionalen Vielfalt und Differenziertheit versteht sich Politik für die ländlichen Räume als ein sektorübergreifendes Politikfeld. Die hier zusammenwirkenden Handlungsansätze folgen dem Leitgedanken, die Entwicklung ländlicher Räume möglichst mittels Zielsynergien im Sinne einer querschnittsorientierten Entwicklung zu unterstützen. Der Agrarstrukturpolitik als Teil der Gemeinsamen Agrarpolitik der EU kommt mit ihrer Programmatik neben anderen Ressortpolitiken wie der genannten regionalen Strukturpolitik dabei seit Langem ein wesentlicher, jedoch auch ein kritisch diskutierter Stellenwert zu. Mit Blick auf die laufenden Debatten zur nächsten Reform der Gemeinsamen Agrarpolitik der EU, die mit Beginn der nächsten Förderperiode 2021 umgesetzt werden soll, bleibt die weitere Ausgestaltung im Umfeld anderer agrarpolitischer Ziele und der anderen Ressortpolitiken abzuwarten.

Anmerkungen

1 OECD, OECD Regional Outlook 2019, Leveraging Megatrends for Cities and Rural Areas, www.oecd-ilibrary.org/urban--rural-and-regional-development (abgerufen am 17.2.2020).
2 André Torres / Frédéric Wallet, Regional Development, in: Rural Areas. Paris–London 2016, S. 5 ff.
3 Statistisches Amt der Europäischen Union, https://ec.europa.eu/eurostat/de/home.
4 Eurostat, Eurostat Regional Yearbook 2018, Luxemburg 2018, S. 192–194.
5 Vgl. Eurostat (Anm. 4), S. 194.
6 Eurostat, Eurostat Regional Yearbook 2019, http://ec.europa.eu/eurostat/statistical-atlas/gis/viewer (abgerufen am 9.3.2020).
7 European Observation Network for Territorial Development and Cohesion (ESPON), www.espon.eu.
8 ESPON Atlas 2013. Mapping European Territorial Structures and Dynamics, www.espon.eu/topics-policy/publications/atlas-espon-atlas-2013 (abgerufen am 30.10.2019).
9 Ulrike Gabski-Kieron / Christian Krajewski, Ländliche Raumentwicklung in der erweiterten EU – Chancen und Probleme, in: Geographische Rundschau 59, H. 3 (2007), S. 13 ff.
10 Peter Schmitt / Lisa Van Well (Hrsg.), Territorial Governance across Europe. Pathways, Practices and Prospects, London 2016.
11 Martin Birkenstock / Norbert Röder / Thünen-Institut für ländliche Räume, Gestaltung und Umsetzung der Gemeinsamen EU-Agrarpolitik ab 2021. Übersicht über die politischen Debatten, in: UBA-Texte 108/2018, Berlin 2018; Wissenschaftlicher

Beirat für Agrarpolitik, Ernährung und gesundheitlichen Verbraucherschutz beim BMEL, Für eine gemeinwohlorientierte Agrarpolitik der EU nach 2020. Grundsatzfragen und Empfehlungen. Stellungnahme, Berlin 2019.

12 Ulrike Grabski-Kieron, Politik im und für den ländlichen Raum, in: Aus Politik und Zeitgeschichte. Land und Ländlichkeit, APuZ 46–47 (2016), S. 23–28.

13 Vgl. U. Grabski-Kieron (Anm. 12), S. 27.

14 Vgl. U. Grabski-Kieron (Anm. 12), S. 27.

15 Gesetz über die Gemeinschaftsaufgabe zur Verbesserung der Agrarstruktur und des Küstenschutzes (GAK-Gesetz) in der Fassung der Bekanntmachung vom 21. Juli 1988 (BGBl. I S. 1055), das zuletzt durch Artikel 1 des Gesetzes vom 11. Oktober 2016 (BGBl. I S. 2231) geändert wurde.

16 Zum Beispiel NRW-Programm Ländlicher Raum 2014–2020 (Ministerium für Umwelt, Landwirtschaft, Natur- und Verbraucherschutz des Landes Nordrhein-Westfalen 2018).

17 Deutsche Vernetzungsstelle LEADER (DVL), www.netzwerk-laendlicher-raum.de (abgerufen am 4.5.2020).

III Zusammenleben zwischen Dorf und Provinzstadt

Stefan Kordel / Tobias Weidinger

Zuwanderung in ländliche Räume

Für die vergangenen Jahrzehnte bis einschließlich 2012 sind für Landkreise und kreisfreie Städte, die vom Thünen-Institut als ländlich klassifiziert werden (s. Beitrag von Küpper / Milbert in diesem Band), sinkende Einwohnerzahlen belegt.¹ Daher dominierten Narrative um Abwanderung und Entleerung die gesellschaftspolitischen Debatten über ländliche Räume Deutschlands. Auch Diskurse zum demographischen Wandel wurden und werden vor allem durch die Attribute »weniger«, aber auch »älter«, selten jedoch durch ein »Bunterwerden« der Gesellschaft geprägt. Die Tatsache, dass die Bevölkerung in ländlichen Landkreisen und kreisfreien Städten seit 2014 wanderungsbedingt zunimmt,² erscheint insofern als etwas Neues.

Historisch betrachtet sind Zu- und Fortzüge in ländlichen Regionen aber seit der Industrialisierung belegt. Gegen Ende des 19. Jahrhunderts versuchten Gutsherren beispielsweise in Sachsen einer Landflucht entgegenzuwirken und warben Arbeitskräfte aus Ost- und Ostmitteleuropa an.³ Die Ansiedlung Heimatvertriebener und Geflüchteter nach dem Zweiten Weltkrieg, die Akquise von Arbeitskräften im Zuge der sogenannten Gastarbeiterbewegung in industriell geprägte ländliche Räume seit den 1960er-Jahren sowie der Zuzug in den 1990er-Jahren im Kontext politischer Transformationsprozesse nach dem Fall des Eisernen Vorhangs stellten weitere wichtige Zuwanderungsprozesse dar.

Die Anzahl an Personen, die mobil sind und ihren Wohnstandort temporär oder dauerhaft wechseln, ist aufgrund verschiedener rechtlicher und ökonomischer Rahmenbedingungen, wie etwa der Reise- und Niederlassungsfreiheit in der EU oder zur Verfügung stehender Verkehrsmittel, heute wesentlich größer, wenngleich kleinräumige Mobilität auf dem Land auch historisch durchaus eine Rolle spielte.⁴ Die Vielfalt an Wanderungsprozessen in ländlichen Räumen wurde bereits 2007 als *rural mobilities*⁵ beschrieben: Sie umfassen Ab- und Zuwanderung aus und in ländliche Räume

◂ Dünschede im Sauerland, © Christian Krajewski

genauso wie Wohnortwechsel innerhalb dieser Räume, das Bleiben an einem ländlichen Wohnstandort und schließlich das Phänomen, einen Ort in einem ländlichen Raum als eine Art Durchgangsstation zu betrachten, auf dem Weg hin in Großstädte oder an andere ländliche Wohnstandorte.[6]

Bei aktuellen Zuwanderungsprozessen in ländlichen Räumen lassen sich verschiedene Motive der Zuwandernden erkennen, zugleich finden sie dort sehr unterschiedliche strukturelle Bedingungen vor. Daher wird in diesem Beitrag, wo dies möglich ist, zwischen Personen unterschieden, die aus anderen Teilen Deutschlands (Binnenmigration) und dem Ausland (internationale Migration) zuziehen. Anschließend werden Einstellungen der Lokalbevölkerung in Bezug auf Zuwanderung und die Auswirkungen von Zuwanderung auf verschiedene Bereiche des örtlichen Lebens diskutiert. Insbesondere die strukturelle Vielfalt im Hinblick auf den Wohnungs- oder Arbeitsmarkt, das Vorhandensein und die Erreichbarkeit von Infrastrukturen oder die Finanzausstattung von Kommunen sind für ländliche Räume Deutschlands charakteristisch und müssen bei der Beschreibung und Bewertung von Zuwanderungsprozessen einbezogen werden. Das Interesse, Zuwanderung in ländlichen Räumen zu steuern, zeigen verschiedene Initiativen, die Zuwandernde anwerben und zum Bleiben motivieren wollen.

1 Wer kommt und welche Strukturen finden Neuzugewanderte vor?

Für ländliche Räume Europas lassen sich folgende Gruppen von Zuwandernden identifizieren,[7] die auch auf Deutschland allein betrachtet zutreffen: Zuwanderung Schutzsuchender, die in Zusammenhang mit Fluchtbewegungen steht, Erwerbsmigration sowohl aus der EU als auch aus Drittstaaten, annehmlichkeitsorientierte und lebensstilbezogene Zuwanderung *(amenity / lifestyle migration)* relativ privilegierter Personengruppen sowie Rückwanderung von Personen, die ländliche Räume zuvor verlassen haben.

Fluchtmigration

Durch die steigende Zahl zuwandernder Asylsuchender in den Jahren 2015 und 2016 wuchs die politische Aufmerksamkeit für diese Gruppe stark. Dezentrale Verteilungsmechanismen in der Bundesrepublik führen dazu, dass Geflüchtete für die Dauer der Asylverfahren auch in ländlichen Räumen untergebracht werden.[8] Auf Basis des Königsteiner Schlüssels sowie länderspezifischer Zuteilungsmechanismen werden sie zunächst auf Bundesländer und anschließend auf Landkreise verteilt und leben in Gemeinschaftsunterkünften, wobei während des zahlenmäßig starken Zuzugs 2015 auch vermehrt dezentrale Unterkünfte, Notunterkünfte oder Dependancen von Erstaufnahmeeinrichtungen in ländlichen Räumen errichtet wurden. Für Geflüchtete, die in ländlichen Räumen untergebracht waren und nach der Zuerkennung eines Schutzstatus ihren Wohnsitz frei wählen konnten (innerhalb des Rahmens, den § 12a AufenthG vorgibt), lassen sich folgende Prozesse der Weiterwanderung *(onward mobilities)* feststellen: Abwanderungsprozesse in Städte, in Kleinstädte auf dem Land sowie Verbleib in der Kommune, der sie zugeteilt wurden. Daneben wanderten anerkannte Flüchtlinge, wenn auch in geringerem Ausmaß, aus Städten in ländliche Räume zu.[9]

Wie Abbildung 1 zeigt, ist der Anteil der Personen mit Aufenthaltserlaubnis aus humanitären, politischen oder völkerrechtlichen Gründen an der Gesamtbevölkerung heute insbesondere im nordwestlichen Bundesgebiet höher als im Süden, wo sich ein heterogenes Muster ergibt: Einige Landkreise mit höheren Anteilen solcher Personen befinden sich hier in unmittelbarer Nachbarschaft mit Landkreisen mit einem Anteil < 0,5 % an der Gesamtbevölkerung. In Sachsen wiederum ist eine Konzentration in den Städten beobachtbar. In Landkreisen und kreisfreien Städten, die als ländlich klassifiziert sind, leben (Stand 31.12.2018) ca. 465 000 Personen, das sind 46,1 % aller Personen mit den oben genannten Aufenthaltstiteln in der Bundesrepublik, 2013 waren es nur ca. 70 000 Personen mit einem Anteil von 35,2 %.[10]

Neben individuellen Beweggründen, wie dem Wunsch nach übersichtlichen Strukturen für Familien oder Kontakten zur eigenen ethnischen Community, sind strukturelle Faktoren der Orte und Regionen, zum Beispiel Arbeitsmarkt, Wohnungsmarkt, rechtlicher Status, Vorhandensein ethnischer Netzwerke, entscheidend für das Bleiben, Zuwandern oder Rückkehren.[11] Am Beispiel von Geflüchteten zeigt sich besonders eindrucksvoll, dass Wohnstandortentscheidungen für ländliche Räume vorläufig sind und viele Personen, die staatlich gesteuert in ländlichen Räumen »platziert« wurden, diese Orte zunächst als Durchgangsstationen betrachten. Ein Rechtskreiswechsel der Geflüchteten, Veränderungen politischer Rahmenbedingungen wie Wohnortzuweisungsrichtlinien und schließlich individuelle Präferenzen, wie der Wunsch, mit der Familie zusammenzuleben oder einen Ausbildungsplatz bzw. eine Arbeitsstelle anzunehmen, führen dazu, dass über den Wohnstandort neu entschieden wird. Während für den Bedarf alleinstehender Personen Wohnungsmärkte in ländlichen Räumen (Einzimmerwohnungen, WG-taugliche Wohnungen) meist

Abbildung 1: Anteil der Personen mit Aufenthaltserlaubnis aus humanitären, politischen, völkerrechtlichen Gründen an der Gesamtbevölkerung

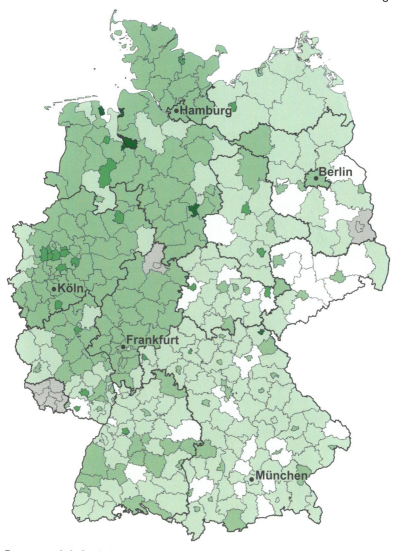

Personen mit Aufenthaltserlaubnis aus humanitären, politischen, völkerrechtlichen Gründen pro 1 000 Einwohner

- 0 – 5
- 5 – <10
- 10 – <20
- 20 – <30
- >30
- keine Angabe

0   50   100 km

Quelle: Statistisches Bundesamt (Destatis) 2019, Stand: 31.12.2018

ungünstig sind,[12] sind diese Strukturen für Familien vielfach als gut zu bewerten. Diskriminierungen durch Vermieter*innen stellen eine weitere Form von Exklusion auf dem Wohnungsmarkt dar. Bundesweite empiriebasierte Aussagen, was Geflüchtete in ländlichen Räumen Deutschlands zum Bleiben bewegt, fehlen bislang.[13]

Erwerbsmigration

Nach wie vor stellen Städte und Agglomerationsräume Hauptzielgebiete für Arbeitsmigrant*innen dar. Die über lange Zeit prosperierende gesamtwirtschaftliche Lage und die große Nachfrage nach Arbeitskräften in Deutschland ziehen EU-Binnenmigrant*innen an, wobei deren Anzahl in ländlichen Landkreisen und kreisfreien Städten von 1,36 Mio. im Jahr 2013 (entspricht 40,5% aller Personen mit Freizügigkeit nach EU-Recht im Bundesgebiet) bis 2018 auf 2,08 Mio. (43,3%) anstieg.[14] In ländlichen Räumen sind Arbeitsmigrant*innen insbesondere in der Landwirtschaft und Ernährungsindustrie, in Gesundheits- und Pflegeberufen sowie in klein- und mittelständischen Unternehmen des Handwerks und in der Industrie (vor allem Automobilsektor und Maschinenbau) beschäftigt. Im Mikrozensus 2014 gaben mehr als die Hälfte aller Personen aus EU-Staaten Erwerbstätigkeit als Grund des Zuzugs an.[15] Aus einer aktuellen Studie des Instituts für Arbeitsmarkt- und Berufsforschung geht hervor, dass sich EU-Zuwandernde in den vergangenen Jahren vor allem in wirtschaftlich starken Landkreisen mit kleinen migrantischen Communitys z. B. in Niedersachsen oder Bayern niederließen, was dort den Anteil dieser Ausländergruppen entsprechend erhöhte.[16]

In landwirtschaftlichen Betrieben Deutschlands sind vor allem Personen aus Ostmittel- und Südosteuropa als Arbeitsmigrant*innen beschäftigt. Dies gilt insbesondere für Betriebe mit arbeitsintensiven, zeitlich konzentrierten Prozessen, also Gartenbau und Sonderkulturen (z. B. Spargel, Erdbeeren). Aufgrund der Saisonalität handelt es sich dabei häufig um temporäre Migration. Im Jahr 2016 wies das Statistische Bundesamt 286 300 Beschäftigungsverhältnisse von weniger als sechs Monaten aus. Der Anteil der Saisonarbeitskräfte an den Gesamtbeschäftigten in der Landwirtschaft variiert dabei stark: In Rheinland-Pfalz sind 52% der Beschäftigten in der Landwirtschaft Saisonarbeitskräfte, in Bayern hingegen nur 17%.[17] Saisonarbeitskräfte zeichnen sich durch eine transnationale Lebensführung aus und reagieren auch deshalb äußerst volatil auf Veränderungen in der Wirtschaftsstruktur sowie des Preis- und Einkommensgefüges in den jeweiligen Herkunftsländern. Aufgrund des gestiegenen Einkommensniveaus ersetzten ab den 2010er-Jahren Arbeitskräfte aus Rumänien

Abbildung 2: Häufigste außerdeutsche Nationalitäten in deutschen Landkreisen und kreisfreien Städten

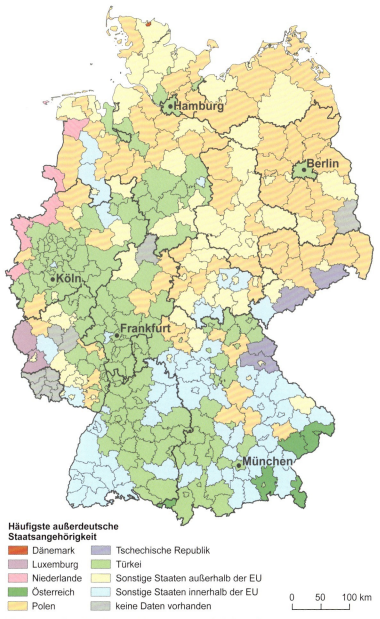

Quelle: Statistisches Bundesamt (Destatis), Stand 31.12.2018

und Bulgarien diejenigen aus Polen. Im Jahr 2019 versuchten politische Entscheidungsträger*innen durch bilaterale Abkommen mit Drittstaaten, z. B. Ukraine oder Serbien, den weiterhin hohen Arbeitskräftebedarf zu decken. Entstehen Bindungen vor Ort oder verbessern sich Verdienstmöglichkeiten infolge eines Arbeitsplatzwechsels, können sich Aufenthalte verstetigen. Neben Gartenbaubetrieben sind auch in der landwirtschaftsnahen Weiterverarbeitungsindustrie, insbesondere in Gebieten mit intensiver Tierhaltung (z. B. Oldenburger Münsterland), EU-Migrant*innen beschäftigt, oft in prekären Arbeitsverhältnissen.[18]

Im sekundären und tertiären Sektor sind die Ausgangsbedingungen für Zuwanderung in ländliche Räume für Arbeitsmigrant*innen seit den 2010er-Jahren sehr positiv. Besonders kleine und mittelständische Unternehmen in ländlichen Räumen akquirieren, teils durch Gebietskörperschaften unterstützt (s. Kap. 4), verstärkt Arbeitskräfte aus dem städtischen Umfeld oder dem europäischen und außereuropäischen Ausland. Die Anzahl der Personen aus Drittstaaten mit Aufenthaltserlaubnis zum Zweck der Erwerbstätigkeit stieg in ländlichen Landkreisen und kreisfreien Städten im Zeitraum von 2013 bis 2018 von 23 900 (entspricht 23,0 % aller Personen mit Aufenthaltserlaubnis zum Zweck der Erwerbstätigkeit im Bundesgebiet) auf 53 000 (25,9 %).[19] Besonders im Gesundheits- und Pflegebereich ist der Bedarf groß. Vor dem Hintergrund der Finanz- und Wirtschaftskrise in Südeuropa gelangten u. a. spanische Arbeitsmigrant*innen nach Deutschland.[20] Bei der Auswahl der Zielorte beziehen Erwerbsmigrant*innen schließlich den Lagefaktor mit ein, da sie Pendelmöglichkeiten antizipieren. Deutlich wird dies in Grenzräumen. So ließen sich hoch qualifizierte Arbeitskräfte, zum Beispiel aus der Tschechischen Republik, im ländlichen Grenzraum Sachsens nieder.[21] Wie Abbildung 2 zeigt, bilden Personen aus den Nachbarländern in grenznahen Landkreisen oft die größte Gruppe mit außerdeutscher Staatsangehörigkeit dar.

Eine Wohnsitznahme von Personen aus Nachbarländern ist jedoch nicht zwangsläufig mit einem Arbeitsplatz in Deutschland verbunden. Ein besonders eindrucksvolles Beispiel dafür stellt der Grenzraum zu Luxemburg dar. Dort lässt sich eine sich intensivierende Wohnsitzimmigration relativ gut gebildeter, junger luxemburgischer Familien mit hohem Einkommen in Dörfer an der Obermosel beobachten, die zu vielschichtigen Veränderungen führt (zur Diskussion um *rural gentrification* siehe[22]). Staatlich gesteuert ist der Zuzug von Militärangehörigen und deren Familien. Vor allem US-Amerikaner*innen gelangen in ländliche Kleinstädte in räumlicher Nähe zu Militärbasen wie Ramstein (Rheinland-Pfalz) oder Grafenwöhr (Bayern).[23]

Annehmlichkeitsorientierte und lebensstilbezogene Wanderungen

Eine weitere Zuwanderergruppe, die zudem relativ selbstbestimmt und proaktiv handelt, ist motiviert durch Annehmlichkeiten, wie eine attraktive Landschaft oder eine bestimmte Infrastruktur (in der Forschung diskutiert als *amenity migration*[24]) oder dem Streben nach einem besseren Leben (*lifestyle migration*[25]). Sie sind häufig auf die eine oder andere Weise, meist jedoch ökonomisch privilegiert. Es handelt sich dabei vor allem um Personen, für die ein konkretes Projekt an einem ländlichen Wohnort, zum Beispiel die Eröffnung einer Pension, zur Selbstverwirklichung beitragen soll *(lifestyle entrepreneurs)*[26] oder Menschen in der zweiten Lebenshälfte (im Alter zwischen 50 und 65 sowie Rentner*innen), die über relativ hohe finanzielle Mittel und Freizeit verfügen.[27] Wie Abbildung 3 zeigt, ziehen Letztere vor allem in ländliche Räume. Wenngleich sie sich in weitaus geringerer Anzahl in ländlichen Räumen niederlassen als die oben genannten Gruppen, kann ihre Anwesenheit große Dynamiken in ländlichen Strukturen initiieren (s. Kap. 3).

Positive Wanderungssalden haben landschaftlich attraktive Regionen, wie Landkreise an Nord- und Ostsee, des Alpenvorlands und in Mittelgebirgen (Schwarzwald, Bayerischer Wald, s. Abb. 3). Oftmals werden Immobilien zunächst als Freizeitwohnsitz erworben, um dann später als dauerhafter Wohnstandort genutzt zu werden. Für Personengruppen, die einer bestimmten Infrastruktur mit Einzelhandel, Gesundheits- oder Bildungseinrichtungen Bedeutung beimessen, sind vor allem Klein- und Mittelstädte attraktiv.[28] Dies zeigt sich besonders im Umland von Großstädten wie Berlin, wobei meist der Preisunterschied der Lebenshaltungs- und Wohnkosten entscheidend ist. Daneben finden Personen über 50 Jahre insbesondere in Kurorten sowohl Freizeitinfrastrukturen als auch Einrichtungen vor, von denen sie sich im hohen Lebensalter eine angemessene medizinische Versorgung versprechen. Ruhestandswandernde antizipieren die Zukunft in besonderem Maße, ihre Wanderungsentscheidung ist durch ein hohes Planungskalkül gekennzeichnet.[29]

Rückwanderung

Nicht nur Wohlstandsmigrant*innen verbinden mit dem besseren Leben auf dem Land, sich den Traum von einer eigenen Immobilie zu erfüllen oder die Kinder in einer sicheren und vertrauten Umgebung aufwachsen zu sehen. Auch für Rückwandernde, die aus Großstädten, z. T. gut ausgebildet, als Facharbeiter*in oder Akademiker*in in ihre ländlichen Geburtsorte zurückkehren,[30] sind Rahmenbedingungen attraktiv, die ihre

Abbildung 3: *Wanderungssalden der über 50-Jährigen pro 1000 Einwohner (2013–2017)*

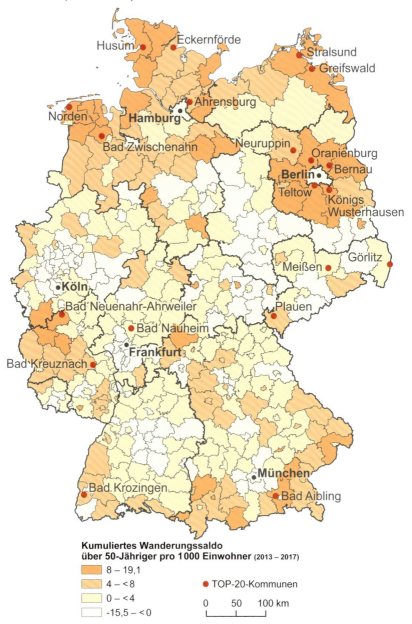

Quelle: Statistisches Bundesamt (Destatis), Stand: 31.12.2018, eigene Berechnungen

Entfaltungsmöglichkeiten fördern, zum Beispiel in Form eines Bauplatzangebotes, besonderer Anreize für Familien oder dem Zugang zu Kinderbetreuungseinrichtungen (s. auch Kap. 4). Ihre Motivation ist häufig ein Faktorenbündel aus lebensstilbezogenen Beweggründen, Bedürfnissen der Familie oder berufsbezogenen Aspekten.

2 Einstellungen der Lokalbevölkerung

Neben den spezifischen raumstrukturellen Merkmalen wie dem Wohnungs-, dem Arbeitsmarkt oder der Infrastrukturausstattung in ländlichen Räumen können Einstellungen der bereits länger dort lebenden Bevölkerung, seien es Ablehnung oder Offenheit (Willkommenskultur), die Entscheidung beeinflussen, aufs Land zu ziehen und dort zu bleiben.[31] Zugewanderte verweisen bei der Beurteilung der Zufriedenheit mit dem Lebensalltag vor Ort auf die Freundlichkeit der Lokalbevölkerung sowie das Fehlen negativer Stimmungen und verbinden diese mit Sicherheit und Geborgenheit.[32] Einstellungen der Lokalbevölkerung gegenüber Vielfalt spielen dabei eine wichtige Rolle.

Im Vielfaltsbarometer untersuchte die Robert Bosch Stiftung unterschiedliche Dimensionen von Diversität und die Akzeptanz von Vielfalt auf Ebene der Bundesländer. Die Dimensionen sind »Lebensalter«, »Behinderung«, »Geschlecht«, »sexuelle Orientierung«, »ethnische Herkunft«, »Religion« und »sozioökonomische Schwäche«.[33] In Bezug auf die Akzeptanz ethnischer Vielfalt lehnt eine Mehrheit Aussagen wie »wenn ich die Wahl hätte, würde ich nichts mit Ausländern zu tun haben« ab (86 %) und sieht kulturelle Vielfalt als Bereicherung (83 %). Der Forderung, Neuzugewanderte bei der Bewahrung ihrer kulturellen Wurzeln zu unterstützen, stimmen demgegenüber in den östlichen Flächenländern Sachsen-Anhalt (46 %), Thüringen (50 %), Sachsen (51 %), aber auch in Bayern (60 %) relativ weniger Menschen zu als in Stadtstaaten (Berlin und Hamburg je 74 %). Eine weitere Differenzierung zwischen Stadt und Land wurde in dieser Studie jedoch nicht vorgenommen, bislang fehlt eine Fokussierung von empiriebasierter Einstellungsforschung auf ländliche Räume.[34]

Studien (u. a. ALLBUS) bestätigten für Städte die Kontakthypothese,[35] nach der Kontakte zu Zugewanderten Vorurteile verringern, und gehen von eher ablehnenden Haltungen auf dem Land aus (s. auch *rural racism*-Debatte in Großbritannien[36]). Fallstudienbasierte, qualitative Ergebnisse legen auf der anderen Seite positive Einstellungen gegenüber Fremden in ländlichen Räumen nahe, insbesondere dann, wenn kollektive Orientierungs- und Argumentationsmuster vor Ort positiv sind und Zuwanderung zur Lösung aktueller Herausforderungen (selektive Abwanderung, Leerstände, Fachkräftemangel) beitragen kann.[37] In Bezug auf die Integration von Neuzugewanderten stellen Panelstudien wie der Deutsche Freiwilligensurvey 2014[38] ein ausgeprägtes ehrenamtliches Engagement in ländlichen Räumen heraus. Qualitative Fallstudien betonen zudem die Rolle der Zivilgesellschaft und die Bedeutung lokaler Eliten für den politischen Kurs einer Kommune in Bezug auf Integration.[39]

3 Auswirkungen von Zuwanderung

Zuwanderung kann sowohl Chance als auch Herausforderung für eine zukunftsfähige Gestaltung ländlicher Räume sein. Positive Impulse für die Entwicklung ländlicher Wohnungsmärkte können Zugewanderte in Regionen geben, in denen sie durch Investitionen Leerstände in Wert setzen oder Neubauten errichten (z. B. Wanfried, Hessen), während in ländlichen Gebieten mit hohen Immobilien- und Bodenpreisen zusätzliche Nachfrage Konkurrenzsituationen hervorrufen kann. Mit Blick auf den Arbeitsmarkt führt insbesondere der politische Diskurs um die Fachkräftesicherung dazu, dass Zuwanderung überwiegend positiv konnotiert ist. Zugewanderte können vakante Ausbildungs- und Arbeitsplätze besetzen oder den Arbeitsmarkt diversifizieren, z. B. durch migrantisches Unternehmertum. Regionalwirtschaftliche Effekte in Form der Schaffung neuer Arbeitsplätze konnten bislang nur selektiv für bestimmte Zuwanderergruppen[40] und in einem beschränkten räumlichen Kontext nachgewiesen werden. Positiv auswirken kann sich Zuwanderung auch auf den Erhalt und Ausbau von Bildungs- und Gesundheitsinfrastrukturen, was besonders in ländlichen Räumen relevant ist, die vom Rückbau solcher Strukturen betroffen sind. In sozialer Hinsicht kann sie einerseits bürgerschaftliches Engagement anregen, andererseits können soziale Interaktionen zwischen Neuzugewanderten und der einheimischen Bevölkerung wegen mangelnder Begegnungsmöglichkeiten oder Offenheit scheitern. Konflikte können zudem durch politisches Engagement entstehen, insbesondere wenn Partikularinteressen artikuliert oder radikale Ideologien verbreitet werden. Dennoch überwiegt bei vielen politischen Akteur*innen eine positive Sicht auf die Auswirkungen von Zuwanderung, und sie haben in den vergangenen Jahren vielfach Steuerungsmaßnahmen und Strategien entwickelt, um Zuwanderung anzuregen.

4   Governance von Zuwanderung: Anwerben und Bleiben

Governance, verstanden als politisch-gesellschaftlicher Steuerungsprozess, setzt an verschiedenen Punkten des Migrationsgeschehens an. Anwerbeinitiativen versuchen, den Entscheidungsprozess, in eine ländliche Region zu ziehen, zu beeinflussen. Sie sind in zahlreichen Landkreisen Deutschlands in Form von Vereinen oder kommunalen GmbHs präsent oder bei Landratsämtern bzw. Kreisverwaltungen angesiedelt. In Marketingmaßnahmen wird besonders die Lebensqualität in ländlichen Gebieten hervorgehoben und mit positiv besetzten Konnotationen des Ländlichen (z.B. Naturnähe, Freizeitmöglichkeiten, sozialer Zusammenhalt) verbunden. In wenigen Initiativen ist ein klarer Fokus auf Arbeitsplätze erkennbar. Meist wird versucht, ein Faktorenbündel aus guten Eigenschaften zu vermitteln und Entfaltungsmöglichkeiten zu betonen. Dabei werden teilweise gezielt potenzielle Neuzuwandernde adressiert – vor allem in westlichen Bundesländern, wie Bayern oder Niedersachsen (beispielsweise auf der europaweit größten Auswanderermesse »Emigratie Beurs« in den Niederlanden). Weitere Initiativen sprechen gezielt Personen an, die bereits einmal in der Region gelebt haben, und etablieren Rückkehrmaßnahmen, zum Beispiel in Form von Rückkehrermessen mit einem Fokus auf dem regionalen Arbeitsmarkt. Einige Bundesländer messen dieser Form der Zuwanderung einen hohen Stellenwert bei, indem sie Rückkehrinitiativen auf Plattformen koordinieren.[41] Ausgehend davon, dass potenziell Rückkehrwillige zu Ausbildungszwecken in Großstädte gezogen sind, wird versucht, Vorzüge der ursprünglichen Herkunftsregion hervorzuheben, etwa günstige Lebenshaltungskosten oder Baulandpreise. Stadt-Land-Dichotomien werden einerseits gezielt eingesetzt, andererseits aufgelöst, indem nicht nur die Vorteile des Landlebens betont werden, sondern zugleich die Nähe bzw. Erreichbarkeit von Agglomerationen herausgestellt wird. Dies ist insbesondere für Personengruppen relevant, die die nötigen zeitlichen und finanziellen Ressourcen haben, so mobil zu sein, um das »Beste aus zwei Welten« in Anspruch zu nehmen und multilokale Lebensführungen zu realisieren. Adressat*innen von Newcomer- und Rückkehrinitiativen sind vor allem gut verdienende, eher junge Personengruppen. Dabei werden besonders Familien als »gute Migrant*innen« angesprochen, während ethnisch-kulturelle Vielfalt kaum thematisiert wird. Internationale Migrant*innen werden in wenigen Fällen als *high skilled migrants* adressiert, während EU-Migrant*innen oder Geflüchtete nicht genannt werden. Ähnlich verhält es sich mit Senior*innen.

Wanderungs- und Bleibeentscheidungen werden entsprechend den individuellen Wünschen, Ressourcen und Möglichkeiten immer wieder neu ausgehandelt, und auch ein Weiterwandern ist nicht ausgeschlossen.

Daher reichen Anwerbestrategien allein für eine nachhaltige Bindung an ländliche Wohnorte nicht aus. Es gibt demnach Bleibe- und Haltestrategien, die sowohl die Menschen, die in ländlichen Regionen geblieben sind, als auch die Neuzugewanderten adressieren, zum Beispiel durch Unterstützung bei der Arbeitsplatzsuche, dem Erwerb von Wohneigentum oder der Bindung an Gruppen und Vereine. Neben der Netzwerkarbeit umfassen Aktivitäten von Kommunen auch pekuniäre Maßnahmen, wie einen Kinderbonus bei Neubauten oder Angebote zur Bauberatung oder Sanierung. Eine weitere Zielgruppe sind meist zu Ausbildungszwecken abgewanderte junge Menschen. Sie sollen, obwohl nicht physisch anwesend, virtuell an ihre Herkunftsregionen gebunden werden. Über ein Kontakthalten, zum Beispiel in Form von Newslettern, Blogs oder sozialen Netzwerken, sollen potenzielle Rückkehrende angesprochen und über aktuelle Entwicklungen in der Region informiert werden, etwa kulturelle Ereignisse, Job- und Immobilienangebote.

Entsprechende Maßnahmen, um Bindungen und Fixierungen an ländliche Wohnstandorte zu stärken, können als integrationspolitische Aktivität verstanden werden. Werden sie mit ländlicher Entwicklung verknüpft, können auf unterschiedlichen politischen Ebenen neue Wege für demographische Herausforderungen in ländlichen Räumen beschritten, die Bevölkerung stabilisiert und Abwanderungsprozesse (weiter) abgeschwächt werden.

Anmerkungen

1 Statistisches Bundesamt (Destatis) 2019, GENESIS-Online, eigene Berechnungen; Patrick Küpper, Abgrenzung und Typisierung ländlicher Räume (Thünen Working Paper 68), Braunschweig 2016.
2 Tim Leibert, Demographischer Wandel ade? Aktuelle Einwohnerentwicklung in Deutschland, in: Nationalatlas aktuell 13 (01.2019).
3 Katrin Lehnert, Zwischen Mobilisierung, »Seßhaftmachung« und Autonomie. Konflikte um ländliche Mobilität in Sachsen im 19. Jahrhundert, in: Jochen Oltmer (Hrsg.), Migrationsregime vor Ort und lokales Aushandeln von Migration, Heidelberg 2018.
4 Vgl. K. Lehnert (Anm. 3).
5 Paul Milbourne, Repopulating Rural Studies, in: Journal of Rural Studies 23 H. 3 (2007), S. 381–386.
6 Stefan Kordel, Zuwanderung in ländliche Räume Europas. Zur Diversität von rural mobilities, in: Europa regional 24 H. 3–4 (2017), S. 3–15.
7 Vgl. S. Kordel (Anm. 6).
8 Tobias Weidinger/Stefan Kordel/Perdita Pohle, Bleiben oder Gehen? Einflussfaktoren auf die Wohnstandortmobilität anerkannter Flüchtlinge in ländlichen Räumen am Beispiel des Bayerischen Waldes, in: Europa regional 24 H. 3–4 (2017), S. 46–61.

9 Vgl. T. Weidinger / S. Kordel / P. Pohle (Anm. 8).
10 Statistisches Bundesamt (Destatis) 2019, eigene Berechnungen für Personen mit Aufenthaltserlaubnis aus humanitären, politischen oder völkerrechtlichen Gründen für ländliche Landkreise und kreisfreie Städte nach P. Küpper (Anm. 1), Daten ohne Stadt und Landkreis Kassel, Stadt Cottbus, Landkreis Spree-Neiße, Saarland.
11 Vgl. T. Weidinger / S. Kordel / P. Pohle (Anm. 8).
12 Vgl. T. Weidinger / S. Kordel / P. Pohle (Anm. 8).
13 Siehe Forschungsprojekt »Zukunft für Geflüchtete in ländlichen Räumen«, gefördert durch das Bundesministerium für Ernährung und Landwirtschaft, www.gefluechtete-in-laendlichen-raeumen.de/ (abgerufen am 19.9.2019).
14 Statistisches Bundesamt (Destatis) 2019, eigene Berechnungen für Personen mit EU-Freizügigkeit für ländliche Landkreise und kreisfreie Städte nach P. Küpper (Anm. 1), Daten ohne Stadt und Landkreis Kassel, Stadt Cottbus, Landkreis Spree-Neiße, Saarland.
15 Sachverständigenrat deutscher Stiftungen für Integration und Migration (SVR), Bewegte Zeiten. Rückblick auf die Integrations- und Migrationspolitik der letzten Jahre, Jahresgutachten 2019, Berlin.
16 Kerstin Tanis, Regional distribution and location choices of immigrants in Germany, in: Regional Studies (2018).
17 Statistisches Bundesamt (Destatis) 2019, GENESIS-Online.
18 Ursula Mense-Petermann, Eastern European Service Contract Workers in the German Meat Industry. A Case Study in Market Making of a Transnational Labour Market, in: ZiF-Mitteilungen 2 (2018), S. 23–31.
19 Statistisches Bundesamt (Destatis) 2019, eigene Berechnungen für Aufenthaltserlaubnisse zum Zweck der Erwerbstätigkeit für ländliche Landkreise und kreisfreie Städte nach P. Küpper (Anm. 1), Daten ohne Stadt und Landkreis Kassel, Stadt Cottbus, Landkreis Spree-Neiße, Saarland.
20 Birgit Glorius, New ›Guest Workers‹ from Spain? Exploring Migration to Germany in the Context of Economic and Social Change, in: Josefina Domínguez-Mujica (Hrsg.), Global Change and Human Mobility, Heidelberg et al. 2016.
21 Martin Dolejš / Birgit Glorius / Vladan Hruška, Motives and barriers of migration to Saxony. The case of migration health professionals from Czechia, in: GeoScape 10 H. 2 (2019), S. 62–77.
22 Anja Reichert-Schick, Rural Gentrification an der Obermosel? Eine Fallstudie zu internationaler Wohnmigration und den Herausforderungen für die Dorfentwicklung, in: Europa regional 24 H. 3–4 (2017), S. 77–93.
23 Gabi Troeger-Weiß, Wirkungen der Verlagerung der Rhein-Main-Airbase nach Ramstein und Spangdahlem (Kurzfassung), in: Westpfalz-Informationen 11 (2002).
24 Laurence Moss / Romella Glorioso (Hrsg.), Global amenity migration. Transforming rural culture, economy and landscape, Kaslo 2014.
25 Karen O'Reilly, Was ist Lifestyle Migration?, in: Bundeszentrale für politische Bildung, Kurzdossiers, www.bpb.de/gesellschaft/migration/kurzdossiers/198238/was-ist-lifestyle-migration (abgerufen am 19.9.2019); Stefan Kordel / Tobias Weidinger, Onward (im)mobilities. Conceptual reflections and empirical findings from lifestyle migration research and refugee studies, in: Die Erde 150 H. 1 (2019), S. 1–16.

26 Marco Eimermann / Stefan Kordel, International lifestyle migrant entrepreneurs in two New Immigration Destinations. Understanding their evolving mix of embeddedness, in: Journal of Rural Studies 64 (2018), S. 241–252.
27 Tobias Weidinger / Stefan Kordel, German spa towns as retirement destinations. How tourists negotiate relocation and locals assess in-migration, in: Two Homelands 42 (2015), S. 37–52.
28 Elke Goltz / Karl Martin Born, Zuwanderung älterer Menschen in ländliche Räume – eine Studie aus Brandenburg, in: Geographische Rundschau 57 H. 3 (2005), S. 52–56.
29 Vgl. T. Weidinger / S. Kordel (Anm. 27).
30 Michaela Fuchs / Robert Nadler / Duncan Roth / Stefan Theuer / Antje Weyh, Rückwanderung von Erwerbspersonen – aktuelle Deutschlandzahlen im regionalen Vergleich, in: Nationalatlas aktuell 11 (5.2017), S. 4, http://aktuell.nationalatlas.de/rueckwanderung-4_05-2017-0-html/ (abgerufen am 7.5.2020).
31 Birgit Glorius, Integrations- und Bleibeperspektiven für Geflüchtete in ländlichen Räumen. Rolle von gesellschaftlichem Engagement und Einstellungen der Aufnahmegesellschaft, in: Peter Mehl (Hrsg.), Aufnahme und Integration von Geflüchteten in ländliche Räume. Spezifika und (Forschungs-)Herausforderungen, Braunschweig 2016.
32 Tobias Weidinger / Stefan Kordel, Was wir von Erfahrungen anderer Länder lernen können. Geflüchtete in ländlichen Räumen, in: Silke Franke / Holger Magel (Hrsg.), Flüchtlinge aufs Land? (Argumente und Materialien zum Zeitgeschehen 106), Hanns-Seidel-Stiftung, München 2016.
33 Robert Bosch Stiftung GmbH, Zusammenhalt in Vielfalt, Berlin 2019.
34 Birgit Glorius / Miriam Bürer / Hanne Schneider, Integration von Geflüchteten und die Rolle der Aufnahmegesellschaft. Konzeptionelle Überlegungen und ihre Anwendung auf ländliche Räume (Thünen Working Paper 120), Braunschweig 2019.
35 Gordon W Allport, The Nature of Prejudice, Cambridge 1954.
36 Neil Chakraborti / John Harland, Rural Racism, Milton 2004.
37 Birgit Glorius / Anne-Christin Schondelmayer, Perspektiven auf Fluchtmigration in Ost und West – ein regionaler Blick auf kommunale Integrationspraxis, in: Zeitschrift für Vergleichende Politikwissenschaften 12 H. 1 (2018), S. 75–92.
38 Julia Simonson / Claudia Vogel / Clemens Tesch-Römer (Hrsg.), Freiwilliges Engagement in Deutschland, Heidelberg 2017.
39 Schader-Stiftung, Interkulturelle Öffnung und Willkommenskultur in strukturschwachen ländlichen Regionen. Ein Handbuch für Kommunen, Darmstadt 2014.
40 Vgl. G. Troeger-Weiß (Anm. 23); B. Douglas Skelley, Retiree-Attraction Policies. Challenges for Local Governance in Rural Regions, in: Public Administration and Management. An Interactive Journal 9 H. 3 (2004), S. 212–223.
41 Siehe https://ankommen-in-brandenburg.de/ (abgerufen am 19.9.2019).

Silke Weidner

Provinzstädte als Anker im Raum

Es ist erfreulich und zugleich allerhöchste Zeit, dass Wissenschaft und Forschung, aber auch Politik und Praxis, Klein- und Mittelstädte endlich wieder in den Blick nehmen. Großstädte sind in der Realität, aber auch in der Auseinandersetzung seit Jahren en vogue. Sogar die ländlichen Räume fanden in der jüngeren Vergangenheit zunehmend Beachtung, hier allerdings verbunden mit einem Bild von Landschaft und Landwirtschaft sowie dörflichen Strukturen. Auch das viel zitierte Spannungsverhältnis Stadt–Land zielt meist auf die ländlichen Räume ab: die Dörfer auf der einen und die Großstädte, Metropolen auf der anderen Seite. Die ländlichen Räume als Peripherie[1] sind – ebenso wie der suburbane Raum, das Stadt-Umland – als Begrifflichkeit zugleich eine Zustandsbeschreibung, die von den großen Zentren aus gedacht ist und die Beurteilungsmaßstäbe von dort entlehnt. Ein Wechsel der Blickrichtung scheint angebracht, denn diese Zuschreibung ist bereits für den laufenden Fachdiskurs an sich problematisch, wie andere Beiträge des Sammelbandes zeigen. Aber es fehlt in diesem Set noch etwas, denn es gibt noch mehr zwischen den beiden formulierten Polen: die kleinen und mittleren Städte, die weder die Anziehung der Großstädte und Metropolen aufweisen noch die Assoziation von dünn besiedelt, landschaftsgeprägt, ruhig und abgehängt bedienen. Sie sind weder verkleinerte Abbilder der Metropolen noch wirklich ländlich. Ihnen widmet sich dieser Beitrag.

Das Institut Stadtplanung der Brandenburgischen Technischen Universität (BTU) Cottbus-Senftenberg hat 2017 den sogenannten Hochschultag vor Ort der Nationalen Stadtentwicklungspolitik des Bundes[2] ausgerichtet. Dessen Programm fokussierte auf einen besonderen Typus von Klein- und Mittelstädten und nannte diesen »Provinzstädte«. Der Begriff ruft bei vielen Menschen negative Assoziationen hervor, wohl, weil Provinz gleichgesetzt wird mit provinziellem Denken und Handeln, mit traditionell, spießig und zurückgeblieben gegenüber den modernen, hippen und lässigen Metropolen. Und er hat natürlich eine Geschichte, er ist uns vertraut aus der Antike mit den römischen Provinzen und in der Neuzeit mit den preußischen Provinzen. Er sollte aber vielmehr zum Ausdruck bringen, dass diese Städte Bedeutung für ein Umland, ein Einzugsgebiet, eine Region haben. Somit kann hier auch der weniger Reibung erzeugende Begriff der »Ankerstädte« synonym herangezogen werden, um den adressierten Typus einer Stadt zu umschreiben und in seiner Rolle sowie Position zu definieren.

Definitorische Annäherung

Das Gegensatzpaar der wachsenden Metropolen und schrumpfenden ländlichen Räume, die abgehängt sind bzw. den Anschluss verlieren, trifft also nicht eineindeutig zu. Es gibt auch außerhalb der Metropolregionen Klein- und Mittelstädte, die sich mehr oder weniger dynamisch entwickeln und zunehmend wichtige zentrale Funktionen in ihrer Region übernehmen, also Anker im Raum darstellen. Die sogenannte Zentralitätskennziffer misst beispielsweise im Einzelhandel bereits seit Jahrzehnten, welche Bedeutung Städte im Sinne des Kaufkraftzuflusses haben, also der Bindung von Konsumausgaben an eine Stadt. Eine solche Indikation scheint auch für andere Merkmale erforderlich, um kleine oder mittelgroße Städte im Hinblick auf ihre funktionale wie emotionale Bedeutsamkeit für ihre Umgebung richtig einzuschätzen und ggf. strukturbildend zu fördern. Eine lediglich an Einwohnerzahl und Lage festgemachte Kategorisierung – und nach der »Statistik des Deutschen Reichs für das Jahr 1877« vorgenommene Gliederung nach Städtegrößenklassen – reicht hier nicht mehr aus. Diese stellt zwar noch heute die Grundlage für eine Einteilung der Städte dar, ist aber längst überholt.

Auch innerhalb dieser möglichen Kategorie »Provinzstadt« finden wir trotz der ersten vorgenommenen Ab- und Eingrenzung noch zahlreiche Unterschiede: etwa hinsichtlich der Lage und Entfernung zu anderen Städten oder Landesgrenzen, ihrer Infrastrukturausstattung u.v.m. Die Gründe für die Unterschiede sind vielfältig. Unveränderbare Gegebenheiten geographischer und naturräumlicher Art sind ebenso auszumachen wie politisch erzeugte und verwaltungsinduzierte Zustände. Auch hinsichtlich bürgerschaftlicher Aktivitäten unterscheiden sich diese Städte teils grundlegend.

Städte dieser Bedeutung und unterschiedlicher Größe zeigen manche sehr positive Entwicklung als Motoren der Regionalentwicklung und erfüllen ausgehend von innovativen Unternehmen, aktiver Bürgerschaft, qualitätsvoller Stadtentwicklung und Baukultur ihre Rolle hervorragend. Die Bezeichnung Provinzstadt versucht dementsprechend raumbezogene Verantwortung jenseits von Verwaltungsgrenzen und Zentrale-Orte-

Prinzip (Walter Christaller[3]) mit zu erfassen. Provinzstädte sind somit entweder überwiegend ganz normale Alltagsorte ohne große Auffälligkeiten in Ausstattung und Anziehungskraft oder weisen besondere Kennzeichen und Schwerpunkte auf. Sie sind z. B. Standort von Hidden Champions (s. Beiträge von Lang / Vonnahme und Graffenberger in diesem Band) oder haben den Tourismus als Stärke und Treiber ihrer Entwicklung und Wahrnehmung (s. Beitrag von Mayer / Woltering / Job).

Die hier vorgenommene Definition unterscheidet zunächst auch nicht zwischen schrumpfenden und wachsenden Klein- und Mittelstädten oder solchen, die derzeit in einer Stabilisierungsphase mit noch ungewisser Perspektive hinsichtlich demographischer Entwicklung, Wanderungssaldo oder klassischer wirtschaftlicher Prosperität sind (»versteckte Perlen«[4]).

Die momentane Situation in diesen Städten ist unterschiedlich, die Potenziale sind es auch. So muss bei Städten, die sich in den vergangenen Jahren stabilisieren konnten – unerwartet gemäß den langfristigen Prognosen von Mitte bis Ende der 2000er-Jahre –, diese Phase genutzt werden, bevor das demographische Zwischenhoch vorbei ist.[5] Provinzstädte sind bzw. können auch Entlastungsstädte für überbordende Ballungsräume mit »Dichtestress« und »Wachstumsschmerzen«, wie kaum bezahlbares Wohnen, oder selbst Orte mit großer historischer Bedeutung sein. Die Städte nehmen ihre Zuschreibungen als Anker also entweder aus unterschiedlichen Gründen bereits erfolgreich wahr oder sind noch dafür fit zu machen. Sie bieten konzentriert Arbeitsplätze, Einkaufs-, Treff- und Verweilmöglichkeiten, Kultur- und Freizeitangebote.

Unabhängig von der lokalen Situation und abgeleiteten Strategie sollte auch ihre Bedeutung für das bundesdeutsche Raumordnungssystem (wieder) erkannt und ihr Potenzial zur Gewährleistung einer ausgewogenen Besiedlung und Stabilität gehoben werden. Sie sichern die Gleichwertigkeit der Lebensverhältnisse in der Fläche und sind Basis der polyzentrischen Struktur Deutschlands. Diese Struktur ist seit Langem erfolgreich und im internationalen Vergleich überzeugend.

Dieser Beitrag sieht somit Provinzstädte als Klein- und Mittelstädte, die für die Entwicklung ländlicher Räume außerhalb von Verdichtungsräumen (peripher) eine Ankerfunktion wahrnehmen und damit auch Strahlkraft in die Region haben. Sie weisen nur z. T. übereinstimmende Merkmale mit anderen Stadttypen auf, die in der Statistik zur Kategorisierung bemüht werden. Sie zeigen phänomenologisch hinsichtlich ihrer Aufgaben und Logiken Ansätze von Großstädten ebenso wie von Kleinstädten. In ihrer Raumkonfiguration sind sie nach dieser Definition vornehmlich die Anker im Raum.

Abbildung 1: Städte außerhalb der Großstadtregionen

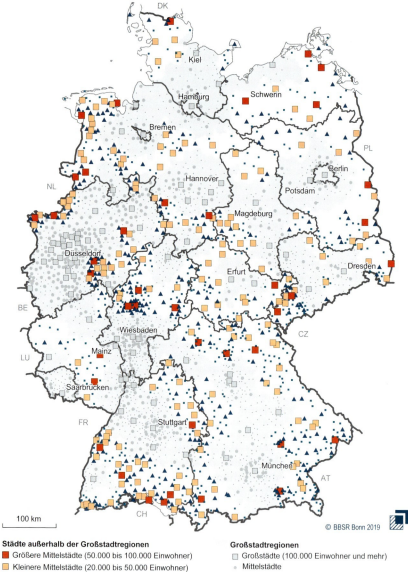

Städte außerhalb der Großstadtregionen
- ■ Größere Mittelstädte (50.000 bis 100.000 Einwohner)
- ■ Kleinere Mittelstädte (20.000 bis 50.000 Einwohner)
- ▲ Größere Kleinstädte (10.000 bis 20.000 Einwohner)
- · Kleine Kleinstädte (unter 10.000 Einwohner)

Großstadtregionen
- □ Großstädte (100.000 Einwohner und mehr)
- · Mittelstädte
- · Kleinstädte

Datenbasis: Laufende Raumbeobachtung des BBSR, Geometrische Grundlage: Gemeindeverbände (generalisiert), 31.12.2017 © GeoBasis-DE/BKG

Zur weiteren Verfeinerung der Definition einer Provinzstadt scheinen vor allem sogenannte lebensweltliche Merkmale und Kriterien wichtig, die nicht immer leicht zu bestimmen und gar zu quantifizieren sind. Bei einer Blitzumfrage am erwähnten Hochschultag vor Ort in Cottbus 2017 hatten die Tagungsteilnehmer beispielsweise folgende Ad-hoc Assoziationen und nannten höchst qualitative, ja gefühlte Vorteile von Provinzstädten. Eine Provinzstadt sollte aus ihrer Sicht offen sein für Experimente und Innovationen, familienfreundlich, eigenständig und sowie lebens- und liebenswert. Sie sollte Integration betreiben, Traditionen pflegen, Potenziale erkennen und Perspektiven bieten, Internet, Grün- und Erholungsräume haben und ihre Stellung auch wirklich einnehmen wollen bzw. nicht aufgeben. Viele dieser Zuschreibungen sind kaum zu messen, aber sehr bedeutsam für den Erfolg. Es geht hier ganz offensichtlich um eine andere Lebensqualität als in Großstädten, mit mehr Fläche und Raum zum (bezahlbaren) Leben, um bessere Möglichkeiten der Begegnung sowie eine größere Ernährungssouveränität mit, salopp ausgedrückt, ehrlicher, d. h. in regionale Bezüge, Naturraum und emissionsarme Logistik eingebetteter Lebensweise mit Gesundheitsanspruch. Assoziiert wird häufig ein Leben in einer alten Kulturlandschaft mit weniger segregierten Sozialerfahrungen resp. mehr sozialer Durchmischung im Lebensalltag und einem höheren Wirkungsgrad persönlichen Engagements in lokaler Politik, Kultur etc. Und es zählen die vermuteten und auch vielerorts vorhandenen Spielräume für Selbstorganisation. Provinzstädte sollten also gar nicht erst versuchen, die Großstadt zu kopieren oder zu imitieren, sondern eine eigene Positionierung finden.

Situation und Diskurs

Der deutlich ersichtliche Trend zum Leben in Städten allgemein, nunmehr auch wieder in Klein- und Mittelstädten, lässt sich anhand von Wanderungsdaten in Deutschland nachvollziehen.[6] Zunächst fand diese Anziehungskraft vor allem großstadtnah, nun auch teilweise und zaghaft in den ländlichen Räumen statt. Das sind Erkenntnisse, die aber noch keinen Trend oder gar eine Trendwende darstellen. In einer regelmäßigen Umfrage des Bundesinstituts für Bau-, Stadt- und Raumforschung (BBSR 1996, 2004, 2006, 2010) geben die Befragten auf die Frage »Wenn Sie frei entscheiden könnten: Wo möchten Sie am liebsten wohnen?« vermehrt und mit einem hohen Anteil von gut 26 % (von 3 357 Antworten) »in einer Kleinstadt« an. Weitere knapp 22 % sagen »in einer mittelgroßen Großstadt«. Der Anstieg dieser Lebensraumpräferenz geht in diesen Umfragen zulasten der Antwortkategorien »Umland einer größeren Stadt / Stadtrand« und »auf dem Lande«.[7] Das sind artikulierte Meinungen und Wünsche, vielleicht auch Träume, sie sind aber die Basis eines Potenzials, das es zugunsten der Stabilisierung von Klein- und Mittelstädten, aber letztlich auch zugunsten einer Entlastung der zunehmend überfüllten Metropolen und Großstädte zu heben gilt.

Die Raumordnungs- und Strukturpolitik diskutiert vor diesem Hintergrund, ob und durch welche konkreten Ansätze eine Stärkung von Klein- und Mittelstädten langfristig stabilisierende Wirkungen auf ländliche Räume und damit unser gesamtes Raumordnungssystem ausüben kann. Es existieren in der Auseinandersetzung damit zahlreiche Konzepte und Wortkreationen wie »Ankerstädte«[8], der in diesem Beitrag verwendete Begriff »Provinzstädte«[9], aber auch »versteckte Perlen«[10], »Regiopolen«[11], »Mini-Metropolen«[12] oder »Mittelstädte«[13] sowie »Second Cities«[14]. Sie umschreiben in unterschiedlicher Ausprägung, aber dennoch mit dem gleichen Grundgedanken, dass eine standörtlich gebündelte Infrastruktur und die Konzentration von Bevölkerung und Wirtschaft positive Skaleneffekte erzeugen und somit Auffangwirkungen auf und für angrenzende eher dünn besiedelte Räume ausüben könne. Dies allerdings, ohne genaue quantitative Grenzwerte festzulegen.

Handlungsfelder in Provinzstädten

Provinzstädte könnten als zentrale Wohn-, Handels- und Kommunikationsstandorte grundlegend für lebendige Lebensstandorte sein und eine Region sowie letztlich den Gesamtraum Deutschland stärken. Im Kontext aktueller Rahmenbedingungen, wie zunehmender Konzentrationsprozesse, höherer Mobilitätsansprüche und -möglichkeiten, Digitalisierung, stellt sich die Frage nach den konkreten Herausforderungen für die hier benannten Provinzstädte. Handelt es sich eher um Risiken, oder bieten sie kleineren und mittleren Städten sogar besondere Chancen? Beispielhaft werden im Folgenden einige aktuelle Phänomene beschrieben und identifizierte Handlungsfelder[15] zur Sicherung der Stabilisierungsfunktion dieser Stadttypen dargelegt.

Daseinsvorsorge und Digitalisierung

Provinz- bzw. Ankerstädte sind zentrale Wohn-, Handels- und Kommunikationsstandorte mit besonderer Versorgungsfunktion. Sie dienen als erschwinglicher Wohnstandort, bieten durch medizinische, kulturelle und soziale Infrastruktur sowie Einkaufsmöglichkeiten für ihr ländliches

Umland eine funktionale Anlaufstelle. Obwohl auch hier immer wieder die kritische Frage ansteht, was eine Stadt bieten kann und muss zwischen Pflichtaufgaben und Ressourcenknappheit, sind die Basisfunktionen in diesen Städten meist (noch) in guter Qualität vorhanden – anders als dies in ländlich peripheren Räumen mit geringerer Siedlungsdichte bereits vielerorts der Fall ist. In den Provinzstädten geht es in der Daseinsvorsorge vielmehr um das Aufrechterhalten und die Qualitätssicherung. Die Zentralität der infrastrukturellen Versorgung betrifft öffentliche und private Dienstleistungen wie den öffentlichen Personennahverkehr, Bildung, Gesundheit, Einzelhandel, Kultur / Freizeit / Sport und Freiraumgestaltung – mit ganz anderen Bedarfen und persönlicheren Bezügen als in Großstädten.

In vielen dieser Bereiche kann die Digitalisierung Hilfe leisten, um Funktionen zu koppeln, Sharing-Ansätze möglich zu machen, Ehrenamt weitaus besser nutzen zu können u. v. m. Eine zukunftsfähige Daseinsvorsorge profitiert von den technologischen Möglichkeiten und erfordert deren sinnfällige, d. h. nicht nur technologie- und fortschrittsgetriebene, sondern Lebensqualität erhöhende Nutzung. Denn die im Kontext von Smart City bezeichnete Entwicklung der Städte meint im engeren Sinn zunächst technische und technologische Aspekte (Digitalisierung). Sie kann und muss aber viel breiter gedacht werden. So hilft die Digitalisierung z. B. auch zur Organisation von Flächenkreislaufwirtschaft[16] oder für lokale Ökonomien mit urbaner Produktion. Relevant ist für die Zukunft dieser Städte nicht die Technologie an sich, sondern die Innovationsleistung, die sich lokal daraus gewinnen lässt. Kleinere Städte können dabei mit ihrer Flächenverfügbarkeit neue Bedeutung erlangen. Ansätze wie »von der Landwirtschaft zur Energiewirtschaft«, »von Konsumenten zu Prosumenten« mögen dies beispielhaft veranschaulichen. Provinzstädte können mit derartigen Modellen ihre Position neu bestimmen und festigen.

Sie benötigen bei der Daseinsvorsorge auch ganz besondere Ankerorte, wie soziokulturelle Zentren und Begegnungsstellen, die funktionale Angebote wie Bürgerservice, Veranstaltungen, Gastronomie beherbergen, vor allem aber auch Identifikationspunkte darstellen. Insbesondere die Innenstädte haben so nicht nur eine soziale, ökonomische und infrastrukturelle zentrale Funktion für ihre Region und die Teilräume. Sie sind mit ihrem meist attraktiven Orts- und Stadtbild vielmehr als zentrale Identitätskulisse maßgeblich für das Handeln sowie die Zufriedenheit der Einwohnerschaft und damit schließlich in der Außenwirkung imagebildend.

Bei der Sicherung der Daseinsvorsorge in Städten und ihren Regionen darf daher nicht nur auf harte Fakten geachtet werden. Weiche Faktoren und das Lebensgefühl der Menschen vor Ort sind sehr wichtige Aspekte. Für die Attraktivität der Provinzstädte ist weiterhin zu bedenken, dass

Greifswald, Mecklenburg-Vorpommern
© Claus-Christian Wiegandt

Nachbarschaften, Überschaubarkeit, kurze Wege sowie der unmittelbare Bezug zum Natur- und Landschaftsraum wesentliche Elemente sind. Strategiebildung und Planung müssen hier im Hinblick auf die Identifikation der Bevölkerung Maßstäblichkeit gewährleisten, sich also in den jeweiligen räumlichen Kontext einfügen. Das viel zitierte gemischt genutzte, lebendige Quartier mit kurzen Wegen und Nachbarschaftsbeziehungen der Großstadt stellt in der Provinzstadt die Innenstadt dar, es ist *die* Stadt. Ihr ist in Zeiten von Strukturwandel und Transformationsprozessen besondere Aufmerksamkeit zu schenken, im Bereich der Daseinsvorsorge, aber damit einhergehend auch bei der Baukultur.

Baukultur in Provinzstädten – Prozesse und Stadtbild

Neben der strukturellen Stärkung durch Impulse aus wirtschaftlicher Entwicklung und Beschäftigung geht es in den Provinzstädten um das Verhindern eines regionalen Kulturverlustes – oder positiv ausgedrückt um eine stadtgesellschaftliche Kulturpflege. Durch aktuelle globale Herausforderungen und ggf. einen lokalen Strukturwandel existieren Unsicherheiten, gibt es möglicherweise Abwanderung, und die Situation wird mitunter als politische Vernachlässigung empfunden. Diese Dimensionen werden wenig thematisiert und im raumpolitischen Diskurs sowie teils auch vor Ort in den Städten und Regionen häufig noch immer unterschätzt. Einen Ansatzpunkt für dieses Spektrum stellt aus Planungssicht die baukulturelle Qualitätssicherung und Aufwertung im weiten Wortsinn mit baulichen, gestalterischen sowie Prozessqualitäten (Informationspolitik, Beteiligung, Einbeziehung) in den Provinzstädten dar. Um sie zur Alternative zu den derzeit so stark begehrten zuwanderungsstarken Großstädten zu machen, brauchen sie nicht vergleichbare, aber ähnlich attraktive Angebote im Wohn-, Freizeit und Beschäftigungsbereich. Ein Ziel müsste es demnach sein, sie in ihrer Urbanität zu stärken und so attraktiv zu machen, dass die in den Großstädten kaum mehr sinnvoll zu bewältigenden Zuzüge (Stichwort Nachhaltigkeit) vermindert bzw. indirekt umgelenkt werden. Zu dieser Urbanität, Vitalität und Lebendigkeit gehören neben vielem des vorher Aufgezeigten angemessene »städtische« Wohnformen (z. B. Einfamilienhaus zur Miete) und Wohnungsgrundrisse oder Mobilitätsangebote, die den aktuellen urbanen Lebensmodellen entsprechen.

Rolle von Akteuren in Provinzstädten zwischen Markt, Reallabor und gesellschaftlicher Entwicklung

In den Provinzstädten ist es überschaubar. Hier fällt es leichter als in Metropolen, Allianzen zwischen den verschiedenen Akteuren zu bilden. Stadtverwaltung und Unternehmen, Kammern, Vereine, vorhandene Hochschulen und privat-öffentliche Initiativen unterschiedlichster Art können sich einfach und schnell vernetzen. Auch Stiftungen (z.B. Regionale Stiftungen Rheinland-Pfalz) und Crowdfunder (Gruppen-/Schwarmfinanzierung, Projekte mit gesammeltem Eigenkapital) können Akteure und Mitgestalter mit lokalen Bezügen und Interessen in Provinzstädten sein. In diesem Kontext sind auch die sogenannten Rückkehrenden in den Blick zu nehmen, also Menschen, die nach einer Lebensphase in der Großstadt oder im Ausland wieder in den Herkunftsort zurückkehren – insbesondere in Ostdeutschland. Zunehmend gibt es in den kleineren und mittleren Städten weitere, neue Akteure, wie sie die Großstädte schon länger kennen, und sie finden hier noch viele Potenziale im gemeinschaftlichen und selbst organisierten Tun.

Das Marktgeschehen (Immobilienpreise, Flächenverfügbarkeit etc.) ist in den kleineren und mittleren Städten anders. Sie können somit Reallabore und Testfelder für anstehende Transformationsthemen sein: von neuen Wohnansprüchen über veränderte Formen des Zusammenlebens bis zu veränderter Mobilität etc. Stadtselbstmacher (Eltern-Kita, Baugruppen, Lebensmittelanbau, gemeinsame Versorgung etc.), Raumpioniere im

Wohnungsbau bzw. -sanierung, beim urbanen Gärtnern oder in der lokalen Ökonomie können Pilotprojekte angehen und in ihrer Vervielfältigung Stützen der Stabilität sein. Ihnen sollten maximale Möglichkeiten gegeben werden. Die räumliche Nähe von Hochschulen, Forschungseinrichtungen und forschungsintensiven Unternehmen wird als weiterer stabilisierender Faktor der Regionalentwicklung in einer zunehmend wissensgeprägten Ökonomie gesehen.[17]

Stadtumbau – Provinzstädte zwischen geplantem Auf- und Abbau

Mit Blick auf die bis hierhin aufgezeigten Themenfelder fungieren Stadtentwicklungsplanung und -politik mehr und mehr als Treiber, als Motor und Ermöglicher für notwendiges Handeln von öffentlicher und privater Seite. Es ist für die Provinzstädte ein Spagat, sich zu profilieren zwischen Kooperation und Wettbewerb. Sie müssen selbstbewusst ihre eigene Rolle und Position finden, aber auch arbeitsteilig und vernetzt im interkommunalen Verbund agieren. Im unabdinglichen Strategiebildungsprozess steht damit auch die Frage an: Was können die Provinzstädte mit Blick auf ihr Verhältnis zu den Großstädten und Metropolen tun?

Sie können reagieren auf Entwicklungen, also idealerweise passive Nutznießer der Folgen des Wachstums der Großstädte und Metropolen werden. Denn diese müssen – mittlerweile zum Selbstschutz – Entwicklungsplanung großräumig denken, ihr Umland nicht aushungern und auch in weiterer Entfernung Anker im Raum sehen, anerkennen und mitdenken. Sie brauchen die gut angebundenen Klein- und Mittelstädte für ihr eigenes Funktionieren. Das Denkmodell zum Verhältnis von Großstädten mit zunehmendem Dichtestress auf der einen und dem Potenzial der lebenswerten Entlastungsstädte (wenn man erneut den Großstadtblickwinkel bedient) in der Provinz auf der anderen Seite muss aber erst noch auf größere Akzeptanz und Verbreitung stoßen.

Eine Stadt zukunftsfähig zu machen, erfordert aber vor allem aktives Agieren. Der Strukturwandel mit im schlimmsten Fall massiven Einwohnerverlusten und den Folgen einer Funktionsschwächung und dem Leerstand von Ladenlokalen, Gewerberäumen und kompletten Ensembles kann und muss im Kontext der oben genannten Großstadtentwicklungen umgekehrt gedacht werden: Es gibt Flächenpotenziale für Neues oder über die Jahre Verlorenes, es existieren kurze Wege (auch in der Kommunikation) sowie zumeist niedrige, bezahlbare Mieten und Kaufpreise. Die gegebenen und noch zu verbessernden Standortbedingungen bedürfen einer Neubewertung und entsprechenden Vermarktung. Die Provinzstadt kann hier entsprechende Nischen bieten.

Abbildung 2: Graphic Recording Studierender der Architektur / Stadt- und Regionalplanung an der BTU beim Hochschultag 2017

Quelle: BTU

Fazit

»Stärken stärken« oder »Leuchttürme entwickeln« waren die Kurzformeln, mit denen die Bundes- und Landesregierungen überwiegend das Verhältnis zwischen Metropolräumen und peripheren Räumen sowie ihre Maßnahmen zur weiteren Entwicklung charakterisiert haben. Hinter dieser politischen Richtschnur steckt ein Verständnis, wonach die Wirkung eingesetzter Steuergelder in Form von Wachstum und Beschäftigung in metropolennahen Räumen größer ist als in peripheren Räumen.[18] Somit erhalten die metropolennahen Räume eine regionalpolitische Vorzugsstellung.

Der Provinz- bzw. Ankerstadtansatz versucht hingegen einen anderen Weg einzuschlagen. Anstatt große Städte mit mittlerweile hoher Kraftanstrengung immer aufnahmefähiger zu machen, indem umfangreich verdichtet und neu gebaut – und damit auch wieder Siedlungsfläche neu in Anspruch genommen – wird, sollten kleine und mittlere Städte wettbewerbsfähig gemacht werden. Sie müssen also gut angebunden, ihre Funktionen gefestigt und im wahrsten Sinne des Wortes auch wieder angekoppelt werden. Provinzstädte haben eine zentrale Rolle für die Stabilisierung und Entwicklung der ländlichen Räume (Ankerfunktion), sind nach wie vor wichtige Orte für die Daseinsvorsorge, alte und neue Arbeitswelten, urbanes wie ländliches Wohnen und die dortige Kultur. Sie können stadtgesellschaftliche Kulturpflege betreiben, indem sie Anpassungschancen, Identität und Heimat bieten. Das sektorenübergreifende Handeln ist hier in einem überschaubaren Akteursnetzwerk viel einfacher zu gestalten als in einer Großstadt.

Die Provinz mit ihren Ankern verdient weitaus mehr systematische Aufmerksamkeit in der Forschung und strukturelle Beachtung in der Politik. Der Begriff der Provinz lohnt also eine Umdeutung. Basis hierfür könnte eine Art Theorie für Provinzstädte sein, um der Politik Ansatzpunkte für ein Eingreifen auf der Grundlage gesicherter Ursache-Wirkungs-Ketten zu geben.[19] Zurzeit hat es noch den Anschein, dass das »Besondere« oder »besonders Alltägliche« noch nicht strategiefähig ist für das Agieren von EU, Bund und Ländern, von deren Institutionen in der Regel die Fördermittel kommen. Für den Moment sollte aber schon die Chance genutzt werden, erste Ideen, Initiativen und Beispiele herauszustellen, um die spezifischen und facettenreichen Potenziale zu zeigen.[20] Denn es existieren bereits gute Ideen und auch konkrete Vorhaben in den Städten, um die Herausforderungen anzugehen. Davon können lokale Akteure und Interessenten hinsichtlich Anschub, Prozess, Netzwerk, Finanzierung und Verstetigung lernen. Zudem bedarf es einer kollektiven Wertschätzung der Provinzstädte, um sie als Anker räumlich wie gesellschaftlich einzubetten und zu stärken.

Anmerkungen

1 Manfred Kühn, Peripherisierung und Stadt, Bielefeld 2016.
2 Hochschultag vor Ort der Nationalen Stadtentwicklungspolitik – Cottbus 2017: PROvinz STÄDTE NEU DEFNIERT, Publikation dazu: BTU Cottbus-Senftenberg, Institut für Stadtplanung, Cottbus, 2017.
3 Das Modell der Zentralen Orte, das seit 1959 in der Raumplanung verwendet wird, beruht auf der Dissertation von Walter Christaller (1933). Er untersuchte Gesetzmäßigkeiten, die Lage, Verteilung, Größe und Bedeutung von Städten in Süddeutschland erklären können. Dies wurde auf Deutschland hochprojiziert.
4 Bezeichnung von empirica in der eigens entwickelten Systematisierung von Schwarmstädten über Ankerstädte zu versteckten Perlen, www.empirica-institut.de/newsletter/empirica-newsletter-32016 (abgerufen am 20.2.2020); siehe auch Anm. 8 und 10.
5 Berlin-Institut für Bevölkerung und Entwicklung, Die demografische Lage der Nation. Wie zukunftsfähig Deutschlands Regionen sind, Berlin 2019, www.berlin-institut.org/publikationen/studien/die-demografische-lage-der-nation.html (abgerufen am 15.4.2019).
6 Bundesinstitut für Bau-, Stadt- und Raumforschung (BBSR), Kleinstädte in Deutschland. Urbanität. Vielfalt. Perspektiven. Hintergrundinformationen zum Kongress, 26. und 27. Juni 2018, S. 4–6, www.destatis.de/DE/Service/Statistik-Campus/Datenreport/Downloads/datenreport-2018-kap-1.pdf?__blob=publicationFile (abgerufen am 12.07.2019).
7 Laufende Bevölkerungsumfrage »LebensRäume« des BBSR 1996, 2004, 2006, 2010.
8 So z. B. bei empirica, Baukultur nicht nur in Metropolen, in: Wohnen und Baukultur nicht nur in Metropolen. Hintergrundpapier zum gleichnamigen Positionspapier der Bundesstiftung Baukultur und dem GdW Bundesverband deutscher Wohnungs- und Immobilienunternehmen, 2017; das IRS (Leibniz-Institut für Raumbezogene Sozialforschung) richtete 2019 einen Diskussionstag »Anker im Raum? Klein- und Mittelstädte in strukturschwachen Regionen« aus; auch bei Thorsten Metzner, Förderung soll es nur noch für Ankerstädte geben (Regionale Wachstumskerne), 2005; Gabi Tröger-Weiß, Tagungsband Zukunft Land – Land der Zukunft. Dialogforum Mittelstädte: Schwarmstädte–Ankerstädte–Provinzstädte, Kaiserslautern 2018; Robert Knippschild, Ankerstädte bei »Labor Land. Gemeinsam Strategien erkunden«, 2019.
9 brand eins, Hier ist noch Platz. Chancen in der Provinz. 21 H. 5 (2019).
10 empirica, Schwarmverhalten in Sachsen, Berlin 2017.
11 Jürgen Aring / Iris Reuter, Die Regiopole. Vom Arbeitsbegriff zur konzeptionellen Idee, Berlin 2008, hier auch als normative Festlegung verstanden.
12 Begriffswahl von Carsten Pieper, Universität Kassel im Zuge seiner laufenden Promotion.
13 Brigitta Schmidt-Lauber (Hrsg.), Mittelstadt. Urbanes Leben jenseits der Metropole, Frankfurt / Main–New York 2010; Elke Ries, 2 Mittelstädte in Deutschland – Strukturen und neue Entwicklungen, in: G. Troeger-Weiß (Anm. 8); Stefan Köhler, Mittelstädte. Herausforderungen, Entwicklungstrends und Perspektiven. Das Beispiel Friedrichshafen, Friedrichshafen 2018.

14 FUNDAMENTE Geographie. Geographisches Grundbuch, Schülerbuch, Oberstufe, Stuttgart o.J., S. 271.
15 Strukturierung der Handlungsfelder in Anlehnung an Hochschultag vor Ort (Anm. 2).
16 Hier wird das aus anderen Wirtschaftsbereichen wie der Abfall- oder Wasserwirtschaft bekannte Kreislaufprinzip auf die Ressource Fläche übertragen. Vgl. dazu bspw. Deutsches Institut für Urbanistik (difu), Was ist eigentlich Flächenkreislaufwirtschaft?, Difu-Berichte 4 (2006), https://difu.de/publikationen/difu-berichte-420 06/was-ist-eigentlich-flaechenkreislaufwirtschaft.html (abgerufen am 20.2.2020).
17 Michael Fritsch / Tobias Henning / Viktor Slavtchev / Norbert Steigenberger, Hochschulen als Innovationsmotor. Innovationstransfer aus Hochschulen und seine Bedeutung für die regionale Entwicklung (Arbeitspapier 158 der Hans-Böckler-Stiftung), Düsseldorf 2008; Justus Henke / Peer Pasternack / Steffen Zierold (Hrsg.), Schaltzentralen der Regionalentwicklung. Hochschulen in Schrumpfungsregionen (Institut für Hochschulforschung an der Martin-Luther-Universität Halle-Wittenberg, HoF), Leipzig 2015.
18 Wolfram Berger / Sascha Lademann / Jan Schnellenbach / Silke Weidner / Stefan Zundel, Standortpotenziale Lausitz. Studie im Auftrag der Zukunftswerkstatt Lausitz, Görlitz 2019, S. 277, Zusammenfassung online: https://wirtschaftsregion-lausitz.de/de (abgerufen am 20.2.2020).
19 Markus Eltges, Vortragsfolien »Provinzstädte – ein neuer Forschungsgegenstand« beim Hochschultag vor Ort (Anm. 2).
20 brand eins (Anm. 9).

Karl Martin Born

Leben auf dem Dorf zwischen Idylle und Tristesse

Das Leben auf dem Dorf hat gegenwärtig einen schweren Stand: Wirtschaftsforscher und Demographen wenden sich in ihren Empfehlungen zur Zukunftsgestaltung ländlicher Räume erkennbar von Dörfern ab. Das Leibniz-Institut für Wirtschaftsforschung Halle (IWH)[1] postuliert die Stärkung von Städten als Zentren wirtschaftlicher Entwicklung und somit eine Umlenkung von Finanzmitteln aus den Dörfern in die Städte. Das Berlin-Institut sprach sich bereits 2012 für eine Abwanderungsprämie aus, auch wenn dieser Ansatz im Lichte der Sicherung gleichwertiger Lebensbedingungen[2] wenig Unterstützung findet. Gleichwohl scheint es eine Grundüberzeugung zu sein, dass wir in Zukunft mit Wüstungen, also verschwundenen Dörfern, rechnen müssen.

Dessen ungeachtet ist das Interesse an Dörfern in Gesellschaft und Wissenschaft ungebrochen. Schon der 1982 erschienene Band »Deutsche Dörfer«[3], der Dörfer nach Regionen präsentiert, fand großes Interesse. Das Lehrbuch von Gerhard Henkel zum ländlichen Raum liegt in vierter Auflage[4] vor; sein Buch zum Dorfleben[5] wendet sich gleichermaßen an engagierte Dorfbewohner wie an dorfaffine Menschen und findet so eine breite Abnehmerschaft. In jüngster Zeit entstanden gleich zwei Hand- und Lehrbücher zum Dorf, die den Stand der Forschung zu Dörfern aus interdisziplinärer Perspektive wiedergeben.[6]

Der Beitrag arbeitet zunächst die Rolle der Dörfer für die Entwicklung ländlicher Räume heraus, um dann unterschiedliche Facetten des Dorflebens zwischen Sehnsucht, Realität und Zuschreibungen darzulegen. An eine Diskussion der Vielfalt der Dörfer schließen sich Überlegungen zu gegenwärtigen und zukünftigen Herausforderungen der Dorfentwicklung an.

Dörfer und Regionalentwicklung: Welche Rolle spielen Dörfer für die Entwicklung ländlicher Räume?

Die oben angerissenen Diskurse um die Zukunft ländlicher Siedlungen und somit auch ländlicher Räume speisen sich aus den zahlreichen Untersuchungen regionaler Disparitäten in Deutschland: Die Möglichkeit, Raumeinheiten nach ihren sozioökonomischen, soziodemographischen und soziokulturellen Eigenschaften in Vergangenheit und Gegenwart zu analysieren, erlaubt eine an normativen Kriterien orientierte Bewertung des gegenwärtigen Zustandes und daraus abgeleitet eine Abschätzung zukünftiger Entwicklungen; das Zusammenwirken von leitbildbezogenen Aussagen und messbaren Kriterien ist ein wichtiges Element der Regionalentwicklung. Durch die Gebietsreformen auf Gemeinde- und Kreisebene ist der Blick auf einzelne Dörfer versperrt, sodass nur unterschiedlich große Raumeinheiten betrachtet werden können. Bedenkenswert bleibt dabei immer, wie die zu untersuchende Raumeinheit abgegrenzt wurde und welche Rolle einzelne Teileinheiten – sehr häufig Kleinstädte und Dörfer – für diese Gesamtentwicklung spielen. Insofern lässt sich durchaus konstatieren, dass die Rolle von Dörfern für die Entwicklung ländlicher Räume ambivalent und reich an komplexen wechselseitigen Bezügen ist; somit muss die Analyse immer die Einbettung der Dörfer in ihre regionalen Siedlungssysteme berücksichtigen. Regionalwissenschaftliche Untersuchungen unterstreichen zumeist die Vorteile etablierter und eingespielter lokaler Netzwerke, ohne jedoch dabei einen Zusammenhang zum dörflichen Leben herzustellen.[7]

Das Verständnis von Verflechtungen und Abhängigkeiten zeigt sich in der Ausgestaltung öffentlicher Förderpolitiken in ländlichen Räumen, die gleichzeitig lokale wie regionale Maßstäbe zugrunde legen. Die länderspezifischen Programme zur Dorfentwicklung beziehen sich auf Orte bis zu 10 000 Einwohnern und eröffnen je nach Schwerpunktsetzung der Bundesländer Fördermöglichkeiten für bauliche Anlagen, kulturelle Aktivitäten oder die Sicherung der Daseinsvorsorge. Sie zielen damit auf einzelne Objekte, (Infra-)Strukturen und soziale Aktivitäten auf einer lokalen Ebene. Der aus der Perspektive der Dorfentwicklung durchaus kritisch gesehene Wettbewerb »Unser Dorf soll schöner werden« wurde ersetzt durch »Unser Dorf hat Zukunft«. Hier sind solche Dörfer erfolgreich, deren Akteure die Jury von ihrem Entwicklungskonzept und ihrem Engagement für die Dorfgemeinschaft überzeugen können; der Paradigmenwechsel liegt also in der Abkehr von baulichen Gestaltungsvorgaben und der Hinwendung zu Entwicklungsparametern. Dieser Wettbewerb richtet sich nur an Dörfer mit bis 3 000 Einwohnern und gilt als ein die Dorfgemeinschaft aktivierendes Instrument. Dass eine ausschließliche Fokussierung auf einzelne Dörfer nicht immer als zielführend angesehen wird, lässt sich daran ablesen, dass beispielsweise in Niedersachsen nunmehr Dorfregionen, d. h. der Zusammenschluss mehrerer Dörfer, gefördert werden.[8]

Die nationalen und europäischen Fördermöglichkeiten für Regionen (LEADER[9], ILEK[10] etc., s. Beitrag von Grabski-Kieron in diesem Band) nehmen demgegenüber eine regionale Perspektive ein und unterstützen substanziell das Selbstverständnis als Region und die Ausnutzung von Vorteilen, die durch die enge Zusammenarbeit von Akteuren entstehen. Die flexible Gestaltung der Förderkulisse stärkt funktionale und kulturelle Beziehungen und verlangt nicht automatisch eine Orientierung an politischen Grenzen. Somit nähert sie sich dem bekannten Zentrale-Orte-Konzept an, das über den gestuften Bedeutungsüberschuss von Siedlungen ein hierarchisches System funktionaler Zusammenhänge entwickelt.

Damit soll der Stellenwert ökonomischer und sozialer Verflechtungen von Einzeldörfern in Nachbarschaftslage nicht negiert werden. Und ebenso finden in einem Ansatz, der auf den Ausgleich zwischen intraregionalen Stärken und Schwächen abstellt, auch einzelne Orte Beachtung. Beides zusammen spiegelt die Bedeutung einzelner Dörfer für die Regionalentwicklung.

Dies manifestiert sich zudem in der Systematik europäischer Förderregime für ländliche Räume: Die europäische Förderpolitik weist hier einen expliziten Bezug zu Dörfern auf. Sie möchte mit Bezug auf einzelne Standorte die Wettbewerbsfähigkeit landwirtschaftlicher Betriebe fördern und die lokale Wirtschaft diversifizieren. Ein weiterer Schwerpunkt, die Umwelt- und Landschaftsmaßnahmen, hat hingegen flächenhafteren Charakter.

Insgesamt zeigt sich nicht nur in der Förderpolitik, sondern auch in der grundsätzlichen Bewertung der Bedeutung von Dörfern für die Regionalentwicklung das Dilemma der Perspektive und der Aufschlüsselung von Wirkungszusammenhängen bzw. Prozessketten: Es ist nicht immer möglich, Prozesse dahingehend zu bewerten, ob ihre Ursachen im lokalen oder regionalen Kontext liegen. Selbstverständlich haben Dörfer als Standorte von Unternehmen, als kommunalpolitische Entscheidungszentren und als Kristallisationspunkte gesellschaftlicher Aktivitäten eine hohe Bedeutung für die Regionalentwicklung. Gleichzeitig darf aber nicht übersehen werden: Regionen sind vielfältig. Sie weisen hierarchische Beziehungsgefüge aus Weilern, Dörfern und Kleinstädten unterschiedlicher Größe sowie soziale und ökonomische Eigenschaften auf. Auf diese Weise profitieren sie ganz erheblich von den damit verbundenen impliziten Dynamiken und Wettbewerbsbeziehungen.

Lindenberg im Allgäu
© Karl Martin Born

Ein anderer Ansatz zur Abschätzung der Bedeutung von Dörfern und dörflichen Lebens für die Entwicklung ländlicher Räume greift die Frage auf, von wo transformative und innovative Ansätze ausgehen. Ländliche Räume unterliegen in besonderem Maße sektorübergreifenden Transformationsprozessen, da sie per se von engen Beziehungen zwischen Wirtschaft, Politik, Gesellschaft und Raum geprägt sind. So bleiben Transformationen im Agrarsektor nicht auf ihn beschränkt, sondern wirken sich entlang einer Wertschöpfungskette auf andere Unternehmen und die Dorfgesellschaft aus. Nach den zahlreichen Transformationsprozessen der Vergangenheit (Aufteilung der Gemeinflächen im 18. Jahrhundert, Mechanisierung, Agrichemisierung, Gentechnisierung u. a.) lassen sich gegenwärtig weitere ergebnisoffene Wandlungsprozesse beobachten, etwa beim Grad der Einbindung in globale Wertschöpfungsketten oder hinsichtlich nachhaltiger Produktion und Konsumtion. Dabei wirken die genannten Interdependenzen von Wirtschaft, Politik und Gesellschaft besonders stark in Dörfern als »innovativen Milieus«, da die räumlichen Bedingungen größerer Nähe ihre Wirkungen entfalten können. Diese sind jedoch ambivalent und können – abhängig von der Offenheit für Innovationen sowie der Fähigkeit zu deren Annahme und Umsetzung – abgeschlossene, von starken Beharrungstendenzen geprägte Milieus hervorbringen. Daraus ergeben sich für die Regionalentwicklung durchaus positive wie negative Wirkungen: Innovative Dörfer entfalten, mit unterschiedlichen Erfolgsaussichten, einen Wettbewerb um Ressourcen, während beharrungsbetonten Dörfern Regressionsprozesse drohen, wodurch sie zurückbleiben.

Zusätzliche Komplexität können derartige Überlegungen gewinnen, wenn man neben der räumlichen Differenzierung (Dorf A und Dorf B) noch mögliche sektorale Unterschiede einbezieht: Die Akteure in Landwirtschaft, Wirtschaft, Verwaltung und Bürgergesellschaft können sich ihrerseits bei der Annahme und Umsetzung von Innovationen sehr unterschiedlich engagieren.

Dörfer können also Kristallisationspunkte von Entwicklung oder entwicklungsbedürftige Siedlungen sein. Insofern bedarf es zur Beurteilung immer einer kontextuellen Einbettung in das System der Nachbardörfer und Kleinstädte sowie in die Region selbst. Historisch gewachsene Entwicklungsstränge und -pfade wirken bis heute fort und prägen so das Verhältnis von Dorf und Region.

Das Leben auf dem Dorf zwischen Sehnsucht, Realität und Zuschreibung

Offensichtlich ist das Leben auf dem Dorf facettenreich und nicht einfach zu charakterisieren. Wanderungsbewegungen aus dem Dorf und in das Dorf zeugen von gleichermaßen anziehenden wie abstoßenden Eigenschaften. Dem stehen mediale Zuschreibungen gegenüber, die in ihrer Zustimmung oder Ablehnung dörflichen Lebens deutlich entschiedener auftreten.

Die Diskussion um ländliche oder städtische Lebensstile und Milieus verläuft lebhaft. Die oben genannten Übersichtswerke zu Dörfern und ländlichen Räumen sehen Dörfer grundsätzlich als Räume spezifischer Lebensstile und sprechen von engen Bindungen, tradierten Verwurzelungen und sozialen Netzwerken. Die soziologische Forschung hingegen sieht dynamische Prozesse in der Beschreibung und Abgrenzung genuiner ländlicher Lebensstile.[11] Ferdinand Tönnies (1887) differenzierte zwischen Gemeinschaften in Dörfern und Gesellschaften in Städten, um so etwa den Grad der vertikalen und horizontalen sozialen Interaktion in Dörfern gegenüber Schichten in Städten herauszuarbeiten; gemeint ist damit im Kern die Vermutung einer weniger stark von Klassen bzw. Schichten geprägten Dorfgemeinschaft. Neuer ist die Erkenntnis eines Stadt-Land-Kontinuums, in dem von der Stadt ausgehend städtische Lebensstile u. a.

im Rahmen der Suburbanisierung in ländliche Räume diffundierten. Tatsächlich lässt dieser Befund angesichts eines Gegenstroms von ländlichen Praktiken in die Städte (z. B. in der eigenständigen Nahrungsmittelproduktion, der selbst gewählten Organisation in Nachbarschaften oder der stadtplanerischen Umsetzung in Quartieren) Fragen offen. Zudem gibt es in ländlichen Räumen gegenwärtig gewichtige Gegenbewegungen zu städtischen Lebensstilen: Aus ökonomischer Perspektive wird ein Fokus auf regionale Wertschöpfung oder die Regionalität von Lebensmitteln gesetzt. Neue Dorfvereine, Genossenschaften und Traditionsbezüge bieten ebenfalls gesellschaftliche Reminiszenzen an das Dorfleben. Auf politisch-administrativer Ebene wird Widerstand gegen die Reorganisation von Kommunen, Schulbezirken und Kirchenkreisen geübt, wenn diese in ihrer Dezentralisierung das Dorf schwächt.

Im Kontext sozioökonomischer und soziodemographischer Entwicklung von Dörfern werden die sozialen Arrangements in Dörfern als Ressource wahrgenommen.[12] Dörfliche Nachbarschaften gelten als eng, stabil und von häufigen Interaktionen geprägt. Damit helfen sie wesentlich, Herausforderungen bei Alter und Hilfsbedürftigkeit zu bewältigen. Allerdings haftet ihnen auch eine Unklarheit an, wenn räumliche Nähe, generationenübergreifende Aspekte und soziale Normierungen gleichermaßen als grundlegend angesehen werden. Obgleich dörfliche Nachbarschaften durch räumliche und soziale Mobilität, Wertewandel und Änderungen sozialer Sicherungssysteme unter Veränderungsdruck geraten, kann übergreifend festgehalten werden, dass jenseits traditioneller Denkmuster zumindest in bäuerlich geprägten Siedlungen ein aus Erfahrung gespeister Pragmatismus – auch und gerade in Fragen der Daseinsvorsorge – für die Dorfgemeinschaft und die Dorfgestalt stabilisierend wirkt.

Besonders deutlich wird das Verhältnis ländlicher zu städtischen Lebensstilen, wenn einzelne Gruppen betrachtet werden: Untersuchungen zu Jugendlichen im Dorf, die als wesentliche Abwanderungsgruppen gelten, zeigen durchaus Besonderheiten im Hinblick auf traditionellere Familienbilder, konservativere gesellschaftliche Werte oder geringere Internetnutzung.[13] Bei der Gruppe älterer Menschen geht es um spezifische Herausforderungen in Nahversorgung, Pflege und Mobilität sowie mögliche Bewältigungsstrategien aus der Perspektive der Inwertsetzung von Sozialkapital;[14] konkret sollen die Ressourcen der Dorfgemeinschaft im Sinne von *caring communities* genutzt werden können. Als *caring communities* werden Ansätze generationenübergreifender Hilfs- und Unterstützungsleistungen verstanden.[15]

»Neue Ländlichkeit«

Gegenwärtig erweitert sich die Diskussion um ländliche Lebensstile und Milieus um den Begriff der Neuen Ländlichkeit[16]. Damit sollen, ausgehend vom Postulat einer eigenständigen Regionalentwicklung, neben funktionalen Zuschreibungen (Energielandschaften, Klimaschutzlandschaften etc.) auch lebensstilbezogene Eigenschaften erfasst werden. Übersichtlichkeit, Überschaubarkeit und Konstanz werden so zu Selbstvergewisserungsmechanismen einer spätmodernen Gesellschaft. Landleben wird zum Gegenpol städtischer Lebensformen stilisiert, mit Entschleunigung, Achtsamkeit und Selbstreflexion als dominierenden Haltungen; Unterschiede und Unterscheidbarkeit sind Triebfeder einer solchen Bewegung. Diese Entwicklung kann zum einen als Ergebnis planerischer und politischer Anstrengungen zur Stärkung von Dörfern und Regionen interpretiert werden. Sie kann aber auch zum Ausdruck bringen, dass die Gleichwertigkeit von Lebensbedingungen zwar nicht erreicht wurde, aber immerhin »normativ überlegene« Lebensbedingungen möglich wurden (z. B. durch größere Nachhaltigkeit, höhere soziale Kohärenz). Das Schlagwort der Neuen Ländlichkeit und die propagierte Hinwendung zu ländlichen Räumen stellen somit einen Gegenpol zu den eingangs erwähnten, negativ besetzten Empfehlungen zum Umgang mit schrumpfenden Dörfern dar.

Medial ist dieser Trend längst fest etabliert: Hochglanzmagazine vermitteln Traditionsbewusstsein und Umweltverbundenheit. Stilmittel sind häufig hohe ästhetische Ansprüche an hauswirtschaftliche Tätigkeiten im saisonalen Wandel und somit indirekt die Vermittlung tradierter Rollenbilder in Haus und Hof. Im Hinblick auf die dominierende Leserschaft im ländlichen und suburbanen Raum handelt es sich um Instrumente zur Selbstvergewisserung (»es ist (doch) schön hier«) und zur Sehnsuchtsgenerierung (»dort möchte ich leben«). Dass zumindest eines dieser Hochglanzmagazine (Landlust) indirekt durch den Deutschen Bauernverband herausgegeben wird, verdeutlicht den Spagat zwischen Modernität in der landwirtschaftlichen Produktion und der Tradition dörflicher Lebensweisen. Selbst- und Fremdbild, Realität und gewünschte Bilder stehen hier in einem schwierigen Verhältnis, wenn idyllisierende Zuschreibungen unabhängig von der tatsächlichen Lebensqualität zunächst medial vermittelt und dann auch konsumiert werden.

In diesen Kontext gehört auch die zunehmende eigenständige Produktion von Nahrungsmitteln in Dörfern, die den Trend der Neuen Ländlichkeit aufnimmt, sowohl medial wie auch unternehmerisch – etwa die Plattform »Ackerhelden«, die landwirtschaftliche Flächen und transportable Hochbeete zur eigenständigen Erzeugung von Bio-Gemüse verpachtet bzw. vermietet: Der Anbau und der Konsum selbst gezogener Nahrungsmittel knüpfen an Traditionen der Selbstversorgung an und sind gleichzeitig identitätsstiftend; als »Alternative Nahrungsmittelnetzwerke« oder »Community Supported Agriculture« bilden sich neue Beziehungsgefüge zwischen Produzenten und Konsumenten, aber auch zwischen (Sub-) Urbaniten und Landbewohnern.

Allerdings scheint die Realität des Lebens auf dem Dorf in deutlichem Kontrast zu diesen Beobachtungen zu stehen, weil zahlreiche Anforderungen an die Daseinsvorsorge nur unzulänglich abgedeckt sind. Besonders auffällig ist hier die mangelnde Ausstattung mit Infrastrukturen im technischen (Breitbandversorgung), medizinischen (Ärztemangel), bildungsbezogenen (Schulschließungen) und mobilitätssicherndem Bereich (ÖPNV-Angebote, s. Beiträge von Lobeck, Naumann, Faller / Bendler, Jahnke und Monheim / Monheim in diesem Band). Der Grundsatz gleichwertiger Lebensverhältnisse im Gesamtraum und seinen Teilräumen kann inzwischen nur noch erreicht werden, wenn diese Gleichwertigkeit innerhalb von Teilräumen auf unterschiedlichem Niveau gesichert ist; mithin ergibt sich ein heterogenes Mosaik von in sich homogenen Teilräumen (s. Beitrag von Danielzyk).

Umso mehr überraschen zwei Untersuchungen zur Lebensqualität bzw. zu Wohnortpräferenzen. In den Kategorien »Zufriedenheit mit Angebots- und Versorgungssituation« und »Zufriedenheit mit nächstgrößerer Stadt als Zentrum der Gemeinde« äußerten sich ca. 50% bzw. 62% der 3 387 Befragten zur »Lebensqualität in kleinen Städten und Landgemeinden« zufrieden oder sehr zufrieden.[17] Auffällig ist zudem die hohe Intensität dörflicher Interaktionen in Landgemeinden in Form von Nachbarschaftskontakten, Freundschaften im Wohngebiet oder Aktivitäten in Verein, Partei, Kirche etc., die im Vergleich zu anderen Siedlungstypen hier viel regelmäßiger zu finden sind (s. Beitrag von Neu / Nikolic). Die Ambivalenz des Lebens in Dörfern verdeutlicht dagegen sehr illustrativ das breite Spektrum des Optimierungsbedarfs im Versorgungsangebot: Gegenüber Klein- und Landstädten zeigt sich ein einheitlicheres Antwortverhalten zu infrastrukturellen Versorgungsaufgaben (bspw. Versorgung mit Ärzten), während das Angebot an Ausbildungsplätzen, Freizeitmöglichkeiten und touristischen Einrichtungen sowie die Verkehrsanbindung differenzierter beantwortet wurden.

Eine jüngere Untersuchung[18] zeigt, dass es bei den Bevölkerungsgruppen ab 30 Jahren eine dominierende Wohnortpräferenz bei ländlichen Kommunen gegenüber Großstädten bzw. Mittel- oder Kleinstädten gibt (45% der Befragten gegenüber 21% für Großstädte und 33% für Mittel- oder Kleinstädte). Für diesen Bevölkerungsteil sind Landgemeinden der präferierte Wohnort.

Diese Ergebnisse legen den Schluss nahe, dass die als Teilaspekt der Neuen Ländlichkeit genannten spezifischen Lebensstile die Realität spiegeln: Menschen, die Landgemeinden als Wohnstandort vorziehen, zeichnen sich durch einen offensichtlichen Pragmatismus in der Abwägung von Vor- und Nachteilen aus und sind von sozialer Interaktion und Verwurzelung beeinflusst.

Vielfalt der Dörfer: Von der Unmöglichkeit einer Typologie

Auch wenn im wissenschaftlichen wie im gesellschaftlichen Sprachgebrauch häufig vom »Dorf« die Rede ist, werden Dörfer ebenso wie ländliche Räume durch die Kategorisierung nach Bevölkerungszahl oder -dichte nur unzureichend beschrieben. Tatsächlich weisen sie in zahlreichen Kategorien ein großes Spektrum auf – *das* Dorf gibt es nicht!

Wesentliche Differenzierungskriterien sind demographische Zusammensetzung (alte vs. junge Dörfer), ökonomische Leistungsfähigkeit (wirtschaftsstarke vs. wirtschaftsschwache Dörfer) und Perspektive (zukunftsfähige vs. chancenarme Dörfer). Ergebnisse dieser Untersuchungen sind Zuschreibungen als starke oder schwache, aktive oder passive, aussichtsreiche und aussichtslose Regionen bzw. die Erstellung vielfältiger Rankings. Tatsächlich sind aber hier immer nur Regionen und nicht einzelne Dörfer gemeint, sodass die eingangs aufgeworfene Forderung nach einer maßstabsgerechten Analyse nicht erfüllt ist. Als hilfreich könnte sich das Konzept der Peripherität erweisen, das die Beziehung zu einem oder mehreren anderen höherrangigen oder höherwertigen Elementen beschreibt. Diese Beziehung muss entgegen dem Sprachgebrauch nicht ausschließlich räumlicher Natur sein (Zentrum–Peripherie), sondern kann ebenso wirtschaftliche, soziale und politische Dimensionen des Peripheren ausdrücken und somit die Vielfalt von Dörfern verdeutlichen.[19]

Daraus ergibt sich, dass es zum Verständnis der Heterogenität von Dörfern einer intensiven Auseinandersetzung mit den grundlegenden Regelungsgrößen bedarf, die zum gegenwärtigen Zustand geführt haben. Dazu sind die bisher häufig genutzten Faktoren aus wirtschafts- und demographiebezogenen Eigenschaften zu erweitern, die bisher zu gegensätzlichen Zuschreibungen wie »aktiv und attraktiv« versus »trist und abgehängt« geführt haben. Die Einbeziehung zusätzlicher Differenzierungsebenen hilft nicht nur, den gegenwärtigen Zustand besser beschreiben, sondern liefert auch Hinweise zu dessen Entstehungsgeschichte. Zu solchen bisher wenig berücksichtigten Faktoren gehören etwa die Gegensatzpaare bürgerschaftliches Engagement versus Lethargie, vertikale und horizontale Governance versus Top-down-

Hierarchien sowie Selbststeuerungskompetenz versus Fremdsteuerung. Damit können Dörfer in einem Spannungsfeld der Steuerungsmodi zwischen internen (Engagement) wie externen (Steuerungsquellen) beschrieben werden, und es lassen sich somit Fragestellungen endogener Dorfentwicklung bzw. externer Subventionierung aufgreifen.

Zudem hängt die jeweilige Situation in den Dörfern – teilweise beschönigend als »Vielfalt der Dörfer« benannt – in nicht unerheblichem Maße von ihrer Fähigkeit zur Selbststeuerung ab; hierbei ist demnach nicht nur die Leistungsfähigkeit der dörflichen Verwaltung zu bewerten, sondern auch die je unterschiedlichen Gestaltungsmöglichkeiten im Rahmen der Landes- und Kommunalverfassungen abzubilden.

Herausforderungen der Dorfentwicklung heute

Der spätere Finanzminister des Großherzogtums Badens Adolf Buchenberger stellte anlässlich einer Visitationsreise im Jahre 1886 fest: »Wer immer mit den wirtschaftlichen Zuständen der Landgemeinden sich vertraut gemacht hat, dem wird die Wahrnehmung nicht entgangen sein, dass neben solchen Gemeinden, deren Angehörige in gedrückter oder selbst in kritischen Verhältnissen sich befinden, oft in der unmittelbarsten Nachbarschaft gelegen, andere Gemeinden vorkommen, die auch heute noch eine sehr erfreuliche Stufe des Wohlstandes aufweisen.«[20] Offensichtlich war das Phänomen einer kleinräumigen Differenzierung auch schon vor der Einführung europäischer, nationaler und länderspezifischer Förderprogramme bekannt, einschließlich der damit verbundenen Problematik der Akquise von Fördermitteln und deren Verausgabung.

Eine Herausforderung für die Dorfentwicklung liegt also darin, diese kleinräumigen Disparitäten abzubauen, wobei Selbstverstärkungseffekte diese Unterschiede vertiefen: Dörfer mit innovativen Milieus entfernen sich von solchen, die in Abwärtsspiralen gefangen sind. Im Mittelpunkt der Anstrengungen sollte dabei die Sicherung der Daseinsvorsorge stehen, die allerdings geprägt ist durch eine mangelnde institutionelle Passfähigkeit zwischen Bevölkerung, Versorgern und Politik sowie durch Asymmetrien zwischen öffentlicher, privatwirtschaftlicher und bürgerschaftlicher Verantwortung:[21] Der Wandel vom Versorgungs- zum Gewährleistungsstaat betrifft die Wahrnehmung öffentlicher Aufgaben, während der anhaltende Kostendruck u. a. den inhabergeführten Einzelhandel mit geringer Verkaufsfläche verdrängt und zu einer Ausdünnung der Versorgung führt.

Die Übernahme gesellschaftlicher Aufgaben durch Bürgerinnen und Bürger kommt an ihre Grenzen, wie sich gerade im Feuerwehrwesen

Neidhartshausen in Südthüringen
© Stefan Schmitz

beobachten lässt (s. Beitrag von Krajewski / Steinführer in diesem Band). Zwar zeigen Freiwilligensurveys und Engagementatlanten[22] in Dörfern eine hohe Dichte an bürgerschaftlichem Engagement, doch wandelt es sich zu eher projekt- und kurzzeitbezogenen Aktivitäten. Hinzu kommt, dass gerade in Dörfern zahlreiche Formen der wechselseitigen Unterstützung, beispielsweise die »normale« Nachbarschaftshilfe, entstanden sind, die in solchen Studien nicht berücksichtigt werden. Dementsprechend bedarf es umfangreicher Anstrengungen zur detaillierten Erhebung von Aktivitäten und Netzwerken.

Damit sich Dörfer gegenüber transformativen Prozessen in Politik, Wirtschaft und Gesellschaft behaupten können, müssen sie sich anpassen und Innovationen umgesetzt werden. Sozialunternehmerische Akteure können soziale Innovationen einleiten (s. Beitrag von Christmann in diesem Band) und Lösungen vorlegen, die gewinnbezogene Akteure nicht erbringen können. Häufig sind dies soziale Bedürfnisse und Erwartungen von Marginalgruppen, die nicht zum Adressatenkreis klassischer Unternehmer der Daseinsvorsorge gehören; zu nennen sind hier die zahlreichen Gruppen, die die spezifischen Bedürfnisse von Wanderarbeitern (Werkvertragsnehmerinnen) oder Migrantinnen und Migranten in den Blick nehmen.

An dieser Stelle wirkt die im Dorf vorhandene Kenntnis sozialer Strukturen unterstützend. Aufgrund der engen Interaktion von Produzentinnen, Konsumenten und intermediären Akteuren werden neuere Managementansätze wie Co-Creation, also die gemeinsame Bearbeitung einer Thematik, oder Co-Construction als gemeinsames Bauvorhaben in Dörfern zudem schon seit Langem gelebt.

Auch wenn von politischer Seite große Hoffnungen in die Digitalisierung von Dienstleistungen gesetzt werden, bleiben die tatsächlichen Effekte unklar: Trotz zu erwartender Verbesserungen können sich der Netzinfrastrukturausbau, die Softwareentwicklung bzw. -implementierung und die individuelle Nutzung räumlich wie sektoral unterscheiden. In diesem Szenario gibt es dann nicht nur unzureichend angebundene, sondern auch implementationsschwache Dörfer.

Gerade mit Blick auf strukturschwache und von Schrumpfung betroffene Gemeinden wird gegenwärtig die flexible Gestaltung von Standards diskutiert, um Verfahrens-, Ausführungs- und Unterhaltungskosten einzusparen. Auch wenn das in Widerspruch zum Ziel der Gleichwertigkeit stehen könnte, sind derartige Überlegungen nicht grundsätzlich abzulehnen. Die Wiederentdeckung des Dorfes als kleinster Handlungsraum mit Selbstbestimmungs- und Handlungsfähigkeit macht eine derartige Abweichung von bisher bundesweiten Standards möglich. Allerdings muss dieser Handlungs- und Entscheidungsspielraum beispielsweise auch die Erhaltung von Bildungseinrichtungen bei Unterschreitung von Normwerten zulassen.

Insgesamt scheint die Zukunft von Dörfern von der gemeinschaftlichen Produktion von Gemeinwohl durch alle Akteure abzuhängen. Diese ist per se eng verbunden mit der Einsicht in eine Handlungsnotwendigkeit. Es werden primär auf dörflicher, aber auch auf regionaler Ebene gleichermaßen Engagierte zur Übernahme von Verantwortung benötigt, wie öffentliche Träger diese Eigeninitiative auch ermöglichen müssen. Ob in einem Dorf dann Idylle oder Tristesse herrscht, ob ein Dorf Zukunft hat, liegt nicht zuletzt in den Händen der Dorfgemeinschaft. Sie wird damit widerstandsfähig gegen Überlegungen zur Aufgabe ihrer Siedlung.

Anmerkungen

1 Leibniz-Institut für Wirtschaftsforschung Halle (IWH), Vereintes Land – drei Jahrzehnte nach dem Mauerfall, Halle 2019.
2 Jan M. Stielike, Sozialstaatliche Verpflichtungen und raumordnerische Möglichkeiten zur Sicherung der Daseinsvorsorge, Baden-Baden 2018.
3 Wilhelm Landzettel (Hrsg.), Deutsche Dörfer, Braunschweig 1982.

4 Gerhard Henkel, Der Ländliche Raum, Berlin 2004⁴.
5 Gerhard Henkel, Das Dorf. Landleben in Deutschland – gestern und heute, Darmstadt 2020⁴.
6 Werner Nell / Marc Weiland (Hrsg.), Dorf. Ein interdisziplinäres Handbuch, Berlin 2019; Annett Steinführer / Lutz Laschewski / Tanja Mölders / Rosemarie Siebert (Hrsg.), Das Dorf. Soziale Prozesse und räumliche Arrangements, Münster 2019.
7 Berlin-Institut, Von Kirchtürmen und Netzwerken. Wie engagierte Bürger das Emsland voranbringen, Berlin 2017.
8 Vgl. Niedersächsisches Ministerium für Ernährung, Landwirtschaft und Verbraucherschutz, Richtlinie über die Gewährung von Zuwendungen zur integrierten ländlichen Entwicklung vom 15.8.2019.
9 Liaison entre actions de développement de l'économie rurale: Ein 1991 eingeführtes Programm der Europäischen Union zur Entwicklung ländlicher Regionen mit dem Schwerpunkt der regionalen akteurszentrierten Vernetzung.
10 Integriertes ländliches Entwicklungskonzept als nationale Förderung mit ähnlicher Zielsetzung wie LEADER.
11 Stephan Beetz / Kai Brauer / Claudia Neu (Hrsg.), Handwörterbuch zur ländlichen Gesellschaft Deutschlands, Wiesbaden 2005.
12 A. Steinführer / L. Laschewski / T. Molders / R. Siebert (Anm. 6).
13 Margit Stein / Lukas Scherak (Hrsg.), Kompendium Jugend im ländlichen Raum, Bad Heilbrunn 2018.
14 Uwe Fachinger / Harald Künemund (Hrsg.), Gerontologie und ländlicher Raum. Lebensbedingungen, Veränderungsprozesse und Gestaltungsmöglichkeiten, Wiesbaden 2015.
15 Thomas Klie, Caring Community. Auf dem Weg in eine sorgende Gemeinschaft?, in: Harm-Peer Zimmermann / Andreas Kruse / Thomas Rentsch (Hrsg.), Kulturen des Alterns. Plädoyers für ein gutes Leben bis ins hohe Alter, Frankfurt 2016, S. 269–286.
16 Ulf Hahne, Neue Ländlichkeit? Landleben im Wandel. Der Bürger im Staat 1/2 (2011). Kritisch dazu: Claudia Neu, Neue Ländlichkeit. Eine kritische Betrachtung, in: Aus Politik und Zeitgeschichte, APuZ 46/47 (2016), S. 4–9.
17 Bundesinstitut für Bau-, Stadt- und Raumforschung (BBSR), Lebensqualität in kleinen Städten und Landgemeinden, Bonn 2011.
18 Bundesstiftung Baukultur, Baukulturbericht 2015/16, Berlin 2016.
19 Vgl. dazu als frühe Arbeit Friedemann Kunst, Distanz und Siedlungsstruktur im dünn besiedelten Raum. Entfernungsvergrößerung und ihre soziale Bedeutung, Berlin 1985.
20 Adolf Buchenberger, Bericht über die Ergebnisse der Erhebungen über die Lage der landwirtschaftlichen Bevölkerung in Baden; in: Schmollers Jahrbuch 10 (1886), S. 958.
21 Karl Martin Born, Anpassungsstrategien an schrumpfende Versorgungsstrukturen – Beispiele aus Brandenburg und Niedersachsen, in: Claudia Neu (Hrsg.), Daseinsvorsorge. Eine gesellschaftswissenschaftliche Annäherung, Wiesbaden 2009.
22 Vgl. Generali Engagementatlas. Rolle und Perspektiven Engagement unterstützender Einrichtungen in Deutschland, Köln / Bernkastel-Kues 2015, www.freiwilligenserver.de/engagementatlas (abgerufen am 18.11.2019).

Claudia Neu / Ljubica Nikolic

Mythos Gemeinschaft? Vom sozialen Zusammenhalt in ländlichen Räumen

Die Lage ist gut, die Stimmung schlecht

Die Gefühlslage der Deutschen erweist sich mehr und mehr als paradox: Empirische Studien wie der Glücksatlas[1] oder die topagrar Glücksstudie[2] belegen, dass die wirtschaftliche Lage der Nation kaum noch Einfluss auf die Einschätzung der gesellschaftlichen Situation hat. Der gesellschaftliche Zusammenhalt scheint gefährdet, die Deutschen halten ihre eigene Bürokratie für überfordert. Trotz signifikant gesunkener Kriminalitätsraten steigt die Angst vor kriminellen Übergriffen. Viele Menschen nehmen den öffentlichen Raum als Gefahrenzone wahr. Gefährdungsdiskurse in populären Massenmedien wie auch in Filterblasen sozialer Medien bieten das Grundrauschen zur deutschen Verunsicherung – erinnert sei nur an die Diskussion um die Sicherheit in öffentlichen Schwimmbädern im Sommer 2019. So erstaunt es wenig, dass als Reaktion auf zunehmende Verunsicherungsgefühle und gefühlten Kontrollverlust der Rückzug ins Private, ins Lokale, in die kleinen Gemeinschaften zu verzeichnen ist. Gerade das Dorf bietet hier mit seinen Zuschreibungen von Naturnähe, Gemeinschaft und vermeintlich größerer sozialer Homogenität die ideale Projektionsfläche.

Mythos dörfliche Gemeinschaft

Ländliche Idyllen, als Orte von Schönheit, Naturnähe und Harmonie, gehören zum festen Repertoire gesellschaftlicher Erzählungen.[3] Bereits antike Dichter sehnten sich nach Arkadien – dem einfachen unverfälschten Hirtenleben in rauer griechischer Landschaft. Diese Form der Schäferromantik (Bukolik) erfreute sich auch Jahrhunderte später in der Renaissance und im Barock wieder größter Beliebtheit. Die voranschreitende Industrialisierung und Verstädterung ließen im 19. Jahrhundert das über-

Dießen am Ammersee
© Stefan Schmitz

schaubare Dorf und die idyllische Landschaft noch schärfer als Gegenwelt zum modernen hektischen Großstadtleben hervortreten. Es versteht sich nahezu von selbst, dass der verklärende Blick auf Land und Dorf nur eine städtische Interpretation von Menschen sein kann, die sich den Mühen des Landlebens im Alltag nicht aussetzen müssen. So war es vor allem das erstarkende Bürgertum in den sich rasch verändernden Städten, das im 19. Jahrhundert dem Landleben Naturnähe, Urwüchsigkeit und Unverfälschtheit zuschrieb. Dieser romantisierende Blick ließ das Dorf zu einem Hort von Nähe, Gemeinschaft und gegenseitiger Unterstützung werden, der Traditionen bewahrt und gemeinsame Werte teilt.[4] Das Dorf symbolisierte den Ort des guten Lebens und wurde so zu einem idealisierten Haltepunkt inmitten eines bis dahin beispiellos tief greifenden Transformationsprozesses.

Für die »unschönen« Seiten des Landlebens blieben in dieser Sicht kein Platz: Armut und Exklusion, Konflikte und Gewalt sowie harte soziale Ungleichheit passten nicht in diese Idylle. Doch es gab nie nur den *locus amoenus*, das Land als den lieblichen Ort, sondern auch immer den *locus terribilis*, den schrecklichen Ort. Literatur, Kunst und Film zeichnen unzählige Beispiele für rückständige Enge, soziale Kontrolle und allgegenwärtige dörfliche Gewalt, die allen Randständigen, Schwachen und Andersdenkenden das Leben schwer machen und sie dazu zwingen, sich zu unterwerfen oder die Gemeinschaft zu verlassen.

Auch heute steht die ländliche Idylle wieder hoch im Kurs: Die Zeiten sind unübersichtlich, der hektische Alltag und die fortwährende Mobilität ermüden. Da lässt es sich auf dem Balkon, mit der Zeitschrift Landlust oder einem Selbstversorger-Ratgeber in der Hand, gut vom beschaulichen Leben auf dem Land träumen, vom vermeintlich »wahren Guten«. Jugendliche hingegen ziehen derweil in Scharen in die Städte.

Natürlich ist Träumen erlaubt. Was hier aber so heimelig unpolitisch daherkommt, spiegelt vielmehr eine gesellschaftliche Debatte um Zusammenhalt, Gemeinschaft, Vielfalt und letztlich wohl auch Demokratie wider. Es ist noch nicht abzusehen, ob die neuerliche Überhöhung dörflicher, vermeintlich homogener Gemeinschaft, wie sie sich in diesen Mythen findet, auf Kosten demokratischer Pluralität, Aushandlungs- und Konfliktfähigkeit geht – wie es bei der völkischen Siedlerbewegung zu beobachten ist. Oder ob das Beschwören dörflicher Nähe und Verbundenheit eine kritische Auseinandersetzung ermöglicht mit der Frage nach dem, was demokratische Gesellschaften zusammenhält.

Gemeinschaft und Zusammenhalt

Wer von *Zusammenhalt* spricht, kann über *Gemeinschaft* nicht schweigen. Bereits der kleine historische Exkurs hat gezeigt, dass das »gute Landleben« und idyllische Landschaften seit jeher eine große Anziehungskraft auf ermüdete und verunsicherte Städter ausgeübt haben. Da aber bis ins 19. Jahrhundert hinein nur vergleichsweise wenige Menschen in Städten lebten, spielte die systematische Unterscheidung in (dörfliche) Gemeinschaft und (bürgerlich / städtische) Gesellschaft kaum eine Rolle. So wie die Frage nach dem nationalen Zusammenhalt an die Entstehung der Nationalstaaten nach dem Wiener Kongress 1815 gebunden ist, muss die sorgenvolle Suche nach dem Verbindenden in der modernen Gesellschaft als Folge der Entstehung neuer Wirtschafts- und Lebensformen (Urbanisierung, Kapitalismus) interpretiert werden. Der Kieler Soziologe Ferdinand Tönnies unternimmt in seinem soziologischen Hauptwerk »Gemeinschaft und Gesellschaft« aus dem Jahr 1887 erstmals eine systematische Trennung dieser beiden Sozialformen.

> *»Alles vertraute, heimliche, ausschließliche Zusammenleben (so finden wir) wird als Leben in Gemeinschaft verstanden. Gesellschaft ist die Öffentlichkeit, ist die*

Welt. In Gemeinschaft mit den Seinen befindet man sich, von der Geburt an, mit allem Wohl und Wehe daran gebunden. Man geht in die Gesellschaft wie in die Fremde.«[5]

Gemeinschaft entsteht für Tönnies durch geographische, soziale, emotionale Nähe, die Menschen in ähnlichen Lebensverhältnissen miteinander verbindet und auf diese Weise Empathie und Solidarität schafft. Gemeinschaftliche Beziehungen, wie sie etwa Freundschaften oder Nachbarschaften prägen, beruhen für ihn mithin einerseits auf engen persönlichen Bindungen, die idealtypisch wohlwollend und verständnisvoll sind, andererseits auf Ähnlichkeiten, die sich durch eine gemeinsame Sprache oder Herkunft, geteilte Sitten und Bräuche ergeben.[6] Erscheint die Gemeinschaft bei Tönnies als natürliche Bindungsform, so sieht er die Gesellschaft als ein »mechanisches«, ein künstliches Gebilde, das vorrangig auf instrumentellen und eigennützigen Beziehungen der Menschen untereinander beruhe.[7]

Wenngleich Tönnies selbst die Verbindung zwischen Landleben und Gemeinschaft hergestellt hat, so lässt sich sein Werk dennoch keinesfalls auf die Formel »Gemeinschaft = Dorf, Gesellschaft = Stadt« reduzieren. Denn häufig wird übersehen, dass Gemeinschaft und Gesellschaft »Normalbegriffe« sind, also nach Tönnies Gedankenkonstrukte der »Reinen Soziologie« oder im Sinne Max Webers »Idealtypen«. Sie sind zwar als begriffliches Gegensatzpaar konzipiert, stellen aber Beziehungsformen dar, die nebeneinander und zeitgleich überall vorkommen. Daher kann es auch Gemeinschaften in der Stadt und Gesellschaft auf dem Land geben.

Was bleibt von Tönnies – trotz häufig missverständlicher Rezeption und altväterlicher Romantisierung von Gemeinschaft?[8] Ganz sicher sind seine Überlegungen auch weiterhin aktuell für die Diskussion über die Frage, welche Art von (solidarischen) Beziehungen wir zur Gestaltung des gesellschaftlichen Zusammenhalts brauchen. Dabei ist zu beachten, was schon bei Tönnies angelegt ist, dass Zusammenhalt nicht eindimensional zu betrachten ist.[9] Vielmehr müssen zwei sich ergänzende Dimensionen unterschieden werden: einerseits das vertrauensvolle Mit- und Aufeinanderbezogensein auf der horizontalen Beziehungsebene, andererseits die Möglichkeit von Individuen, sich auf ein – wie auch immer geartetes – gesellschaftliches Ganzes zu beziehen, sich mit einer übergeordneten Einheit zu verbinden – also die vertikale Beziehungsebene. Wie aber genau sich das Verhältnis dieser beiden Dimensionen zueinander gestaltet und ob sich daraus Zusammenhalt schmiedet, wird je nach theoretischem Modell anders gedeutet – etwa bei klassischen Autoren wie Weber, Durkheim, Simmel oder jüngeren wie Bourdieu oder Putnam.

Für die vergangenen 30 Jahre sind es aber weniger die Klassiker, die zu den Fragen des Zusammenhalts herangezogen wurden, als vielmehr der Amerikaner Robert Putnam mit seinen Arbeiten zum Sozialkapital.[10] Auf der Suche nach den Gründen für den unterschiedlichen Wohlstand zwischen Nord- und Süditalien meinte Putnam zu erkennen, dass der wirtschaftliche Erfolg des Nordens nicht die alleinige Ursache sei. Entscheidend sei das höhere soziale Kapital: »Features of social organization« wie Vertrauen, Normen und Netzwerke ließen die norditalienische Gesellschaft »effizienter« sein. Es gebe also einen Zusammenhang zwischen sozialem Kapital und der politisch-administrativen und wirtschaftlichen Leistungsfähigkeit einer Region. Soziales Kapital besteht für Putnam aus drei Kernelementen: soziales Vertrauen, die Norm generalisierter Reziprozität (Wechselbezüglichkeit) und Netzwerke zivilgesellschaftlichen Engagements, die eben jene Reziprozitätsnormen pflegen und soziales Vertrauen bilden. Herzstück der Sozialkapitaltheorie Putnams sind die »traditional civic associations«, wie Sportvereine und Klubs, in denen Menschen solidarisches Verhalten einüben.[11] Eben jenes soziale Kapital sah Putnam für die USA in seinem viel beachteten Werk »Bowling Alone« schwinden.[12] Insbesondere die zunehmende Individualisierung machte Putnam verantwortlich für den Rückgang bürgerschaftlichen Engagements und sozialer Einbindung. Er sah demnach klare Verbindungen zwischen dem individuellen Netzwerk, das im Verein oder der Kirchengemeinde geknüpft werde und zum Nutzen aller eingesetzt werden könne, und dem gesellschaftlichen Zusammenhalt. Auch im Negativen: Fehle es an gegenseitigem Vertrauen, so entstünden hohe gesellschaftliche Kosten, etwa im Pflegebereich oder bei der öffentlichen Sicherheit.

Anders als die amerikanische Sozialkapitaltheorie sieht Pierre Bourdieu[13] keine eindeutige Kausalität zwischen bürgerschaftlichem Engagement und gesellschaftlichem Zusammenhalt. Für ihn ist soziales Kapital lediglich eine der vier Kapitalarten (außerdem ökonomisches, kulturelles und symbolisches Kapital), die die Position der Menschen im Sozialgefüge bestimmten. Soziales Kapital könne dabei als Ressource (»er / sie hat Verbindungen«, »Vitamin B«) verstanden werden, die eingesetzt werde, um sich etwa bessere Startbedingungen, Vorzüge oder Gefälligkeiten zu verschaffen. Die Art der gegenseitigen Gefälligkeiten (und Abhängigkeiten) bestimmt für Bourdieu eher individuelle Vorteile als das gesellschaftliche Ganze.

Allerdings beeinflusste weniger Bourdieus Sozialkapitaltheorie die Politik als vielmehr Putnams Blick auf den sozialen Zusammenhalt. So lassen sich seit der zweiten Hälfte der 1990er-Jahre eine schier unübersehbare Anzahl an Projekten, Programmen und Initiativen benennen – insbesondere in ländlichen Räumen und in prekären Stadtvierteln –, die das soziale Kapital oder bürgerschaftliche Engagement fördern sollen, um als »Allzweckwaffe« gegen Alter, Armut, Arbeitslosigkeit zu wirken. Der Soziologe Sebastian Braun schreibt hierzu:

> »*Soziales Kapital ist zur rhetorischen Trumpfkarte all derer geworden, die sich um den ›sozialen Kitt‹ der Gesellschaft sorgen, die zugleich aber auch Hoffnung auf die Revitalisierung von sozialen Bindungen, Beziehungen und Netzwerken in einer bunten und lebendigen Bürgergesellschaft hegen, die mit ihren unausgeschöpften Ressourcen die Leistungsfähigkeit des staatlichen und ökonomischen Sektors zu steigern vermöge.*«[14]

Zusammenfassend lässt sich an dieser Stelle schon – etwas ernüchtert – feststellen: Die Verbindung des horizontalen Zusammenhalts im Nahraum (Familie, Nachbarschaft, Dorf, Quartier), der offensichtlich auf dem Gedanken der Reziprozität beruht, mit dem vertikalen Zusammenhalt ist nicht abschließend geklärt. Auffällig bleibt jedoch, dass sich seit Tönnies bis hin zur Sozialkapitaltheorie eine Ideologie der »guten Gemeinschaft« hält, die vorzugsweise in ländlichen Räumen oder in der Nachbarschaft verortet wird – unabhängig von realen Nachbarschaftskonflikten oder sozial durchmischten Dörfern. So kranken die aktuellen Kohäsionsdebatten insbesondere daran, dass *Zusammenhalt* vor allem als normatives Konzept verstanden wird (OECD[15], Bertelsmann-Stiftung[16]). Nach Definition der OECD (Organisation für wirtschaftliche Zusammenarbeit und Entwicklung) strebt eine kohäsive Gesellschaft das Wohlergehen aller ihrer Mitglieder an, bekämpft Ausgrenzung und Marginalisierung, schafft Zugehörigkeit, fördert Vertrauen und bietet ihren Mitgliedern die Möglichkeit einer aufwärtsgerichteten sozialen Mobilität. Das OECD-Entwicklungszentrum schlägt vor, den Zustand des gesellschaftlichen Zusammenhalts anhand von drei Aspekten zu betrachten: soziale Inklusion, soziale Mobilität und soziales Kapital. Betont werden dabei die guten Seiten des Zusammenhalts, die es unentwegt zu aktivieren gelte, aber nicht selten wird vernachlässigt, wie stark sich Zusammenhalt insbesondere in der Abgrenzung gegen andere Gruppen ausbildet (Fangruppen von Fußballmannschaften etwa). So wünschten sich denn 2011 auch gut die Hälfte der bundesdeutschen Bevölkerung »Zusammenhalt ohne Vielfalt«.[17]

Wahrnehmung und Reichweite von Zusammenhalt – eine empirische Untersuchung in zwei Landkreisen

Wie aber erleben und beschreiben Bürgerinnen und Bürger Zusammenhalt? Gibt es dabei Unterschiede zwischen Ost- und Westdeutschland? Wie

Werder (Havel), Brandenburg
© Stefan Schmitz

weit reicht Zusammenhalt? Kann man Zusammenhalt »produzieren«? Diesen Fragen geht das BMBF-geförderte Projekt »Das Soziale-Orte-Konzept. Neue Infrastrukturen für gesellschaftlichen Zusammenhalt« (2017–2020) in zwei Landkreisen in Hessen (Waldeck-Frankenberg) und Thüringen (Saalfeld-Rudolstadt) nach.

Ausgehend von den in den Landkreisen Befragten (Online-Befragung, Experteninterviews, Haustürgespräche) lassen sich durchaus Abstufungen feststellen. Zusammenhalt ist insbesondere eine Angelegenheit des Nahraums: Die eigene Familie, der Freundeskreis und die direkte Nachbarschaft, seltener Dorfgemeinschaften, sind die am häufigsten wahrgenommenen bzw. gewünschten Quellen sozialen Zusammenhalts. Hier findet gemeinschaftliches, gegenseitiges und vertrauensvolles Kommunizieren und Handeln statt. Dann aber wird es zunehmend diffus: Nur gelegentlich wird die »Heimat«(region), sehr selten die eigene Nation bzw. die Gesamtgesellschaft als sozialräumlicher Bezug von Zusammenhalt genannt. Bezogen auf Deutschland insgesamt stellt die überwältigende Mehrheit der Befragten *beider* Landkreise dem gesellschaftlichen Zusammenhalt ein eher schlechtes Zeugnis aus und sieht zudem einen Rückgang in den vergangenen zehn Jahren.

Insbesondere die Experten- und die Haustürgespräche offenbaren einen deutlichen Unterschied, wie Zusammenhalt in Ost und West wahrgenommen und wie darüber gesprochen wird. So fallen die Bewertungen des Zusammenhalts im eigenen Wohnort sowie auf Landkreisebene bei den Befragten im Landkreis Saalfeld-Rudolstadt deutlich negativer aus als im Landkreis Waldeck-Frankenberg. In Thüringen wird insbesondere der Verlust des sozialen Zusammenhalts seit der deutschen Einheit betont: der stärkere Zusammenhalt im DDR-Alltagsleben oder die negativen Erfahrungen nach der deutschen Einheit, etwa die Auflösung von Betriebskollektiven durch Werksschließungen, die Erosion von Dorfgemeinschaften durch massive Abwanderung oder das Gefühl, in einer sozial »abgehängten« Region zu leben. Auch wird eine politische Spaltung in der eigenen Gemeinde bzw. im Landkreis beschrieben. Doch nicht alle Befragten pflegen dieses Verlustnarrativ. Es kommt auch zur Sprache, dass der Zusammenhalt in der DDR ja nicht nur freiwillig und man in der Mangelwirtschaft deutlich stärker aufeinander angewiesen gewesen sei. In der hessischen Erhebungsregion Waldeck-Frankenberg wird hingegen bei der Bewertung des Zusammenhalts eher die bäuerliche Gemeinschaft glorifiziert, die mit dem Wandel zur Industrie- und Dienstleistungsgesellschaft zerbrochen sei.

Soziale Redundanz und Reziprozität

Es ist nicht erstaunlich, dass die Befragten Zusammenhalt vor allem in ihrem Nahraum verorten. Der »Effekt des bloßen Kontaktes« oder die »soziale Redundanz«, wie es die Sozialanthropologin Sharon Macdonald[18] nennt, wiegt schwer: Nicht nur, dass man räumlich nah zusammenlebt, man begegnet sich auch häufig. Die immer gleichen Menschen treffen in verschiedenen Funktionen an verschiedenen Orten aufeinander. Bei jedem Kontakt – selbst wenn man den Namen der anderen (noch) nicht kenne – verändere sich durch diese Begegnungen die soziale Beziehung, werde vertrauter, so Macdonald.[19] Außerdem braucht es Zeit: Persönliche Beziehungen, Freundschaften und Netzwerke entstehen nicht von selbst, sie müssen gepflegt werden und durch Handlungen – also den Austausch sozialer Ressourcen – immer wieder bestätigt und erneuert werden.[20] Die Soziologin Eva Barlösius hat sich diesem »Vertrautwerden« in ländlichen Räumen analytisch gewidmet und die Stufen des Kennenlernens definiert:[21]
1. Man erkennt sich – kennt sich vom Sehen, weiß, dass die Person im gleichen Dorf wohnt.
2. Man kennt sich – weiß, wo die Person wohnt, wo sie hingehört.
3. Man kennt sich namentlich.

4. Man kennt sich familienbiografisch – weiß, aus welchem Elternhaus die Person kommt, welche Schule sie besucht oder welche Ausbildung sie wo gemacht hat.
Mit den unterschiedlichen Bekanntheitsstufen gehen nach Barlösius verschiedene Verpflichtungen, aber auch Optionen einher. Bereits das einfache Erkennen sowie das Kennen verpflichteten zum Gruß. Kenne man sich namentlich, so habe man zusätzlich stehen zu bleiben und sich zu unterhalten. Im Umkehrschluss bedeute dies aber auch, dass Personen seltener angesprochen würden, deren Namen man nicht kenne. Diese Stufe des Kennenlernens eröffne nun auch die ersten Optionen, denn sie mache einfache Nachbarschaftshilfen möglich. Die höchste Stufe der Bekanntheit, das Vertrautsein mit großen Teilen der Familienbiografie, also komplexen Strukturen und Interna, die über einen längeren Zeitraum ausgetauscht wurden, ermögliche schließlich das Einfordern umfangreicherer Hilfeleistung, die mit Arbeit assoziiert sind – Mithilfe beim Hausbau – oder eine tiefe Vertrautheit voraussetzen, wie das Geben oder Einfordern von Ratschlägen in persönlichen Krisen. Was aber für alle Bekanntheitsstufen gelte, sei die Gegenseitigkeit: Es sei ein Geben und Nehmen.[22]

Durch Reziprozität entstehen gegenseitige Abhängigkeiten, Erwartungen, gar Forderungen.[23] Hinzu kommen nicht nur die moralische Verpflichtung und die erlernte Einsicht in die Notwendigkeit der gesellschaftlichen Kooperation,[24] sondern auch Treue, die auf das Bestehen des Verhältnisses gerichtet ist, und schließlich Dankbarkeit, die durch ständiges Hin- und Hergeben in einer Gesellschaft zu einem der stärksten Bindemittel zwischen Individuen wird.[25] Hierzu sagte ein Befragter im Interview:

»Das wird natürlich alles ordentlich aufgerechnet und abgerechnet miteinander. Es tut eigentlich selten einer, ich hätte fast gesagt niemals, aber selten einer was umsonst.«

Die Nähe hat auch ihren Preis:

»Wichtiger Begriff für Dorf ist natürlich auch immer Nachbarschaft. Also was tun Nachbarn? Gibt es da irgendein besonderes Verhältnis? Wie weit erstreckt sich Nachbarschaft? Sind das nur Leute, die nebeneinander wohnen, oder ist das ein weiterer Begriff, eben Nachbarschaft? Na ja, und dann kommt dann auch gleich die Umkehrung: Was bedeutet ›zusammenhalten‹? Das bedeutet neben dem Befürsorgen, auch gegenseitig sich kontrollieren, bewachen.«

Wer wie weit Fürsorge erfährt, folgt eigenen Regeln, die der Theologe Thomas Zippert in seiner Sozialraumanalyse für die Gemeinde Diemelsee

(Waldeck-Frankenberg) erhoben hat. Er beschreibt Nachbarschaftshilfe als fragiles Konstrukt, das stark von den Menschen und ihrem Verhalten in der Vergangenheit abhängig sei:

>»Einem alten ›Stinkstiefel‹ wird sein Verhalten nicht vergessen. Und Rückzug von der Dorfgemeinschaft wird in der Regel als freie Entscheidung gegen die Dorfgemeinschaft interpretiert; über andere Gründe, Motive, Vorgeschichten, schlechte Erfahrungen, Hilflosigkeiten und Ängste wird nicht lange nachgedacht.«[26]

Entscheidend ist aber, dass man sich kennen muss, um sich zu helfen. Man muss einander vertraut sein. Während die Schriftstellerin Dörte Hansen dörfliches Zusammenleben als Nachbarschaft der allzeit offenen Türen beschreibt,[27] stellt Thomas Zippert in seiner Sozialraumstudie fest:

>»Auf dem Land scheint sich eine andere Dynamik von Nähe und Distanz zu zeigen als in Städten oder deren Umland: Eine große vorhandene Nähe erfordert geschützte Räume, die vor dieser Nähe schützen.«[28]

So ende Nachbarschaftshilfe meist an der Haustür und beschränke sich auf die Mitnahme zu Einkaufstouren, Mithilfe im Garten, das Leeren des Briefkastens in den Ferien und das wachsame Auge auf die Rollläden und die Zeitung im Briefschlitz.

>»Bei hoher sozialer Kontrolle, räumlicher Nähe und jahrzehntelanger gemeinsamer Geschichte lässt man Nachbarn nicht gerne ins Haus, schon gar nicht ins Schlaf- und Badezimmer. Eine Ausnahme stellt die gegenseitige innerhäusliche Hilfe unter Witwen dar (›Haare machen‹, Stützstrümpfe anziehen u. a.).«[29]

Bei der Frage nach den Motiven für Nachbarschaftshilfe werde wiederum deutlich, dass die häufigsten Gründe, anderen zu helfen, Selbstverständlichkeit und Gegenseitigkeit seien. Wer den Nachbarn helfe, bekomme im Gegenzug ebenso Hilfe. Die müsse nicht direkt vom »Schuldner« kommen, es reiche, wenn man sich in der Gemeinschaft eine Art Zeitkontingent oder »Guthaben« an Nachbarschaftshilfe erarbeitet habe. Das bedeute aber auch, dass es Zugezogene immer schwerer hätten, Nachbarschaftshilfe zu erfragen. Zunächst gelte es, die Nachbarschaft zu pflegen und selbst zu unterstützen, ehe man Leistungen einfordern könne. Ein Ausnahmefall sei die konkrete Notsituation. Bei der gelte Selbstverständlichkeit vor Gegenseitigkeit.[30] Im Haus allerdings seien sich jeder und jede selbst die Nächsten. Komme es hier zum Hilfebedarf, müsse die Familie einspringen oder ein Dienstleister beauftragt werden – Letzteres gelte vor allem für lang anhaltende, kontinuierliche Bedarfe.[31] Der häufigste Grund, den Nachbarn Hilfe zu versagen, sei, dass es keinen Kontakt zu den Nachbarn gebe.[32]

Soziale Orte – wo sich Zusammenhalt konstituiert

Was aber, wenn Kontaktmöglichkeiten immer seltener werden, weil Orte der Begegnung, der Kommunikation verschwinden, wenn Vereine aufgrund von Mitgliedermangel aufgeben müssen, Kirchengemeinden zusammengeschrumpft werden und Tante-Emma-Läden sowie Dorfkneipen schließen müssen? Besonders in ländlichen Räumen, aber eben nicht nur da wird oft das Fehlen *Sozialer Orte* beklagt, also solcher Orte, die für die soziale Redundanz sorgen, an denen man sich immer wieder über den Weg läuft; Orte, die eben nicht »nur« Nicht-Zuhause und Nicht-Arbeitsplatz sind, sondern gemeinschaftlich nutzbarer öffentlicher Raum, für alle zugängig, mit niedriger Eingangsschwelle, inkludierend statt exklusiv.

Wo sind die Sozialen Orte, an denen sich Zusammenhalt konstituieren kann? Das bereits erwähnte BMBF-Projekt zum »Soziale-Orte-Konzept« hat in den beiden Landkreisen Beispiele für diese Orte der Begegnung gefunden: den genossenschaftlich geführten Dorftreff »Alte Schule« in Dalwigksthal (Waldeck-Frankenberg), die »Kulturscheune« der Solidarischen Landwirtschaft Falkenhof in Strothe (Waldeck-Frankenberg) sowie den neuen Dorfmittelpunkt in Haina-Löhlbach (Waldeck-Frankenberg) mit Lebensmittelladen, Bäckerei und ausreichend Platz für die alljährlichen Feierlichkeiten der Dorfgemeinschaft oder die »Sommerfrische« und den »Denkort der Demokratie« in Schwarzburg (Saalfeld-Rudolstadt). Sie zeigen, wie eine engagierte Bürgerschaft mit unterstützender Verwaltung und Privatwirtschaft ihre eigenen Sozialräume gestaltet. Hier wurden nicht nur neue Kommunikationsorte geschaffen, die als öffentliche Räume fungieren und Menschen miteinander verbinden, es findet vielmehr ein strukturiertes und damit jederzeit aktivierbares Zusammenspiel von Kommunen, lokalen Wirtschaftsunternehmen und Ehrenamt statt – ein kontinuierlicher Entwicklungsprozess, der flexibel Antworten auf konkrete Herausforderungen finden lässt. Es ist nicht nur die räumliche Nähe, die Zusammenhalt stiftet, sondern auch das gemeinsame Anpacken eines Problems, die niederschwellige Beteiligung vieler und das Vermitteln von Selbstwirksamkeit.

Soziale Orte sind dabei Transmissionsräume zwischen dem intimen persönlichen Zusammenhalt, wie er in der Familie und der Nachbarschaft, oft auch sehr konfliktreich, existiert, und dem größeren Ganzen, der gelebten

Öffentlichkeit. Hier wird Zusammenhalt über den engen Nahraum hinaus möglich.

Fünf Bedingungsfaktoren für eine Institutionalisierung Sozialer Orte wurden bisher ausgemacht:
1. Das Vorhandensein und das Vorhalten öffentlicher Infrastrukturen und Institutionen. Es bedarf eines öffentlichen Rahmens, rechtlicher Sicherheiten und einer gewährleistenden Verwaltung. Soziale Orte entwickeln sich nicht *gegen* öffentliche Strukturen, sondern *mit* ihnen.
2. Die Verwaltung muss für partizipative Prozesse und innovative Kooperationen offen sein.
3. Überdurchschnittlich engagierte und innovationsfähige Akteure sind erforderlich. Es braucht Ideengeber, Motivatoren – Menschen, die Verantwortung übernehmen.
4. Es muss die Möglichkeit bestehen, nicht nur immer wieder befristete Projekte zu realisieren, sondern Prozesse in Gang zu setzen, die nachhaltig nach dem Vorsorgeprinzip wirken können.
5. Schließlich bilden Soziale Orte Netzwerke über ihren eigenen Akteurs- und Wirkungskreis hinaus.

Fazit: Soziale Orte als Transmissionsriemen

Die Frage nach gesellschaftlichem Zusammenhalt kommt immer dann auf, wenn die Zeiten unruhig sind und besonders bei großen Transformationen. Sahen schon die soziologischen Klassiker mit Sorge auf eine vermeintlich desintegrative Moderne, so arbeitete sich Putnam an dem Verfall des amerikanischen Gemeinwesens ab, das er durch die zunehmende Individualisierung bedroht sah. Nun verunsichern Globalisierung, demographischer Wandel, Klimaveränderung und Digitalisierung neuerlich die Menschen – und lassen vermuten, der gesellschaftliche Zusammenhalt sei gefährdet. Die Sehnsucht nach Gemeinschaft wächst.

Unbestritten ist, dass Gemeinschaft und Gesellschaft sich nicht ausschließen, sondern gleichzeitig bestehende Sozialformen sind, die vertikal und horizontal Zusammenhalt schaffen. Das Dorf erscheint vielen als der Ort der guten Gemeinschaft, einfach, weil man sich hier häufiger begegnet. Dennoch: Gemeinschaft ist nichts Urwüchsiges oder Natürliches, nichts Unpolitisches, Gottgegebenes. Diese Idealisierung und Mythologisierung von ländlicher Gemeinschaft verschleiert einerseits den Blick auf die harten sozialen Konflikte im Dorf, verharmlost Gewalt und Intoleranz im dörflichen Kontext und verhindert andererseits ein Nachdenken darüber, was Gemeinschaft in einer digitalen Welt bedeuten könnte.

Wie die Untersuchungen aus dem Projekt »Das Soziale-Orte-Konzept« zeigen, erleben Menschen Zusammenhalt zuerst im Nahraum, was aber keineswegs bedeutet, dass es keine Verbindung zum großen Ganzen gibt. Zusammenhaltsnarrative spiegeln und bearbeiten gesellschaftliche Spannungen und Brüche. Geschichten von verlorener Gemeinschaft erzählen von der Suche nach einer Neuverortung im sozialen Raum. Dafür braucht es Orte der Begegnung, Soziale Orte in Stadt und Land, die zwischen dem sozialen Nahraum und der Gesellschaft vermitteln, als Ort der demokratischen Mitgestaltung, der konflikthaften Aushandlungsprozesse und als Stabilisator für gesellschaftlichen Zusammenhalt.

Anmerkungen

1 Bernd Raffelhüschen/Reinhardt Schlinkert/Deutsche Post (Hrsg.), Glücksatlas, Bonn 2008.
2 Landwirtschaftsverlag, Umfrage Lebensglück. Wenig Geld, viel Kritik, aber zufrieden!, Münster 2017 (= top agrar Sonderdruck), www.topagrar.com/dl/2/6/3/0/4/1/0/TOP_SONDERDRUCKE-08-17-2.pdf (abgerufen am 17.12.2019).
3 Hierzu und im Folgenden Claudia Neu, Neue Ländlichkeit. Eine kritische Betrachtung, in: Aus Politik und Zeitgeschichte, APuZ 46–47 (2016), S. 4–9.
4 Vgl. Werner Bätzing, Das Dorf als Ort des guten Lebens zwischen Inszenierung und Verschwinden, in: Hans-Peter Ecker (Hrsg.), Orte des guten Lebens. Entwürfe humaner Lebensräume, Würzburg 2007, S. 103–114; Werner Nell/Marc Weiland, Imaginationsraum Dorf, in: dies. (Hrsg.), Imaginäre Dörfer, Bielefeld 2014, S. 13–50.
5 Ferdinand Tönnies, Gemeinschaft und Gesellschaft, Leipzig 1887, S. 2. Tönnies Werk regte berühmte Zeitgenossen wie Emile Durkheim, Max Weber oder Georg Simmel zu Kritik und Weiterentwicklung an. Zu denken sei hier nur an Webers Begriffspaar »Vergemeinschaftung« und »Vergesellschaftung«. Tönnies romantisierende Sichtweise auf das Landleben und sein antithetisch angelegtes Gegensatzpaar »Gemeinschaft« und »Gesellschaft« sorgten lange für missverständliche Auslegungen, boten aber auch Anknüpfungspunkte für die zunehmend völkischen (Jugend-)Bewegungen. Tönnies selbst jedoch hat sich stets gegen die Vereinnahmung seines Gemeinschaftsgedankens durch völkische Ideologien gewehrt.
6 Vgl. Theresa Clasen, Radikale Demokratie und Gemeinschaft, Frankfurt/Main 2019, S. 88 f.
7 Vgl. Th. Clasen (Anm. 6), S. 5.
8 Horst Rode, Ferdinand Tönnies und die zeitgenössische Auseinandersetzung mit dem Nationalsozialismus, in: Lars Clausen/Carsten Schlüter (Hrsg.), Hundert Jahre »Gemeinschaft und Gesellschaft«, Wiesbaden 1991, S. 505–516.
9 Vgl. Th. Clasen (Anm. 6), S. 190.
10 Robert D. Putnam, Making Democracy Work. Civic Traditions in Modern Italy, New York 1993; ders., Bowling Alone. The Collapse and Revival of American Community, New York 2000; vgl. dazu auch Sebastian Braun, Putnam und Bour-

dieu und das soziale Kapital in Deutschland (Universität Potsdam, Working Papers Nr. 02/2003), Potsdam 2003, S. 14.
11 R. Putnam (Anm. 10, 1. Titel), S. 170 ff.
12 R. Putnam (Anm. 10, 2. Titel).
13 Pierre Bourdieu, Die feinen Unterschiede. Kritik der gesellschaftlichen Urteilskraft, Frankfurt/Main 1982.
14 S. Braun (Anm. 10), S. 14.
15 www.oecd.org/dev/inclusivesocietiesanddevelopment/social-cohesion.htm (abgerufen am 13.12.2019).
16 Georgi Dragolov/Zsófia Ignacz/Jan Lorenz/Jan Delhey/Klaus Boehnke, Radar gesellschaftlicher Zusammenhalt – messen was verbindet, Gütersloh 2014.
17 Beate Küpper, Vorurteile und Stereotype. Wie sie unser Handel lenken, Vortrag beim EVAangelischen Begegnungszentrum am 7. Februar 2014, www.erwachsenenbildung-ekhn.de/fileadmin/content/erwachsenenbildung/007_Politische_und_Kulturelle_Bildung/Downloads/Fachtag_2014_Kuepper_Vorurteile_und_Stereotype.pdf (abgerufen am 12.12.2019).
18 Sharon Macdonald, Du schon wieder, in: Institut für Auslandsbeziehungen, Kulturaustausch 11/2012, Stuttgart 2012, S. 24.
19 Vgl. Sh. Macdonald (Anm. 18).
20 Sören Petermann, Persönliche Netzwerkressourcen als selektive soziale Anreize gemeinnützigen Engagements, in: Forschungsjournal Soziale Bewegung 30/4 (2017), S. 3, http://forschungsjournal.de/sites/default/files/fjsbplus/fjsb-plus_2017-4_petermann.pdf (abgerufen am 13.12.2019).
21 Eva Barlösius, Dörflichkeit? Theoretische und empirische Reflexionen über einen heterodoxen Begriff, in: dies./Claudia Neu (Hrsg.), Zeitschrift für Agrargeschichte und Agrarsoziologie 66/2 (2018), Themenschwerpunk Dörflichkeit und Ländlichkeit, Frankfurt/Main 2018, S. 64 ff.
22 Vgl. E. Barlösius (Anm. 21).
23 Rabea Krätschmer-Hahn, Verbindlichkeit, in: Maya Becker, dies. (Hrsg.), Fundamente sozialen Zusammenhalts. Mechanismen und Strukturen gesellschaftlicher Prozesse, Frankfurt/Main 2010, S. 63.
24 Vgl. R. Krätschmer-Hahn (Anm. 23), S. 64.
25 Vgl. R. Krätschmer-Hahn (Anm. 23), S. 66.
26 Thomas Zippert, Sozialraumanalyse zu Lebens-/Wohnsituationen und Unterstützungsbedürfnissen älterer Menschen in der Gemeinde Diemelsee (Waldeck-Frankenberg) im Auftrag des Waldeckischen Diakonissenhauses Sophienheim in Bad Arolsen, unveröffentlicht, 2016, S. 34.
27 Dörte Hansen, Mittagsstunde, München 2018^5, S. 8.
28 Vgl. Th. Zippert (Anm. 26), S. 35.
29 Vgl. Th. Zippert (Anm. 26), S. 35.
30 Vgl. Th. Zippert (Anm. 26), S. 35.
31 Vgl. Th. Zippert (Anm. 26), S. 35.
32 Vgl. Th. Zippert (Anm. 26), S. 68.

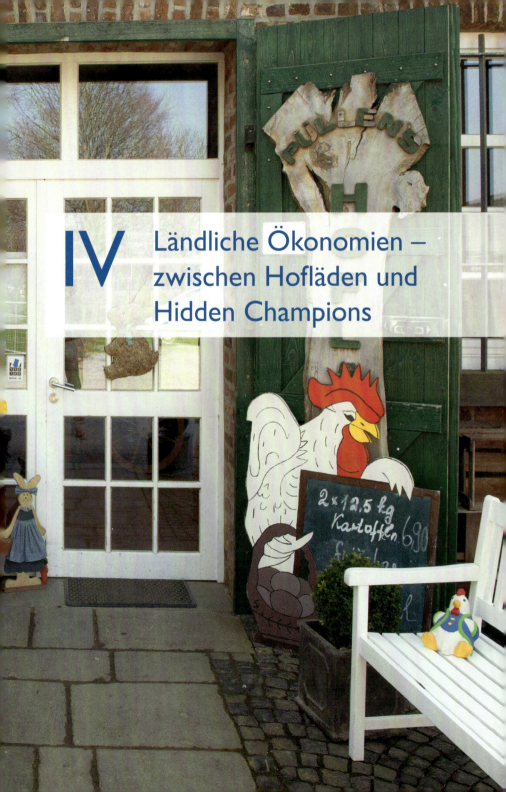

IV Ländliche Ökonomien – zwischen Hofläden und Hidden Champions

Peter Dannenberg

Landwirtschaft zwischen konventionellem und ökologischem Landbau

Die Landwirtschaft hat in Deutschland enorm an Wirtschaftskraft und Beschäftigung verloren. Dennoch besitzt sie weiterhin einen gesellschaftlich hohen Stellenwert. Dies liegt u. a. daran, dass die Landwirtschaft den sensiblen Bereich Ernährung sicherstellt. Zudem prägt sie wegen ihres flächenhaften Charakters weiträumig Kulturlandschaften und Ökosysteme und ist somit bedeutsam für weitere gesellschaftliche Funktionen ländlicher Räume (s. die Debatte um Multifunktionalität[1]).

Dabei haben sich die Ansprüche der Gesellschaft an die Landwirtschaft deutlich geändert. Viele Konsumenten wählen ihre Produkte heute nicht nur nach Preis und Geschmack, sondern auch nach moralischen und politischen Überzeugungen. Im Zuge einer stärkeren Aufklärung und eines generell gewachsenen Nachhaltigkeitsdenkens achten viele Verbraucher heute deutlich stärker auf die Herkunft der Lebensmittel sowie auf gesundheitliche, soziale und ökologische Aspekte bei ihrer Herstellung (z. B. CO_2-Bilanz). Verschiedene Lebensmittelskandale der vergangenen Jahrzehnte (u. a. Schweinepest und Geflügelgrippe) haben weiter für diese Belange sensibilisiert. Diese verstärkte Forderung nach einer gesundheitlich unbedenklichen und nachhaltigen Landwirtschaft schlägt sich auch zunehmend in der Politik nieder.[2]

Dabei unterliegt die Landwirtschaft als Wirtschaftssektor der stärksten politischen Einflussnahme und befindet sich somit in einem gesellschaftlichen Spannungsfeld, bei dem nicht nur alternative Produktionsformen wie Öko- und Fair-Trade-Produktion bedeutend werden, sondern sich auch die konventionelle Produktion wandelt.[3] Die ebenfalls aus einem Nachhaltigkeitsgedanken entstandene, mittlerweile aber auch umstrittene Produktion erneuerbarer Rohstoffe treibt die Dynamiken in der Landwirtschaft zusätzlich an.[4] Weitere Veränderungen der Nachfrage und der politischen Rahmenbedingungen, aber auch die Globalisierung von Produktion und

◂ Nörvenich-Eschweiler, © akg-images / Rainer Hackenberg

Märkten sowie der technische Fortschritt führen zu zusätzlichen Veränderungen.

Vor diesem Hintergrund zeichnet dieser Beitrag die wesentlichen Entwicklungslinien und Neuausrichtungen konventioneller und ökologischer Landwirtschaft in Deutschland nach und diskutiert und bewertet diese aus gesellschaftlicher Perspektive.

Allgemeine Strukturen und Entwicklungen der Landwirtschaft in Deutschland

Deutschland ist gekennzeichnet durch eine Agrarproduktionsstruktur, die sich sowohl in den Produktarten (s. Abb. 1) als auch in der Betriebsstruktur (v. a. Familienbetriebe im Westen, Dominanz großer ehemaliger Staatsbetriebe im Osten) regional deutlich unterscheidet. Wesentliche Nutzungsarten der landwirtschaftlichen Flächen, die mit 51 % (ohne Forstwirtschaft) den größten Teil der Bundesrepublik einnehmen, sind Ackerbau, Grünland (für die Tierfutterproduktion) und Sonderkulturen. Mit 71 % der landwirtschaftlichen Fläche ist das Ackerland die flächenmäßig bedeutendste Nutzungsart.[5] Neben der Lebensmittelproduktion fällt hierunter auch der Anbau nachwachsender Rohstoffe wie Mais und Raps, die für die Energiegewinnung eingesetzt werden (z. B. Erzeugung von Biogas). Grünland beansprucht rund 28 % der Fläche. Sonderkulturen wie Wein, Gemüse, Obst, Zierpflanzen sind mit ca. 1 % Anteil gemessen an der Fläche gering ausgeprägt, stellen allerdings rund 13 % der Verkaufserlöse der deutschen Landwirtschaft dar. Flächenmäßig ebenfalls weniger von Bedeutung ist die Nutztierhaltung. Auf sie entfielen 2016 rund 61 % der Verkaufserlöse und rund 46 % des gesamten Produktionswertes der Landwirtschaft.[6]

Von der bäuerlichen zur modernen konventionellen Landwirtschaft

Die Landwirtschaft befindet sich weiterhin in einem Strukturwandel, der durch betriebsinterne und betriebsexterne (z. B. in den landwirtschaftlichen Wertschöpfungsketten) Organisationsinnovationen, sich verändernde Nachfragen und politische Faktoren beeinflusst wird. Kennzeichen dieses Strukturwandels ist der anhaltende Rückgang der sozioökonomischen Bedeutung der Landwirtschaft. Insgesamt verminderte sich die Zahl der landwirtschaftlichen Betriebe in West- wie auch in Ostdeutschland

Abbildung 1: Räumliche Schwerpunkte landwirtschaftlicher Produktion nach Produktarten

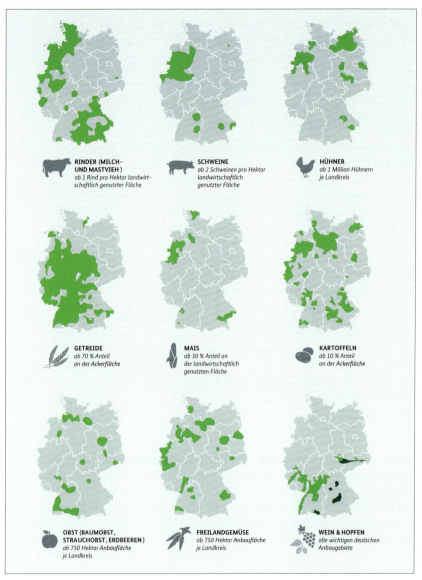

© Bundesministerium für Ernährung und Landwirtschaft (BMEL) 2018, S. 17

deutlich (s. Abb. 2). Zudem hat sich in den vergangenen Jahrzehnten das Verhältnis von Haupterwerbs- zu Nebenerwerbsbetrieben verschoben, sodass heute etwa jedes zweite landwirtschaftliche Einzelunternehmen im Nebenerwerb bewirtschaftet wird. Auch der Anteil der Landwirtschaft an der deutschen Wertschöpfung und an den Beschäftigten sank. Waren um 1900 in Deutschland noch über 30% der Erwerbspersonen in der Landwirtschaft tätig[7], so sank dieser Wert bis 2013 auf unter 1,6%[8]. Hierfür ist insbesondere eine starke Erhöhung der Arbeitsproduktivität verantwortlich (v. a. durch modernere Maschinen, effektivere Zulieferprodukte und Zuchterfolge). Bei gleichzeitig relativ gering ansteigender Nachfrage wurden somit immer weniger Beschäftigte in der Landwirtschaft benötigt.

Abbildung 2: Konzentration der bewirtschafteten Fläche auf immer weniger Betriebe

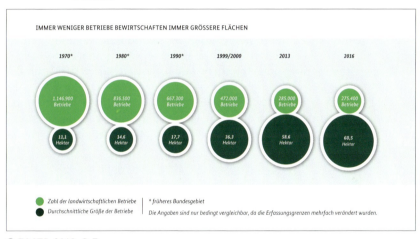

© BMEL 2018, S. 7

Die Masse der Lebensmittel wird heute in den Filialen großer Einzelhandelsketten mit einem standardisierten Angebot gekauft. Die hierfür erwartete Produktion großer einheitlicher Mengen zu niedrigen Preisen stellt vor allem kleine Betriebe vor große Herausforderungen. Um den Anforderungen gerecht zu werden, versuchen viele Betriebe, ihre Anbauflächen zu erweitern und die Produktion zu intensivieren. Hierbei haben sich einige Regionen mit einer ausgeprägten Intensivlandwirtschaft herausgebildet. So befindet sich beispielsweise ein Großteil der Schweine- und Hühnerhaltung in Großbetrieben in den Landkreisen in und um die Weser-Ems-Region (s. Abb. 1). Gleichzeitig geht diese räumliche und betriebliche Konzentration der Viehhaltung oft mit erheblichen Umweltproblemen (insbesondere der Belastung des Grundwassers durch Nitrat und Arzneimittelrückstände) und problematischer Massentierhaltung einher.[9]

Von besonderer Bedeutung für die Landwirtschaft sind die politischen Rahmenbedingungen. Nach dem Zweiten Weltkrieg konnten weite Teile Europas kaum die Versorgung der Bevölkerung mit Lebensmitteln sicherstellen. Um solche Notsituationen in Zukunft zu verhindern, wurde in der EU und ihren Vorgängerinstitutionen eine Gemeinsame Agrarpolitik (GAP) entwickelt. Kern dieser Politik waren interventionistische Maßnahmen zur Erhöhung der landwirtschaftlichen Produktion. Seitdem wurde die Gemeinsame Agrarpolitik zwar mehrfach reformiert, insgesamt blieben ihre Prinzipien und Elemente (wie Ankäufe durch Interventionsstellen, Ausfuhrerstattungen, Beihilfen für Lagerhaltungskosten und Betriebsprämien) aber jahrzehntelang ähnlich. Noch 2002 beanspruchte die Markt- und Preispolitik der EU rund 90 % der Agrarausgaben.[10] So bewirkte die europäische Agrarpolitik, dass Produktions- und Investitionsentscheidungen zum Teil massiv nach Subventionszuwendungen getätigt wurden. Weite Teile der Produktion waren nur unter den gegebenen Subventionsbedingungen effizient und orientierten sich wenig an der Nachfrage, was auch erhebliche Kosten für die EU verursachte. Die politischen Eingriffe minderten den Anreiz zu Innovationen in der landwirtschaftlichen Produktion und die Entwicklung alternativer Produktionsbereiche. In den vergangenen Jahrzehnten hat sich die Agrarpolitik allerdings verändert, wie noch gezeigt wird.

Langsames Umdenken in der Agrarpolitik und der konventionellen Landwirtschaft

Während heute die deutliche Mehrheit der Konsumenten ihren Lebensmittelbedarf durch standardisierte konventionelle Produkte deckt, lässt sich seit einigen Jahrzehnten auch eine Gegenbewegung feststellen. Unter anderem aufgrund veränderter Konsumentenwünsche und als Reaktion auf die Lebensmittelskandale hat sich in Deutschland (wie auch in anderen Ländern der Welt) die Bewertung der Landwirtschaft in vielen Teilen der Gesellschaft geändert. Heute richten sich Nachfrage, Politik und auch Produktion immer stärker an Werten wie Umweltschutz, Tierwohl und Lebensmittelsicherheit aus.

Um auf die veränderten gesellschaftlichen Vorstellungen einzugehen, aber auch um einen weiteren Rückgang der Beschäftigung zu mildern, erfolgten verschiedene Reformen der europäischen und damit auch der

deutschen Agrarpolitik. Heute orientiert sich die Förderung der Landwirtschaft an drei Zielen:
1. Honorierung und Sicherung der gesellschaftlichen Leistungen (v. a. Lebensmittelversorgung, Erhalt der Kulturlandschaften, Beschäftigungsmöglichkeiten in ländlichen Räumen)
2. Einführung von europäischen Standards in den Bereichen Umwelt-, Tier- und Verbraucherschutz (Kostenkompensation der Landwirte bei der Umsetzung dieser Standards, um im weltweiten Wettbewerb konkurrenzfähig zu bleiben)
3. Einkommenssicherung und -stabilisierung für Landwirte im Kontext extremer Preisschwankungen bei Agrarprodukten[11]

Hierbei basiert die Agrarförderpolitik auf zwei Säulen. Die erste Säule bilden nach wie vor Direktzahlungen an die Landwirte, die je Hektar landwirtschaftlicher Fläche gewährt werden. Hierfür stehen Deutschland von 2014 bis 2020 jährlich rund 4,85 Mrd. € zur Verfügung.[12] Die zweite Säule umfasst gezielte Förderprogramme im Umfang von jährlich 1,35 Mrd. € für nachhaltige Bewirtschaftung sowie die ländliche Entwicklung (s. Beitrag von Grabski-Kieron in diesem Band).

Während die EU-Standards dafür sorgen sollen, dass die Direktzahlungen in deutlich stärkerem Maße für eine nachhaltige Landwirtschaft genutzt werden, wird weiterhin die generelle Verteilung der Gelder nach Fläche bemängelt. Sinnvoller wäre Kritikern zufolge eine Förderung, die sich deutlich mehr an den gesellschaftlichen Leistungen der Landwirtschaft und hierbei insbesondere am Naturschutz orientiert.[13]

Dieser Kritik versucht vor allem die zweite Säule der gemeinsamen EU-Agrarpolitik Rechnung zu tragen. Ziel ist es, insbesondere durch finanzielle Mittel aus dem Landwirtschaftsfonds für die Entwicklung des ländlichen Raums (ELER) eine nachhaltige Bewirtschaftung der natürlichen Ressourcen sicherzustellen und die Wirtschaftskraft in den ländlichen Regionen zu unterstützen. Hiernach müssen Deutschland und die anderen EU-Mitgliedstaaten mindestens 30 % der Fördermittel der zweiten Säule für Maßnahmen wie Extensivierungsprogramme oder den ökologischen Landbau einsetzen. Ein zweiter wichtiger Bereich der zweiten Säule ist die Förderung von Investitionen in Bereiche wie Tourismus, Landschaftspflege und Hofläden. Der dritte Bereich unterstützt die wirtschaftliche Entwicklung in ländlichen Gebieten sowie lokale Dorfentwicklungsprojekte.[14] Insbesondere die beiden letztgenannten Ansatzpunkte sollen die wirtschaftliche Diversifizierung ländlicher Räume fördern.

Dennoch bestehen weiterhin Vorbehalte gegen die europäische Agrarpolitik. So fällt nicht nur auf, dass die zweite Säule einen erheblich kleineren finanziellen Rahmen aufweist als die erste, sondern auch, dass sich die Maßnahmenbündel überschneiden und oft nicht klar einzelnen Zielen zugeordnet werden können. Zudem lassen sich die oben genannten Ziele grundsätzlich hinterfragen. So ist z. B. strittig, inwiefern angesichts des geringen Anteils der Landwirtschaft an der Beschäftigung eine Sicherung der Einkommen und Beschäftigung in ländlichen Räumen über die Landwirtschaftspolitik überhaupt effektiv zu erreichen ist. Auch der seitens der Politik betonte hohe Wert einer zu erhaltenden Kulturlandschaft erscheint zwar bei bäuerlicher Landwirtschaft nachvollziehbar, weniger aber bei großflächiger Intensivproduktion und Massentierhaltung. Gerade in Hinblick auf die weiterhin massive finanzielle Förderung der Landwirtschaft ist es sinnvoll, die Agrarpolitik weiter zu überdenken. Dies kann eine noch stärkere Verlagerung in Richtung (Kultur-)Landschafts-, Umwelt- und Tierschutz beinhalten.

Allerdings hat sich auch in der konventionellen Landwirtschaft in den vergangenen Jahrzehnten durch die Einführung staatlicher und privater Produkt- und Produktionsstandards eine Verschiebung in Richtung einer nachhaltigeren Produktion ergeben. Dies erfolgte einerseits als Reaktion auf die genannten Lebensmittelskandale und die sich wandelnden Wertvorstellungen der Konsumenten. Andererseits war auch die deutliche Konzentration des europäischen Lebensmitteleinzelhandels ein Auslöser für die Entwicklung privater Umwelt- und Sozialstandards. Durch die Herausbildung immer komplexerer internationaler Zuliefererketten wurde die Kontrolle und Koordination der einzelnen Wertschöpfungsschritte stetig schwieriger. Diese Komplexität sollte durch Einführung, Einhaltung und Überprüfung kettenübergreifender Standards verringert und die Koordination der Handelsströme vereinfacht werden.[15] So nahm die Zahl privater Standards und vor allem der nach diesen Standards zertifizierten Produkte und Unternehmen in den vergangenen 20 Jahren stark zu. Die Einführung von Standards hat in vielen Fällen zu einer Verbesserung der konventionellen Produktion u. a. hinsichtlich Transparenz, Qualität, Umwelt- und Arbeitsschutz geführt. Auf der anderen Seite zeigen jüngere Entwicklungen, dass die Implementierung von Standards mit neuen Problemen in der Umsetzung verbunden sein kann (v. a. Kosten und Zeitaufwand).[16]

Bedeutung des ökologischen Landbaus

Als ein Teil und Treiber des oben beschriebenen Gesellschafts- und Lebensstilwandels in Richtung Nachhaltigkeit hat sich in den vergangenen Jahren der Ökolandbau (= ökologische Landwirtschaft) aus einer Nische heraus entwickelt. So stieg die Zahl der Ökobetriebe von rund 10 000 Betrieben

(1999) auf rund 27 000 (2016). Dabei erhöhte sich der Ökoanteil an den gesamten Ausgaben für Lebensmittel und Getränke von 1,7 % (2004) auf 5,5 %.[17] Heute entfallen rund 9 % der landwirtschaftlichen Fläche auf den Ökolandbau.[18]

Zum Ökolandbau zählen Betriebe, die gemäß der europäischen Öko-verordnung zertifiziert sind, sowie weitere private Verbandssiegel (z. B. Bioland oder Demeter) mit Anforderungen, die über die EU-Standards hinausgehen. Wesentliche Elemente dieser auch als Biolandbau bezeichneten Landwirtschaft sind Maßnahmen in den Bereichen Boden-, Arten-, Gewässer- und Tierschutz. Eine geringere Boden- und Wasserbelastung soll durch einen umfangreichen Verzicht auf industrielle Zulieferprodukte (u. a. Verbot leichtl löslicher Mineraldünger und chemisch-synthetischer Pflanzenschutzmittel) erreicht werden. Entsprechend setzt der Ökolandbau stärker auf die Förderung natürlicher Prozesse (z. B. Kompostierung), mechanische Unkrautregulierung, abwechslungsreichere Fruchtfolgen sowie die Kopplung von Ackerbau und Viehhaltung (z. B. durch Verwendung von Stallmist). Durch Humuserhaltung und -aufbau, den Verzicht auf mineralische Stickstoffdünger und chemisch-synthetische Pflanzenschutzmittel ist die Bilanz bei den klimawirksamen Treibhausgasen wie CO_2 besser als in der konventionellen Landwirtschaft. Für die Tierhaltung gelten strengere Regeln (z. B. bezüglich Auslauf), Vorgaben bei der Fütterung und ein Verbot vorbeugender Medikamentenbehandlung (s. Tab. 1).

Diskussion und Bewertung konventioneller und alternativer Formen der Landwirtschaft

Heute herrscht in Deutschland im Wesentlichen Konsens, dass sowohl die konventionelle Landwirtschaft mit ihrer Überproduktion, ihren Umweltbelastungen und ihrer oft nicht artgerechten Massentierhaltung als auch die Landwirtschaftspolitik reformiert werden müssten. Umstritten ist, inwieweit weitere Reformen der konventionellen Landwirtschaft notwendig sind und inwiefern die konventionelle Landwirtschaft zunehmend durch den Ökolandbau ersetzt werden kann und sollte. Während ein genereller Vergleich der konventionellen und der ökologischen Landwirtschaft aufgrund der unterschiedlichen Produktarten und Betriebsstrukturen, aber auch der subjektiven Bewertungsmaßstäbe schwierig ist, lassen sich die beiden unterschiedlichen Ausrichtungen der Landwirtschaft zumindest aus einigen unterschiedlichen Perspektiven gegenüberstellen und bewerten.

Umwelt- und Tierschutz

Die beschriebenen Maßnahmen in den Bereichen Boden-, Arten-, Gewässer- und Tierschutz lassen sich ausgehend von den Zielen der Gemeinsamen Agrarpolitik als wesentliche Leistung für das Allgemeinwohl betrachten (s. Tab. 1). Verschiedene Studien[19] sehen durch diese ökologischen Landbaumethoden gegenüber der konventionellen Landwirtschaft eine klare Verbesserung des Bodenlebens, niedrigere Erosionsverluste, geringere Grund- und Oberflächenwasserbelastungen, eine Förderung der Vielfalt des Tier- und Pflanzenlebens und bessere Tierhaltungsbedingungen.

Flächen- und Wasserbedarf

Ein Problem des Ökolandbaus stellt allerdings der je nach Produktart teilweise deutlich höhere Flächenbedarf dar, der auf niedrigere Ertragsleistungen zurückzuführen ist (s. Tab. 1). So zeigen etwa Kratochvil und Dekker am Beispiel konventioneller und ökologischer Rindfleischproduktion, dass selbst unter der Berücksichtigung des indirekten Wasser- und Landverbrauchs durch Zulieferprodukte die Fleischproduktion nach ökologischen Prinzipien einen fast fünf Mal höheren ökologischen Fußabdruck (pro kg) generieren kann als die konventionelle Produktion.[20] Dies liegt vor allem an einer flächenintensiveren Futtererzeugung, niedrigeren tierischen Leistungen sowie einem höheren Stallgebäudebedarf. Angesichts der bisher geringen Umsatzvolumina des Ökolandbaus von 5,5% (davon über 50% importierte Güter) und einem Anteil an der Fläche von ca. 9% stellt sich die Frage, inwiefern ein deutlicher Ausbau der Ökolandwirtschaft zu einer Verschärfung von Landnutzungskonflikten im In- und Ausland beitragen würde, wie dies bereits im konventionellen Landbau und im Bereich erneuerbarer Rohstoffe der Fall ist. Von Witzke und Noleppa weisen darauf hin, dass ein steigender Konsum von Ökoprodukten in Deutschland zu einer insgesamt niedrigeren Produktivität der deutschen Landwirtschaft pro Fläche und einer hieraus resultierenden Steigerung des Imports von Lebensmitteln aus dem Ausland führen könne.[21] Hierbei kann sich im Ausland eine ökologische Problematik ergeben, etwa wenn die zusätzlich benötigte Fläche durch Umwandlung natürlicher Vegetationsflächen generiert wird. Es können aber auch soziale Probleme entstehen, etwa wenn eine Ausweitung des Agrarlandes zur Verdrängung der einheimischen Bevölkerung und der Produktion für die dortigen Märkte führt.

Externalisierte Kosten und indirekte Vorteile

Die höhere Leistungsfähigkeit der konventionellen Landwirtschaft geht oft mit Kosten für die Allgemeinheit z. B. durch Grund- und Trinkwasserbelastung einher. Demgegenüber besitzt der Ökolandbau einen weiteren indirekten Vorteil als Treiber von Innovationen. Verfahren, die im Ökolandbau entwickelt wurden, lassen sich teilweise auch auf den konventionellen Landbau übertragen und können diesen aufwerten (z. B. Ersatz von Mineraldünger oder eine stärkere Integration von Tierhaltung und Ackerbau).[22]

Gesundheit

Der Verzehr von Ökoprodukten bietet gesundheitliche Vorteile. Viele Ökoprodukte enthalten entsprechend weniger Nitrat und Rückstände von Pflanzenschutzmitteln. Zudem ist die Zahl der in Ökoerzeugnissen vorkommenden Zusatzstoffe generell deutlich geringer im Vergleich zu konventionellen Lebensmitteln; dies bietet vor allem Vorteile für Allergiker. Eine generelle gesundheitsfördernde Wirkung von Ökoprodukten im Vergleich zum Verzehr konventionell produzierter Produkte ist nach Angaben des BMEL[23] umstritten. Studien legen allerdings auch in diesem Bereich Vorteile gegenüber konventionellen Produkten nahe.[24] Gesundheitlich vorteilhaft ist die ökologische Landwirtschaft auch für Menschen, die keine Ökoprodukte kaufen, aber von einer geringeren Trinkwasserbelastung profitieren.

Verbraucherpreise

Die Verbraucherpreise für Ökoprodukte sind in der Regel deutlich höher – mit Unterschieden je nach Produktgruppe. So liegen die Preise für Ökolebensmittel in Deutschland im Durchschnitt 70% höher als die für konventionell produzierte Lebensmittel.[25] Haubach und Held zufolge besteht damit für die Mehrheit der Konsumenten ein nicht akzeptabler Preisaufschlag, der für einkommensschwache Bevölkerungsschichten problematisch sei und eines der wesentlichen Hindernisse für die Verbreitung von Ökolebensmitteln darstelle (auch wenn sich dieser Aufschlag teilweise durch einen Umstieg von konventionellen Markenprodukten auf markenlose Ökoprodukte abmildern lasse).[26] Aktuelle Entwicklungen zeigen dabei eine zunehmende Massenproduktion und den Einstieg großer Betriebe in den Ökobereich, die langfristig zu niedrigeren Preisen führen können, aber ggf. auch den Mehrwert von Ökoproduktion relativieren.[27]

Tabelle 1: Vergleich von konventioneller und ökologischer Landwirtschaft

	Konventionelle Landwirtschaft	Ökologische Landwirtschaft
Pflanzenproduktion		
Ertragsleistung	100%	75–87%
Fruchtfolge	Vereinfachte Fruchtfolgen, hoher Getreide- und Hackfruchtanteil (z. B. Weizen), geringe Bedeutung von Zwischenfrüchten	Abwechslungsreiche, weite Fruchtfolgen zur Vermeidung von Abbauerscheinungen und Krankheiten
Düngung	Leichtlösliche mineralische Dünger, Wirtschaftsdünger	Wirtschaftsdünger, Gründüngung (Leguminosen; z. B. Klee), leichtlösliche Mineraldünger verboten
Pflanzenschutz	Chemisch-synthetische Pflanzenschutzmittel erlaubt	Anbau wenig anfälliger Sorten, Nützlingseinsatz (z. B. Marienkäfer), chemisch-synthetische Pflanzenschutzmittel verboten
Unkrautregulierung	Herbizide erlaubt, mechanisch	Mechanisch, z. B. Hacken, Abflammen
CO_2-Bindung / Bodenschutz	Negativ bis wenig Humusaufbau	I. d. R. positiv, ausgeprägte Humuswirtschaft
Tierproduktion		
Tierhaltung	I. d. R. ganzjährig im Stall, kein verpflichtender Auslauf, Rinder teilweise auf der Weide	Artgerecht, flächengebundener Viehbesatz, Auslauf vorgeschrieben, i. d. R. Weidehaltung bei Rindern
Fütterung	Konvent. Spezialfutter, genverändertes Futter erlaubt	Mind. 95% Biofutter, möglichst hofeigen, genverändertes Futter verboten
Antibiotika Tierhaltung	Vorbeugende Medikamente erlaubt	Einzeltierbehandlung, keine vorbeugenden Medikamente erlaubt
Milchleistung kg Kuh / Jahr (2005)	Durchschnittlich 7200 kg	Durchschnittlich 6500 kg
Flächenverbrauch	In der Tierhaltung teilweise sehr niedrig, abhängig von externen Zulieferprodukten	In der Tierhaltung teilweise sehr hoch
Preis für Konsumenten	Relativ günstig	Relativ hoch
Externe Kosten (v. a. Wasserbelastung)	Relativ hoch	Relativ niedrig

Quelle: Verändert nach Gollner / Starz 2015; Seufert / Ramankutty / Foley 2012; Niggli / Fließbach 2009[28]

Produzentenpreise

Für die Produzenten sind die niedrigen Erträge oft ebenfalls problematisch. Lässt sich die geringere Ertragsleistung der ökologischen Landwirtschaft nicht durch größere Flächen kompensieren, kann dies mit geringeren Einnahmen einhergehen. Diese lassen sich oft nur bedingt durch höhere Produktpreise ausgleichen, da Letztere in weiten Teilen bereits die höheren Produktionskosten enthalten. Aktuell werden die niedrigen Erträge allerdings wesentlich durch die oben beschriebenen Fördermaßnahmen kompensiert bzw. sogar überkompensiert. Langfristig lassen sich durch ökologische Maßnahmen auch Ertragsabnahmen des Bodens reduzieren.[29]

Weitere Formen alternativen Konsums

Für Verbraucher bieten sich weitere Möglichkeiten, nachhaltiger zu konsumieren. Hierzu gehören saisonal ausgerichteter Konsum, Fair-Trade-Produkte oder die Reduzierung des Verzehrs von tierischen Produkten. Kontrovers wird hingegen der Mehrwert regionaler Produkte diskutiert. Während sie oft mit Umweltfreundlichkeit assoziiert werden, verweisen Kritiker darauf, dass Regionalität noch keine Aussage über die Nachhaltigkeit von Produktion und Transport zulässt[30]. Zudem lässt sich grundsätzlich diskutieren, ob die Gelder, die Verbraucher für die Aufpreise bei Öko- oder Fair-Trade-Produkten aufbringen, nicht effektiver für direkte Umweltschutzmaßnahmen (z. B. durch Spenden an entsprechende Organisationen) eingesetzt werden könnten.

Fazit und Ausblick

Die konventionelle Landwirtschaft ist noch immer die mit Abstand dominierende Produktionsform in Deutschland. Ausgehend von den dargestellten Rahmenbedingungen zeigt sich weiterhin ein Trend zu größeren Betrieben. Dennoch findet ein Wandel der konventionellen Landwirtschaft in Richtung Nachhaltigkeit statt im Zuge veränderter gesellschaftlicher Werte und der damit einhergehenden Neuorientierung der Agrarpolitik, aber auch der Entwicklung privater Standards. Durch die gleichzeitig zunehmende Kommerzialisierung des ökologischen Landbaus nähern sich konventioneller und ökologischer Landbau teilweise an. Letzterer hat sich mittlerweile aus seiner Nische heraus zu einem Wachstumsbereich entwickelt. Trotzdem, oder gerade deshalb, unterliegt auch der ökologische Landbau ähnlichen Logiken (starke Beeinflussung durch politische Förderung) und Dynamiken (Trend zu Skalenerträgen) wie die konventionelle Landwirtschaft.

Die Entscheidung für den Kauf konventioneller oder Ökoprodukte bleibt auch mit Blick auf die gezeigten Vor- und Nachteile beider Produktionsformen subjektiv. Angesichts der erheblichen Auswirkungen einiger Bereiche der konventionellen Landwirtschaft auf Umwelt, Tierwohl und Gesundheit und weitere Bereiche der Gesellschaft einerseits und eines immer tieferen Verständnisses dieser Zusammenhänge andererseits scheint eine stärkere Ausrichtung der Landwirtschaft insgesamt auf ökologische und wirtschaftliche Nachhaltigkeit sinnvoll. Dies schließt weitere Reformen der Agrarpolitik sowie die Weiterentwicklung und den Ausbau von Produkt- und Prozessstandards ein. Der ökologische Landbau kann hierbei weiter als Treiber und Ideengeber wirken. Eine nachhaltigere konventionelle Landwirtschaft vermag allerdings aufgrund bestehender Preisunterschiede zum Ökolandbau mittelfristig deutlich größere Bevölkerungsschichten erreichen und somit wahrscheinlich effektiver wirken.

Anmerkungen

1 Peter Dannenberg/Elmar Kulke, Introduction: Dynamics in Rural Development Beyond Conventional Food Production, in: dies. (Hrsg.), Economic Development in Rural Areas. Functional and Multifunctional Approaches, Farnham 2015, S. 15–24.
2 Bundesministerium für Ernährung und Landwirtschaft (BMEL), Landwirtschaft verstehen, Berlin 2018.
3 Amelie Bernzen/Peter Dannenberg, Ein »Visum« für Obst. Öffentliche und private Standards als neue Governance-Formen am Beispiel des internationalen Lebensmittelhandels, in: Geographische Rundschau 64 (2012), S. 44–52.
4 Tobias Plieninger/Oliver Bens/Reinhard F. Hüttl, Landwirtschaft und Entwicklung ländlicher Räume, in: Aus Politik und Zeitgeschichte, APUZ 37 (2006), S. 23–30.
5 BMEL, Daten und Fakten. Land-, Forst- und Ernährungswirtschaft mit Fischerei und Wein- und Gartenbau, Berlin 2017.
6 Vgl. BMEL (Anm. 5).
7 Peter Dannenberg, Landwirtschaft und ländliche Räume, in: Elmar Kulke (Hrsg.), Wirtschaftsgeographie Deutschlands, Heidelberg 2010, S. 75–82.
8 Bundeszentrale für politische Bildung, Zahlen und Fakten (2013). Die soziale Situation in Deutschland: Erwerbstätige nach Wirtschaftszweigen, www.bpb.de/nachschlagen/zahlen-und-fakten/soziale-situation-in-deutschland/61694/erwerbstaetige-nach-wirtschaftszweigen (abgerufen am 16.10.2019).
9 Christine Tamásy, Intensivierung der Landwirtschaft im Oldenburger Münsterland, in: Standort 38 (2014), S. 203–207.
10 Vgl. P. Dannenberg (Anm. 7).

11 BMEL, Grundzüge der Gemeinsamen Agrarpolitik (GAP) und ihrer Umsetzung in Deutschland, www.bmel.de/DE/Landwirtschaft/Agrarpolitik/_Texte/GAP-Nationale Umsetzung.html (abgerufen am 14.10.2019).
12 Vgl. BMEL (Anm. 11).
13 Vgl. Urs Niggli / Andreas Fließbach, Gut fürs Klima? Ökologische und konventionelle Landwirtschaft im Vergleich, in: AgrarBündnis e. V., Der kritische Agrarbericht, Konstanz 2009, S. 103–109; C. Tamásy (Anm. 9).
14 Vgl. BMEL (Anm. 11).
15 Vgl. A. Bernzen / P. Dannenberg (Anm. 3).
16 Vgl. A. Bernzen / P. Dannenberg (Anm. 3).
17 Bundeszentrum für Ernährung (BZfE), Nachfrage nach Bio-Lebensmitteln steigt. Eingekauft wird meist im Supermarkt, www.bzfe.de/inhalt/nachfrage-nach-bio-lebensmitteln-steigt-32189.html (abgerufen am 14.10.2019).
18 bio-markt.info, Bio-Bilanz 2018. Deutschlands Ökofläche legt 8 Prozent zu, https://bio-markt.info/berichte/bio-bilanz-2018-deutschlands-oekoflaeche-legt-8-prozent-zu.html (abgerufen am 14.10.2019).
19 Vgl. U. Niggli / A. Fließbach (Anm. 13); Gabriele Gollner / Walter Starz, Biologisch oder konventionell – worin liegt der Unterschied?, in: Land & Raum 1 (2015), S. 6–9.
20 Ruth Kratochvil / Sanne Dekker, Der ökologische Fußabdruck: biologische Mutter-kuh- und konventionelle Mastrinderhaltung im Vergleich, in: Ländlicher Raum (2004), S. 28–29.
21 Harald von Witzke / Steffen Noleppa, EU agricultural production and trade: Can more efficiency prevent increasing 'land-grabbing' outside of Europe? Università Cattolica del Sacro Cuore, Piacenza 2010.
22 Vgl. G. Gollner / W. Starz (Anm. 19).
23 BMEL, Ökologischer Landbau in Deutschland, Bonn, 2019.
24 Vgl. U. Niggli / A. Fließbach (Anm. 13).
25 Christian Haubach / Benjamin Held, Ist ökologischer Konsum teurer? Ein waren-korbbasierter Vergleich, in: Wirtschaft und Statistik 65 (2015), S. 41–55.
26 Vgl. C. Haubach / B. Held (Anm. 25).
27 Nadine Würriehausen / Sebastian Lakner, Stand des Strukturwandels in der ökologischen Landwirtschaft (No. 1503) 2015, Diskussionsbeitrag.
28 Verändert nach G. Gollner / W. Starz (Anm. 19); Verena Seufert / Navin Ramankutty / Jonathan A. Foley, Comparing the yields of organic and conventional agriculture, in: Nature 485 (2012), S. 229–232; U. Niggli / A. Fließbach (Anm. 13).
29 Vgl. G. Gollner / W. Starz (Anm. 19).
30 Branden Born / Mark M. Purcel, Avoiding the Local Trap: Scale and Food Systems in Planning Research, in: Journal of Planning Education and Research 26 (2006), S. 195–207.

Marius Mayer / Manuel Woltering / Hubert Job

Tourismus in ländlichen Räumen

Der Tourismus in ländlichen Räumen Deutschlands ist ebenso vielgestaltig wie die ländlichen Räume selbst. Er lässt sich daher nur sehr schwer mit einem Begriff fassen – *den* ländlichen Tourismus gibt es nicht.[1] In ländlichen Räumen kann Tourismus zugleich bedeutsamer Wirtschaftsfaktor, aber auch Teil einseitiger Wirtschaftsstrukturen sein (s. Kap. 3). Tourismus trägt gleichzeitig dazu bei, Kulturlandschaften und Baudenkmäler zu bewahren bzw. umzugestalten. Tourismus mag wichtiger Imageträger und gleichzeitig Förderer von Stereotypen sein. Offensichtlich spielt sich Tourismus in ländlichen Räumen in unterschiedlichsten Destinationen ab (s. Kap. 1). Ist ein zahlenmäßiger Überblick des Tourismus in ländlichen Räumen gefragt, stößt man auf das bereits im Beitrag von Milbert und Küpper thematisierte Problem der Abgrenzung ländlicher Räume. Ziel dieses Beitrages ist es dennoch, den quantitativen Stellenwert des Tourismus in ländlichen Räumen Deutschlands zu bemessen, seine regionalwirtschaftliche Bedeutung zu skizzieren sowie auf aktuelle Chancen und Problemlagen einzugehen. Zunächst soll aber die Frage beantwortet werden, weshalb ländliche Räume touristisch attraktiv sein können.

1 Touristische Attraktoren in ländlichen Räumen

Walter Christaller, einer der Begründer der geographischen Tourismusforschung, formulierte bereits 1955 einen Trend der Erholungsuchenden zur Peripherie: Im Gegensatz zu sämtlichen anderen Wirtschaftsbranchen sei der Tourismus nicht auf größere zentrale Orte hin ausgerichtet. Vielmehr suche die Stadtbevölkerung in der Peripherie, also der Randlage, nach physischer und psychischer Distanz sowie landschaftlich attraktivem Kontrast zu ihrer Alltagswelt.[2] Es wäre jedoch bei Weitem zu kurz gegriffen, reduzierte man die Attraktivität ländlicher Räume allein auf die Ruhe, Schönheit und Erholungseignung ihrer Kulturlandschaften. In Deutschland gibt es einfach so gut wie keine vom Menschen unberührte Naturlandschaften mehr. In ländlichen Räumen findet sich viel materielles (z. B. Baudenkmäler wie Kirchen oder Schlösser) und immaterielles Kulturerbe (z. B. lokale Küche mit Spezialitäten, traditionelle Musikdarbietungen), das häufig erst im Zusammenspiel mit der Kulturlandschaft die jeweils einzigartige Kombination tradierter touristischer Attraktoren schafft.[3] Neben diesen tradierten Attraktoren (Natur- und Kulturerbe) gibt es in ländlichen Räumen aber auch sogenannte produzierte Attraktoren, z. B. Freizeit-, Wildparks oder Spaßbäder, die auf keine gewachsene Tradition oder gegebene Naturfaktoren zurückgreifen. Ein Beispiel dafür ist das Neue Fränkische Seenland.

Die Suche nach Authentizität, also nach dem Wahren und Unverfälschten,[4] ist ein wesentliches Reisemotiv und lässt sich eher in ländlichen Räumen verwirklichen. Der anhaltende Erfolg des »Urlaubs auf dem Bauernhof« bestätigt diese These in Teilen, da dort die Entfremdung von der Natur, der Landwirtschaft sowie der (Nutz-)Tierwelt zumindest zeitweise und meist in ansprechend inszenierter Form aufgehoben wird.[5] Auf der anderen Seite des Spektrums bieten ländliche Räume zahlreiche Möglichkeiten für Freizeitaktivitäten an der frischen Luft, bei denen die umgebende Landschaft häufig nur als Kulisse wahrgenommen wird. »Ländlichkeit« spielt bei manchen Reiseentscheidungen dann gar keine Rolle mehr.

Allerdings zeigen repräsentative Befragungen, dass mit ländlichen Räumen typischerweise verbundene Eigenschaften die Entscheidungen der Deutschen für Reiseziele erheblich mitbestimmen: In einer Befragung aus dem Jahr 2015/16 wurde »Landschaft/Natur« von 42% als wichtigster Grund angeführt, gefolgt von der räumlich eher unspezifischen Kategorie »Erholungsmöglichkeiten« mit 39% und »gute Luft/gesundes Klima« (29%) auf Rang drei sowie »Ruhe« (24%) auf Rang vier. Von den zehn bevorzugten Urlaubsarten wird der gleichsam etwas unspezifische »Erholungsurlaub« (43%) am häufigsten genannt, es folgen die für ländliche Räume typischen Kategorien »Naturunrlaub« (20%, Rang drei), »Gesundheitsurlaub/Kur« (17%, Rang fünf), »Aktivurlaub (mit viel Bewegung/Sport)« (13%, Rang sieben), Wellness-/Schönheitsurlaub (11%, Rang neun) sowie »Badeurlaub/Urlaub am See« (9%, Rang zehn).[6] Die jährlich durchgeführte Reiseanalyse kommt zu ähnlichen Resultaten.[7]

Dies belegt, wie bedeutend ländliche Räume als Zielgebiete für touristische Aktivitäten der Deutschen sind und wie wichtig ihre Eigenschaften für die bevorzugten Urlaubsarten. Bei den Freizeitaktivitäten zeigt sich die volle postmoderne Ausdifferenzierung des Spektrums: Zum traditionellen Wandern, Bergsteigen und Klettern kommen u. a. Nordic Walking, Joggen, Sportklettern, Bouldern, Berglaufen, Geocachen; zum Fahrradfahren das (E-)Mountainbiken up- und downhill etc. Die Naturnähe reicht dabei von »sehr groß« beim Single-Trail-Wandern in Nationalparks bis hin zu »sehr gering« beim Skifahren auf beschneiter, beleuchteter Piste, womöglich indoor in einer Skihalle. Die Unterkunftsstandards und -kategorien variieren von günstig und eher einfach (Camping, Jugendherbergen, Pensionen) bis hin zu Luxusherbergen auf ehemaligen Landgütern oder Schlosshotels (mit hochpreisigen Wellnessangeboten).

Spezifische Tourismusformen in ländlichen Räumen Deutschlands sind sämtliche Spielarten des Naturtourismus (insbesondere Wander-, Rad- und Wassertourismus) sowie der Bereich des Wellness-, Kur- und Gesundheitstourismus. Der kulinarische Tourismus zeigt sich hier am deutlichsten sicherlich in seiner Ausrichtung auf Wein, während kulturtouristische Angebote (z. B. Kirchen und Schlösser) zwar auch eine bedeutende Rolle in ländlichen Räumen spielen, aber eben nicht spezifisch für diese Raumkategorie sind.

Die tatsächlichen Verhaltensmuster der Touristen in ländlichen Räumen lassen sich dabei zumeist nicht eindeutig einer dieser Formen allein zuordnen. Gerade die vielfältigen Möglichkeiten, während einer Urlaubsreise an die See oder ins Gebirge sportliche, kulturelle, kontemplative und gesundheitsorientierte Aktivitäten teilweise am gleichen Tag beliebig zu kombinieren, machen einen Gutteil der touristischen Attraktivität ländlicher Räume aus.

Zudem ist es schwierig, Tourismus in ländlichen Räumen überhaupt exakt zu definieren. So könnte man darunter sämtliche nichtstädtetouristische Erscheinungsformen zusammenfassen. Dabei verlagert sich das Abgrenzungsproblem allerdings nur auf die Frage, was Städtetourismus ist und was nicht. Für Tourismus in ländlichen Räumen gibt es zwei extreme Abgrenzungsvarianten, die sich im weiteren Sinne auf das Zielgebiet und im engeren auf die dort möglichen Aktivitäten erstrecken: Entweder man definiert sehr breit sämtliche touristische Aktivitäten in wie auch immer identifizierten ländlichen Räumen als Tourismus ebendort, oder man unterscheidet spezifisch »ländliche« touristische Aktivitäten und fasst diese als »ländlichen Tourismus« zusammen.[8]

Mit beiden Varianten sind Probleme verbunden: Während im ersten Fall auch touristische Aktivitäten dazugerechnet werden, die alles andere als spezifisch für ländliche Räume sind (etwa Kulturtourismus in Kleinstädten), kann man viele der im zweiten Fall ausschlaggebenden touristischen Aktivitäten auch im Sinne der Naherholung in oder nahe von Agglomerationen ausüben. Darüber hinaus verschließt sich die Komplexität touristischer Verhaltensmuster generell solchen gegensätzlichen Zuordnungen wie »ländlich« vs. »nicht-ländlich«. Beispielsweise reisen Besucher des Freizeitbades Tropical Islands im brandenburgischen Krausnick-Groß Wasserburg in die ländliche Peripherie, um sich in einer künstlichen Erlebniswelt aufzuhalten, die aufgrund ihrer flexiblen Standortanforderungen auch überall sonst in Deutschland hätte errichtet werden können.[9] Daher fällt es schwer, gerade Erholungsreisen eindeutig diesen siedlungsstrukturellen Grundtypen zuzuordnen.

2 Quantitative Dimension

Der folgende Abschnitt gibt einen Überblick zum Stellenwert des ländlichen Tourismus in Deutschland. Dabei wird er in seiner breit definierten Gesamtheit betrachtet und an geeigneter Stelle dem Städtetourismus bzw. dem gesamten Tourismus gegenübergestellt. Die Datenbasis für den nachfolgenden quantitativen Überblick stellt die amtliche Statistik für das Jahr 2017 dar. Es werden zudem die von Milbert und Küpper in diesem Band diskutierten, unterschiedlichen Abgrenzungsmöglichkeiten herangezogen und mit den 403 Landkreisen und kreisfreien Städten in Deutschland verschnitten. Aus den betreffenden Landkreisen wurden schließlich nach einer Definition des Deutschen Wirtschaftswissenschaftlichen Instituts für Fremdenverkehr (dwif) aus dem Jahr 2006 in einer weiteren Alternative jeweils die städtetouristisch dominierten Kommunen herausgerechnet,[10] die mitten in den nach dem Bundesinstitut für Bau-, Stadt- und Raumforschung (BBSR) bzw. Thünen-Institut abgegrenzten ländlichen Räumen liegen.

Die im Folgenden präsentierten Daten heben dabei ausschließlich auf den in der amtlichen Statistik erfassten Übernachtungstourismus in Betrieben mit mehr als neun Betten Beherbergungskapazität ab. Dies hat zwei Konsequenzen: Aufgrund dieser behördlichen Abschneidegrenze bleiben gerade in ländlichen Räumen zahlreiche kleinere Unterkunftsmöglichkeiten unberücksichtigt. Weiterhin wird mit dem Tagestourismus ein ganz wesentliches Segment zwangsläufig nicht erfasst. Letzterer stellt mancherorts in ländlichen Räumen den Großteil der Touristen, wie etwa die Strukturmerkmale des Tourismus in fast allen deutschen Biosphärenreservaten zeigen.[11] Aufgrund dieser Einschränkungen kann also kein vollständiges Bild des ländlichen Tourismus gezeichnet werden.

In Deutschland existierten 2017 auf dieser Basis etwas mehr als 50 000 touristische Betriebe mit mindestens zehn Betten, die zusammen rund 3,1 Mio. Betten bereitstellten. Das entspricht einer durchschnittlichen Bettenkapazität von 62 Betten je Betrieb. Bei 175,6 Mio. touristischen Ankünften wurden insgesamt knapp 452 Mio. Übernachtungen registriert. Daraus resultiert eine mittlere Aufenthaltsdauer von 2,6 Tagen.

Bezieht man sich bei der Analyse lediglich auf die ländlichen Räume Deutschlands, so sind nach der Abgrenzungsvariante des Thünen-Instituts

Tabelle 1: Touristische Kennzahlen der ländlichen Räume in Deutschland nach unterschiedlichen Abgrenzungsvarianten

	Betriebe	Betten	Ankünfte	Übernachtungen	Aufenthaltsdauer (Tage)	Auslastung	Tourismusintensität (ÜB pro 1000 Ew)	Einwohner (in Mio.)
Ländliche Räume (BBSR-Abgrenzung)	31443	1 692 281	67,92 Mio.	221,63 Mio.	3,26	35,9%	8056	27,51
Anteile an Deutschland gesamt	62,8%	54,3%	38,7%	49,0%				33,2%
BBSR-Abgrenzung abzüglich der dwif-Städte	29936	1 595 238	62,18 Mio.	207,47 Mio.	3,34	35,6%	8126	25,42
Anteile	59,8%	51,2%	35,4%	45,9%				30,7%
Ländliche Räume (Thünen-Institut-Abgrenzung)	44668	2 401 941	102,54 Mio.	315,60 Mio.	3,08	36,0%	6245	50,54
Anteile	89,2%	77,1%	58,4%	69,8%				61,0%
Thünen-Institut-Abgrenzung, abzüglich der dwif-Städte	41785	2 212 961	90,81 Mio.	291,18 Mio.	3,21	36,1%	6451	45,14
Anteile	83,4%	71,1%	51,8%	64,4%				54,4%
Deutschland gesamt	50083	3 114 816	175,61 Mio.	451,93 Mio.	2,57	39,8%	5459	82,79

Quelle: Eigene Darstellung nach eigenen Berechnungen[12]

mit beinahe 45 000 Betrieben fast 90 % aller Unternehmungen in diesen Regionen vorzufinden. Dieser sehr hohe Stellenwert reduziert sich mit Blick auf die weiteren Kennzahlen etwas: So liegt der Anteil des Bettenangebots bei rund 77 %, und von den Ankünften entfallen etwas weniger als 60 % auf ländliche Räume. Folglich liegt die durchschnittliche Bettenkapazität je Betrieb mit 53,8 unter dem Bundesdurchschnitt. Gleichzeitig liegt die mittlere Verweildauer in ländlichen Räumen mit etwas mehr als 3,0 Tagen darüber (da knapp 70 % der Übernachtungen hierauf entfallen). Lässt man die durch Kultur- und Kurtourismus sowie Geschäftsreiseverkehr geprägten Städte nach Abgrenzung des dwif außen vor, verringern sich die zuvor genannten Werte um fünf bis sieben Prozentpunkte.

Wird die im Vergleich zum Thünen-Institut engere Abgrenzung des BBSR herangezogen, so liegen die Werte für die einzelnen Kennzahlen deutlich darunter: allein bei der Anzahl der Betriebe um mehr als 25 Prozentpunkte bei rund 31 500. Das Bettenangebot liegt bei etwas über der Hälfte des gesamtdeutschen Wertes, ebenso die Übernachtungen, während sich die Ankünfte auf etwas unter 40 % belaufen. Bleiben zudem die dwif-Städte unberücksichtigt, reduzieren sich diese Werte nochmals um etwa drei Prozentpunkte. Die durchschnittliche Aufenthaltsdauer liegt in beiden Fällen mit rund 3,3 Tagen klar über dem Bundeswert. Wenngleich auch seit Jahren immer wieder vom boomenden Segment des Städtetourismus zu lesen ist,[13] so halten sich die Touristen in den ländlichen Regionen länger auf und haben hier somit trotz einer insgesamt geringeren Anzahl an Personen zumindest im Bereich des Gastgewerbes den gleichen wirtschaftlichen Effekt zur Folge (wenn auch auf einem niedrigeren Preis- und Lohnniveau).

Spannend erscheint der Blick auf die Unterschiede in der Tourismusintensität. Gemessen in Übernachtungen je 1000 Einwohnern liegen von den 20 tourismusintensivsten Landkreisen gemäß der Abgrenzung des Thünen-Instituts alle in ländlichen Räumen; gemäß der BBSR-Abgrenzung sind es 18, von denen 13 als dünn besiedelte ländliche Kreise zu charakterisieren sind. Auf diese Landkreise entfallen 79,2 Mio. Übernachtungen, was 17,5 % aller Übernachtungen in Deutschland ausmacht (vgl. Abb. 1). Wie zu erwarten stechen hier als vom Erholungstourismus dominierte Gebiete der äußeren und inneren Peripherie hervor. Diese sind:
1. die Seebäder und Küstenregionen an Nord- und Ostsee,
2. der schmale Streifen Hochgebirge der deutschen Alpen,
3. die vielen, häufig waldreichen Mittelgebirge wie Schwarzwald, Harz, Rhön, Sauerland und Bayerischer Wald bis hin zum Erzgebirge mit ihren oft traditionsreichen Kur- und Heilbädern sowie
4. die eiszeitlichen Seenlandschaften der Mecklenburger Seenplatte oder des Alpenvorlandes (vgl. Abb. 2).

Abbildung 1: Tourismusintensität, Übernachtungen und Abgrenzungen ländlicher Räume in Deutschland

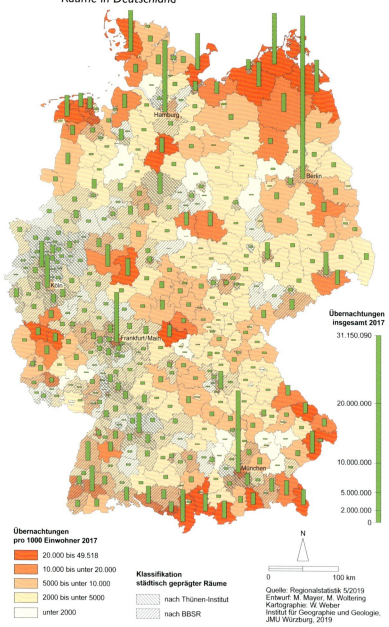

Quelle: Eigene Darstellung

Abbildung 2: Touristische Großräume und Reisegebiete

Quelle: Eigene Darstellung in Anlehnung an Becker 2000, S. 19[14]

Dabei zählen Seebäder und Küstenregionen oder auch das Hochgebirge zur äußeren Peripherie, die Mittelgebirge sowie die Seenlandschaften zur inneren. Von Ausnahmen abgesehen erreichen also nur solche ländlichen Räume sehr hohe Tourismusintensitäten, die für regionale Konzentrationen und entsprechende ökonomische Bedeutung des Tourismus stehen. Wie Abbildung 1 zu entnehmen ist, gibt es auch zahlreiche ländliche Räume mit kaum nennenswertem Übernachtungstourismus. Daher sind statistische Unterschiede zwischen ländlichen und städtischen Regionen eher schwach ausgeprägt.

Die zuvor betrachteten Werte auf Landkreisebene können lokale Konzentrationen nur unzureichend wiedergeben. So erreicht die Tourismusintensität in manch ausgewählter Kommune an der Ostsee z. T. mehr als das Zehnfache der hier dargestellten Werte. Daraus lassen sich zweierlei Schlüsse ziehen: Aufgrund der nach Verwaltungsgebietsreformen teilweise sehr großflächigen Landkreise (v. a. in Ostdeutschland) ist die Tourismusintensität auf Kreisebene nicht immer ein geeigneter Indikator zur Analyse der jeweiligen touristischen Bedeutung. Das zeigt das Beispiel Usedom und seiner Gemeinden: Während sich hier der Tourismus kleinräumig sehr stark konzentriert, ist der weitere Landkreis Vorpommern-Greifswald bis auf vereinzelte Ausnahmen als touristisch eher gering geprägt einzustufen. Daraus lässt sich die zweite Schlussfolgerung ziehen: Tourismus in ländlichen Räumen stellt kein flächenhaftes Phänomen dar, sondern örtliche Konzentrationen überwiegen.[15] Ein weiteres Kennzeichen des Tourismus in ländlichen Räumen Deutschlands ist der weit unterdurchschnittliche Anteil ausländischer Besucher, da diese sich v. a. in den Großstädten aufhalten.[16]

3 Regionalökonomische Bedeutung

Im Tourismus wird insbesondere in peripheren ländlichen Regionen eine Chance zur wirtschaftlichen Entwicklung gesehen. Dabei ist festzuhalten, dass die touristische Entwicklung keineswegs ein Selbstläufer ist, sondern vielmehr nur durch die Zusammenarbeit aller daran beteiligten regionalen Akteure zu einem Erfolgsmodell werden kann.[17] Touristische Aktivitäten sind demnach nicht als ein »Allheilmittel« für regionale Strukturprobleme der ländlichen Peripherie anzusehen.[18]

Nichtsdestotrotz können unter geeigneten Voraussetzungen positive ökonomische Wirkungen entstehen. Grundsätzlich lässt sich hierbei zwischen tangiblen, also greifbaren, und intangiblen, d. h. nicht greifbaren Effekten unterscheiden:[19] Tangible Effekte umfassen somit alle direkt monetär messbaren Wirkungen des Tourismus, die mit den Ausgaben der Besucher in Zusammenhang stehen und zu Wertschöpfung führen. Das betrifft zum einen Unternehmen in den Bereichen Beherbergung und Gastronomie (= direkte Effekte), zum anderen aber auch Vorleistungen (= indirekte Effekte, z. B. in Form landwirtschaftlicher Produkte). Schließlich gibt das in der Region lebende Personal der Tourismus- und Vorleistungsbetriebe seinerseits Teile des privaten Einkommens in der Region aus und stärkt so zusätzlich den regionalen Wirtschaftskreislauf (= induzierte Effekte). Es existiert also eine Vielzahl an unterschiedlichen Unternehmen, die direkt oder indirekt vom Tourismus profitieren können. Folglich ist der Tourismus als Querschnittsbranche zu bezeichnen.

Zu den intangiblen ökonomischen Wirkungen des Tourismus gehören darüber hinaus Struktur- und Infrastruktureffekte, z. B. die Verbreiterung der regionalen Wirtschaftsbasis, der Ausbau von Verkehrswegen, verbesserte Angebote im öffentlichen Verkehr oder für Kultur und Bildung. Auch können sich Kompetenz- und Kooperationseffekte einstellen, wenn Akteure auf dem Tourismusmarkt spezifische Fähigkeiten erwerben (z. B. im Online-Marketing) und Netzwerke geknüpft werden. Schließlich lassen sich Imageeffekte anführen, wenn ein positives touristisches Image auf die gesamte Region ausstrahlt. All diesen Effekten ist gemein, dass sie sich im Gegensatz zu den tangiblen Effekten nur schwer in konkreten Zahlen bemessen lassen.

Fokussiert man lediglich auf die Ebene der tangiblen Effekte, so existieren selbst für diesen Bereich nur wenige systematische Untersuchungen für ländliche Räume in Deutschland, weil damit ein erheblicher methodischer Aufwand und Schwierigkeiten verbunden sind. Eine Untersuchung von Zeiner und Harrer beziffert den Bruttoumsatz des Tourismus in ländlichen Räumen auf rund 73,4 Mrd. €, was ungefähr einem Einkommensäquivalent von 1,5 Mio. Personen gleichzusetzen ist, die aus diesen Einnahmen rechnerisch ihren Lebensunterhalt bestreiten können.[20] Diese Kennzahlen beziehen sich allerdings auf eine eigenständige räumliche Abgrenzung abweichend von den beiden zuvor dargestellten Varianten und umfasst dabei den gesamten Tourismus inklusive Tagesreisen.

Darüber hinaus existiert eine Reihe von Untersuchungen, die Anhaltspunkte für die ökonomische Relevanz einzelner Sparten des Tourismus in ländlichen Räumen liefern. So wurde beispielsweise für den Wandertourismus in Deutschland in einer Grundlagenuntersuchung aus dem Jahr 2010 ein touristischer Bruttoumsatz in Höhe von 7,5 Mrd. € festgestellt, woraus ein Einkommen von rund 3,6 Mrd. € oder umgerechnet 144 000 Arbeitsplätze resultieren.[21] Eine vergleichbare Analyse zum Fahrradtourismus offenbart, dass mehr als ein Drittel der dort definierten fahrradtouristischen Tagesreisen in Ballungsräumen verortet sind, weshalb der Bruttoumsatz dieses Tourismussegments in Höhe von 9,2 Mrd. € nur anteilig den ländlichen Räumen zuzurechnen ist.[22] Dagegen lässt sich die ökonomische Dimension des deutschen Nationalparktourismus als drittes Beispiel nahezu vollständig ländlichen Räumen zuordnen: Für die gegenwärtig 16 deutschen Nationalparkregionen wurde ein Bruttoumsatz in Höhe von 2,8 Mrd. € ermittelt, woraus sich ein Einkommensäquivalent von rund 85 000 Personen ergibt.[23]

Der Tourismus stellt demnach einen nicht zu unterschätzenden Wirtschaftsfaktor für etliche ländliche Regionen dar. In dieser Hinsicht sind nicht zuletzt die hieraus hervorgehenden kommunalen Steuereinnahmen sowie die Zusatzeinnahmen von Landwirten durch »Urlaub auf dem Bauernhof« und andere touristische Nebenerwerbsmöglichkeiten anzuführen, weshalb der Tourismus hier teilweise für die Stabilisierung ländlicher Strukturen unverzichtbar erscheint.[24] Tourismus ist auch deshalb eine verlockende Regionalentwicklungsstrategie, weil brachliegende Produktionsfaktoren wie Strände, Gletscher oder Wildnisgebiete »genutzt« werden können. Das Problem ist aber, dass solche tradierten Attraktoren wie »schöne Landschaften« oder kulturelle Sehenswürdigkeiten an relativ vielen Standorten bestehen. Entscheidend ist daher die Schaffung und Vermarktung von Attraktoren sowie Images.

Vor allem auf lokaler Ebene können sich allerdings touristische Monostrukturen ausbilden – mit allen damit verbundenen Nachteilen wie starker Abhängigkeit, Saisonalität oder Beeinträchtigung des Alltagslebens der Einheimischen. Hierbei ist kritisch zu hinterfragen, wem die Einnahmen aus dem Tourismus zugutekommen, ob sie vor Ort verbleiben und inwieweit die einheimische Bevölkerung an Entscheidungen und / oder Einnahmen überhaupt beteiligt ist.[25]

4 Chancen und Herausforderungen

Touristische Nutzung kann eine Chance für Wertschöpfung und endogene Regionalentwicklung ländlicher Räume sein, wenn vor Ort Beschäftigungsmöglichkeiten geschaffen werden und die Gewinne sowie Vorleistungen in nicht zu hohem Maße wieder aus der Region abfließen, sondern sie stattdessen vor Ort reinvestiert bzw. bezogen werden.[26] Tourismus generiert zudem Anreize und Mittel für die Bewahrung des natürlichen und kulturellen Erbes (nationale Naturlandschaften, Welterbe-Stätten), deren Übernutzung jedoch durch geeignetes Besuchsmanagement vermieden werden muss. Investitionen in touristische Infrastruktur sowie bessere Verkehrsanbindungen kommen auch Einheimischen zugute, genauso wie Schutzgebiete Ökosystemleistungen generieren und Erholungsmöglichkeiten bieten. Dies verbessert die Lebensqualität und kann Zuwanderer in ländliche Gebiete anziehen, die diese besonderen landschaftlichen Qualitäten schätzen *(amenity migrants)*.[27] Das mit erfolgreicher Tourismusentwicklung einhergehende positive Image kann ebenfalls zu Wanderungsgewinnen beitragen und die regionale Identität stärken.

Touristisch geprägte ländliche Räume sind aber zugleich mit etlichen Herausforderungen und Problemlagen konfrontiert. Unter ökonomischen Gesichtspunkten sind neben den zuvor benannten Aspekten die mangelnden alternativen Arbeitgeber sowie z. T. fehlende Partizipation der Einheimischen aufgrund hoher Mittelabflüsse als negative Aspekte zu benennen (bspw. gehören sehr viele Ferienhäuser/-wohnungen an der ostdeutschen Ostsee nicht Einheimischen, sondern westdeutschen Investoren in Hamburg, Köln oder München). Die ansässige Bevölkerung leidet zudem unter negativen externen Effekten des Tourismus, z. B. Verkehrsüberlastung und steigenden Immobilienpreisen. Auf der Nachfrageseite gefährdet die seit Jahrzehnten zurückgehende durchschnittliche Aufenthaltsdauer die ökonomischen Wirkungen des Tourismus und zwingt zu verstärkten Marketingmaßnahmen, um die Übernachtungszahlen durch die Gewinnung neuer Gäste zumindest konstant zu halten. Auf der Angebotsseite stellt die zunehmende Personalknappheit im Tourismus, auch wegen des teilweise rapide fortschreitenden demographischen Wandels, bereits jetzt eine große Herausforderung dar.[28]

Schlussendlich hat auch der Klimawandel Auswirkungen auf den Tourismus in ländlichen Räumen, ist aber weder eindeutig positiv noch ausschließlich negativ einzuschätzen: Möglichen Rückgängen im schneebasierten Wintertourismus stehen potenzielle Gewinne an den Küsten sowie in den Übergangsjahreszeiten gegenüber, vor allem durch ein erwartetes wärme- und sonnenreicheres Klima.[29] Zudem könnte eine aus Gründen der Reduzierung des CO_2-Ausstoßes notwendige Verteuerung von Flugreisen den deutschen Binnentourismus mit seinen kürzeren Anreisedistanzen befördern.

Anmerkungen

1 Manfred Zeiner/Bernhard Harrer, Wirtschaftliche Bedeutung des Tourismus im ländlichen Raum, in: Hartmut Rein/Alexander Schuler (Hrsg.), Tourismus im ländlichen Raum, Wiesbaden 2012, S. 11–26, hier S. 12.
2 Walter Christaller, Beiträge zu einer Geographie des Fremdenverkehrs, in: Erdkunde 9/1 (1955), S. 1–19.

3 Volker Letzner, Tourismusökonomie. Volkswirtschaftliche Aspekte rund ums Reisen, München 2010.
4 Dean MacCannell, The tourist: a new theory of the leisure class, New York 1976.
5 Bente Grimm/Dirk Schmücker/Kai Ziesemer, Nachfrage und Kundenpotenziale für den ländlichen Tourismus, in: H. Rein/A. Schuler (Anm. 1), S. 27–41.
6 Bundesministerium für Wirtschaft und Arbeit (BMWi), Tourismuspolitischer Bericht der Bundesregierung. 18. Legislaturperiode, Berlin 2017, S. 11, www.bmwi.de/Redaktion/DE/Publikationen/Tourismus/tourismuspolitischer-bericht.pdf?__blob=publicationFile&v=16 (abgerufen am 16.10.2019).
7 Andreas Kagermeier, Tourismusgeographie. Einführung, Konstanz/München 2016, S. 68f.
8 Vgl. B. Grimm/D. Schmücker/K. Ziesemer (Anm. 5).
9 Albrecht Steinecke, Erlebniswelten und Inszenierungen im Tourismus. Die Thematisierung des touristischen Raumes, in: Edgar Kreilkamp/Harald Pechlaner/Albrecht Steinecke (Hrsg.), Gemachter oder gelebter Tourismus? Destinationsmanagement und Tourismuspolitik (Management und Unternehmenskultur 3), Wien 2001, S. 67–74.
10 Deutscher Tourismusverband e. V. (DTV), Städte- und Kulturtourismus in Deutschland. Langfassung, Bonn 2006.
11 Hubert Job/Felix Kraus/Cornelius Merlin/Manuel Woltering, Wirtschaftliche Effekte des Tourismus in Biosphärenreservaten Deutschlands (Naturschutz und Biologische Vielfalt 134), Bonn 2013.
12 Basierend auf DEStatis (Statistisches Bundesamt), Zahlen zum Tourismus in Deutschland 2017 auf unterschiedlichen Maßstabsebenen, Gensis-Online, www-genesis.destatis.de/genesis/online (abgerufen März/April 2019); DTV (Anm. 10); Patrick Küpper, Abgrenzung und Typisierung ländlicher Räume (Thünen Working Paper 68), Braunschweig, 2016; Patrick Küpper, Abgrenzungen ländlicher Räume nach Thünen-Institut und BBSR (unveröffentlichter Datensatz), 2018.
13 Tim Freytag/Jan Glatter, Touristifizierung städtischer Quartiere – Synergien und Konflikte zwischen tourismusgerechter Stadt und stadtgerechtem Tourismus, in: Geographische Zeitschrift 105/3–4 (2017), S. 163–166.
14 Christoph Becker, Freizeit und Tourismus in Deutschland – eine Einführung, in: Institut für Länderkunde, Freizeit und Tourismus. Nationalatlas Bundesrepublik Deutschland Band 10, Heidelberg–Berlin 2000, S. 12–21, hier S. 19.
15 Vgl. für Ostdeutschland Marius Mayer/Susanne Stoll-Kleemann, Tourismus und Regionalentwicklung innerhalb und außerhalb ostdeutscher Großschutzgebiete, in: Sören Becker/Matthias Naumann (Hrsg.), Regionalentwicklung in Ostdeutschland. Dynamiken, Perspektiven und der Beitrag der Humangeographie, Heidelberg–Berlin 2020, https://doi.org/10.1007/978-3-662-60901-9_37.
16 Vgl. beispielhaft für Bayern Hubert Job/Marius Mayer/Reinhard Paesler, Einführung: Tourismus in Bayern, in: Hubert Job/Marius Mayer (Hrsg.), Tourismus und Regionalentwicklung in Bayern (Arbeitsberichte der ARL 9), Hannover 2013, S. 1–25.
17 Holger Lehmaier, Warum immer Tourismus? Isomorphe Strategien in der Regionalentwicklung (Bamberger Geographische Schriften 26), Bamberg 2015.
18 Luisa Vogt, Regionalentwicklung peripherer Räume mit Tourismus? Eine akteur- und handlungsorientierte Untersuchung am Beispiel des Trekkingprojekts Grande

Traversata delle Alpi (Erlanger Geographische Arbeiten, Sonderband 38), Erlangen 2008.
19 Daniel Metzler, Regionalwirtschaftliche Effekte von Freizeitgroßeinrichtungen. Eine methodische und inhaltliche Analyse (Münchener Studien zur Sozial- und Wirtschaftsgeographie 46), Kallmünz–Regensburg 2007, S. 32 ff.
20 Vgl. M. Zeiner/B. Harrer (Anm. 1), S. 19 ff.
21 BMWi, Grundlagenuntersuchung Freizeit- und Urlaubsmarkt Wandern. Langfassung (Forschungsbericht des Bundesministeriums für Wirtschaft und Arbeit 591), Berlin 2010^2, S. 58 ff.
22 BMWi, Grundlagenuntersuchung Fahrradtourismus. Langfassung (Forschungsbericht des Bundesministeriums für Wirtschaft und Arbeit 583), Berlin 2009, S. 34 ff.
23 Hubert Job/Cornelius Merlin/Daniel Metzler/Johannes Schamel/Manuel Woltering, Regionalwirtschaftliche Effekte durch Naturtourismus in deutschen Nationalparken als Beitrag zum Integrativen Monitoring-Programm für Großschutzgebiete (BfN-Skripten 431), Bonn 2016, S. 34.
24 Marius Mayer/Hubert Job/Karl Ruppert, Raumfunktionale Zusammenhänge zwischen Almwirtschaft und Tourismus in den Nördlichen Kalkalpen. Fallbeispiele Isarwinkel (Bayern) und Rissbach-/Bächental (Tirol), in: Berichte zur deutschen Landeskunde 84/1 (2010), S. 59–88.
25 Helmut Klüter, Sehnsucht nach der Ostsee. Der steinige Weg vom Massen- zum Qualitätstourismus, in: Stefan Creuzberger/Fred Mrotzek/Mario Niemann (Hrsg.), Land im Umbruch. Mecklenburg-Vorpommern nach dem Ende der DDR, Berlin 2018, S. 234–260.
26 Manuel Woltering, Tourismus und Regionalentwicklung in deutschen Nationalparken. Regionalwirtschaftliche Wirkungsanalyse des Tourismus als Schwerpunkt eines sozioökonomischen Monitoringsystems (Würzburger Geographische Arbeiten 108), Würzburg 2012.
27 Elisabeth Gruber/Martina Kobras/Stefan Kordel, Lifestyle Migration als Potenzial für ländlich-periphere Gebiete Europas? Die Bewertung wirtschaftlicher und sozialer Auswirkungen aus der Perspektive von Zuwanderern und lokalen Akteuren in Frankreich, Österreich und Spanien, in: Europa regional 24 H. 3–4 (2017), S. 16–28.
28 Stefan Küblböck/Marcel Standar, Fachkräftemangel im Gastgewerbe. Eine empirische Untersuchung am Beispiel der Hotellerie in der Region Braunschweig-Wolfsburg, in: Zeitschrift für Tourismuswissenschaft 8/2 (2016), S. 285–317.
29 Marius Mayer/Robert Steiger, Skitourismus in den Bayerischen Alpen – Entwicklung und Zukunftsperspektiven, in: H. Job/M. Mayer (Anm. 16), S. 164–212.

Thilo Lang/Lukas Vonnahme

Hidden Champions in ländlichen Räumen – zur Bedeutung mittelständischer Unternehmen für Kleinstädte in peripheren Lagen

Hidden Champions sind kleine und mittelständische Unternehmen, die auf dem Weltmarkt agieren und wirtschaftlich überdurchschnittlich erfolgreich sind. Neben ihrer globalen Präsenz kennzeichnet Hidden Champions eine oftmals enge Verbindung zu ihrem Stammsitz, die sich insbesondere aus der Firmengeschichte, der Eigentümerstruktur und der engen Bindung zu ihren Mitarbeitenden und ggf. weiteren Akteuren und Institutionen vor Ort ergibt. Entgegen gängigen Annahmen zur unzureichenden Innovationsfähigkeit ländlicher Räume finden sich in Deutschland überdurchschnittlich viele dieser heimlichen Weltmarktführer außerhalb der Großstadtregionen in der eher ländlich geprägten Peripherie.

Die wirtschaftliche Bedeutung erfolgreicher mittelständischer Unternehmen sowie ihre regionalökonomischen Impulse für Kleinstädte in peripheren Lagen[1] sind bisher wenig erforscht. Gegenläufig zum wissenschaftlich und öffentlich dominanten Metropolen-Diskurs und dem damit einhergehenden, mit Schrumpfung assoziierten Bild von Kleinstädten in peripheren Lagen zeigen aktuelle Studien, dass Kleinstädte aufgrund ihrer wirtschaftlichen Dynamik eine bedeutende Rolle für die Raumentwicklung spielen. So ist das Bruttoinlandsprodukt pro Kopf in durch kleinere Städte geprägten ländlichen Regionen seit 2001 stärker gewachsen als in Metropolregionen – wenngleich die absolute Wirtschaftskraft je Einwohner hier nach wie vor niedriger ist als in den Metropolräumen.[2]

Kleinstädte sind wichtige Bestandteile des polyzentrischen Städtesystems in Deutschland und gelten als zentrales Bindeglied zwischen städtischen Agglomerationen und ländlichen Räumen (s. Beitrag von Weidner in diesem Band). Im Hinblick auf die nachhaltige Stabilisierung und Entwicklung von Kleinstädten kommt der lokalen Wirtschaft eine zentrale Bedeutung zu. Diese ist neben der Dominanz kleiner und mittlerer Unternehmen (KMU) sowohl durch diversifizierte Wirtschaftsaktivitäten als auch durch wirtschaftliche Spezialisierung gekennzeichnet. Die lokale Wirtschaft generiert in erheblichem Maße Arbeitsplätze, Kaufkraft sowie lokal verfügbares Steueraufkommen. Zudem können Unternehmen auch über ihre betrieblichen Kerntätigkeiten hinaus lokal und regional wirken – beispielsweise durch unternehmerisches Engagement in den Bereichen Bildung, Soziales, Kultur und Sport. Im Kontext dieser regionalwirtschaftlichen Wirkungen kann den Hidden Champions eine wesentliche Rolle zugeschrieben werden. Sie haben vor allem in Kleinstädten in peripheren ländlichen Räumen einen signifikanten Einfluss auf deren wirtschaftliche Entwicklung und tragen damit zur Stabilisierung der Kleinstädte und des jeweiligen Umlandes bei.

Im Folgenden zeigen wir, wie sich die etwa 1700 Hidden Champions in Deutschland räumlich verteilen und dass Kleinstädte mit Hidden Champions unabhängig von ihrer Lage eine besonders gute gesamtwirtschaftliche Situation aufweisen. Zudem wird die Bedeutung von Hidden Champions für die Entwicklung von Kleinstädten in ländlichen Räumen anhand von drei Beispielen verdeutlicht, die jeweils durch eine unterschiedliche wirtschaftliche Gesamtsituation gekennzeichnet sind Der Beitrag bezieht sich auf aktuelle Forschungsergebnisse des Leibniz-Instituts für Länderkunde und basiert auf den Projekten »Peripher global« des Sonderforschungsbereichs »Verräumlichungsprozesse unter Globalisierungsbedingungen« und »Hidden Champions – Unternehmen als Stabilisierungs- und Entwicklungsfaktoren in peripheren Lagen« des Bundesministeriums des Innern, für Bau und Heimat und des Bundesinstituts für Bau-, Stadt- und Raumforschung (BBSR).[3]

Hidden Champions in Deutschland – kein reines Großstadtphänomen

Seit der Einführung des Begriffs Hidden Champion durch den Wirtschaftswissenschaftler und Unternehmensberater Hermann Simon in den 1990er-Jahren werden kleine und mittelständische Unternehmen in Deutschland, die äußerst erfolgreich auf dem Weltmarkt agieren, intensiv erforscht. Den Auslöser für das gesteigerte Interesse an diesen Unternehmen stellt die Exportstärke Deutschlands dar: Da diese nicht primär auf Großunternehmen zurückzuführen ist, sind vermehrt kleine und mittelständische Unternehmen in den Fokus gerückt, die in ihren jeweiligen Märkten international führend sind. Viele dieser Unternehmen haben ihren Hauptsitz in ländlich geprägten, peripheren Regionen. Simon identifiziert mehrere Qualitäten dieser Standorte für Hidden Champions:

Abbildung 1: Standorte von Hidden Champions in Deutschland

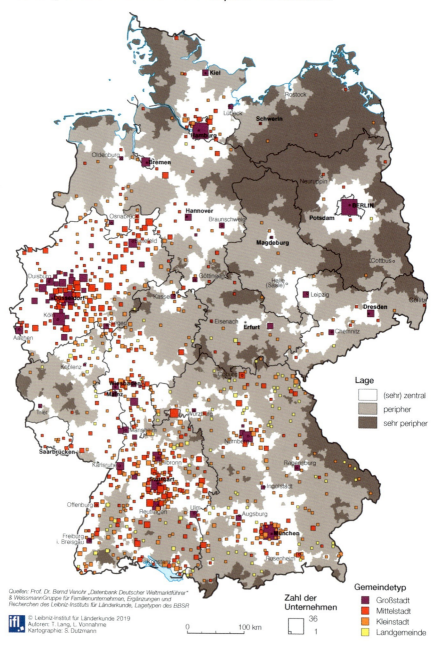

1. Unternehmen schätzen die Ruhe am Standort, die höchste Konzentration und Energie für Kernaufgaben ermöglicht.
2. Die wechselseitige Abhängigkeit und Wertschätzung von Unternehmen und Mitarbeitenden führt zu einer gesteigerten Mitarbeiteridentifikation und -motivation sowie zu geringer Fluktuation.
3. Da Hidden Champions ihre Wettbewerbsvorteile weniger über niedrige Kosten und Preise als vielmehr über Know-how, Qualität und Service sichern, sind sie besonders auf qualifizierte Mitarbeitende angewiesen und setzen mit einer überdurchschnittlichen Quote auf eigene Ausbildung.[4]

Insgesamt deuten die genannten Aspekte auf die wichtige wirtschaftliche Rolle von Hidden Champions hin – insbesondere für kleinere Gemeinden und periphere ländliche Regionen.

Tabelle 1: Standorte der Unternehmenssitze der Hidden Champions nach Stadt- und Gemeindetypen sowie Raumtypen des Bundesinstituts für Bau-, Stadt- und Raumforschung (BBSR) 2018

Stadt- und Gemeindetypen	Raumtyp 2010 – Lage			Gesamt
	(sehr) zentral	peripher	sehr peripher	
Großstadt	448	0	0	448
Mittelstadt	527	79	2	608
Kleinstadt	344	163	11	518
Landgemeinde	35	75	7	117
Gesamt	1354	317	20	1691

Wie die räumlich differenzierte Analyse der Unternehmenssitze von Hidden Champions in Deutschland zeigt, ist überraschenderweise ein hoher Anteil der Hidden Champions nicht in den Großstädten lokalisiert (s. Abb. 1). Jeder fünfte der rund 1 700 heimlichen Weltmarktführer in Deutschland ist außerhalb der Verdichtungsräume beheimatet, viele von ihnen in Kleinstädten, auch solchen in peripheren Lagen. Die Orte mit der größten Dichte an Weltmarktführern – gemessen an ihrer Anzahl im Verhältnis zu den Einwohnern – liegen fast ausnahmslos abseits der klassischen Hochtechnologie- und Wissenschaftsstandorte. Sie befinden sich vor allem in der württembergischen Region um Heilbronn, Wertheim, Crailsheim und Tauberbischofsheim sowie im nördlichen Oberfranken (Landkreise Coburg, Kronach, Hof, Wunsiedel). Außerdem gibt es im Schwarzwald und im Südosten der Schwäbischen Alb viele Unternehmen mit einer führenden Position auf den globalen Märkten. Neben diesen überwiegend in Süddeutschland gelegenen Regionen mit einer räumlichen Ballung von Weltmarktführern sind auch in peripheren Teilen Thüringens, in der Eifel und im Sauerland Weltmarktführer anzutreffen. Viele dieser Unternehmen sind Familienbetriebe mit großer Tradition und enger Bindung an den Standort.

Von den knapp 1700 Hidden Champions, die in der Datenbank des Leibniz-Instituts für Länderkunde für Deutschland gelistet sind, befinden sich 635 (also knapp 40%) in Kleinstädten und Landgemeinden. 174 Unternehmenssitze von Hidden Champions befinden sich in peripher gelegenen Kleinstädten (s. Tab. 1). Da in einzelnen Gemeinden mehrere Hidden Champions (bis zu vier) angesiedelt sind, verteilen sich diese 174 Hidden Champions auf insgesamt 147 Kleinstädte.

Eine aktuelle Analyse zeigt, dass die wirtschaftliche Gesamtsituation dieser Kleinstädte mit Hidden Champions im Vergleich zu allen Kleinstädten in Deutschland deutlich überdurchschnittlich ist.[5] Zudem gibt es nur geringfügige Unterschiede zwischen den beiden Gruppen der Kleinstädte mit Hidden Champions in zentraler und peripherer Lage (s. Abb. 2).

Abbildung 2: Überblick zur Bewertung der wirtschaftlichen Situation 2018

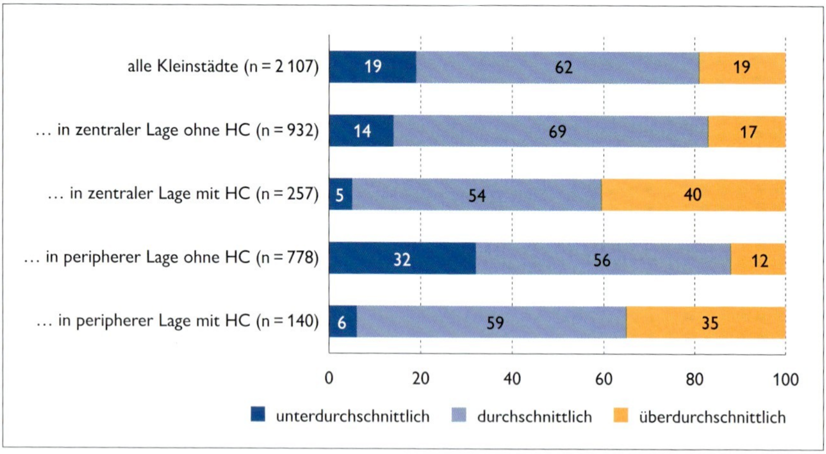

	unterdurchschnittlich	durchschnittlich	überdurchschnittlich
alle Kleinstädte (n = 2 107)	19	62	19
... in zentraler Lage ohne HC (n = 932)	14	69	17
... in zentraler Lage mit HC (n = 257)	5	54	40
... in peripherer Lage ohne HC (n = 778)	32	56	12
... in peripherer Lage mit HC (n = 140)	6	59	35

Quelle: Eigene Darstellung (Datenquelle INKAR, eigene Berechnungen)

Kleinstädte in peripherer Lage mit Hidden Champions weisen zudem ein nahezu ausgeglichenes Pendlersaldo auf und verfügen im Gegensatz zu Kleinstädten in Großstadtregionen über eine besonders hohe Arbeitsmarktzentralität, d. h. diese Städte haben nur einen geringen Überschuss an Auspendlern und nehmen eine bedeutende Funktion als Arbeitsorte in ihrer jeweiligen Region ein.

Die Bedeutung von Hidden Champions für die Entwicklung von Kleinstädten in ländlichen Räumen

In Zeiten von Globalisierung und Digitalisierung stehen Städte, Regionen wie Unternehmen gleichermaßen vor besonderen Herausforderungen, wenn es etwa um nachhaltige Entwicklung und soziale Verantwortung geht. In peripheren ländlichen Räumen spielt es zudem eine erhebliche Rolle, dass sich die öffentliche Hand vor dem Hintergrund des hier besonders sichtbaren demographischen Wandels zusehends aus Kernbereichen der umfassenden Daseinsvorsorge zurückzieht (s. Beiträge von Krajewski/Steinführer und Naumann in diesem Band). Auch die Unternehmen sind gefragt, den darin begründeten komplexen Herausforderungen gemeinsam mit Politik und Verwaltung entgegenzutreten.

Durch diese Verschiebungen ist zu beobachten, dass nicht nur die Bedeutung des Engagements von Wirtschaftsakteuren wächst, sondern gleichwohl auch die Erwartungen an unternehmerisches Engagement steigen.[6] In den folgenden Fallstudien beleuchten wir die Entwicklung von drei wirtschaftlich sehr unterschiedlich aufgestellten Kleinstädten im Wechselverhältnis mit den dort angesiedelten Hidden Champions. Dadurch verdeutlichen wir einerseits die Bandbreite historischer Entwicklungspfade von Kleinstädten in ländlich-peripheren Räumen und diskutieren andererseits die Bedeutung einzelner, besonders innovativer Unternehmen für diese Räume.

Finsterwalde

Mit 16 300 Einwohnern (Ende 2017) ist Finsterwalde der größte Ort im Landkreis Elbe-Elster im südlichen Brandenburg. Finsterwalde liegt außerhalb des engeren Verflechtungsraums Berlin-Brandenburg in sehr peripherer Lage zwischen Cottbus (50 km) und Dresden (80 km). Wie viele Städte in Ostdeutschland hat die Kleinstadt nach der Vereinigung einen tief greifenden Strukturwandel durchlebt, dessen Auswirkungen z. T. immer noch zu spüren sind. Die Stadt weist eine relativ hohe Arbeitslosenquote (8 % Ende 2018, Agentur für Arbeit) auf und befindet sich in einer eher schwierigen demographischen Situation, die von anhaltender Abwanderung, einer negativen natürlichen Bevölkerungsentwicklung sowie Alterung gekennzeichnet ist. Allerdings ist der Bevölkerungsrückgang in den vergangenen Jahren deutlich abgeflacht.

Finsterwalde ist ein historisch gewachsener und bedeutender Standort der Metall- und Elektroindustrie mit zusätzlichen Schwerpunkten in der Energiewirtschaft und der Automobilindustrie. Des Weiteren ist auch der

Dienstleistungssektor in Finsterwalde von großer Bedeutung. Als größter Arbeitgeber spielt insbesondere das Elbe-Elster-Klinikum eine wichtige Rolle. Auch wenn die allgemeine ökonomische Lage Finsterwaldes aufgrund der demographischen Situation und der niedrigen Gewerbesteuereinnahmen von ca. 200 € pro Einwohner (2015) eher unterdurchschnittlich ist, verfügt Finsterwalde über eine ausgeprägte Arbeitsmarktzentralität und weist ein positives Pendlersaldo auf (+5,1 je 100 sozialversicherungspflichtig Beschäftigte am Arbeitsort).

Abbildung 3: Firmensitz Kjellberg Finsterwalde

© Lukas Vonnahme

Der lokale Hidden Champion Kjellberg Finsterwalde blickt auf eine bewegte Geschichte zurück. Der schwedische Geschäftsmann Oscar Kjellberg gründete das Unternehmen 1922. Seither ist Finsterwalde Unternehmensstammsitz, Produktions- und Forschungsstandort und hat sich zu einem weltweit führenden Anbieter in den Bereichen Schweißelektroden, Schweißtechnik und Plasmaschneidanlagen entwickelt. 1970 erfolgte die Umwandlung in den volkseigenen Betrieb Schweißtechnik Finsterwalde und die Eingliederung in das Mansfeld-Kombinat. Nach der deutschen Einheit wurde der Betrieb privatisiert. Die neuen Eigner wollten das Unternehmen jedoch zerschlagen und den Standort Finsterwalde aufgeben, wogegen sich Belegschaft und Stadt erfolgreich wehrten. In der Folge wurde 1997 die Kjellberg-Stiftung gegründet, die zu einer Sicherung des Standortes in Finsterwalde führte.

Als einer der größten Arbeitgeber in der Region mit etwa 500 Mitarbeitenden sichert das Unternehmen in erheblichem Maße Kaufkraft und Steueraufkommen, zumal ein Großteil der Belegschaft aus dem direkten Umfeld stammt. Darüber hinaus stärkt Kjellberg Finsterwalde bewusst lokale und regionale Wirtschafts- und Geldkreisläufe. Unteraufträge vergibt der Hidden Champion, wenn möglich, an örtliche Unternehmen und Handwerksbetriebe. Auch finanzielle Angelegenheiten (Einlagen, Kredite etc.) wickelt das Unternehmen bewusst über regionale Geldinstitute ab.

Zudem profitiert auch das lokale Beherbergungsgewerbe von der konstanten Nachfrage Kjellbergs – beispielsweise zur Unterbringung internationaler Kunden, temporär unterzubringender Facharbeiter oder Schulungsteilnehmer. Durch die lange Historie des Unternehmens am Standort, sukzessive Unternehmenserweiterungen, die spezifische Unternehmensstruktur einer Stiftung und über die Belegschaft hergestellte lokale bzw. regionale Bezüge gilt Kjellberg Finsterwalde als Unternehmen mit ausgeprägter lokaler Verwurzelung.

Bad Berleburg

Das Mittelzentrum im Kreis Siegen-Wittgenstein in Südwestfalen, unweit der Landesgrenze zu Hessen, ist mit knapp 20 000 Einwohnern die größte Stadt in der näheren Umgebung und bedient alle wesentlichen Funktionen der Daseinsvorsorge. Daneben gibt es zahlreiche Kultur-, Sport- und Freizeitangebote (Geschäfte, Kino, Schwimmbad, Konzerte, Märkte etc.), die eine sehr hohe Lebensqualität ermöglichen. Die Region Südwestfalen zeichnet sich durch wirtschaftliche Stärke aus, ist gleichzeitig aber auch vom demographischen Wandel besonders betroffen (s. Beitrag von Arens / Krajewski in diesem Band). Als besonders problematisch wird die verkehrliche Anbindung der Stadt bewertet. Bad Berleburg ist Endpunkt der Zugstrecke aus Siegen, wohin die Fahrtzeit etwa 90 Minuten beträgt. Die nächste Autobahn liegt etwa eine Stunde entfernt, was für Unternehmen mit hohem Waren- und Gütertransportaufkommen eine nicht unerhebliche Belastung ist.

Neben den beiden Hidden Champions BSW Berleburger Schaumstoffwerk GmbH und EJOT Holding GmbH & Co. KG ist Bad Berleburg durch eine diversifizierte Unternehmenslandschaft mit zahlreichen mittelständischen, inhabergeführten Betrieben gekennzeichnet. Insgesamt bietet die Stadt etwa 8 000 Arbeitsplätze, mehr als die Hälfte der Beschäftigten wohnen im Ort selbst. Aufgrund der starken Wirtschaftsstruktur mit Gewerbesteuereinnahmen von ca. 400 € pro Einwohner (2015) auf der einen Seite und der schwierigen demographischen Situation auf der anderen Seite wird die wirtschaftliche Lage Bad Berleburgs als durchschnittlich bewertet.

Abbildung 4: Unternehmensstammsitz von EJOT in Bad Berleburg

© Dominik Ketz

EJOT ist ein mittelständisches Familienunternehmen mit Spezialisierung auf Verbindungstechnik, das auf eine knapp hundertjährige Geschichte zurückblickt. Heute beschäftigt die Unternehmensgruppe weltweit über 3 000 Personen, davon 1 300 in der Region um Bad Berleburg. Die BSW Berleburger Schaumstoffwerk GmbH wurde 1954 in Bad Berleburg gegründet und beschäftigt heute weltweit 650 Mitarbeitende, davon 470 (inklusive 40 Auszubildende) am Stammsitz. BSW stellt elastische Werkstoffe und Gummiformteile her.

Von den Hidden Champions geht also ein großes wirtschaftliches Potenzial vor Ort aus. Dabei sind zwei Aspekte besonders hervorzuheben: Zum einen haben beide Unternehmen in Bad Berleburg ihre Expansion vorangetrieben und sich damit langfristig zum Standort bekannt – allen verkehrsbezogenen Nachteilen der Region zum Trotz. EJOT hat im Jahr 2010 seine Unternehmensverwaltung im Kernort konzentriert und einen neuen Forschungs- und Entwicklungsstandort geschaffen. Zudem haben beide

Unternehmen die in den vergangenen Jahren erfolgte schrittweise Erhöhung der Gewerbesteuer um 25% mitgetragen und damit zur Haushaltskonsolidierung der Kommune beigetragen. Ein weiterer Aspekt, der sich auch in den anderen Fallstudien zeigt, ist die Außenwirkung, die Hidden Champions erzeugen und die auch den Standort in den Blickpunkt rückt. Der Name der BSW Berleburger Schaumstoffwerk ist dabei das sichtbarste Aushängeschild. Als erfolgreiche Unternehmen erfahren beide Hidden Champions zudem eine erhöhte Aufmerksamkeit seitens der Politik.

Abbildung 5: Unternehmensstammsitz von BSW in Bad Berleburg

© Martin Graffenberger

EJOT und BSW gehören zu den bedeutendsten Arbeitgebern in Bad Berleburg und der Region. Über wirtschaftsbezogene Verflechtungen (Beschäftigung, Kaufkraft, Steueraufkommen) leisten sie einen wesentlichen Beitrag zur örtlichen und regionalen Entwicklung. Die Unternehmen haben seit jeher ihren Stammsitz in Bad Berleburg und sind in dritter Generation familiengeführt. Dadurch ergibt sich neben den wirtschaftlichen Verflechtungen eine weitere Dimension lokaler Verwurzelung, die sich z. B. durch Mitgliedschaft bzw. Vorstandsarbeit der Unternehmenslenker in örtlichen Vereinen äußert.

Schierling

Schierling ist eine Marktgemeinde im Landkreis Regensburg in Bayern. Sie liegt südlich der Stadt Regensburg in der Oberpfalz und entwickelte sich in den vergangenen 50 Jahren zu einem Grundzentrum mit gewerblich-industriellem Schwerpunkt. In den 26 Gemeindeteilen des Marktes leben etwa 8200 Menschen, davon etwa 5400 im Hauptort Schierling. In den vergangenen zehn Jahren ist die Bevölkerungszahl, insbesondere durch ein positives Wanderungssaldo, um etwa 1000 Personen gestiegen. Eine solch dynamische Bevölkerungsentwicklung ist für eine Kleinstadt in peripherer Lage bemerkenswert. Schierling profitiert allerdings auch von einer guten Verkehrsanbindung, insbesondere in Richtung Regensburg.

Die gewerbliche Funktion des Ortes wird seit 2011 durch die Entwicklung eines neuen Gewerbegebietes gestärkt. Neben dem in Schierling ansässigen Hidden Champion Holmer Maschinenbau GmbH finden sich am Standort zahlreiche andere, darunter viele traditionsreiche Industrieunternehmen. Im Jahr 2015 siedelte sich zudem die SMP Deutschland GmbH (Automobilzulieferer, 750 Beschäftigte in Schierling) dort an. Insgesamt gibt es in Schierling (Stand 2016) etwa 2800 sozialversicherungspflichtige Arbeitsplätze (Bayerisches Landesamt für Statistik 2018). Aufgrund der positiven demographischen Rahmenbedingungen wird die wirtschaftliche Situation als überdurchschnittlich bewertet; die Gewerbesteuereinnahmen liegen bei 234 € je Einwohner (2015).

Abbildung 6: Sitz der Holmer Maschinenbau GmbH im Gewerbegebiet Am Birlbaum

© Martin Graffenberger

Die Firma Holmer Maschinenbau GmbH wurde 1969 durch Alfons Holmer gegründet. 1974 entwickelte das Unternehmen den ersten 6-reihigen, selbstfahrenden Zuckerrübenvollernter der Welt und ist seitdem in diesem Segment Weltmarktführer. Das Unternehmen wurde bis zum Verkauf an eine branchenübergreifende Beteiligungsgesellschaft im Jahre 2004 als Familienunternehmen geführt. 2013 wurde es von einem französischen Familienunternehmen übernommen und agiert seitdem wieder weitgehend unabhängig. Mit etwa 330 Mitarbeitenden in Produktion, Verwaltung, Entwicklung, Logistik und Wiederherstellung ist die Holmer Maschinenbau GmbH einer der größten Arbeitgeber der Gemeinde und fungiert mit etwa 30 Auszubildenden in insgesamt sechs Lehrberufen auch als wichtiger Ausbildungsbetrieb. Dadurch generieren sich auf lokaler Ebene Kaufkraft und Steueraufkommen, was der Gemeinde entsprechende Gestaltungsspielräume erschließt. Wenn möglich, versucht Holmer Lieferketten kleinräumig auszurichten und lokale / regionale Strukturen zu stärken (bspw. Druckerei, Beschaffung von Arbeitskleidung etc.). Betont wird zudem, dass Holmer durch seine Expansion im neuen Gewerbegebiet einen substanziellen Beitrag zur Stadtentwicklung leiste und sich langfristig zum Standort bekannt habe.

Das Beispiel Schierling macht zudem deutlich, dass Änderungen in den Besitzverhältnissen von Unternehmen spürbare örtliche Auswirkungen haben können, beispielsweise hinsichtlich Unternehmensverwurzelung und Verbindung zur Verwaltung. In der Zeit, in der das Unternehmen über fast zehn Jahre hinweg von Private-Equity-Gesellschaften geführt wurde, war zum einen die Zukunft des Betriebes unsicher, zum anderen wurden lokale Beziehungen erheblich schwächer.

Zusammenfassung und Schlussfolgerungen

Erfolgreiche, sich dynamische entwickelnde Unternehmen sind in Deutschland kein reines Großstadtphänomen. Von knapp 1700 Hidden Champions in Deutschland sind über 500 in Kleinstädten ansässig, viele davon in peripherer Lage. Gerade ländliche Räume außerhalb der Großstadtregionen profitieren enorm von diesen Unternehmen. Besonders hervorzuheben sind hier die höhere Gewerbesteuerkraft der Kommunen, die Sitz eines oder mehrerer Hidden Champions sind, der höhere Anteil an jungen Arbeitnehmern in diesen Städten sowie die niedrigere Arbeitslosigkeit. Damit verfügen diese Kommunen zum einen tendenziell über größere finanzielle Spielräume bei der Stadtentwicklung. Zum anderen scheinen sie auch hinsichtlich der demographischen Entwicklung besser für die Zukunft gewappnet zu sein.

Wie die Fallstudien zeigen, ist der Erfolg der Unternehmen keine Selbstverständlichkeit, sondern muss kontinuierlich erarbeitet und lokal langfristig gesichert werden. Kommunen können mittelbar zum Unternehmenserfolg beitragen, indem sie ein wirtschaftsfreundliches Klima schaffen und auch bei Konflikten und in wirtschaftlich schwierigen Phasen in ständigem Dialog mit den Unternehmen stehen.

Dies gilt umgekehrt für die Möglichkeiten der Unternehmen, sich in Prozesse der Stadtentwicklung einzubringen und diese ggf. mitzugestalten. Hidden Champions übernehmen sowohl auf dem Feld ihrer wirtschaftlichen Kerntätigkeit als auch darüber hinaus unternehmerische Verantwortung, beispielsweise in den Bereichen Kultur, Bildung und Soziales. Besonders intensiv scheint das Engagement dort, wo die eigenen Interessen des Unternehmens betroffen sind. Themen wie Bildung, Fachkräftesicherung und -gewinnung oder Nachwuchsentwicklung sind dabei eng mit Aspekten der Standortattraktivität verflochten. Hier gestalten Hidden Champions weiche Faktoren vor Ort aktiv mit und verfolgen damit gemeinsame Interessen mit der kommunalen Verwaltung und Bürgerschaft.

Die Bereitschaft, sich zu engagieren, scheint generell bei erfolgreichen, lokal und regional verwurzelten Unternehmen besonders ausgeprägt zu sein. Das Engagement kann allerdings nicht als selbstverständlich vorausgesetzt werden, sondern ist z. B. von der aktuellen wirtschaftlichen Situation der Unternehmen abhängig. Zudem scheinen auch die Besitzverhältnisse der Unternehmen von Bedeutung zu sein, da sich insbesondere inhabergeführte Unternehmen längerfristig für örtliche Belange engagieren.

Für die Zukunft gilt es, in ländlichen Räumen das wirtschaftliche Potenzial außerhalb des Agrarsektors und des Tourismus anzuerkennen und Kleinstädte als lebenswerte Zentren in peripheren Regionen zu fördern. Durch eine Aufweitung und Neuinterpretation der bisher auf die größeren Städte fokussierten Innovationsförderung sowie der Regional- und Wirtschaftspolitik kann auch die Politik in Deutschland einen Beitrag dazu leisten, Kleinstädte nachhaltig lebenswert und zukunftsfest zu gestalten.

Anmerkungen

1 Bundesinstitut für Bau-, Stadt- und Raumforschung (BBSR), Lage und Zukunft der Kleinstädte in Deutschland. Bestandsaufnahme zur Situation der Kleinstädte in zentralen Lagen, www.bbsr.bund.de/BBSR/DE/FP/ExWoSt/Studien/2016/Kleinstaedte/01-start.html (abgerufen am 16.10.2019); BBSR, Laufende Raumbeobachtung – Raumabgrenzungen. Raumtypen 2010, www.bbsr.bund.de/BBSR/DE/Raumbeobachtung/Raumabgrenzungen/deutschland/gemeinden/Raumtypen2010_vbg/raumtypen2010_node.html (abgerufen am 10.3.2020).
2 Manfred Kühn / Thilo Lang, Metropolisierung und Peripherisierung in Europa. Eine Einführung, in: Europa regional 23 (2017), S. 2–14; Heike Mayer, Kleinstädte in Europa. Zwischen lokaler Verankerung und internationaler Vernetzung, in: IRS Aktuell 79 (2014), S. 11–12; Lewis Dijkstra / Enrique Garcilazo / Philip McCann, The Economic Performance of European Cities and City Regions. Myths and Realities, in: European Planning Studies 21 (2013), S. 334–354; Klaus-Heiner Röhl, Regionale Konvergenzprozesse in Deutschland. Der ländliche Raum holt auf, in: IW-Report 38 (2017).
3 Lukas Vonnahme / Thilo Lang, Peripher global. Ergebnisse der standardisierten Befragung zu Innovationsaktivitäten von Weltmarktführern in Deutschland, Leipzig 2019; Lukas Vonnahme / Martin Graffenberger / Franziska Görmar / Thilo Lang, Kaum beachtet, gemeinsam stark. Versteckte Potenziale von Kleinstädten mit Hidden Champions, in: Informationen zur Raumentwicklung 6 (2018), S. 38–49; Thilo Lang / Franziska Görmar / Martin Graffenberger / Lukas Vonnahme, Hidden Champions und Stadtentwicklung. Die wirtschaftliche und gesellschaftliche Bedeutung innovativer Unternehmen für Kleinstädte in peripherer Lage, Bonn 2019 (= Sonderveröffentlichung des BBSR).
4 Hermann Simon, Hidden Champions – Aufbruch nach Globalia. Die Erfolgsstrategien unbekannter Weltmarktführer, Frankfurt–New York 2012, S. 381 ff.
5 Vgl. Th. Lang / F. Görmar / M. Graffenberger / L. Vonnahme (Anm. 3).
6 Matthias Kiese / Meike Schiek, Unternehmerische Verantwortung in der Stadt- und Regionalentwicklung, in: Standort 40 (2016), S. 9–12; Rainer Danielzyk / Isabelle Klein / Linda Lange / Pia Steffenhagen-Koch / Winrich Voß / Alexandra Weitkamp, CSR und Ortsentwicklung, in: Hans-Hermann Albers / Felix Hartenstein (Hrsg.), CSR und Stadtentwicklung. Unternehmen als Partner für eine nachhaltige Stadtentwicklung, Berlin–Heidelberg 2017, S. 143–158; Bundesministerium für Familie, Senioren, Frauen und Jugend (BMFSFJ), Erster Engagementbericht 2012. Für eine Kultur der Mitverantwortung, Berlin 2012.

Gabriela B. Christmann

Soziale Innovationen in ländlichen Räumen

Die Einrichtung eines gemeinnützigen Dorfladens in einer strukturschwachen ländlichen Region wird in der breiten Öffentlichkeit kaum als innovatives Handeln wahrgenommen. Mit dem Begriff der Innovation werden gemeinhin vielmehr technische oder wirtschaftliche Neuerungen, teure Forschungslabore großer Unternehmen sowie wirtschaftliche Fördercluster in Ballungsräumen assoziiert. In den Sozialwissenschaften werden neben technischen und wirtschaftlichen aber auch soziale Innovationen betrachtet.[1] Dabei handelt es sich um neuartige soziale Praktiken bzw. Lösungsansätze, die angesichts bestehender Problemlagen entwickelt werden. Seit geraumer Zeit schreibt man ihnen Potenziale zu, den vielfältigen Herausforderungen unserer Gesellschaft zu begegnen. Allerdings weiß man bislang nur wenig darüber, unter welchen Bedingungen soziale Innovationen entstehen und wie sich ihre Potenziale entfalten lassen. Der Kongress »Innovationen für die Gesellschaft – Neue Wege und Methoden zur Entfaltung des Potenzials sozialer Innovationen«, der im Jahr 2016 vom Bundesministerium für Bildung und Forschung initiiert und organisiert wurde, zeugt davon.[2] Soziale Innovationen sind dabei nicht nur in Städten, sondern auch in ländlichen Gebieten gefragt.

In vielen ländlich geprägten Regionen Europas hat sich eine Negativspirale in Gang gesetzt: Wegen vergleichsweise schlechter Lebensbedingungen – z. B. durch eine geringe wirtschaftliche Produktivität, wie sie in strukturschwachen ländlichen Gebieten typisch ist, und aufgrund einer sich verschlechternden infrastrukturellen Ausstattung (z. B. in der Daseinsvorsorge) – wandern immer mehr Bürgerinnen und Bürger in die Städte ab, was die wirtschaftlichen Chancen der Regionen wegen fehlender potenzieller Arbeitskräfte zunehmend weiter verschlechtert.[3] Bewohnerinnen und Bewohner, die in den strukturschwachen ländlichen Gebieten geblieben sind, beklagen in hohem Maße den Abbau von Infrastrukturen. Das Verschwinden des Kaufladens, der Bäckerei, der Arztpraxis, der Dorfkneipe oder der Poststelle – und damit auch der Kommunikationsorte – wird als eine einschneidende Veränderung im Lebensalltag empfunden.

Auf die Frage, wie derartige Entwicklungen und Negativspiralen gestoppt werden können, gibt es keine einfachen Antworten. Aber: »Not macht erfinderisch.« Auch wenn viele Bürgerinnen und Bürger in strukturschwachen ländlichen Regionen angesichts der scheinbar ausweglosen Situation eine »kollektive Depression« erleiden, wie es zahlreiche Interviewpartnerinnen und -partner eines Forschungsprojekts[4] formulierten, von dem in diesem Beitrag berichtet werden soll, werden zumindest einige lokale Akteure aktiv und nehmen die Dinge selbst in die Hand. Auf der Suche nach geeigneten Lösungen verlassen sie die ausgetretenen Pfade und entwickeln soziale Innovationen, die von bisherigen Lösungsmustern abweichen. Faktisch lassen sich durchaus zahlreiche sozial-innovative Projekte auf dem Land beobachten, die hier genauer betrachtet werden sollen.

Soziale Innovationen

Was genau zeichnet nun soziale Innovationen aus? Als eigenständiges Forschungsfeld stehen sie erst seit Ende der 1990er-Jahre auf der Agenda sozialwissenschaftlicher Auseinandersetzungen. Seither werden neuartige Handlungspraktiken nicht nur in Technik und Wirtschaft, sondern auch im Alltagsleben von Gesellschaftsmitgliedern gesehen, etwa in der Verwirklichung neuer Wohnformen (z. B. Wohngemeinschaften für Senioren) oder durch die Etablierung neuer Formen der Gemeindeentwicklung.[5]
Soziale Innovationen werden als neuartige Praktiken verstanden, im Anschluss an Zapf[6] als »neue Wege, Ziele zu erreichen, insbesondere neue Organisationsformen, neue Regulierungen, neue Lebensstile«. Ein zentrales Kriterium für die Bestimmung von Innovationen ist also die Neuheit, und zwar als Bruch mit etwas Gewohntem. Allerdings ist eine Innovation in der Regel nicht etwas zum ersten Mal absolut neu in die Welt Kommendes, sondern eine »relative« Neuheit: Es handelt sich um eine neuartige Kombination bereits bekannter Elemente.[7] Gerade in ländlichen Regionen kann es sein, dass eine soziale Innovation auf traditionelle Elemente zurückgreift und diese auf eine neuartige Weise kombiniert; es ist aber auch möglich, dass bekannte Elemente aus der Region mit neuen Elementen anderer Herkunft verbunden werden.[8] Kennzeichnend für eine soziale Innovation ist außerdem, dass ein neu generiertes Wissen bzw. eine neuartige Idee keine reine Idee bleibt, sondern in die Praxis umgesetzt, von anderen imitiert und schließlich etabliert wird.[9]
Ländliche Gemeinden wurden bis vor Kurzem nur selten in einen Zusammenhang mit (sozialen) Innovationen gebracht.[10] Dies ist zum einen die Wahrnehmung von Landbewohnerinnen und Landbewohnern selbst,

die eine Umsetzung von Neuem auf dem Land nur schwerlich für möglich halten. Sogar kreative ländliche Akteure bezeichnen das Neuartige an ihren Ansätzen meist nicht von sich aus als »innovativ«. Ihnen geht es in erster Linie darum, Lösungen für bestehende Probleme in der Gemeinde zu entwickeln, nicht aber darum, innovativ zu sein. Es ist ihnen allerdings klar, dass die alten Muster nicht mehr taugen, dass neue Praktiken erprobt und kreative Lösungen gefunden werden müssen. Zum anderen stehen ländliche Gemeinschaften auch in der Wahrnehmung Dritter im Ruf, eher innovationsfern zu sein.[11] Die Geschichte zeigt jedoch, dass ländliche Räume – abgesehen von Agrarinnovationen[12] – immer schon als Experimentierräume bzw. als Rückzugsgebiete für Kreativitätsentwicklung genutzt wurden. Oft waren und sind es Städter, bisweilen Künstlerinnen, Kreative oder Alternative, die sich einzeln, in Gruppen oder Kolonien auf das Land zurückgezogen haben, um Neues auszuprobieren. Empirische Befunde aus der Gegenwart zeigen, dass auch die Einheimischen in ländlichen Regionen durchaus Neuartiges auf den Weg bringen und weiterentwickeln.

Soziale Innovationen in Landgemeinden

Im Forschungsprojekt »Innovationen in Landgemeinden« wurden in der Zeit von 2015 bis 2018 sozial-innovative Projekte auf dem Land erforscht.[13] Das Projekt stieß in zweifacher Hinsicht in eine Forschungslücke: Erstens sind Landgemeinden in Westeuropa im Vergleich zu Städten in der Forschung immer noch vernachlässigt. Zweitens gibt es kaum Wissen darüber, wie in strukturschwachen ländlichen Regionen, die bislang als traditionsorientiert und innovationsfern angesehen wurden, sozial-innovative Projekte generiert werden und welchen Herausforderungen sich die Akteure dabei gegenübersehen. Die leitenden Fragestellungen des Projekts waren entsprechend:
- Wie entstehen soziale Innovationen auf dem Land? Im Rahmen welcher Kontextbedingungen, Akteurskonstellationen und Prozesse bzw. Verläufe entstehen sie?
- Welchen Herausforderungen sehen sich sozial-innovative Akteure dabei gegenüber?
- Welche Schlussfolgerungen ergeben sich daraus für die Förderung sozialer Innovationen in ländlichen Gebieten?

Um eine gewisse Vergleichbarkeit zwischen den ausgewählten Gemeinden gewährleisten zu können, wurden diese nach festgelegten Kriterien ausgewählt: Alle Gemeinden liegen in Regionen, die in hohem Maße vom demographischen Wandel gekennzeichnet sind. Sie haben ungünstige

Wittenberge in Brandenburg
© Stefan Schmitz

Prognosen für die weitere demographische Entwicklung durch anhaltende Abwanderungen. Es handelt sich insofern um strukturschwache ländliche Räume, als das Bruttoinlandsprodukt (BIP) pro Kopf der ländlichen Bevölkerung unter dem Durchschnitt des jeweiligen Bundeslandes wie auch der Bundesrepublik Deutschland liegt. Gemäß den Raumtypen, die das Bundesinstitut für Bau-, Stadt- und Raumforschung (BBSR) unterscheidet (s. Beitrag von Küpper/Milbert in diesem Band), haben die Räume eine ausgeprägte ländliche siedlungsstrukturelle Prägung und eine Bevölkerungsdichte unter 150 Einwohner pro km².[14] Sie befinden sich zudem in einer peripheren räumlichen Lage.

Insgesamt wurden sechs Gemeinden in fünf Bundesländern untersucht, in denen innovative Ansätze in der Gemeindeentwicklung erkennbar waren. Zwei davon starteten den Versuch, sich über Kunst- und Kulturprojekte neu zu erfinden bzw. ihre Identität zu stärken (Kyllburg, Rheinland-Pfalz; Plessa, Brandenburg), in zwei weiteren verbesserten die Akteure im Rahmen von Bioenergieprojekten ihre wirtschaftliche Grundlage (Treptitz, Sachsen; Bechstedt, Thüringen), während in den beiden letzten Gemeinden die Akteure ihre Nahversorgung selbst organisierten (Frankershausen, Hessen; Klockow, Brandenburg).

Am Beispiel von Projekten zur Nahversorgung, in denen es überwiegend um die Etablierung von Dorfläden zur Verbesserung der Versorgung vor Ort geht, lässt sich gut verdeutlichen, dass sich das Sozial-Innovative dort nicht als eine absolute Neuerung zeigt, sondern als eine neuartige Kombination bereits bekannter Elemente: Diese Dorfläden sind nicht einfach mit den alten »Tante-Emma-Läden« gleichzusetzen. Es handelt sich vielmehr – und das ist das Neuartige – um komplexe Multifunktions-Center, die – abgesehen davon, dass sie Lebensmittel und andere Waren anbieten – als sozialer Treffpunkt im Dorf, als Poststelle, Bankfiliale und in manchen Fällen sogar als temporäre Arztpraxis dienen. Oft betreiben die Dorfbewohnerinnen und -bewohner diese Dorfläden zudem genossenschaftlich, was ein weiteres Element in der neuartigen Kombination darstellt. Der »Laden für alles« im hessischen Frankershausen (880 Einwohner) sollte zudem eine Beschäftigungsmöglichkeit für Menschen mit Behinderungen schaffen. Für die Akteure in brandenburgischen Klockow (370 Einwohner) war es demgegenüber wichtig, einen Gemeinschaftsgarten und eine Dorfküche aufzubauen und in das Nahversorgungsprojekt zu integrieren.

Mit seinem äußerst erfolgreichen Kunst- und Kulturprojekt ist Kyllburg als ehemaliger Kurort in der Eifel (890 Einwohner) ein Beispiel dafür, dass sogenannte Zwischennutzungen leer stehender Häuser durch Kreative auf das Land übertragen werden können – eine soziale Innovation, die zuvor vor allem in Großstädten bekannt geworden ist. Deprimiert von Leerständen, insbesondere von leeren Schaufenstern der ehemaligen Läden in ihrem Ort, eigneten sich Kyllburger Akteure die Schaufenster einfach an und nutzten sie, um Kunstwerke Studierender zu präsentieren. Immer mehr Aktivitäten rund um die Themen Kunst und Kultur schlossen sich an (die Organisation einer Kulturstraße, von Lesungen etc.) und lockten sogar Großstädter aus Düsseldorf und Köln nach Kyllburg. Schnell interessierte sich ein Investor für die aktive Gemeinde, renovierte Häuser und richtete Ferienwohnungen für Städter ein, die sich im Kyllburger Wandergebiet erholen möchten.

Der Gemeinde Plessa (2 780 Einwohner) in der Brandenburger Lausitz, die stark von Deindustrialisierung und einem Verlust ihrer ehemaligen Identität gezeichnet ist, ging es demgegenüber darum, an Identitätsbildungsprozessen von Plessaern und Plessaerinnen zu arbeiten und mögliche Zukunftsszenarien für die Gemeinde zu entwerfen. Dafür wurden Erzählsalons organisiert, die ein innovatives kommunikatives Format darstellen. Die älteren Bewohnerinnen und Bewohner erzählten von der Vergangenheit und den einstigen Traditionen in der Gemeinde, die jüngeren von ihren Visionen für die Zukunft. Ziel war es, Neues zu entwickeln, ohne Traditionen zu vernachlässigen.

Unter den Bioenergiedörfern zeigte der kleine Ort Treptitz (150 Einwohner) in Sachsen, wie die Abwasserversorgung im Dorf gemeinschaftlich und unabhängig organisiert werden kann. Zudem sollte das lokal in der Landwirtschaft erzeugte Biogas genutzt werden und zu einer kostengünstigen Wärmeversorgung der Haushalte beitragen. Sämtliche Rohrleitungen wurden in Eigenarbeit der Bewohnerinnen und Bewohner verlegt. Die gemeinsame Arbeit an diesem Projekt stärkte den sozialen Zusammenhalt und die Identität der Treptitzer Bevölkerung. Im Wettbewerb »Innovationen querfeldein – Ländliche Regionen neu gedacht« wurde das bundesweit einmalige Projekt im Jahr 2014 mit einem Preis ausgezeichnet.

Ein weiteres Beispiel für die Innovationsfähigkeit von Landgemeinden ist Bechstedt (150 Einwohner) in Thüringen, wo die technische Innovation des Holzvergasers und das in der Region ständig anfallende Holz für die genossenschaftlich organisierte Wärmeerzeugung im Ort eingesetzt wurden. Auch Bechstedt wurde 2014 als Bioenergiedorf ausgezeichnet.

Damit zeigt sich, wie vielfältig die Projekte sind und vor allem, wie individuell die jeweiligen innovativen Projekte auf die konkreten Bedürfnisse der Akteure vor Ort zugeschnitten sind.

Faktoren für soziale Innovationen in ländlichen Räumen

Trotz der unterschiedlichen sozialen Innovationen und spezifischen regionalen Kontexte lassen sich durchaus Gemeinsamkeiten in Bezug auf die Bedingungen, Herausforderungen, Schlüsselfiguren, Akteurskonstellationen und sozialen Prozesse feststellen, in deren Rahmen sich die Innovationen vollzogen haben. Typisch ist für alle Projekte, dass die neuartigen Lösungen an drängende lokale Bedürfnisse anknüpfen, dass das Neuartige daran aber in der Regel maßgeblich durch Impulse gefördert wurde, die von außen kamen. Folgende Faktoren lassen sich erkennen:

- Die Impulse sind oft durch neue Perspektiven und neues Wissen entstanden. Meist sind es Fremde, neu Zugezogene oder Rückkehrende in den Gemeinden, die Impulse bzw. Ideen für innovative Projekte einbringen. Ihnen fällt der Schritt von der Problemwahrnehmung zur Lösungsfindung durch einen frischen Blick von außen und aufgrund von Erfahrungen aus anderen räumlichen Kontexten oft leichter als den Einheimischen.
- Es hat sich aber auch gezeigt, dass neuartige Ansätze nur entstehen können, wenn sich im Projektverlauf Einheimische der Sache annehmen. Sie sorgen dafür, dass das Neuartige an bekannte Strukturen anknüpft – ob sozial, kulturell, politisch oder administrativ.

Museum Keltenwelt am Glauberg, Hessen
© Stefan Schmitz

- Von größter Bedeutung für innovative Projekte ist eine zentrale Person, eine Schlüsselfigur, die besonders herausragt, weil sie die Fäden in der Hand hat und als Triebkraft wirkt.
- Erfolgreich sind Projekte aber besonders dann, wenn sich zusätzlich zu dieser Schlüsselfigur eine ausreichende Zahl von Akteuren in einem Netzwerk zusammenfindet (etwa fünf bis acht Personen), in dem das Know-how von Ideengebern, Macherinnen, Ressourcenbeschaffern, Bastlerinnen, Netzwerkern und Kommunikatorinnen zusammentrifft und sich gegenseitig ergänzt. Auch die Akteure des engeren Netzwerks sind Schlüsselfiguren. Darüber hinaus müssen überregional Verbindungen aufgebaut und genutzt werden, um das nötige Spezialwissen für die erfolgreiche Implementierung eines bestimmten Projekts (z. B. eines Dorfladens) zu gewinnen.
- Kontinuität und eine lokale Verankerung des Projekts bringen vor allem Schlüsselfiguren, die vor Ort institutionell verankert sind (als Ortsvorsteher, Bürgermeisterin, Vereinsvorsitzende, lokale Unternehmer).
- Besonders hilfreich ist es, wenn bedeutende lokale oder regionale Entscheidungsträger dafür gewonnen werden können, die Schirmherrschaft für die Initiative zu übernehmen.

- Zu den Erfolgsfaktoren für Innovationen auf dem Land gehört nicht zuletzt, eine offene Kommunikation über das innovative Projekt zu etablieren, und zwar durch verschiedene kommunikative Formate, die nach innen und nach außen gerichtet sind. Es erweist sich als zentral, sowohl in der ländlichen Gemeinde als auch im regionalen Umfeld Vertrauen aufzubauen und soziale Akzeptanz herzustellen. Die Skepsis gegenüber dem Neuen ist oft groß und muss überwunden werden. Die Kommunikation nach außen, z. B. durch Pressearbeit, stärkt die Akteure auch nach innen in ihrer kollektiven Identität, wenn positiv über die kreativen Ansätze berichtet wird.

Im Folgenden sollen einige der Befunde vertieft und jeweils Schlussfolgerungen für die Förderung sozial-innovativer Projekte abgeleitet werden.

Möglichkeiten des Austauschs bieten

Ganz grundsätzlich besteht eine nicht zu vernachlässigende Herausforderung für ländliche Akteure darin, dass durch den Wegfall von Kommunikationsorten in der Gemeinde (z. B. durch das Verschwinden der Dorfkneipe, der Pfarrgemeinde etc.) oft die Räumlichkeiten fehlen, in denen man sich treffen kann. Ganz generell beklagen die Akteure vor diesem Hintergrund eine reduzierte Kommunikation in der Gemeinde. Diesem Problem kann begegnet werden, indem in der Gemeinde öffentlich zugängliche Räumlichkeiten bereitgestellt werden, die einen kreativen Austausch ermöglichen. Dies ist zwar eine sehr basale Förderung sozialer Innovationen, die aber angesichts der Verhältnisse auf dem Land keinesfalls selbstverständlich ist.

Eine weitere Herausforderung ist, dass – wie oben angedeutet – die Menschen in der Gemeinde nicht (oder kaum) mehr miteinander reden, geschweige denn zusammenarbeiten. Manchmal gibt es Konflikte oder Misstrauen. Eine zweite Fördermöglichkeit sozialer Innovationen ist es daher, moderierte kommunikative Formate wie Stammtische, Erzählsalons oder Zukunftswerkstätten zu organisieren. Auf diese Weise lassen sich die für das Projekt wichtigen Personen zusammenbringen, Kommunikationsflüsse bahnen, innovationshemmende Blockaden aufbrechen, Wahrnehmungen von Problemen austauschen und erste Ideen bzw. Visionen für bessere Lösungen entwickeln. Für die Wahl und Umsetzung moderierter Kommunikationsformate sind indes spezielle Kenntnisse erforderlich. Die Akteure müssen daher entsprechendes Wissen abrufen können bzw. dazu beraten werden.

Lokale Schlüsselfiguren fördern

Ohne eine personelle Triebkraft gibt es kein Projekt. Daher sind lokale Schlüsselfiguren erforderlich, die nicht nur neue Ideen einbringen, sondern eine ausgeprägte Handlungsorientierung zeigen, vor Ort eine breite soziale Akzeptanz genießen und längerfristig als Kümmerer die Koordination des Projekts übernehmen. Sie sind unabdingbar, damit in der kritischen Anfangsphase innovativer Projekte, aber auch im weiteren Verlauf die nötige Kontinuität hergestellt werden kann. So kann dem frühzeitigen »Sterben« von Projekten vorgebeugt werden. Eine Herausforderung ist es, solche Schlüsselfiguren zu halten und für die weitere Arbeit zu motivieren.

Lokale Schlüsselfiguren können zum einen unterstützt werden, indem sie für koordinierende Tätigkeiten in innovativen Projekten Entgelte im Sinne von Aufwandsentschädigungen erhalten. Förderungen im Rahmen sogenannter Dorfkümmerer-Programme setzen zu Recht auf solche Anreize. Zum anderen benötigen Schlüsselfiguren für ihre Koordinationsaufgaben ein umfangreiches und vielfältiges Wissen in der Netzwerkarbeit, der gemeindeinternen und -externen Kommunikation, der Orientierung im Dschungel der Förderprogramme, im Schreiben von Förderanträgen, im Umgang mit Behörden etc. Sie sollten daher über Schulungen gefördert, punktuell beraten und/oder von Experten begleitet werden.

Soziales Netzwerk und Mobilisierung der Bevölkerung organisieren

»Eine Schwalbe macht noch keinen Sommer«, sprich ein einzelner Akteur allein kann keine sozialen Innovationen auslösen. Innovationen entstehen in Netzwerken. Die Chance auf die Realisierung einer neuen Idee steigt, wenn Akteure Hand in Hand arbeiten, die unterschiedliche Kompetenzen haben und sich gegenseitig ergänzen.

Dem Aufbau und der Pflege eines solchen Akteursnetzwerks ist große Aufmerksamkeit zu schenken. Für eine bessere Akzeptanz des Projekts müssen zudem Bewohnerinnen und Bewohner angesprochen, interessiert, mobilisiert und beteiligt werden – etwa durch Versammlungen, Feste, Aktionen, Arbeitseinsätze. Auch hierfür ist ein vielfältiges Wissen notwendig, das den Akteuren zu ihrer Unterstützung bereitgestellt werden sollte: wie sie ein effektives Netzwerk aufbauen, aber auch, wie sie Bürgerinnen und Bürger für die Realisierung innovativer Projekte mobilisieren können.

Kommunikation, Spezialwissen und Finanzmittel organisieren

Eine Herausforderung ist es nicht zuletzt, das Feuer am Brennen zu halten, also innovative Projekte zu profilieren und in die praktische Umsetzung zu bringen. Die ersten Ideen müssen weiterentwickelt, auf den Prüfstand gestellt und in der Gemeinde gewissermaßen »mehrheitsfähig« gemacht werden. Auch hierfür sind geeignete kommunikative Formate zu wählen und umzusetzen (z. B. Runde Tische, Design-Thinking-Formate). Ferner ist ein umfangreiches Spezialwissen erforderlich, damit neue Lösungen für das bestehende Problem entwickelt werden können – Lösungen, die den sachlichen Anforderungen entsprechen, in rechtlicher Hinsicht konform sind, sich voraussichtlich auch in der Zukunft als tragfähig erweisen werden und finanzierbar sind. Oft sind größere Investitionen erforderlich. Es existiert zwar eine Vielzahl finanzieller Fördermöglichkeiten, die für soziale Innovationen in ländlichen Regionen genutzt werden können. Die Herausforderung besteht aber darin, dass die Förderstruktur ausgesprochen komplex und unübersichtlich ist. Die Passfähigkeit eines Förderprogramms für die speziellen Bedingungen eines Projekts ist meist nicht leicht ersichtlich (Vorfinanzierungsverpflichtungen, Ausschluss unternehmerischer Ziele, Passung zu den zeitlichen Abläufen im Projekt). Folglich bedarf es auch hier der Unterstützung durch die Bereitstellung entsprechenden Wissens, nicht zuletzt in Form von eingehender Beratung.

Fazit

Eine zentrale Schlussforderung ist, dass soziale Innovationen in ländlichen Räumen gleichermaßen monetäre Förderung und Schulung der Akteure erfordern, und zwar spezifisch für die jeweilige Phase eines innovativen Projekts.

Dies verwundert nicht, da in der heutigen Wissensgesellschaft Lern- und Innovationsfähigkeit anerkannte Grundlagen für eine gesellschaftliche Innovationsfähigkeit sind. Vor diesem Hintergrund kommt den Menschen und ihrer Ausbildung größte Bedeutung zu. Wenn man davon ausgeht, dass in der Zukunft nicht nur technische und wirtschaftliche, sondern auch soziale Innovationen gefragt sind, bedeutet das, dass nicht nur die Ausbildung von Wissenschaftlern, Ingenieurinnen oder Unternehmern in den Blick genommen werden muss, sondern auch die Wissensvermittlung an Akteure aus der gesamten Breite der Gesellschaft, angefangen von der Zivilgesellschaft (Bürgerinnen) über die Verwaltung (Sachbearbeiter) bis hin zur Lokal- und Regionalpolitik (Bürgermeisterinnen, Ortsvorsteher, Landrätinnen).

Bildung ist also von größter Bedeutung, da in einzelnen Phasen des Innovationsprozesses ausgesprochen vielfältige Kenntnisse benötigt werden – wie oben gezeigt wurde. Es geht dabei sowohl um Kompetenzen bezüglich der Aktivierung und Steuerung von Akteuren und Netzwerken sowie der inneren und externen Kommunikation in die jeweilige Gemeinde als auch um inhaltliches Wissen, bezogen auf das konkrete Projekt bis hin zur Akquirierung von Fördermitteln.

Ein bloßer Wissensaustausch unter lokalen und überlokalen Akteuren reicht nicht aus. Vielmehr bedarf es der Organisation von Bildungsprozessen: z. B. durch die Einrichtung spezieller Bildungsprogramme, durch punktuelle Beratungsleistungen und ggf. mittels eines projektbegleitenden Coachings durch Expertinnen und Experten. Hilfreich können auch Online-Plattformen sein, die zusätzlich entsprechendes Wissen zur Verfügung stellen. Die herausforderungsvolle Arbeit, die Akteure sozial-innovativer Initiativen in ländlichen Gebieten anpacken, kann damit wesentlich unterstützt werden.

Anmerkungen

1 Wolfgang Zapf, Über soziale Innovationen, in: Soziale Welt 40 (1989), S. 170–183; Katrin Gillwald, Konzepte sozialer Innovation (Working Paper der Querschnittsgruppe Arbeit und Ökologie P00–519), Berlin 2000; Jürgen Howaldt / Michael Schwarz, »Soziale Innovation« im Fokus, Bielefeld 2010; Gabriela B. Christmann, Soziale Innovationen, Social Entrepreneurs und Raumbezüge, in Petra Jähnke / Gabriela B. Christmann / Karsten Balgar (Hrsg.), Social Entrepreneurship. Perspektiven für die Raumentwicklung, Wiesbaden 2011, S. 193–210.
2 Vgl. dazu die Tagungsdokumentation in Form einer Broschüre unter: http://sfs.tu-dortmund.de/cms/innovationskongress/de/ergebnisse/broschuere/Broschuere_Soziale-Innovation_ITAS_2017.pdf (abgerufen am 20.9.2019).
3 Bernhard Müller / Stefan Siedentop (Hrsg.), Räumliche Konsequenzen des demografischen Wandels, Teil 1, Hannover 2003; Jill Manthorpe / Lynn Livsey, European Challenges in Delivering Social Services in Rural Regions, in: European Journal of Social Work 12 (2009), S. 5–24; Gerlind Weber, Fünf Megatrends prägen Landleben und ländliche Raumbilder, in: Ländlicher Raum 63 (2012), S. 74–78.
4 Es handelt sich um das grundfinanzierte Projekt »Innovationen in Landgemeinden. Bedingungen, Akteure und Prozesse kreativer Gemeindeentwicklung« am Leibniz-Institut für Raumbezogene Sozialforschung (IRS). Die Wissenschaftlerinnen und Wissenschaftler führten dort fokussierte Ethnographien durch und analysierten Daten aus teilnehmenden Beobachtungen, Dokumenten, qualitativen Interviews und standardisierten Befragungen.
5 Werner Rammert, Die Innovationen der Gesellschaft, in: Jürgen Howaldt / Heike Jacobsen (Hrsg.), Soziale Innovation, Wiesbaden 2010, S. 21–51; J. Howaldt / M. Schwarz (Anm. 1), S. 43; Werner Rammert / Arnold Windeler / Hubert Knoblauch /

Michael Hutter (Hrsg.), Innovationsgesellschaft heute, Wiesbaden 2016; Gabriela B. Christmann/Oliver Ibert/Johann Jessen/Uwe-Jens Walther, Wie kommt Neuartiges in die räumliche Planung, in: W. Rammert/A. Windeler/H. Knoblauch/M. Hutter (Anm. 5); Frank Moulaert/Bob Jessop/Lars Hulgård/Abdelillah Hamdouch, Social Innovation: A New Stage in Innovation Process Analysis, in: Frank Moulaert/Diana MacCallum/Abid Mehmood/Abdelillah Hamdouch (Hrsg.), The International Handbook on Social Innovation, Cheltenham 2013, S. 110–130.
6 Vgl. W. Zapf (Anm. 1), S. 170–183.
7 Joseph Schumpeter, Theorie der wirtschaftlichen Entwicklung, Berlin, 1964^6; vgl. K. Gillwald (Anm. 1), S. 11.
8 Vgl. K. Gillwald (Anm. 1), S. 10 f.
9 Vgl. W. Zapf (Anm. 1).
10 Hubert C. Ehalt (Hrsg.), Ländliche Lebenswelten im Wandel, Frankfurt/Main 2000; Stephan Beetz, Dörfer in Bewegung. Ein Jahrhundert sozialer Wandel und räumliche Mobilität in einer ostdeutschen ländlichen Region, Hamburg 2004; Gerhard Henkel (Hrsg.), Dörfliche Lebensstile. Mythos, Chance oder Hemmschuh der ländlichen Entwicklung?, Essen 2004; Daniel Coronado/Manuel Acosta/Ana Fernandez, Attitudes to Innovation in Peripheral Economic Regions, in: Research Policy 37 (2008), S. 1009–1021.
11 Werner Nell/Marc Weiland (Hrsg.), Imaginäre Dörfer. Zur Wiederkehr des Dörflichen in Literatur, Film und Lebenswelt, Bielefeld 2014.
12 Gershon Feder/Dina L. Umali, The Adoption of Agricultural Innovations, in Technological Forecasting and Social Change, 43 (1993), S. 215–239.
13 Siehe Anm. 4.
14 Bundesinstitut für Bau-, Stadt- und Raumforschung (BBSR), Laufende Raumbeobachtung – Raumabgrenzungen. Raumtypen 2010, www.bbsr.bund.de/BBSR/DE/Raumbeobachtung/Raumabgrenzungen/deutschland/gemeinden/Raumtypen2010_vbg/raumtypen2010_node.html (abgerufen am 20.9.2019).

V Daseinsvorsorge zwischen staatlicher Versorgung und Ehrenamt

Christian Krajewski / Annett Steinführer

Daseinsvorsorge in ländlichen Räumen und ihre Ausgestaltung zwischen Staat, Markt und Ehrenamt

Die Daseinsvorsorge mit ihren verschiedenen Bereichen gilt in Deutschland als eine wesentliche Grundlage für das politische Ziel gleichwertiger Lebensverhältnisse. In Politik, Fachplanung und Raumforschung ist die Sicherung der Daseinsvorsorge in ländlichen Räumen seit Jahren ein bestimmendes Thema, begleitet von regelmäßig wiederkehrender medialer Aufmerksamkeit. Durch sozioökonomische Veränderungen, den demographischen Wandel, die Finanznot vieler kommunaler Haushalte sowie technologische Transformationen im Zeitalter der Digitalisierung steht die Sicherung von Daseinsvorsorgeeinrichtungen und Infrastrukturen vor großen Herausforderungen. Doch selbst in ländlichen Regionen mit ökonomischen Strukturproblemen und langfristiger Bevölkerungsalterung sowie -schrumpfung beschränken sich diese Veränderungsprozesse nicht auf den Abbau und die Privatisierung von Infrastruktur.[1] Vielmehr stellen sich durch den Wandel zur Wissensgesellschaft mit veränderten Erwerbsmustern, der wachsenden Bedeutung neuer Technologien und ausgeprägter räumlicher Mobilität gleichermaßen Anforderungen an den Aus- und Umbau der Daseinsvorsorge. Für eine zukunftsfähige Entwicklung ist es unverzichtbar, nachfragegerechte Infrastrukturen und Dienstleistungen in ländlichen Räumen bereitzustellen, zu sichern und weiterzuentwickeln.

Doch was genau ist Daseinsvorsorge überhaupt, und welche Veränderungen lassen sich in der praktischen Ausgestaltung erkennen? Hier sind neben öffentlichen auch nichtstaatliche Akteure, insbesondere aus der Privatwirtschaft, von gemeinnützigen Organisationen und der Bevölkerung (vor allem über bürgerschaftliches Engagement), beteiligt. Aus diesem komplexer gewordenen Zusammenspiel erwachsen für die öffentliche

◀ In der Hallertau, Bayern, © Stefan Schmitz

Hand neue Steuerungs- und Moderationsanforderungen. Aufschlussreich ist auch der Blick auf den Alltag der Menschen, also der Einbezug einer lebensweltlichen Perspektive. In dem Beitrag werden zwei Beispiele für eine privatwirtschaftlich bzw. ehrenamtlich geprägte Daseinsvorsorge vorgestellt: die Nahversorgung und der Brandschutz als Teil der nichtpolizeilichen Gefahrenabwehr.

Daseinsvorsorge: sozialstaatliche Regulierung und physische Infrastrukturen

Die enge Verbindung von Sozialstaat und Infrastrukturen spiegelt sich in Deutschland besonders im Konzept der Daseinsvorsorge wider, das im regionalplanerischen und raumwissenschaftlichen Diskurs weit verbreitet ist.[2] Dieses wurde in den 1930er-Jahren durch den Staats- und Verwaltungsrechtler Ernst Forsthoff in die Debatte eingeführt und in den Jahrzehnten nach dem Zweiten Weltkrieg von ihm mehrfach verändert.[3] Seit 2008 spielt die Daseinsvorsorge in den Raumordnungsvorstellungen des Bundes eine prominente Rolle. So wird im Raumordnungsgesetz (ROG) ein expliziter Zusammenhang zwischen der Leitvorstellung einer nachhaltigen Raumentwicklung, »die zu einer dauerhaften, großräumig ausgewogenen Ordnung mit gleichwertigen Lebensverhältnissen in den Teilräumen führt« (ROG § 1 Abs. 2), und der Daseinsvorsorge hergestellt. Diese sei zu sichern, um im »Gesamtraum der Bundesrepublik Deutschland und in seinen Teilräumen [...] ausgeglichene soziale, infrastrukturelle, wirtschaftliche, ökologische und kulturelle Verhältnisse« anzustreben – eine Aufgabe, die »gleichermaßen in Ballungsräumen wie in ländlichen Räumen, in strukturschwachen wie in strukturstarken Regionen zu erfüllen« sei (ROG § 2 Abs. 2). Weiter heißt es: »Die Versorgung mit Dienstleistungen und Infrastrukturen der Daseinsvorsorge, insbesondere die Erreichbarkeit von Einrichtungen und Angeboten der Grundversorgung für alle Bevölkerungsgruppen, ist zur Sicherung von Chancengleichheit in den Teilräumen in angemessener Weise zu gewährleisten; dies gilt auch in dünn besiedelten Regionen«, wobei die soziale Infrastruktur aus Sicht der Raumordnung vorrangig in zentralen Orten zu bündeln sei (ROG § 2 Abs. 2).[4] Die bundesdeutsche Raumordnung zielt also explizit darauf ab, Benachteiligungen aufgrund des Wohnortes zu begrenzen. Letztlich bedeutet Daseinsvorsorge, staatlicherseits die Erfüllung von Grundbedürfnissen sicherzustellen und Möglichkeiten für eine selbstbestimmte Lebensführung zu schaffen.[5] Ländlichen bzw. dünn besiedelten Räumen wird in den zitierten Gesetzespassagen besondere Aufmerksamkeit geschenkt.

Grundsätzlich lässt sich ein engeres, auf die physische Dimension – und damit Präsenz – des Sozialstaates bezogenes Verständnis von Daseinsvorsorge von einem weiteren Ansatz unterscheiden. Der letztgenannte berücksichtigt auch Umverteilungen der Sozialversicherungs- und Finanzausgleichssysteme, wohlfahrtspolitische Institutionen und Wirtschaftsaktivitäten.[6] Dem Konzept wohnt eine normative Komponente inne: Daseinsvorsorge bedeutet, dass individuelle Risiken durch staatliche Verantwortungsübernahme, Steuerungsmechanismen und Mittelumverteilungen abgefedert werden. Was genau Daseinsvorsorge umfasst, ist nicht ein für alle Mal bestimmbar, denn soziale Werte, gesellschaftliche Erwartungen, politische Rahmensetzungen, ideologische Diskurse und technologische Möglichkeiten ändern sich. Ob die Wasserversorgung eine staatliche oder private Aufgabe sein soll, ob die Breitbandanbindung durch Unternehmen oder die öffentliche Hand zu erfolgen hat, wie die medizinische Versorgung zu gewährleisten ist und wer im Falle von Versorgungsengpässen für Abhilfe zu sorgen hat, wird gesellschaftlich immer wieder neu verhandelt.

In Raumforschung und Raumordnung wird unter Daseinsvorsorge oft eine »flächendeckende Versorgung mit bestimmten, von den politisch Verantwortlichen subjektiv als lebensnotwendig eingestuften Gütern und Dienstleistungen zu allgemein tragbaren (= sozial verträglichen Preisen)«[7] mit einer bestimmten Qualität und in einer zumutbaren Entfernung verstanden. Dabei übernehmen Bund, Länder und Kommunen eine Gewährleistungs- und Erbringungsverantwortung.[8] Die konkreten Felder sowie die als ausreichend, angemessen oder sozial verträglich angesehenen Versorgungsqualitäten, Preise und Erreichbarkeiten werden je nach fachlichem und politischem Kontext unterschiedlich definiert. Grundsätzlich zählen zur öffentlichen Daseinsvorsorge »technische Dienstleistungen wie die Versorgung mit Energie, Wasser, Telekommunikation, öffentlichem Nah- und Fernverkehr, Post, Abfall- und Abwasserentsorgung ebenso [...] wie die Grundversorgung mit sozialen Dienstleistungen wie Kulturangebote, Gesundheitsdienste, Kinderbetreuung, Schulausbildung und Altenpflege oder Rettungsdienst, Katastrophenschutz und Brandschutz«[9]. Diese Kernbereiche (s. Abb. 1) werden durch staatliche Akteure, durch private und gemeinnützige Organisationen sowie ehrenamtlich erbracht, stets aber im Kontext staatlicher Steuerung. Die Aufzählung zeigt zugleich, dass unter den Daseinsvorsorgebegriff, der sich nicht immer eindeutig von dem der Infrastruktur unterscheiden lässt, sowohl Pflicht- als auch freiwillige Selbstverwaltungsaufgaben subsumiert werden. Dies impliziert ein Steuerungs- und damit ein Akteursverständnis, das vorrangig auf politische Entscheidungsträger und deren Wertsetzungen fokussiert.[10]

Aus der Perspektive der Nutzenden und Nachfragenden steht Daseinsvorsorge jedoch für lokale Lebensqualität. Sie verstehen darunter all jene infrastrukturellen Einrichtungen und Dienstleistungen, die für die Bewältigung ihres Alltags, aber auch außeralltäglicher Situationen, wie wetterbedingte Extremereignisse oder persönliche Notsituationen unverzichtbar sind.[11] Bei diesem erweiterten Verständnis von Daseinsvorsorge muss die obige Auflistung als unvollständig gelten. Der Zugang zur öffentlichen Verwaltung, die Nahversorgung (mehr dazu unten) sowie die Wohnraumversorgung und Teile der sozialen Infrastruktur sind zu ergänzen. Die zuletzt genannten Bereiche werden vorwiegend privatwirtschaftlich oder gemeinnützig (z. B. durch Wohlfahrtsverbände) erbracht und unterliegen nur einer begrenzten öffentlichen Steuerung (s. Abb. 1).

Abbildung 1: Bereiche der Daseinsvorsorge

Bildung	Gesundheitswesen	Kulturelle Versorgung
Organisationen der frühkindlichen, schulischen, vorberuflichen und beruflichen Aus- sowie Weiterbildung	Gesundheitsinfrastruktur, wie Krankenhäuser, ambulante Versorgung, Pflege und Betreuung vor allem Älterer	Kulturelle Einrichtungen und Angebote, Begegnungsorte, Sportstätten, öffentlich-rechtliche Medien

Soziale Hilfen		Staatliche Mehrebenenverwaltung
Alten-, Jugend-, Kinder-, Behindertenhilfe		

Wohnraumversorgung	**Bereiche der Daseinsvorsorge**	Technische Infrastruktur
		Wasserver- und Abwasserentsorgung, Abfallentsorgung

(Nah-)Versorgung mit Waren und Dienstleistungen		Energieversorgung
		mit Strom, Wärme, Gas

Mobilität und Verkehr	Post- und Telekommunikationsdienstleistungen	Sicherheit und Ordnung
Sicherung einer ÖPNV-Grundversorgung, einschließlich Verkehrsinfrastruktur, Verkehrsdiensten und alternativer flexibler Bedienformen	Digitale Infrastruktur, Internetzugang, Breitbandversorgung, Telekommunikation, Post u. a.	Brand- und Katastrophenschutz Polizeiliche Gefahrenabwehr

Kernbereiche der öffentlichen Daseinsvorsorge

Erweiterte Daseinsvorsorge (nur begrenzte öffentliche Steuerung und überwiegend von Privaten/Gemeinnützigen erbracht)

Quelle: Eigener Entwurf (Krajewski/Steinführer 2019)

Daseinsvorsorge in ländlichen Räumen: Wandel und Herausforderungen

Die wohlfahrtsstaatlichen Interventionen und Investitionen im Zuge der Modernisierung ländlicher Räume seit der zweiten Hälfte des 20. Jahrhunderts sind ganz wesentlich mitverantwortlich dafür, dass heute unter Daseinsvorsorge weithin vor allem durch die öffentliche Hand bereitgestellte Güter und Dienstleistungen verstanden werden.[12] Diese Vorstellung wurde dadurch gestützt, dass öffentliche Verwaltungen auf allen Steuerungsebenen über Jahrzehnte als Leistungsträger für Infrastrukturangebote und der Staat als (vor)sorgender Wohlfahrtsstaat auftrat. Allerdings traf diese Wahrnehmung zum einen nie für alle Bereiche zu (das zeigt z. B. das unten näher ausgeführte Beispiel der Freiwilligen Feuerwehren), zum anderen verwischt sich die Arbeitsteilung zwischen anbietenden, nutzenden und moderierenden Akteuren unter den Bedingungen kommunaler Haushaltsengpässe sowie des sozioökonomischen und demographischen Wandels.[13] Immer schon war die Bereitstellung von Infrastruktur durch die öffentliche Hand für die Bürgerinnen und Bürger mehr als reine Versorgung, denn sie beförderte zugleich die soziale und territoriale Integration der Gesellschaft: »Die integrierende Wirkung entfalteten die öffentlichen Dienstleistungen vor allem durch ihre flächendeckende Bereitstellung, die allen Bürgern Zugang und Teilhabe an den gesellschaftlichen Entwicklungen ermöglichen sollte.«[14]

Mit der neoliberalen Ökonomisierung zahlreicher Bereiche der bundesdeutschen Gesellschaft, die sich als Deregulierung und Abbau sozialstaatlicher Leistungen niederschlug, hat sich seit den 1990er-Jahren auch das Sozialstaatsverständnis der durch die Vereinigung vergrößerten Bundesrepublik gewandelt. Dieser Wandel wird häufig auf die Formel des Wandels »vom Wohlfahrtsstaat zum Gewährleistungsstaat«[15] gebracht. Staatliche Einrichtungen stellten demnach lediglich die Vorhaltung von Leistungen und Einrichtungen der Daseinsvorsorge sicher, ohne in vielen Bereichen selbst noch Leistungserfüller zu sein. Zentrale Strategie dafür war die Privatisierung: In einem Geflecht von Faktoren unterschiedlichen Ursprungs wurde seit den 1990er-Jahren in Schlüsselfeldern vor allem der technischen Infrastruktur, aber auch im medizinischen und Pflegebereich zunehmend der private Sektor privilegiert. Als wesentliche Ursachen sind hier insbesondere zu nennen: die prekäre Haushaltslage und Überschuldung vieler Kommunen, die Einführung des Neuen Steuerungsmodells für den sogenannten schlanken Staat, das EU-Wettbewerbsrecht sowie demographischer und technologischer Wandel. So wurden Teile der vormals öffentlichen Daseinsvorsorge, beispielsweise Abfallwirtschaft, Stromversorgung oder kommunale Wohnungsbestände, gewinnorientiert veräußert oder auf die Kapitalmärkte gebracht.

Mit der Auslagerung und Privatisierung sollten vor allem Kosten eingespart und die Kundenorientierung verbessert werden. Schrumpfung und Alterung der Bevölkerung sowie damit verbundene Versorgungsprobleme gerade in vielen ländlichen Räumen stellten weitere Treiber dar, weil bei Bevölkerungsrückgang Einrichtungen der Daseinsvorsorge an Funktions-, Rentabilitäts- und Tragfähigkeitsgrenzen stoßen – zumal bei klammen öffentlichen Kassen. In anderen Bereichen der Daseinsvorsorge ist die öffentliche Hand allerdings weiterhin hauptverantwortlich für die Leistungserfüllung (etwa im Schulwesen) oder an verschiedenen Trägermodellen (z. B. bei der vorschulischen Kinderbetreuung) beteiligt.

Dieser grundlegende Umbau der Daseinsvorsorge[16] führte in ländlichen Räumen (ebenso wie in den Großstädten) zu einem Geflecht von Akteuren und brachte neue Moderations- und Steuerungsanforderungen gerade für kommunale Entscheidungsträgerinnen und -träger mit sich – weshalb die Formel vom Rückzug des Staates so pauschal nicht zutreffend ist. Vielmehr lassen sich diese komplexen Veränderungen als Teil eines umfassenden Prozesses der Verantwortungsverlagerung im Rahmen einer Mehrebenen-Governance deuten, also als Verteilung von Entscheidungskompetenzen auf unterschiedliche Akteure.[17]

Aufgrund der Vielfalt der Aufgaben, Zuständigkeiten, Handlungsebenen und Akteure stellt die Gewährleistung der Daseinsvorsorge heute mehr Netzwerkmanagement und Mehrebenenplanung als klar definierte hoheitliche Ordnungsaufgabe dar. Wenn sich öffentliche, private und freie Träger »aus der Finanzierung und Bereitstellung der Daseinsvorsorge vor allem in den wirtschaftlich schwachen, vom demographischen Wandel besonders betroffenen Regionen zurückziehen«[18], wachsen außerdem die Möglichkeiten bzw. Notwendigkeiten von Bürgerengagement. Vor diesem Hintergrund lässt sich die flächendeckende Organisation der Daseinsvorsorge als Auftrag verstehen, der nur in der Zusammenarbeit von weiterhin verantwortlichen staatlichen und kommunalen Behörden, zivilgesellschaftlichen Organisationen sowie privatwirtschaftlichen und gemeinnützigen Unternehmen gelingen kann – ggf. in Koproduktion.[19] Entwicklungsstrategien können dementsprechend nur dann erfolgreich sein, wenn sie die Bevölkerung einbeziehen, wobei lokale Akteure bei einem weiteren Rückzug des Sozialstaates nicht mit zu hohen Erwartungen an Eigenleistungen überfordert werden dürfen. Zugleich müssen auch Freiräume für Eigenverantwortung und Experimente ermöglicht werden. Die Akademie für Raumforschung und Landesplanung (ARL) empfiehlt in ihrem 2016 herausgegebenen Positionspapier »Daseinsvorsorge und gleichwertige Lebensverhältnisse neu denken« zunächst die Definition einer flächendeckenden Mindestversorgung, um das Gleichwertigkeitsziel auch in Schrumpfungsregionen zu sichern. Außerdem sollten sich flexiblere Standards der Daseinsvorsorge stärker an der Wirkung (»Outcome«) als an der nominellen Ausstattung orientieren und dementsprechend innovative Wege und neue Modelle zur Aufgabenerfüllung ermöglichen. Dazu seien integrierte und abgestimmte Förderprogramme erforderlich, die den Umbau und die Anpassung der lokalen und regionalen Daseinsvorsorge unter Stärkung interkommunaler Kooperationen unterstützten.[20]

Ganz grundsätzlich können verschiedene Handlungsoptionen zur Anpassung von Infrastrukturen in ländlichen und hier insbesondere in peripheren Regionen verfolgt werden, um die Bevölkerung in der Fläche in angemessener Weise zu versorgen:[21] Ein wesentliches Element ist zunächst, die Erreichbarkeit von Einrichtungen zu optimieren. Entsprechend der Nachfragestruktur und den fachlichen Notwendigkeiten vor Ort müssen Entscheidungsträgerinnen und -träger zwischen verschiedenen Optionen abwägen: etwa einer Verkleinerung entsprechend der verringerten Nachfrage, einer Dezentralisierung und Aufteilung in räumlich verteilte, effizientere und kleinere Einheiten, einer Zentralisierung, meist also einer Zusammenlegung unterausgelasteter Einrichtungen, einer Einführung temporärer und mobiler Versorgungsansätze oder einer völligen Neustrukturierung und Substitution bestehender Einrichtungen (s. Tab. 1). Voraussetzung für eine wie auch immer geartete kommunale Steuerungsfähigkeit aber ist eine ausreichende finanzielle Grundausstattung der Gemeinden, Städte und Landkreise über die Erfüllung von Pflichtaufgaben hinaus. Aus Sicht der Bewohnerinnen und Bewohner ländlicher Räume wiederum ist Mobilität der Schlüssel einer tatsächlichen Erreichbarkeit der so umstrukturierten Einrichtungen.

Wohnortnahe Daseinsvorsorge: eine lebensweltliche Perspektive

Ländliche Räume erscheinen in der Daseinsvorsorge-Debatte häufig als defizitär. Und tatsächlich haben in den vergangenen Jahrzehnten viele Schulen und Läden geschlossen, wurden Öffnungszeiten reduziert, Hauptdurch Ehrenamtliche ersetzt, und Erreichbarkeiten haben sich verschlechtert. Gleichzeitig finden aber auch in ländlichen Räumen eine Erweiterung und ein Ausbau von Daseinsvorsorge statt. Am eindrucksvollsten erfolgte dies in den vergangenen Jahren bei der Kinderbetreuung und in Teilen der technischen Infrastruktur. Zugleich erbringen in der Gesamtschau weder

Tabelle 1: Handlungsoptionen der Infrastrukturentwicklung

Handlungsoption	Kennzeichen	Entwicklung des Einzugsbereichs der Einrichtung	Beispiel
Erhöhung der Erreichbarkeit	Verbesserung der Verkehrsanbindung zur Auslastungserhöhung	größer / gleich	optimierte ÖPNV-Netze, nachfrageorientierte Taktzeiten
Verkleinerung	Proportionale Reduzierung der Einrichtung bzw. des Angebotes zur Bevölkerung	gleich / kleiner	reduziertes Busnetz
Dezentralisierung	Aufteilung in kleinere effiziente Einheiten (bei hohen Anbindungskosten)	kleiner	mehrere Biokläranlagen statt Großkläranlage, Bürgerämter statt Zentralverwaltung
Zentralisierung (mit Erreichbarkeitsstrategie)	Zusammenlegung von unterausgelasteten Einheiten mit komplementärer Erreichbarkeitsverbesserung	größer	Schulzusammenlegung mit Schulbussystem
Temporär-mobile Ansätze	Versorgungssitution nur zu eingeschränkten Zeiten verfügbar	gleich	Vor-Ort-Sprechstunden, Wochenmärkte, mobile Bibliotheken
Neustrukturierung/ Substituierung	Zweck wird durch neue Art der Aufgabenerfüllung erreicht	fallabhängig	Warenbestellung (Internet) statt Einkauf (Geschäft), Zusammenlegung von Klassen mit neuen pädagogischen Konzepten, Taxieinzelbedienung statt ÖPNV-Taktbedienung

Quelle: Verändert nach Kocks 2007, S. 29[22]

bundesweite Erreichbarkeitsanalysen noch standardisierte Befragungen Belege dafür, dass nahräumliche Grundversorgungseinrichtungen überall in ländlichen Räumen fehlen. Gleichwohl sind die Unterschiede bemerkenswert. Am Beispiel der medizinischen Versorgung (s. Beitrag Faller / Bendler in diesem Band) hat Stefan Neumeier am Thünen-Institut für Ländliche Räume unter anderem arztspezifische Erreichbarkeiten für ländliche und nicht-ländliche Räume (zu dieser Abgrenzung s. Beitrag Küpper / Milbert in diesem Band) untersucht. Sind Haus- und Zahnärzte diesen Analysen zufolge in ländlichen Räumen zu 56 bzw. 55 % fußläufig erreichbar, liegt der gleiche Wert in nicht-ländlichen Räumen bei 85 bzw. 82%. Lediglich 17% der Kinderärzte, 14% der Augenärzte und 11% der Hals-Nasen-Ohren-Ärzte in ländlichen Räumen sind fußläufig erreichbar[23] – was besonders für Bevölkerungsgruppen ohne Zugang zu motorisiertem Individualverkehr problematisch sein dürfte.

Eine 2016 in den ländlichen Räumen der Bundesrepublik durchgeführte repräsentative Bevölkerungsbefragung des Thünen-Instituts zeigt, dass die dort abgefragten Einrichtungen der wohnortnahen Versorgungen im Umkreis von zehn Kilometern für die meisten Befragten verfügbar sind: Die geringsten Werte weisen kleine Lebensmittelläden, weiterführende Schulen und spezialisierte Geschäfte etwa für Haushaltsgeräte und Möbel auf (s. Abb. 2).

Abbildung 2: Wohnortnahe Verfügbarkeit von Einrichtungen der Daseinsvorsorge in ländlichen Räumen

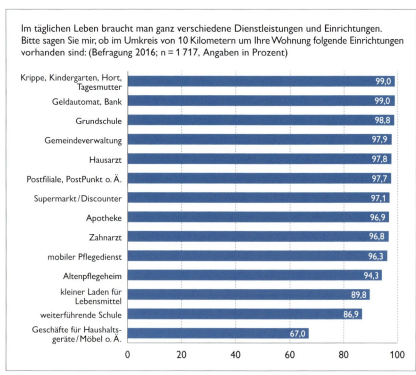

Quelle: Bevölkerungsbefragung in ländlichen Räumen 2016 (personengewichtete Werte; CATI-Erhebung im Auftrag des Thünen-Instituts für Ländliche Räume)[24]

Den Antworten war freilich nicht zu entnehmen, was das Fehlen von Versorgungsinfrastruktur für die Bewältigung des Alltags in ländlichen Räumen tatsächlich bedeutet. Deshalb wurde in der Befragung auch untersucht, ob fehlende Einrichtungen und Dienstleistungen mit Alltagserschwernissen einhergehen. 180 Befragte (10%) bejahten dies für mindestens eine der vorgegebenen Einrichtungen. Am häufigsten war dies für spezialisierte Versorgungseinrichtungen (z. B. zum Kauf von Möbeln) der Fall (absolut: 99 Nennungen). Mit großem Abstand dahinter folgten kleine Läden für den täglichen Bedarf (37 Nennungen). Bezogen auf die Altersgruppen findet sich der höchste Anteil derer, die mindestens einmal Alltagserschwernisse nennen, unter den Befragten zwischen 25 und 49 Jahren (14%) im Vergleich zu 10 bzw. 11% bei den 65- bis 74-Jährigen bzw. den Befragten im Alter ab 75 Jahren.

Die Debatte um die Daseinsvorsorge in ländlichen Räumen, so lässt sich zusammenfassen, ist auf physisch vorhandene Einrichtungen und Infrastrukturen sowie die Steuerungsbedingungen und -hemmnisse der öffentlichen Hand konzentriert. Was genau das Vorhandensein bzw. Fehlen von Daseinsvorsorge hingegen alltagsweltlich bedeutet, welche Bewältigungsstrategien und -ressourcen angewendet werden und welche Auswirkungen dies auf subjektive Gefühle der (Un-)Gleichwertigkeit hat, ist als Forschungsdefizit zu bezeichnen.[25]

Vom Wandel der Daseinsvorsorge: zwei Beispiele

Angesichts veränderter Rahmenbedingungen befinden sich Aufgabenbereiche, Organisationsstrukturen sowie Vielfalt und Qualität der Daseinsvorsorge in beständigem Wandel. Im Folgenden soll an den Beispielen der Nahversorgung sowie der nichtpolizeilichen Gefahrenabwehr die veränderte Ausgestaltung ländlicher Daseinsvorsorge zwischen staatlicher Gewährleistung, privatwirtschaftlicher Organisation und ehrenamtlichem Engagement erläutert werden.

Daseinsvorsorge privat und ehrenamtlich: Nahversorgung

Unter Nahversorgung wird eine orts- und zeit- und damit verbrauchernah Versorgung mit Gütern und Dienstleistungen des täglichen Bedarfs in fußläufiger Entfernung, d. h. innerhalb von ca. zehn Gehminuten oder einem Kilometer verstanden.[26] Zur Nahversorgung im engeren Sinne zählen die Güter des täglichen Bedarfs wie Lebensmittel, Getränke, Genusswaren sowie Gesundheits- und Drogerieartikel. Allerdings können 28%

der Bevölkerung in Deutschland – und sogar 37 % der Bevölkerung in Landgemeinden – innerhalb von 1 000 m Luftliniendistanz keinen Supermarkt erreichen, wie aus dem Raumordnungsbericht 2017 hervorgeht.[27] Dies gilt in besonderem Maße für dünn besiedelte ländliche Räume, wobei hinsichtlich der Erreichbarkeit insgesamt ein großräumiges West-Ost- und ein kleinräumiges Stadt-Land-Gefälle bestehen. Von einer fehlenden Nahversorgung sind vornehmlich Kinder und Jugendliche sowie – insbesondere hochbetagte – Erwachsene ohne Möglichkeit der Nutzung eines Pkw betroffen. Diese Personengruppen sind dann auf unterstützende Netzwerke von Familie, Nachbarn und Freunden, auf Mitfahrgelegenheiten, ÖPNV, Shuttle- oder Bürgerbusse angewiesen.

Die fußläufige Erreichbarkeit von Nahversorgungseinrichtungen unterscheidet sich innerhalb ländlicher Räume sehr stark: Aufgrund des sich seit Längerem vollziehenden Konzentrationsprozesses vor allem von Supermärkten und Discountern ist sie in den Hauptorten von Landgemeinden (bzw. den sogenannten Kernstädten) deutlich besser als in dörflichen Ortsteilen. In Deutschland wie in vielen europäischen Ländern befindet sich die Nahversorgung mit Waren und Gütern des täglichen bzw. kurzfristigen Bedarfs seit Jahrzehnten auf dem Rückzug, was insbesondere auf den anhaltenden Strukturwandel im Einzelhandel sowie ein verändertes Kundenverhalten zurückzuführen ist. So haben sich auf der Nachfrageseite durch eine erhöhte Mobilität mittels Individualmotorisierung und räumlicher Flexibilität die Konsummuster gewandelt. Damit gehen eine Abnahme der lokalen Kaufkraftbindung oder gestiegene Ansprüche hinsichtlich Preis, Auswahl und Qualität einher.

Demgegenüber ist der Wandel auf der Anbieterseite vor allem durch Konzentrationsprozesse (Großhandelsketten ziehen sich aus kleinen Gemeinden mit zu geringen Einzugsgebieten zurück), Verkaufsflächenvergrößerung und intensiven Wettbewerb gekennzeichnet. Vier Großanbieter hielten beispielsweise im Jahr 2019 einen Marktanteil von ca. 70 % des Lebensmitteleinzelhandels.[28] Zwischen 1990 und 2019 hat sich die Anzahl der Lebensmittelgeschäfte in Deutschland um rund 60 % auf ca. 35 000 reduziert. Dabei konnten vor allem die Discounter Marktanteile in einem Verdrängungswettbewerb gewinnen, der mit einer Netzausdünnung in der Fläche einhergeht, zulasten von Supermärkten und kleineren Lebensmittelgeschäften (u. a. »klassische« Dorfläden mit weniger als 400 m² Verkaufsfläche, die unter ungünstigen Lieferkonditionen leiden). Daneben bieten auch Convenience-Geschäfte (z. B. Verkaufsstellen von Tankstellen) und Hofläden mit Direktvermarktung Waren des täglichen Bedarfs an. Diese sind häufig an peripheren Standorten angesiedelt und verfügen meist nur über ein schmales Angebot. Lebensmittelgeschäfte und Dorfläden spielen neben ihrer Versorgungsfunktion auch eine wichtige Rolle als Kommunikationsort und lokaler Identifikationspunkt. Darüber hinaus fungieren sie als Frequenzbringer für andere Nutzungen im Ortszentrum. Miteinander kombinierbare stationäre Angebotsformen (s. Tab. 2) können helfen, Versorgungslücken zu schließen und die Nahversorgung zu verbessern oder zu erhalten – ergänzt um mobile Versorger (»rollender Supermarkt«) und Lieferservices, die jedoch längst nicht jedes Dorf anfahren. Die Lebensmittelzustellung spielt im wachsenden Online-Handel bisher dagegen nur eine geringe Rolle, scheint aber an Bedeutung zuzunehmen.[29]

Tabelle 2: Aktuelle Angebotsformen der Nahversorgung

Nahversorgungs-angebot	Typische Ortsgröße (Bevölkerungszahl)	Verkaufsfläche in m²	Besonderheiten/Beispiele
Kleinflächiges Lebensmittelgeschäft	300–1000	50–400	Hoher Anteil nicht mobiler und älterer Kunden
Filialkonzepte von Lebensmittelketten/-großhändlern	1200–5000	100–800	Nah und gut, nahkauf, IK – Ihr Kaufmann, Nah&Frisch, Um's Eck
Dorfladen allgemein	ca. 1000	50–150	Lebensmittel-Vollsortiment mit rund 3000 Artikeln trotz kleiner Fläche
Bürgerschaftlich getragener Dorfladen	ab ca. 700	50–200	Identifikation der Bevölkerung entscheidend, finanzielles und ehrenamtliches Engagement (z. B. Genossenschaft oder Verein), sozialer Treffpunkt
Multifunktionsladen	500–3000	1000–3000	Kleinflächige Nahversorgungszentren, Verbindung von Einzelhandel und angeschlossenen Dienstleistungen, Begegnungsort (z. B. MarktTreff, DORV-Zentrum, KOMM-IN)
Integrations-Markt	–	120–1500	Durch lokales/regionales Integrations- oder Sozialunternehmen betrieben (z. B. CAP-Markt, BONUS-Markt)
Mobiler Versorger (»rollender Supermarkt«/Thekenfahrzeuge)	< 1000	–	Bis 3000 Artikel, HEIKO – mein Kaufzuhaus mit 38 Thekenfahrzeugen im Raum Trier

Quelle: Verändert nach Küpper/Eberhardt 2013, S. 247 ff.[30]

Anders als privatwirtschaftlich betriebene Geschäfte basieren bürgerschaftlich getragene Dorfläden auf einem gemeinwohlorientierten Leitgedanken. In jüngerer Zeit sind, meist nachdem der letzte Lebensmittelladen geschlossen wurde, durch freiwilliges Engagement der Bevölkerung in vielen kleineren Orten Initiativen zur Aufrechterhaltung einer bedarfsgerechten Nahversorgung entstanden. Bürgerinnen und Bürger treten dabei als Initiatoren von Dorfläden auf, steuern eigenes Kapital bei, arbeiten ehrenamtlich in Management und Verkauf mit oder unterstützen die Läden bei Baumaßnahmen und vor allem durch »bewusstes Einkaufen«.[31] Das Sortiment in solchen, zumeist nicht mehr als 200 m² Verkaufsfläche umfassenden Läden konzentriert sich auf Lebensmittel, wobei die Aspekte Frische und Regionalität besondere Relevanz besitzen. Häufig werden zudem ergänzende Dienstleistungen angeboten (z. B. Bankterminal, Paketannahme, Apotheken- und Lieferdienste). Der Erfolg solcher in Eigenregie geführter Bürgerläden, von denen es bundesweit ca. 300 gibt, fußt auf funktionierenden Netzwerkstrukturen, lokaler Identität und gegenseitigem Vertrauen.[32] Sie leiden jedoch häufig unter prekären finanziellen Verhältnissen, sodass beispielsweise eine mangelnde Nachfrage durch die lokale Bevölkerung oder auch fehlende staatliche Unterstützungsangebote mittelfristig zur Beendigung solcher Dorfladen-Initiativen führen können, mit der Folge einer entsprechenden Unterversorgung und mutmaßlich auch einer Demotivation der Ehrenamtlichen vor Ort.

Nichtpolizeiliche Gefahrenabwehr: Pflicht-Daseinsvorsorge im Ehrenamt

Die Gewährleistung von Brandschutz und technischen Hilfeleistungen ist eine verpflichtende Selbstverwaltungsaufgabe der Gemeinden. Diesen obliegt die Aufstellung einer leistungsfähigen Feuerwehr, die Vorhaltung und Erneuerung der Technik, die Aus- und Fortbildung der Feuerwehrangehörigen, die Sicherstellung der Löschwasserversorgung und die Erarbeitung einer Bedarfsplanung. In ländlichen Räumen in Deutschland, d. h. in den Dörfern, aber auch in den meisten Klein- und Mittelstädten, werden Feuerwehren – als einziger Bereich der öffentlichen Daseinsvorsorge – fast ausschließlich von Ehrenamtlichen getragen: Unter etwa einer Million Aktiver in Freiwilligen Feuerwehren bundesweit gab es 2017 gerade einmal knapp 6800 hauptberuflich Tätige (weit weniger als 1%). Gemeinsam mit den etwa 40000 Beschäftigten bei Berufs- und anerkannten Werkfeuerwehren stellen Hauptamtliche nicht einmal vier Prozent aller Feuerwehrleute in Deutschland.[33] Anders als in Großstädten gibt es in ländlichen Räumen keine Berufsfeuerwehren, und nur punktuell unterstützen hauptamtlich besetzte Leitstellen und Wachen sowie professionelle Gerätewarte diese Strukturen. Entstanden sind Freiwillige Feuerwehren in ländlichen Räumen seit der zweiten Hälfte des 19. Jahrhunderts allmählich aus zunächst oft verpflichtender Nachbarschafts- und Selbsthilfe.[34]

Abbildung 3: Wandgemälde aus Harzgerode mit Hinweis auf Gründung der Freiwilligen Feuerwehr im Jahr 1869

© Annett Steinführer

Die flächendeckende Aufrechterhaltung dieses ehrenamtlichen Systems ist gegenwärtig allerdings gefährdet. Zwischen 2000 und 2017 hat die Zahl der Aktiven in Freiwilligen Feuerwehren in Deutschland um knapp sieben Prozent abgenommen. Die größten Verluste verzeichneten dabei ostdeutsche Flächenländer (Thüringen 29 %, Brandenburg und Sachsen-Anhalt jeweils 20 %).[35] Die Zahl der Einsätze hingegen hat im gleichen Zeitraum nicht abgenommen, sondern lag konstant zwischen 1,1 und 1,2 Mio. pro Jahr. Anders als der Name »Feuerwehr« suggeriert, wird aus Abbildung 4 deutlich, dass Brände und Explosionen 2017 nicht einmal zehn Prozent der Einsätze Freiwilliger Feuerwehren verursachten. Von weitaus größerer

Bedeutung als die eigentliche Brandbekämpfung waren in diesem Jahr (wie in allen anderen dargestellten Jahren) Rettungsdienstfahrten und technische Hilfeleistungen, insbesondere infolge großflächiger Naturkatastrophen (etwa die Hochwasser 2002 und 2013 oder der Sturm Kyrill 2007). Zu den Einsätzen im Zuge lokaler Schadensereignisse oder überregionaler Naturkatastrophen kommt für die Freiwilligen Feuerwehren vor Ort noch eine Fülle weiterer Aufgaben für das Gemeinwesen hinzu – von der Festabsperrung über Kinder- und Jugendarbeit bis zum Tag der Offenen Tür.

Abbildung 4: Einsätze Freiwilliger Feuerwehren 1991–2017, nach Art des Einsatzes

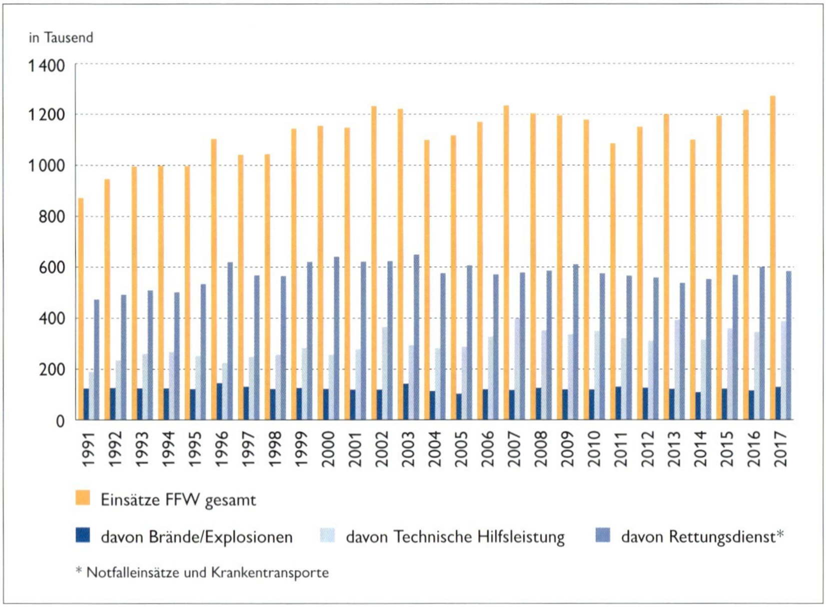

Quelle: Eigene Darstellung nach Deutschem Feuerwehrverband 1993–2019[36]

Feuerwehren sind ein Parade- und zugleich Spezialfall bürgerschaftlichen Engagements. Noch heute verkörpern sie wie kaum eine andere Institution das der Daseinsvorsorge innewohnende Spannungsfeld von staatlicher Fürsorge und privater Vorsorge. Doch ist die vermeintlich selbstverständliche stete Verfügbarkeit einer ausreichenden Zahl qualifizierter Freiwilliger aktuell in vielen Dörfern und Kleinstädten nicht mehr gesichert. Dafür sind nicht nur der viel zitierte demographische Wandel, sondern auch Veränderungen der Arbeitswelt (wie das Pendeln zwischen Wohn- und Arbeitsort) und des Freizeitverhaltens von Bedeutung. So zeigt das Beispiel der

Freiwilligen Feuerwehren, wie sich mehrdimensionaler gesellschaftlicher Wandel auf Einrichtungen der Daseinsvorsorge auswirkt und Anpassungen erforderlich macht, indem in Zusammenarbeit mit den Kommunen z. B. Organisationsstrukturen umgebaut werden, verstärkte Mitgliederwerbung stattfindet oder neue Beteiligungsanreize etabliert werden.[37]

Fazit

Der Sozialstaat des 20. Jahrhunderts hat die Gestalt heutiger Dörfer und Kleinstädte entscheidend geprägt. Die vorhandenen Daseinsvorsorgeeinrichtungen sind zu einem Großteil das Ergebnis eines intensiven, staatlich gesteuerten Modernisierungsprozesses nach dem Zweiten Weltkrieg. Trotz des Umbaus von Versorgungsstrukturen sind ländliche Räume, auch die sehr peripheren, nicht »de-infrastrukturalisiert«, wie manchmal behauptet wird.[38] Von einem Rückzug des Staates aus der ländlichen Daseinsvorsorge kann keine Rede sein – vielmehr haben sich seine Aufgaben um Steuerung und Moderation erweitert, ohne dass Fragen der Finanzierung, Sicherstellung und Erweiterung der Daseinsvorsorge weniger relevant geworden wären. Bürgerschaftliches Engagement in ländlichen Räumen kann zudem viel bewirken, andere Akteure – ob Staat oder Wirtschaftsunternehmen – bleiben jedoch in der Verantwortung. Aktuelle Forderungen nach Breitbandausbau und die erneute Förderung des sozialen Wohnungsbaus belegen, dass Daseinsvorsorge kein statisches Konzept ist und keinen ein für alle Mal festgelegten Katalog umfasst, sondern sich beständig im Wandel befindet und von gesellschaftlichen Diskussionen beeinflusst wird.

Die Bewältigung der gesellschaftlichen, wirtschaftlichen, demographischen und technologischen Veränderungen sowie das Ziel der Herstellung gleichwertiger Lebensverhältnisse werden nicht nur in (peripheren) ländlichen Räumen wesentliche Zukunftsherausforderungen bleiben. Dies gilt trotz bereits erfolgreich praktizierter Strategien bei veränderten Rollen und Akteurskonstellationen zwischen Staat, Wirtschaft und Bevölkerung und den unterschiedlichen Steuerungsebenen sowie einer größeren Selbstverantwortung der Bürgerinnen und Bürger vor Ort.[39] Die Beispiele Nahversorgung und Feuerwehren zeigen, dass das Zusammenspiel zwischen freiwilligem Engagement und staatlicher Verantwortung immer wieder neu auszutarieren ist.

Anmerkungen

1 Annett Steinführer, Bürger in der Verantwortung. Veränderte Akteursrollen in der Bereitstellung ländlicher Daseinsvorsorge, in: Raumforschung und Raumordnung 73, 1 (2015), S. 5–16.
2 Jens Kersten / Claudia Neu / Berthold Vogel, Demographische De-Infrastrukturalisierung, in: Zeitschrift für Agrargeschichte und Agrarsoziologie 60, 1 (2012), S. 39–55, hier S. 44.
3 Ernst Forsthoff, Lehrbuch des Verwaltungsrechts. Allgemeiner Teil Band 1, München–Berlin 1973[10] (erstmals 1950). Zum Begriff »Daseinsvorsorge« vgl. bereits Ernst Forsthoff, Die Verwaltung als Leistungsträger, Stuttgart–Berlin 1938.
4 Raumordnungsgesetz des Bundes (ROG) vom 22. Dezember 2008 (BGBl. I S. 2986), zuletzt geändert durch § 2 Abs. 15 des Gesetzes vom 20. Juli 2017 (BGBl. I S. 2808); vgl. auch Bundesinstitut für Bau-, Stadt- und Raumforschung im Bundesamt für Bauwesen und Raumordnung (BBSR), Raumordnungsbericht 2017, Daseinsvorsorge sichern, Bonn 2018.
5 Akademie für Raumforschung und Landesplanung (ARL), Daseinsvorsorge und gleichwertige Lebensverhältnisse neu denken. Perspektiven und Handlungsfelder (Positionspapier aus der ARL 108), Hannover 2016, S. 4.
6 Berthold Vogel, Wohlfahrtsstaatliche Daseinsvorsorge und soziale Ungleichheit, in: Claudia Neu (Hrsg.), Daseinsvorsorge. Eine gesellschaftswissenschaftliche Annäherung, Wiesbaden 2009, S. 67–79.
7 Andreas Knorr, Gemeinwohl und Daseinsvorsorge in der Infrastruktur, in: Karl-Hans Hartwig / Andreas Knorr (Hrsg.), Neuere Entwicklungen in der Infrastrukturpolitik (Beiträge aus dem Institut für Verkehrswissenschaft an der Universität Münster 157), Göttingen 2005, S. 31–53, hier S. 35 f.
8 Vgl. BBSR (Anm. 4), S. 22 f.; Bundesministerium für Verkehr, Bau und Stadtentwicklung (BMVBS), Regionalstrategie Daseinsvorsorge. Leitfaden für die Praxis, Berlin 2016, S. 8.
9 Vgl. BMVBS (Anm. 8), S. 8.
10 Vgl. A. Steinführer (Anm. 1), S. 6.
11 Vgl. Annett Steinführer / Patrick Küpper / Alexandra Tautz, Gestaltung der Daseinsvorsorge in alternden und schrumpfenden Gemeinden. Anpassungs- und Bewältigungsstrategien im Harz (Landbauforschung Sonderheft 367), Braunschweig 2012, S. 10.
12 Lutz Laschewski / Annett Steinführer / Tanja Mölders / Rosemarie Siebert, Das Dorf als Gegenstand sozialwissenschaftlicher Forschung und Theoriebildung. Zur Einführung, in: Annett Steinführer / Lutz Laschewski / Tanja Mölders / Rosemarie Siebert (Hrsg.), Das Dorf. Soziale Prozesse und räumliche Arrangements (Ländliche Räume: Beiträge zur lokalen und regionalen Entwicklung 5), Berlin 2019, S. 3–56, hier 8 f., 30 ff.
13 Vgl. A. Steinführer (Anm. 1), S. 5.
14 Claudia Neu, Daseinsvorsorge und Bürgerpartizipation, in: Geographische Rundschau 2 (2011), S. 44–49.
15 Klaus Einig, Regulierung der Daseinsvorsorge als Aufgabe der Raumordnung im Gewährleistungsstaat, in: Informationen zur Raumentwicklung 1-2 (2008), S. 17–40.

16 Annett Steinführer, Daseinsvorsorge in ländlichen Räumen: zwischen Abbau, Umbau und Ausbau, in: Sören Becker/Matthias Naumann (Hrsg.), Regionalentwicklung in Ostdeutschland. Dynamiken, Perspektiven und der Beitrag der Humangeographie, Heidelberg 2020 (im Erscheinen), S. 20.
17 Vgl. A. Steinführer (Anm. 1), S. 8.
18 Winfried Eberhardt/Patrick Küpper/Annett Steinführer, Was soll und kann Bürgerengagement leisten? Zur Übertragung von Verantwortung für die regionale Daseinsvorsorge an die Bürger. Nahversorgung und Feuerwehr im Vergleich, in: Der kritische Agrarbericht (2014), S. 168-172, hier S. 168.
19 Vgl. ARL (Anm. 5), S. I.
20 Vgl. ARL (Anm. 5), S. 29 ff.
21 Martina Kocks, Konsequenzen des demographischen Wandels für die Infrastruktur im ländlichen Raum, in: Geographische Rundschau 59, 2 (2007), S. 24–31.
22 M. Kocks (Anm. 21).
23 Stefan Neumeier, Regionale Erreichbarkeit von ausgewählten Fachärzten, Apotheken, ambulanten Pflegediensten und weiteren ausgewählten Medizindienstleistungen in Deutschland. Abschätzung auf Basis des Thünen-Erreichbarkeitsmodells (Thünen Working Paper 77), Braunschweig 2017.
24 Die Befragung wurde durch das Bundesministerium für Ernährung und Landwirtschaft im Rahmen des Bundesprogramms Ländliche Entwicklung (BULE) finanziert.
25 Einige Ergebnisse zu diesem Thema finden sich bei Thomas Freitag/Christian Rößler/Angela Kunz, Daseinsvorsorge aus Bürgersicht. Bewertung der Lebensverhältnisse und der Daseinsvorsorge vor dem Hintergrund der infrastrukturellen Ausstattung sächsischer Dörfer (Schriftenreihe des Landesamtes für Umwelt, Landwirtschaft und Geologie 31), Dresden 2009; A. Steinführer/P. Küpper/A. Tautz (Anm. 11), S. 124 ff.
26 Patrick Küpper/Alexandra Tautz, Sicherung der Nahversorgung in ländlichen Räumen Europas. Strategien ausgewählter Länder im Vergleich, in: Europa regional 21.2013, 3 (2015), S. 138–155.
27 Vgl. BBSR (Anm. 4), S. 44.
28 https://lebensmittelpraxis.de/zentrale-management/26641-top-30-ranking-konzentriert.html (abgerufen am 12.03.2020).
29 Peter Dannenberg/Maximilian Willkomm/Klaus Zehner (Hrsg.), Einzelhandel in Deutschland. Aktuelle Dynamiken im Kontext neuer Rahmenbedingungen. Mannheim 2017, S. 4.
30 Patrick Küpper/Winfried Eberhardt, Nahversorgung in ländlichen Räumen (BMVBS-Online-Publikation), Nr. 02/2013, Berlin 2013, www.bbsr.bund.de/BBSR/DE/Veroeffentlichungen/ministerien/BMVBS/Online/2013/DL_ON022013.pdf?__blob=publicationFile&v=2 (abgerufen am 27.5.2020).
31 Vgl. A. Steinführer (Anm. 1), S. 9; P. Küpper/W. Eberhardt (Anm. 30), S. 68 f.
32 P. Küpper/A. Tautz (Anm. 26), S. 141.
33 Deutscher Feuerwehrverband (DFV), Feuerwehr-Jahrbuch 2019. Das Feuerwehrwesen in der Bundesrepublik Deutschland, Bonn 2019, S. 321.
34 Eine flächendeckende Aufarbeitung der Geschichte Freiwilliger Feuerwehren in ländlichen Räumen steht aus. Für den städtischen Kontext vgl. kompakt Olaf Briese,

Freiwillige Feuerwehren im 19. Jahrhundert. Erfolge – Misserfolge – Behinderungen (Arbeitspapiere des Internationalen Graduiertenkollegs »Formenwandel der Bürgergesellschaft – Japan und Deutschland im Vergleich« 19), Halle/Saale, 2015, bes. S. 27 ff., www.igk-buergergesellschaft.uni-halle.de/publikationen/arbeitspapiere/ (abgerufen am 12.01.2020).

35 Eigene Berechnungen nach DFV, Jahrgänge 1993–2019, Bonn 1993–2019. Die Datenbasis ist problematisch (so weisen einige Länder z.B. unplausible Sprünge zwischen einzelnen Jahren auf), allerdings ist es die einzige, die bundesweite Vergleiche ermöglicht.

36 DFV (Anm. 35).

37 Vgl. genauer Annett Steinführer, Freiwillige Feuerwehren als Einrichtungen der Daseinsvorsorge – tradiertes Ehrenamt im gesellschaftlichen Wandel, in: Markus Jenki/Nils Ellebrecht/Stefan Kaufmann (Hrsg.), Organisationen und Experten des Notfalls. Zum Wandel von Technik und Kultur bei Feuerwehr und Rettungsdiensten (Zivile Sicherheit. Schriften zum Fachdialog Sicherheitsforschung 7), Berlin–Münster 2014, S. 169-186, v.a. S. 180 ff.

38 Vgl. J. Kersten/C. Neu/B. Vogel (Anm. 2).

39 Vgl. ARL (Anm. 5), S. 28 ff.

Matthias Naumann

Technische Infrastrukturen in ländlichen Räumen – zwischen Abbau, ökologischer Modernisierung und zivilgesellschaftlichem Protest

Infrastrukturen der Ver- und Entsorgung sind eine notwendige Voraussetzung für ländliche Entwicklung. So ist beispielsweise ohne eine zuverlässige Versorgung mit Wasser und Strom weder Wohnen noch Wirtschaften in ländlichen Räumen denkbar. Der Begriff Infrastruktur umfasst aber weitaus mehr. Der Finanzwissenschaftler Reimut Jochimsen fasst darunter »die Gesamtheit der materiellen, institutionellen und personellen Einrichtungen und Gegebenheiten, die der arbeitsteiligen Wirtschaft zur Verfügung stehen«.[1] Die eingangs genannten Sektoren der Trinkwasser- und Stromversorgung zählen zur materiellen bzw. technischen Infrastruktur, wozu auch die Abwasser- und Abfallentsorgung, die Gas- und Fernwärmeversorgung, Telekommunikations- und Verkehrssysteme gerechnet werden.[2] All diese Systeme weisen eine hohe technische Komplexität auf. Ihre gesellschaftliche Bedeutung und die Frage ihrer politischen Steuerung gehen aber weit über das Feld der Ingenieurwissenschaften hinaus.

Diese Bedeutung wird bei der Betrachtung des aktuellen Wandels von Infrastruktur deutlich. So verändern sich derzeit nicht nur die Technologien der Infrastrukturversorgung, sondern auch die politischen Ziele der Ver- und Entsorgung, die Organisation und Eigentümerschaft von Aufgabenträgern, die Nachfrage nach Infrastruktur und auch die räumlichen Strukturen bei der Bereitstellung von Dienstleistungen. An diesen infrastrukturellen Veränderungen sind unterschiedliche Akteure beteiligt:
- Dazu zählen erstens die Ver- und Entsorgungsbetriebe, die in öffentlicher oder privater Trägerschaft für den Betrieb von Netzen und Anlagen verantwortlich sind.
- Zweitens wirken Einrichtungen der Bundes-, Landes- und Kommunalpolitik auf vielfältige Weise bei der Planung und Entwicklung von Infrastrukturen mit.

- Drittens versuchen verschiedene zivilgesellschaftliche Akteure, etwa Umwelt- und Naturschutzverbände, Gewerkschaften oder soziale Bewegungen auf die Infrastrukturpolitik unterschiedlichen Einfluss zu nehmen.
- Viertens fordern auch die Konsument*innen zunehmend eine aktive Rolle in der Infrastrukturplanung und wandeln sich teilweise, etwa durch den Betrieb dezentraler Anlagen der Strom- oder Wärmeerzeugung, zu »Prosument*innen«, die Infrastrukturgüter sowohl nachfragen als auch anbieten.

Der Wandel von Infrastrukturen ist sowohl von den spezifischen Bedingungen ländlicher Räume geprägt als auch prägend für deren weitere Entwicklung. Die zunehmende Ausdifferenzierung ländlicher Räume,[3] etwa in wachsende suburbane oder schrumpfende periphere Regionen, drückt sich auch in unterschiedlichen Herausforderungen für ländliche Infrastrukturen aus.

Die Dynamiken des Wandels ländlicher Infrastrukturen sollen im Folgenden, aufbauend auf bisherigen Arbeiten,[4] anhand der drei Trends Abbau, ökologische Modernisierung und zivilgesellschaftlicher Protest illustriert werden. Diese drei Trends sind räumlich unterschiedlich ausgeprägt, stellen aber auch selbst wichtige Einflussfaktoren für ländliche Entwicklung dar. Im Mittelpunkt stehen dabei Beispiele aus der Energieversorgung, ergänzt um Verweise auf weitere Sektoren. Der Ausblick zeigt weitergehende konzeptionelle Ansätze, die zu einer grundsätzlichen Bestimmung ländlicher Infrastrukturpolitik beitragen können, um auch in schrumpfenden ländlichen Regionen technische Infrastrukturen weiter aufrechtzuerhalten.

Abbau ländlicher Infrastrukturen

Der demographische Wandel, die angespannte Situation öffentlicher Haushalte wie auch ein Paradigmenwechsel in der Regionalplanung und -politik werfen die Frage auf, welche öffentlichen Infrastrukturen in ländlichen Räumen noch angeboten werden können.[5] Für dünn besiedelte und periphere Regionen stellt sich die besondere Herausforderung nicht nur einer zurückgehenden Anzahl an Abnehmer*innen mit teilweise niedrigen Haushaltseinkommen, sondern auch einer unterdurchschnittlichen Abnahmedichte aufgrund der kleinteiligen Siedlungsstruktur. So stehen überdurchschnittliche Kosten für die Versorgung, z. B. durch längere und weitverzweigte Leitungssysteme, einer sinkenden Nachfrage gegenüber. Diese Bedingungen führten in den vergangenen beiden Jahrzehnten in

In Thüringen
© Stefan Schmitz

zahlreichen ländlichen Räumen erstens zur Schließung von Einrichtungen sozialer Infrastrukturen, etwa Schulen, Kindergärten oder Arztpraxen (s. Beiträge von Jahnke sowie Faller / Bendler in diesem Band). Hier steht die Raum- und Infrastrukturplanung vor dem Problem, dass sich Regionen, in denen die Nachfrage nach der infrastrukturellen Versorgung sinkt, und Regionen, in denen es zu einer Zunahme kommt, durchaus in räumlicher Nähe zueinander befinden können. Zweitens wurden vorhandene Infrastrukturangebote reduziert, vor allem beim öffentlichen Personennahverkehr, der in zahlreichen ländlichen Regionen nur noch den Schülerverkehr abdeckt, (s. Beitrag von Monheim / Monheim in diesem Band) bzw. werden nicht ausgebaut. Infrastrukturelle Einschränkungen betreffen auch die Versorgung mit Breitbandtechnologie, die in peripheren ländlichen Räumen häufig nur eingeschränkt zur Verfügung steht (s. Beitrag von Lobeck in diesem Band). Drittens sind die höheren Kosten bei der Bereitstellung ländlicher Infrastrukturen oft mit überdurchschnittlichen Preisen und Gebühren etwa bei der Abwasserentsorgung oder der Gasversorgung verbunden.

Die Wechselwirkungen zwischen wirtschaftlicher Strukturschwäche, der Alterung und Abwanderung von Bevölkerung und einer zurückge-

Rothenburg (Saale), Sachsen-Anhalt
© Stefan Schmitz

henden Siedlungsdichte einerseits und Problemen einer reduzierten Infrastrukturversorgung andererseits werden mit dem Begriff der »infrastrukturellen Peripherisierung«[6] beschrieben. Bestehende räumliche Disparitäten werden durch infrastrukturelle Benachteiligungen noch einmal verstärkt. Infrastruktur wird damit zu einem entscheidenden Indikator für gleichwertige Lebensbedingungen, wie auch jüngst der »Deutschlandatlas« des Bundesinnenministeriums illustriert, in dem die Versorgung mit technischen und sozialen Infrastrukturen als ein wichtiges Kriterium zur Beschreibung bestehender Disparitäten herangezogen wird.[7]

Infrastrukturelle Peripherisierung kann aber auch Entwicklungen umfassen, die konträr zum infrastrukturellen Abbau stehen. So stellt die Errichtung neuer Infrastrukturen ein erhebliches Konfliktfeld dar (s. u.), das ebenfalls zu neuen Benachteiligungen ländlicher Räume führen kann. Beispiele hierfür sind neue Anlagen der Stromerzeugung wie Windräder, Solarparks oder Biomasseanlagen.[8] Der Bau neuer Stromtrassen, Autobahnen oder auch Infrastrukturen einer intensiven Agrarwirtschaft sind mitunter ebenfalls Gegenstand lokaler Konflikte. Dabei spielt eine wichtige Rolle, dass Teile der Bevölkerung ländlicher Räume befürchten, als Standort neuer, mitunter flächen- oder lärmintensiver Infrastrukturen weiter an Lebensqualität zu verlieren. Somit stehen infrastruktureller Abbau und die Errichtung neuer Infrastrukturen nicht zwangsläufig im Widerspruch, sondern bilden unterschiedliche Facetten infrastruktureller Peripherisierung ab.

Die Aufrechterhaltung der Infrastrukturversorgung in Regionen mit zurückgehenden Bevölkerungszahlen stellt eine zentrale Herausforderung der Raumordnung dar (s. Beitrag von Danielzyk in diesem Band). So definiert die Ministerkonferenz für Raumordnung »Daseinsvorsorge sichern« als eines der Leitbilder für die Raumentwicklung in der Bundesrepublik.[9] Um dieses Ziel unter den oben skizzierten Bedingungen realisieren zu können, werden interkommunale Kooperationen und dezentrale Technologien als Möglichkeiten diskutiert.

Interkommunale Kooperationen umfassen die Zusammenlegung von Angeboten der Infrastrukturversorgung über Gemeindegrenzen hinweg. Beispiele hierfür sind die Fusion von Zweckverbänden der Abwasserentsorgung oder von Einrichtungen im Bildungsbereich. Zu dezentralen Technologien zählen neue Formen der Abwasserbeseitigung, etwa Kleinklär- oder Pflanzenkläranlagen, der Stromversorgung, z. B. Blockheizkraftwerke in Eigenheimen, oder auch neue Systeme im Nahverkehr, wie Rufbusse. Eine wichtige Rolle spielt dabei die digitale Vernetzung zwischen Anbieter*innen und Nachfrager*innen sowie zwischen verschiedenen Infrastruktursektoren. Hierfür steht das Schlagwort »Smart Country(side)«[10] mit dem Versprechen, die Möglichkeiten der Digitalisierung von Städten (»Smart City«) auch auf ländliche Räume zu übertragen. Ob und in welcher Form dezentrale Systeme die zukünftige Infrastrukturversorgung in ländlichen Räumen gewährleisten können, ist noch offen. Eine Gemeinsamkeit der verschiedenen dezentralen Technologien ist es aber, auch zu einer ökologischen Modernisierung der Infrastrukturversorgung beizutragen.

Ökologische Modernisierung ländlicher Infrastrukturen

Die neuen technologischen Möglichkeiten der Infrastrukturversorgung durch die Entwicklung dezentraler Systeme der Ver- und Entsorgung oder durch die Digitalisierung treffen auf neue umweltpolitische Anforderungen, wie die Wasserrahmenrichtlinie der Europäischen Union oder die Ziele der Bundesregierung zur Energiewende. Die Neuausrichtung ländlicher Infrastrukturen hin zu mehr Nachhaltigkeit in technologischer wie auch institutioneller Hinsicht bildet damit eine zweite Herausforderung für ländliche Infrastrukturen. Analog zur Transformation der städtischen

Energieversorgung werden auch für ländliche Räume die Möglichkeiten und Grenzen lokaler Energiewenden diskutiert.[11] Der britische Politikwissenschaftler Terry Marsden sieht ländliche Räume sogar als zentral für die Realisierung einer postkarbonen Transformation an.[12] In der Bundesrepublik verstehen sich ländlich geprägte Bundesländer, etwa Brandenburg, als »Vorreiter« bei der Umsetzung der Energiewende. Ein wichtiges Element ist dabei die Nutzung erneuerbarer Energieträger, die dazu beitragen soll, Emissionen zu reduzieren und damit einen Beitrag zum Klimaschutz zu leisten (s. Abb. 1).

Mit der Umsetzung der Energiewende in ländlichen Kontexten sind nicht nur neue Technologien der Stromerzeugung verbunden, sondern auch neue Organisationsformen wie Bioenergiedörfer, Energieregionen, Genossenschaften oder auch neue Stadt- bzw. Gemeindewerke. Sie wollen nicht allein die Produktion von Strom und Wärme auf erneuerbare Energieträger umstellen, sondern darüber hinaus regionale Ökonomien, lokale Teilhabe und Profilbildung fördern. Demgegenüber steht die Kritik, dass ländliche Räume lediglich »Installationsräume«[13] darstellen, in denen die Anlagen und Netze lokalisiert sind, die Erträge aus der Stromerzeugung jedoch in urbane Regionen abfließen. Damit ist die Warnung vor einem neuen »industriellen Produktivismus«[14] in ländlichen Räumen verbunden, der auf großflächigen und monostrukturierten wirtschaftlichen Strukturen basiert.

Darüber hinaus wird in aktuellen Debatten um die Energiewende in der Bundesrepublik betont, dass eine nachhaltige Transformation der Energieversorgung nur dann erfolgreich sei, wenn damit auch eine Verkehrswende, eine Agrarwende und Veränderungen in weiteren gesellschaftlichen Bereichen verbunden seien. Damit steht die ökologische Modernisierung ländlicher Infrastrukturen vor der Aufgabe, die Transformationen in verschiedenen Sektoren miteinander zu vernetzen. Beispiele für diese Vernetzungen sind die Nutzung gereinigten Abwassers aus dezentralen Anlagen bei der Produktion von Biomasse für die Energieversorgung oder auch die Bündelung verschiedener Formen von Mobilität.

Ländliche Räume können somit »Labore« für die Erprobung neuartiger Infrastrukturlösungen darstellen. Wie anfangs am Beispiel neuer Energieinfrastrukturen skizziert wurde, sind diese aber durchaus umstritten.

Konflikte und Proteste um ländliche Infrastrukturen

Sowohl die Schließung infrastruktureller Einrichtungen als auch die Errichtung neuer Infrastrukturen sind mit zunehmendem zivilgesellschaft-

Abbildung 1: Schwerpunkträume erneuerbarer Energien und Übertragungsnetzkorridore

Vorhandener Schwerpunktraum erneuerbare Energien
- Windenergie (Stand 12/2013)
- Solarenergie (Stand 12/2013)
- Energie aus Biomasse (Stand 12/2013)
- Wasserkraft (Stand 06/2015)

Die Karte veranschaulicht lediglich beispielhaft das Leitbild.
Die Signaturen stellen keine planerischen Festlegungen dar.

Vorhandener Schwerpunktraum konventioneller Energieerzeugung (Stand 06/2015)
- Kernenergie (potenzieller künftiger Netzverknüpfungspunkt)
- Kohle
- Gas

Übertragungsnetzkorridore
- Ausbau der Offshore-Windparks (Offshore NEP 2014)
- bestehendes Höchstspannungsübertragungsnetz mit Ausbaubedarf (Stand 03/2014)

Raumstruktur
- verstädterte Räume
- ländlich geprägte Räume

Quelle: BBSR / MKRO 2017, S. 38[15]

lichem Protest konfrontiert. Die zahlreichen Konflikte um Infrastrukturen führten zur Entstehung neuer sozialer Bewegungen in ländlichen Räumen.[16] Das prominenteste Beispiel hierfür sind die Auseinandersetzungen um neue Energieinfrastrukturen, vor allem um Windkraftanlagen, die an vielen Orten auf lokale Proteste stoßen. Diese Proteste treten sowohl in strukturschwachen, schrumpfenden als auch in prosperierenden ländlichen Räumen auf.[17] Fragen der lokalen Akzeptanz wurden damit zu einem wichtigen Aspekt bei der Realisierung von Energietransformationen. Hier stehen häufig eine grundsätzliche Zustimmung zur Nutzung erneuerbarer Energieträger und die Ablehnung der dafür notwendigen Anlagen und Netze in der eigenen Nachbarschaft im Widerspruch zueinander.[18] Dieser Widerspruch wurde zunächst vor allem mit einer »Not in my Backyard«-Haltung erklärt, die Einschränkungen der eigenen lokalen Umgebung strikt ablehnt. Demgegenüber betonen neuere Arbeiten, dass für die Ablehnung von Windrädern und weiteren Anlagen eine Vielzahl an Gründen verantwortlich ist.[19] Hierzu zählen zum einen die Fragen der Standorte und bisheriger oder geplanter Landnutzung, die Verteilung von Erträgen aus dem Betrieb von Anlagen erneuerbarer Energien, die Verfahren bei der Festlegung von Anlagenstandorten und Netztrassen, die Identitäten und das Selbstverständnis von Orten und Regionen (z. B. »Energieregionen« vs. »Tourismusregionen«) oder auch die grundsätzlichen Positionen gegenüber verschiedenen Energieträgern. Aktuelle Versuche rechtspopulistischer Bewegungen und Parteien, die Proteste gegen Windkraftanlagen zu vereinnahmen,[20] zeigen, wie weit diese Auseinandersetzungen über die Energiepolitik hinausgehen.

Weitere Konflikte um Energieinfrastrukturen in ländlichen Räumen betreffen die Errichtung neuer Stromtrassen, Solarparks, Biogasanlagen, aber auch die weitere Nutzung fossiler Energieträger oder End- bzw. Zwischenlagerstätten radioaktiver Abfälle aus der Atomenergie. Darüber hinaus gibt es auch in anderen Infrastruktursektoren zivilgesellschaftliche Proteste, etwa von Eigenheimbesitzer*innen gegen den Anschluss an zentrale Kläranlagen, den Widerstand von Kommunen gegen die Schließung lokaler Schulen oder die Stilllegung von Bahnstrecken. An diesen Konflikten sind verschiedene Akteure auf unterschiedlichen Ebenen beteiligt. Gemeinsam ist den Protesten die Befürchtung, dass bestimmte Infrastrukturentscheidungen zu Benachteiligungen führen, die bestehende regionale Probleme verstärken.

Ein Ansatzpunkt für die Lösung dieser Konflikte besteht darin, die unterschiedlichen Motivationen infrastruktureller Konflikte offenzulegen. Darüber hinaus berühren zivilgesellschaftliche Proteste die grundlegende politische Ausrichtung von Infrastrukturen.

Wachtberg, Nordrhein-Westfalen
© Stefan Schmitz

Ausblick

Die dargestellten Trends ländlicher Infrastrukturen – Abbau, ökologische Modernisierung und zivilgesellschaftlicher Protest – illustrieren die unterschiedlichen, teilweise widersprüchlichen Herausforderungen, vor denen ländliche Regionen hinsichtlich der künftigen Infrastrukturversorgung stehen. Diese Herausforderungen umfassen nicht nur technologische und institutionelle Fragen, sondern auch die grundsätzlichen Leitbilder der Planung und des Betriebs von Infrastrukturen. Im abschließenden Teil soll auf drei aktuelle Debatten der Kritischen Geographie eingegangen werden, die alternative Vorstellungen für ländliche Infrastrukturen entwerfen. Hierbei stehen die grundlegenden Paradigmen der Infrastrukturversorgung im Vordergrund und weniger konkrete Konzepte technischer Lösungen und Finanzierungsmöglichkeiten.

- Eine erste Debatte bezieht sich auf die Idee von Gemeinschaftsgütern (Commons)[21], die jenseits von Markt und Staat eine nachhaltige Nutzung natürlicher Ressourcen ermöglichen sollen. Die ländliche Trinkwasserversorgung, die Abwasserentsorgung oder auch Einrichtungen sozialer Infrastrukturen könnten in diesem Sinne als Gemeinschaftsgüter betrie-

ben werden, d.h. nicht in privatwirtschaftlicher oder staatlicher Verantwortung, sondern von lokalen Gemeinschaften der Nutzer*innen. Für die Energieversorgung gibt es erste Überlegungen, wie der Ansatz der Gemeinschaftsgüter auf die Nutzung energetischer Ressourcen, die Stromerzeugung und -verteilung übertragen werden kann.[22]
- Zweitens können wissenschaftliche und aktivistische Arbeiten zu Umwelt- und Klimagerechtigkeit auch eine Orientierung für Infrastrukturen in ländlichen Räumen bieten. Mit Umweltveränderungen wie dem Klimawandel sind auch Probleme für verschiedene Infrastruktursektoren verbunden, etwa der Wasser- und Energieversorgung. Diese infrastrukturellen Probleme sind räumlich und sozial ungleich verteilt, somit können Forderungen nach Wasser- oder Energiegerechtigkeit[23] auch auf die künftige Gestaltung ländlicher Infrastrukturen bezogen werden. Für das Beispiel der Energieversorgung würde dies zum einen grundlegende Fragen nach dem Zugang zu Strom-, Gas- und Wärmeversorgung, der Qualität und der Bezahlbarkeit umfassen. Zum anderen berührt dies aber auch die Frage, wem die Netze und Anlagen gehören, wie Energieversorger politisch gesteuert werden und wer von deren Erträgen profitiert. Darüber hinaus stellt sich die grundsätzliche Frage nach dem Eigentum und der Kontrolle von Ressourcen der Energieversorgung.[24]
- Drittens entwickelte sich in Anlehnung an die konzeptionellen Überlegungen und politischen Initiativen für ein »Recht auf Stadt« in vergangenen Jahren auch eine Debatte, ob sich dieser Ansatz auch auf ländliche Kontexte übertragen lässt.[25] Hierfür stehen Forderungen nach einem »Recht auf das Dorf« oder das »Recht auf Land«. David Harvey führte aus, dass eine Realisierung des »Rechts auf Stadt« mit der Schaffung urbaner Gemeinschaftsgüter verbunden sei.[26] Somit bedeute ein »Recht auf das Dorf« immer auch ein Recht auf Infrastruktur – mit der daran anschließenden Frage, wie dieses Recht realisiert werden kann.

Die drei Ansätze – ländliche Infrastrukturen als Gemeinschaftsgut, als Element von Umweltgerechtigkeit und als Element eines Rechts auf das Dorf – bedürfen einer kontinuierlichen Konkretisierung. Sie sind ebenfalls mit Widersprüchen und Konflikten verbunden, denn Gemeinschaftsgüter, die Bestimmung von »Gerechtigkeit« oder Umfang und Formalisierung von Rechten sind immer umstritten. Das Potenzial der vorgestellten Ansätze besteht aber darin, dass sie die Frage nach einer grundsätzlichen Bestimmung ländlicher Infrastrukturpolitik aufwerfen, nach deren programmatischen Vorstellungen technische und institutionelle Lösungen ausgerichtet werden können. Die Komplexität der Entwicklung ländlicher Infrastrukturen, der konflikthafte Charakter der aktuellen Veränderungen wie auch die konzeptionellen Anregungen für ein alternatives Verständnis ländlicher Infrastrukturen umreißen den Bedarf für die künftige Infrastrukturforschung und -planungen in ländlichen Räumen.

Anmerkungen

1 Reimut Jochimsen, Theorie der Infrastruktur, Tübingen 1966, S. 145.
2 Hans-Peter Tietz, System der Ver- und Entsorgung. Funktionen und räumliche Strukturen, Wiesbaden 2006.
3 Ulrike Grabski-Kieron, Geographie und Planung ländlicher Räume in Mitteleuropa, in: Hans Gebhardt / Rüdiger Glaser / Ulrike Radtke / Paul Reuber (Hrsg.), Geographie. Physische Geographie und Humangeographie, Heidelberg 2011, S. 820–837.
4 Vgl. z. B. Matthias Naumann / Anja Reichert-Schick, Ländliche Infrastrukturen – Risiken, Anpassungserfordernisse und Handlungsoptionen, in: Raumforschung und Raumordnung 73 (2015), S. 1–3.
5 Christian Holz-Rau / Stephan Günthner / Florian Krummheuer, Daseinsvorsorge ist keine Dortseinsvorsorge, in: Hinweise zur Planung in dünn besiedelten Räumen. Informationen zur Raumentwicklung 7 (2010), S. 489–504.
6 Matthias Naumann / Anja Reichert-Schick, Infrastrukturelle Peripherisierung: Das Beispiel Uecker-Randow (Deutschland), in: DisP. The Planning Review 48 (2012), S. 27–45.
7 Bundesministerium des Innern, für Bau und Heimat, Deutschlandatlas. Karten zu gleichwertigen Lebensverhältnissen, Berlin 2019.
8 Sören Becker / Andrea Bues / Matthias Naumann, Zur Analyse lokaler energiepolitischer Konflikte. Skizze eines Analysewerkzeugs, in: Raumforschung und Raumordnung 73 (2015), S. 39–49.
9 Bundesministerium für Verkehr und digitale Infrastruktur, Quo Vadis Deutschland? Leitbilder der Raumentwicklung, Berlin 2017.
10 Thorsten Wiechmann / Thomas Terfrüchte, Smart Country regional gedacht. Teilräumliche Analysen für digitale Strategien in Deutschland, Gütersloh 2017.
11 Ludger Gailing / Andreas Röhring, Was ist dezentral an der Energiewende? Infrastrukturen erneuerbarer Energien als Herausforderungen und Chancen für ländliche Räume, in: Raumforschung und Raumordnung 73 (2015), S. 31–43.
12 Terry Marsden, Exploring the Rural Eco-Economy: Beyond Neoliberalism, in: Sociologia Ruralis 56 (2016), S. 597–615.
13 L. Gailing / A. Röhring (Anm. 11).
14 Richard Cowell, Wind power, landscape and strategic, spatial planning – The construction of ›acceptable locations‹ in Wales, in: Land Use Policy 27 (2010), S. 222–232.
15 Bundesinstitut für Bau-, Stadt- und Raumforschung (BBSR) / Geschäftsstelle der Ministerkonferenz für Raumordnung im Bundesministerium für Verkehr und digitale Infrastruktur (MKRO), Leitbilder und Handlungsstrategien für die Raumentwicklung in Deutschland, Berlin 2017.
16 Michael Woods, Political articulation: the modalities of new critical politics of rural citizenship, in: Paul Cloke / Terry Marsden / Patrick Mooney (Hrsg.), Handbook of Rural Studies, London – Thousand Oaks – New Delhi 2006, S. 457–471.

17 Sören Becker/Matthias Naumann, Energiekonflikte nutzen. Wie die Energiewende vor Ort gelingen kann, Erkner 2016.
18 Derek Bell/Tim Gray/Claire Haggett, The ›Social Gap‹ in Wind Farm Siting Decisions: Explanations and Policy Responses, in: Environmental Politics 14 (2005), S. 460–477.
19 Siehe S. Becker/A. Bues/M. Naumann (Anm. 8), S. 47f.
20 Eva Eichenauer/Fritz Reusswig/Lutz Meyer-Ohlendorf/Wiebke Lass, Bürgerinitiativen gegen Windkraftanlagen und der Aufschwung rechtspopulistischer Bewegungen, in: Olaf Kühne/Florian Weber (Hrsg.), Bausteine der Energiewende, Wiesbaden 2018, S. 633–651.
21 Silke Helfrich/Heinrich-Böll-Stiftung (Hrsg.), Commons. Für eine neue Politik jenseits von Markt und Staat, Bielefeld 2014.
22 Timothy Moss/Ludger Gailing/Kristine Kern/Matthias Naumann/Andreas Röhring, Energie als Gemeinschaftsgut? Anregungen für die raumwissenschaftliche Energieforschung, Erkner 2013.
23 Kirsten Jenkins/Darren McCauley/Raphael Heffron/Hannes Stephan/Robert Rehner, Energy justice: A conceptual review, in: Energy Research & Social Science 11 (2016), S. 174–182.
24 Laura Weis/Sören Becker/Matthias Naumann, Energiedemokratie. Grundlage und Perspektive einer kritischen Energieforschung, Berlin 2015.
25 Laura Barraclough, Is There Also a Right to the Countryside?, in: Antipode 45 (2013), S. 1047–1049.
26 David Harvey, Rebellische Städte, Berlin 2013.

Bernhard Faller / Jan Bendler

Strukturwandel der Gesundheitsversorgung auf dem Land

Die Gesundheitsbranche unterscheidet sich von anderen Wirtschaftssektoren u. a. durch die hohe Regulierung und Kontrolle. Dennoch vollzieht sich auch hier eine Art Strukturwandel, der sich besonders in ländlichen Räumen bemerkbar macht. Eine seiner wesentlichen Grundlinien ist ein mit anderen Sektoren (z. B. Landwirtschaft, Einzelhandel) durchaus vergleichbarer Konzentrationsprozess, der letztlich zu größeren Betrieben – hier Krankenhäuser und Arztpraxen – führt. Unter anderem aus der zunehmenden Größe der Einrichtungen resultiert die Neigung, die Leistungserbringung auf die Städte und die größeren Orte zu konzentrieren. Dies weckt die Befürchtung, dass die kleinteilige, flächendeckende Versorgung »auf dem Lande« leidet.

Ein politisch sensibles Thema

Ohne Weiteres verständlich ist, dass eine lückenhafte Gesundheitsversorgung politisch hochsensibel ist. So äußert sich auch Bundesgesundheitsminister Jens Spahn: »Ein Krankenhaus vor Ort ist für viele Bürger ein Stück Heimat. Es gibt ihnen Geborgenheit und Sicherheit.«[1] Dabei geht es nicht allein um die Verteidigung gewohnter Standards der Daseinsvorsorge. Denn im Notfall ist nicht nur eine qualifizierte, sondern zugleich eine schnelle Hilfe gefordert. Und auch eine alternde Gesellschaft stellt die Gesundheitsversorgung vor neue Aufgaben, die sich am leichtesten mit einer wohnortnahen und insofern kleinräumig organisierten Versorgung beantworten ließen. Nachrichten vom »Kliniksterben« oder vom »Praxissterben« auf dem Land lösen auch deswegen bei Bürgerschaft und Politik vor Ort entsprechende Reaktionen aus.

Obwohl die regionale bzw. kommunale Ebene bisher weitgehend formal nicht zuständig ist, hat das Thema bei vielen Stadtoberhäuptern sowie Landräten und Landrätinnen mittlerweile eine hohe Priorität. So haben sich beispielsweise 19 von 21 von der Bundesregierung im »Aktionsprogramm regionale Daseinsvorsorge« (2013 bis 2015) geförderte Regionen entschieden, u. a. die Gesundheitsversorgung in den Mittelpunkt zu stellen.² Und in einer Umfrage unter niedersächsischen Bürgermeistern und Bürgermeisterinnen sehen rund zwei Drittel Probleme bei der Nachbesetzung von Praxen und daraus resultierenden Handlungsbedarf.³

Zunehmend lässt sich auch ein gesundheitspolitisches Engagement der Wirtschaft beobachten. Dahinter steht die Erfahrung, dass auch in anderen Wirtschaftssektoren Fachkräfte kaum für Arbeitsplätze auf dem Land zu gewinnen sind, wenn grundlegende Eckpfeiler von Daseinsvorsorge und Lebensqualität gefährdet zu sein scheinen.

Hinzu kommt, dass als Rahmenbedingung und somit auch treibende Kraft ein zunehmender Fachkräftemangel wirksam wird. Dies spüren Landkrankenhäuser bei der Personalgewinnung ebenso wie Landärzte und Landärztinnen bei der Organisation ihrer Praxisnachfolge. Dieser Fachkräftemangel erschwert die Besetzung von Stellen und ist somit ein Teil des Versorgungsproblems. Der intensive Wettbewerb um den medizinischen Nachwuchs forciert gleichzeitig das Bemühen, die Arbeitsplätze und damit auch die betriebliche Organisation an die Präferenzen des jungen ärztlichen Fachpersonals anzupassen. Somit treibt der Fachkräftemangel den Strukturwandel zusätzlich an. Da die nachrückenden jungen Mediziner und Medizinerinnen – wie andere Berufsgruppen auch – häufig ein städtisches oder stadtnahes Umfeld bevorzugen, wird der Fachkräftemangel auf dem Land sowohl im stationären (Landkrankenhäuser) als auch im ambulanten Bereich (Landärzte und Landärztinnen) besonders wirksam.

Strukturwandel zulasten der Landkrankenhäuser?

Aktuelle Trends

Obwohl die Zahl der verfügbaren Krankenhausbetten in den vergangenen Jahrzehnten spürbar reduziert wurde (um circa 25 % seit 1991), verfügt Deutschland im internationalen Vergleich über ein umfangreiches stationäres Versorgungsangebot.⁴ Die Bettenzahl liegt mit gut 806 Krankenhausbetten je 100 000 Personen deutlich über dem EU-28-Durchschnitt mit 509 Krankenbetten.⁵ Ähnliches gilt für die Zahl der Krankenhäuser. Auch sie wurde deutlich reduziert. Ende der 1990er-Jahre arbeiteten in gut 2 200 Krankenhäusern ungefähr 120 000 Ärzte und Ärztinnen. Die Zahl der 2017 betriebenen Krankenhäuser ist um circa 300 gesunken, das ärztliche Personal parallel jedoch deutlich gestiegen (2017: 186 000).⁶

Kennzeichnend für die Entwicklung des stationären Sektors ist ferner, dass Deutschland im internationalen Vergleich bei den stationären Behandlungen nicht nur eine sehr hohe, sondern zugleich eine langfristig steigende Zahl von Patienten und Patientinnen (exakter: Behandlungsfällen) aufweist. Die parallel stark abnehmende Verweildauer führt jedoch dazu, dass trotz der reduzierten Bettenzahl eine sinkende Auslastung der Betten entsteht.[7] Zudem gehen in jüngster Zeit die Fallzahlen im stationären Bereich zurück, was im Wesentlichen aus dem Zuwachs ambulanter Behandlungen bzw. Operationen resultiert.

Insgesamt wird dem stationären Sektor in Deutschland noch erhebliches Verbesserungspotenzial bei Wirtschaftlichkeit und mehr noch Qualität attestiert.[8] Eine Möglichkeit, dieses Potenzial auszuschöpfen, besteht in der weiteren »Marktbereinigung«, d. h. der weiteren Schließung eher unrentabler Standorte. Dies stärkt zugleich die leistungsfähigeren, größeren Krankenhäuser, die auch für schwierigere Diagnosen und Eingriffe die entsprechende Ausstattung vorhalten und für diese Aufgaben spezialisiertes und zugleich erfahrenes ärztliches sowie pflegerisches Fachpersonal beschäftigen können.[9] Dass der Konzentrationstrend insbesondere zum Wegfall kleinerer Krankenhäuser führt, zeigt das Beispiel Nordrhein-Westfalen (s. Tab. 1).

Tabelle 1: Entwicklung der Anzahl allgemeiner Krankenhäuser in Nordrhein-Westfalen 2006 bis 2016

Allgemeine Krankenhäuser	Anzahl 2006	Anzahl 2016	Veränderung 2006 bis 2016	
			absolut	prozentual
Unter 200 Betten	126	80	−46	−37%
200 bis unter 500 Betten	182	138	−44	−24%
500 und mehr Betten	56	70	+14	+25%
Insgesamt	364	288	−76	−21%

Quelle: IT.NRW 2019[10]

Die Erreichbarkeit von Krankenhäusern

Die Vermutung, dass der bislang schon sichtbare und weiter zu erwartende Wegfall kleinerer Häuser insbesondere die ländlichen Räume betrifft, ist naheliegend, aber nicht ganz eindeutig belegt. Zwar zählen Kliniken in ländlichen Räumen in aller Regel zu den kleineren Krankenhäusern, die vorwiegend die Hauptfunktionen der Grundversorgung erfüllen. Insgesamt entfielen 2015 auf ländliche Räume 607 Häuser. Sie stellten 28%

aller Betten in Allgemeinkrankenhäusern.[11] Ländliche Räume sind hier definiert basierend auf der BBSR-Kreistypologie als »ländliche Kreise mit Verdichtungsansätzen« sowie »dünn besiedelte ländliche Kreise« (s. Beitrag von Küpper / Milbert in diesem Band). Dennoch befinden sich kleinere Krankenhäuser auch in den Städten bzw. Stadtregionen. Zieht man die Grenze bei 200 Betten, so beträgt der Anteil kleinerer Häuser in ländlichen Regionen 59 %. Bundesweit beträgt ihr Anteil 53 %.

Gleichwohl gilt, dass es für die kleineren Häuser insbesondere auf dem Land etwas schwieriger ist, Personal zu rekrutieren. Bei der Befragung für das Krankenhaus Barometer 2018 gaben 41,7 % der Krankenhäuser mit Geburtshilfestationen in ländlichen Räumen an, Probleme in der Nachbesetzung von Stellen für Ärzte und Ärztinnen mit abgeschlossener Weiterbildung zu haben. Demgegenüber vermeldeten nur 23,3 % der Häuser in Agglomerationsräumen und 27,9 % der Häuser in städtischen Räumen ähnliche Schwierigkeiten.[12] Hinzu kommen oftmals wirtschaftliche Probleme. Hier ist aber kein stark ausgeprägtes Stadt-Land-Gefälle sichtbar.[13]

Mit dem aktuellen Bestand an Krankenhäusern ist eine recht gute räumliche Abdeckung gegeben. Nach den Angaben des WIdO Krankenhaus-Reports 2015 erreichen knapp 90 % der Menschen in Deutschland das nächste Krankenhaus der Grundversorgung in 20 Minuten Fahrzeit (s. Tab. 2).[14] Der statistische Durchschnitt, ein Krankenhaus der Grundversorgung zu erreichen, liegt bei rund zwölf Minuten Fahrzeit deutschlandweit (s. Tab. 3).

Ein Optimierungsproblem zwischen Qualität und Erreichbarkeit

Die Weiterentwicklung der Krankenhauslandschaft ist ein komplexes Optimierungsproblem, bei dem weit mehr als die räumliche Abdeckung und die damit verbundene Erreichbarkeit berücksichtigt werden muss. Auch die zu behandelnden Menschen aus den ländlichen Räumen legen großen Wert auf eine qualitativ hochwertige Behandlung. Je schwieriger die Behandlung oder komplexer die Operation, umso mehr wird das Interesse an kurzen Fahrzeiten von qualitativen Fragen überlagert. Im Zweifel suchen Betroffene spezialisierte Häuser in weiter entfernten Großstädten auf, um die bestmögliche Behandlung zu erhalten. Diese Entscheidung wird in der Regel von den behandelnden niedergelassenen Ärzten und Ärztinnen unterstützt.

Im Großen und Ganzen gilt, dass die Behandlungsqualität höher und die Komplikationsraten in spezialisierten Zentren geringer sind.[15] Die Kosten sind deswegen nicht unbedingt niedriger, aber die Qualität ist durch erfahrene Fachleute (mehr Fallzahlen), eine breitere fachliche Abdeckung

Tabelle 2: Erreichbarkeit von Krankenhäusern der Grundversorgung nach Fahrzeitklassen

Fahrzeit zum nächsten Grundversorger	Kumulierter Bevölkerungsanteil
unter 5 Minuten	11,4 %
unter 10 Minuten	44,6 %
unter 15 Minuten	72,0 %
unter 20 Minuten	89,1 %
unter 25 Minuten	96,3 %
unter 30 Minuten	98,8 %

Quelle: Klauber / Geraedts / Friedrich / Wasem 2015[16]

Tabelle 3: Erreichbarkeit von Krankenhäusern der Grundversorgung nach siedlungsstrukturellen Kreistypen

Siedlungsstruktureller Kreistyp (BBSR)	Durchschn. Fahrzeit zum nächsten Grundversorger (in Minuten)
Kreisfreie Großstädte	7,9
Städtische Kreise	12,3
Ländliche Kreise mit Verdichtungsansätzen	14,4
Dünn besiedelte ländliche Kreise	15,9
Bund	11,9

Quelle: Klauber / Geraedts / Friedrich / Wasem 2015[17]

bei Komplikationen, optimierte Abläufe und bessere Ausstattung höher. Dass auch bei Patienten und Patientinnen die Qualität Vorrang vor der Erreichbarkeit hat, zeigt sich bei der Krankenhauswahl in den Stadtregionen. Hier entscheiden sich die Betroffenen viel seltener für das nächste Krankenhaus und suchen zu größeren Anteilen das gut erreichbare spezialisierte Haus auf.

Eine zentrale Optimierungsaufgabe ist es insofern, die mit einer Spezialisierung (Mindestmengen) und Zentralisierung verbundenen qualitativen Verbesserungen gegenüber den Wirkungen einer verschlechterten Erreichbarkeit abzuwägen. Aktuelle Simulationsrechnungen und Analysen kommen dabei zu dem Ergebnis, dass eine weitere Konzentration der Versorgung auf Häuser mit größeren Fallzahlen und dementsprechenden Qualitätsvorteilen bei der recht dichten Krankenhauslandschaft keine gravierenden Wirkungen auf die Erreichbarkeit hat.[18] Wie das Beispiel Dänemark zeigt, ließe sich selbst die Notfallversorgung verbessern, wenn gewährleistet würde, dass die Patientinnen und Patienten selbst unter Inkaufnahme längerer Fahrzeiten stets in personell und technisch gut ausgestattete Krankenhäuser eingeliefert würden. Vor allem aus gesundheitswissenschaftlicher, partiell auch gesundheitspolitischer Sicht erscheint daher eine weitere Konzentration der Krankenhauslandschaft sinnvoll. Um die schwerwiegendsten Fälle einer weiteren Ausdünnung der Krankenhauslandschaft zu verhindern, wurden 2016 sogenannte Sicherstellungszuschläge eingeführt. Dabei handelt es sich um eine finanzielle Unterstützung, die für ein von Schließung bedrohtes Haus gewährt wird, wenn die Schließung dieses Krankenhauses zur Konsequenz hätte, dass über 5 000 Menschen mehr als 30 PKW-Fahrminuten zum nächsten Grundversorger auf sich nehmen müssten.[19]

Die lokalpolitische Wahrnehmung des Strukturwandels

Von den medizinischen Qualitätsgesichtspunkten unterscheidet sich häufig die regional- und lokalpolitische Sicht. Denn jedes von Schließung bedrohte Krankenhaus wird in den Regionen als schwerwiegender Verlust empfunden. Dabei haben die Leistungen in der Notfallversorgung häufig eine besondere Bedeutung. Nachvollziehbar ist, dass dies insbesondere in den ländlichen Räumen der Fall ist, weil hier nach der Schließung eines Krankenhauses am gleichen Ort oftmals kein zweites vorhanden ist. Dass die örtliche Bevölkerung mit vertretbaren Fahrzeiten durchaus Versorgungsalternativen hat, ist schwer zu vermitteln und trifft oftmals nicht den Kern der Auseinandersetzung. Denn die Schließung einer Klinik wird offenbar nicht isoliert als Problem der Versorgung mit stationären Angeboten begriffen, sondern in den erweiterten Kontext der sonstigen Versorgungsprobleme der jeweiligen ländlichen Region eingeordnet. Der Wegfall eines Krankenhauses wird dann oft als Symbol für einen Bedeutungsverlust dieses ländlichen Raums und der eigenen Heimat interpretiert, gegen den es anzukämpfen gelte.

Auch die Menschen in den ländlichen Regionen haben ein Recht auf eine gute Gesundheitsversorgung und eine hohe Versorgungssicherheit. Um dies zu gewährleisten oder zu überprüfen, reicht jedoch nicht der Blick auf die räumlichen Strukturen der Krankenhausversorgung. Gut funktionierende Rettungs- und Notfalldienste sowie eine gesicherte ambulante Versorgung mit ärztlichem und therapeutischem Fachpersonal und Pflegeangebote gehören ebenfalls dazu. Wenn dann noch die Versorgungsabläufe zwischen den unterschiedlichen Angeboten und Berufsgruppen besser als im Status quo aufeinander abgestimmt werden, wird der vielleicht unumgängliche Verlust eines Krankenhauses sicher als nicht so gravierend empfunden. Einzelne Fallbeispiele (z. B. der Gesundheitscampus Sauerland oder das MVZ Freyung / Waldkirchen in Bayern) zeigen, dass die Schließung eines Krankenhauses durchaus zum Impuls und Nukleus einer verbesserten Versorgung werden kann. Allerdings setzt dies voraus, dass vor Ort innovative Versorgungsangebote konzipiert und umgesetzt sowie gesundheitspolitische Weichenstellungen zur Stärkung solcher Versorgungsangebote vorgenommen werden.

Die Zukunft von Landarztpraxen

Der Nachwuchsmangel und seine räumlichen Konsequenzen

Der Mangel an ärztlichem Fachpersonal ist im ambulanten Sektor im Wesentlichen das Ergebnis einer alternden Ärzteschaft und der daran gemessen unzureichenden Zahl der allgemeinmedizinischen Fachabschlüsse. Bundesweit sind heute 40 % der niedergelassenen Allgemeinmediziner und -medizinerinnen älter als 60 Jahre (s. Tab. 4). Bei einem angenommenen Ruhestandsalter von 65 Jahren ergibt sich daraus ein sofortiger Bedarf an ca. 7 500 Hausärzten und Hausärztinnen, um die Zahl der 2018 in Deutschland tätigen Personen in allgemeinmedizinischen Praxen zu halten.[20] Der Vergleich mit anderen Fachgruppen zeigt, dass die Herausforderung, ärztlichen Nachwuchs für eine alternde Ärzteschaft zu gewinnen, insbesondere auf die allgemeinmedizinische Versorgung zutrifft. Auch andere Fachgruppen weisen ebenso hohe Anteile älterer Ärzte und Ärztinnen auf. Allerdings liegen hier die Ausbildungsleistungen bezogen auf den Bedarf an nachrückendem ärztlichem Personal deutlich über denen im hausärztlichen Bereich.

Ein großer Teil des Mangels an Hausärztinnen und Hausärzten erklärt sich also aus den unzureichenden Ausbildungsleistungen. 2018 schlossen nur 1556 Studierende der Medizin eine hausärztliche Ausbildung ab und stehen für den Übergang in eine Praxis zur Verfügung; in den Vorjahren war die Zahl noch geringer.[21] Die Konsequenz zeigt sich in folgenden Zahlen: 37 % der niedergelassenen Ärzte und Ärztinnen sind hausärztlich tätig, aber nur 11 % der derzeitigen fachärztlichen Anerkennungen führen in diesen Beruf.[22] Von daher sind im Ausbildungsbereich die wichtigsten Weichenstellungen für eine ausreichende ärztliche Versorgung zu legen. Entscheidend ist dabei aber nicht nur die Zahl der humanmedizinischen Studienplätze, sondern auch das Interesse der Studierenden an einer allgemeinmedizinischen Ausbildung. In den vergangenen Jahrzehnten hat sich der Fokus des medizinischen Nachwuchses zu den stärker spezialisierten und oft auch stärker technisierten Fachrichtungen verschoben. In dieser Hinsicht unterscheidet sich die Medizin nicht von vielen anderen Wirtschafts- und Tätigkeitsbereichen.

Tabelle 4: Altersstruktur der niedergelassenen Ärzteschaft nach ausgewählten Fachgruppen

Gebietsbezeichnung	Gesamt-zahl	Anteil Altersgruppen in Altersjahren					Über 60-jährige	
		bis 39	40-49	50-59	60-65	über 65	Anzahl	Anteil
Allgemeinmedizin	30 975	3%	17%	39%	23%	17%	12 503	40%
Frauenheilkunde und Geburtshilfe	9 361	2%	21%	45%	20%	11%	2 945	31%
Augenheilkunde	4 523	4%	21%	44%	20%	11%	1 406	31%
Kinder- und Jugendmedizin	5 776	4%	23%	43%	22%	9%	1 741	31%
Hals-Nasen-Ohrenheilkunde	3 754	3%	24%	43%	20%	10%	1 113	30%
Chirurgie	9 678	2%	23%	47%	19%	10%	2 817	29%
Urologie	2 733	4%	22%	47%	20%	8%	758	28%
Kinder- und Jugendpsychiatrie und -psychotherapie	996	2%	20%	50%	17%	11%	275	28%
Psychiatrie und Psychotherapie	3 895	1%	17%	54%	17%	10%	1 075	27%
Haut- und Geschlechtskrankheiten	3 529	3%	24%	46%	18%	9%	957	27%

Quelle: Ärztestatistik der Bundesärztekammer 2018[23]

Insofern dreht sich ein großer Teil der Diskussion zur Sicherung der ärztlichen Versorgung um die Themen Studium und Ausbildung: die Zahl der Studienplätze, der Zugang zum Studium, die Attraktivität und Bedeutung der allgemeinmedizinischen Ausbildungsinhalte (in Theorie und Praxis) usw. Auch die relative Attraktivität des Berufes als Hausarzt oder Hausärztin gegenüber anderen medizinischen Fachrichtungen steht zur Debatte. Dabei geht es um ein zeitgemäßes »modernisiertes« Berufsbild, den Abbau entsprechender Vorurteile und nicht zuletzt um eine leistungsgerechte Bezahlung.

Dieser Nachwuchsmangel ist angesichts der langen Ausbildungszeiten nicht kurzfristig zu beheben. Selbst wenn man ad hoc die relevanten politischen Weichenstellungen für höhere Ausbildungskapazitäten und für eine Besserstellung der Allgemeinmedizin vornehmen könnte, würden mindestens zehn Jahre vergehen, bis der medizinische Nachwuchs das Studium und die fachärztliche Ausbildung durchlaufen hat. Insofern gibt es jetzt schon und absehbar in den nächsten Jahren einen sehr intensiven Wettbewerb um junge Mediziner und Medizinerinnen. Dies hat schon in den zurückliegenden Jahren zu einer starken Zuwanderung ausländischer Ärzte und Ärztinnen geführt. Nach Angaben der Bundesärztekammer ist ihre Zahl zwischen 2010 und 2018 von 21 650 auf 48 672 gestiegen. Diese sind allerdings überwiegend im stationären Bereich tätig.[24]

Im Jahr 2017 waren deutschlandweit über 2 600 hausärztliche Kassensitze nicht besetzt.[25] Statistisch ist nicht eindeutig sichtbar, ob oder wie sehr sich diese freien Arztsitze auf ländliche Räume konzentrieren. Denn trotz dieser scheinbar hohen Zahl weist die entsprechende Statistik der Kassenärztlichen Vereinigung für 2017 nur 8 von insgesamt 970 Planungsbezirken (sogenannte Mittelbereiche) als unterversorgt aus. Als unterversorgt gilt ein Planungsbezirk, wenn der Versorgungsgrad unter 75 % und somit 25 % unter dem rechnerischen Bedarf liegt.

Dieses statistische Bild steht in einem deutlichen Gegensatz zu der seit Jahren intensiv geführten Debatte zum Ärztemangel auf dem Land. Dies kann eine Reihe von Ursachen haben: Zunächst einmal wird jede nicht fortgeführte Praxis als Verlust für die Versorgung empfunden, insbesondere wenn dies im jeweiligen Ort die einzige Praxis war. Da spielt es keine Rolle, dass die Kassenärztliche Vereinigung dem Planungsbezirk eine Vollversorgung oder gar eine Überversorgung attestiert. Hinzu kommt, dass die Verantwortlichen in den ländlichen Regionen natürlich registrieren, dass die Zahl der kurz vor dem Ruhestand stehenden Ärzte und Ärztinnen hoch ist und diese von Schwierigkeiten der Nachfolgesuche berichten. Die sich aus der Altersstruktur der Ärzteschaft ergebenden Probleme werden angesichts bereits erfolgter Praxisschließungen antizipiert und sensibel registriert.

Wie auch andere Berufsgruppen präferieren Nachwuchsmediziner und -medizinerinnen tendenziell städtische Räume bzw. die Stadtregionen. Für viele scheint eine Niederlassung in kleinen Gemeinden unattraktiv.[26] Dies gilt selbstverständlich nicht für alle Absolventinnen und Absolventen. Insbesondere Studierende, die selbst in ländlichen Regionen aufgewachsen sind, schließen eine Rückkehr nicht aus.[27] Um die Versorgung in ländlichen Gebieten mit jungen Ärztinnen und Ärzten zu verbessern, führte NRW 2019 eine sogenannte Landarztquote ein. Zum Sommersemester 2020 werden fast 200 zusätzliche Sonderstudienplätze im Fach Medizin vergeben. Diese Studierenden müssen sich verpflichten, nach ihrem Studium für mindestens zehn Jahre als Landarzt oder -ärztin in einer unterversorgten Region zu praktizieren. Entscheidend wird zukünftig sein, dass die angebotenen Praxen oder ärztlichen Stellen zu den veränderten Präferenzen des ärztlichen Nachwuchses passen.

Veränderte Erwartungen des ärztlichen Nachwuchses

Eine erste Reaktion der betroffenen Kleinstädte und Dörfer besteht häufig darin, vermehrt Werbung für den Ort und die Praxis zu machen (zum Teil werden auch Headhunter eingeschaltet) oder sonstige Hilfen anzubieten (preiswerte Praxisräume, Unterstützung bei der Einrichtung / Modernisierung der Praxis, günstige Bereitstellung von Wohnhäusern und vieles mehr). Dies führt jedoch nur selten zum Erfolg. Auch die von den Kassenärztlichen Vereinigungen angebotenen finanziellen Starthilfen konnten die Situation bislang kaum ändern.

Entscheidend ist, dass die jungen Mediziner und Medizinerinnen gänzlich veränderte Erwartungen an die Ausübung ihres Berufes haben. Diese sind kaum mit dem Vorstellungsbild und der Realität einer traditionellen Praxis auf dem Land in Übereinstimmung zu bringen. Eine Grundlinie ist, dass die jungen Ärzte und Ärztinnen ihr Arbeitsleben besser mit den Anforderungen aus Partnerschaft und Familie vereinbaren wollen (Work-Life-Balance). Dabei spielt auch eine Rolle, dass es sich bei dem nachrückenden allgemeinmedizinischen Personal ganz überwiegend um junge Frauen handelt (im Bezugsjahr 2018 fast 70%).[28] Die veränderten Präferenzen können folgendermaßen umrissen werden:

- Flexible und zugleich verlässliche Arbeitszeiten: Das veränderte Verständnis von Partnerschaft und Verantwortung für die Familie führt zum Wunsch nach flexibleren und zugleich verlässlicheren Arbeitszeiten. Der ärztliche Nachwuchs kann und will nicht mehr überwiegend und nach Bedarf »rund um die Uhr« für Praxis und die Patienten und Patientinnen da sein und alles Familiäre der Partnerin oder dem Partner überlassen.
- Reduzierte Arbeitszeiten, mehr Teilzeit: Das höhere Maß an Verantwortung für die Familie und der Bedeutungsgewinn von Interessen außerhalb von Beruf und Familie führen gleichzeitig dazu, dass viele junge Mediziner und Medizinerinnen zeitweise oder dauerhaft eine Teilzeittätigkeit bevorzugen. Arbeitsstellen, die über Jahre hinweg einen Einsatz von 40 Stunden und mehr erfordern, sind nur für wenige interessant.
- Spezialisierung und fachliche Zusammenarbeit im Team: Auch und insbesondere die Medizin hat sich durch den wissenschaftlichen Fortschritt kontinuierlich verändert. Um den veränderten Anforderungen gerecht werden zu können, ist vielfach auch in der Allgemeinmedizin eine Spezialisierung erforderlich und gewünscht. Um dennoch die mit der hausärztlichen Versorgung verbundene umfassende Verantwortung übernehmen zu können, gewinnt die Zusammenarbeit in sich gegenseitig

fachlich unterstützenden Teams an Bedeutung. Dies kann auch benachbarte Berufsgruppen umfassen.
- Konzentration auf die ärztliche Tätigkeit / Entlastung von administrativen und Routinetätigkeiten: Selbstverständlich will sich auch die junge Ärzteschaft auf die ärztliche Tätigkeit konzentrieren. Dies mag sie nicht von der älteren Kollegschaft unterscheiden. Da Dokumentationsaufgaben und andere administrative Pflichten jedoch beständig zugenommen haben, gewinnt das Interesse an einer entsprechenden Entlastung an Bedeutung. Ähnliches gilt für medizinische Routinetätigkeiten, die auf nichtärztliches Personal übertragen werden können. Von daher haben ärztliche Arbeitsplätze eine höhere Attraktivität, wenn sich Ärzte und Ärztinnen auf die Aufgaben konzentrieren können, für die sie besonders qualifiziert sind.
- Mehr Anstellungsverhältnisse / weniger Selbstständige: Schon die zuvor aufgeführten Punkte münden in einem abnehmenden Interesse an einer selbstständigen Tätigkeit. Der ärztliche Nachwuchs erkennt, dass sich seine Präferenzen leichter mit einem Angestelltenverhältnis verbinden lassen. Der Gang in die Selbstständigkeit und die Übernahme einer Praxis sind nicht nur mit einer hohen wirtschaftlichen und juristischen Verantwortung und einem entsprechenden Zeitaufwand für unternehmerisch-administrative Aufgaben verbunden, sondern führen zu einer hohen Bindung an den einmal gewählten beruflichen Weg und nicht zuletzt den Ort. Dies verträgt sich immer weniger mit dem zunehmenden Erfordernis und dem Wunsch nach mehr Flexibilität für die eigene Biografie und die Anforderungen der in der Regel ebenfalls berufstätigen Partner und Partnerinnen.

Den Strukturwandel organisieren – lokale Gesundheitszentren

Wie groß der Nachteil ländlicher Regionen beim Wettbewerb um den medizinischen Nachwuchs ist, lässt sich schwer abschätzen. In der Praxis zeigt sich jedoch, dass größere Praxen oder Gesundheitszentren, die dem umrissenen Anforderungsprofil in etwa gerecht werden, auch auf dem Land ärztlichen Nachwuchs finden. Derartige neue Einrichtungen entstehen derzeit in zunehmender Zahl.[29] Einen Impuls in diese Richtung hat der Sachverständigenrat Gesundheit mit seinem Gutachten von 2014 gegeben und »lokale Gesundheitszentren« als ein vielversprechendes Modell bewertet.[30] Bei deren Etablierung geht es jedoch nicht allein um die Anwerbung medizinischer Fachkräfte. Gleichzeitig sind diese Gesundheitszentren geeignet, bisherige Versorgungsdefizite abzubauen, primär durch die Kooperation der unterschiedlichen medizinischen und therapeutischen Disziplinen, sodass Versorgungsabläufe besser strukturiert und gleichzeitig z. B. kommunale Angebote (Gemeindeschwestern, Fahrdienste, Sport / Gesundheitsbildung / Ernährung / Prävention / Schulung und Unterstützung von Familienmitgliedern etc.) angebunden werden können.

Zwar kann schon länger ein Trend hin zu Gemeinschaftspraxen beobachtet werden. Dennoch gilt, dass in den meisten ländlichen Räumen bisher traditionelle Kleinpraxen vorherrschen. Beispielhaft zeigt dies die Struktur der ambulanten Versorgung in der Region Schwarzwald-Baar-Heuberg (bestehend aus den Landkreisen Schwarzwald-Baar, Rottweil und Tuttlingen). 2017 waren dort 69 % der Praxen als Einzelpraxen organisiert und in nur 9 % der Praxen arbeiteten drei und mehr Ärzte und Ärztinnen zusammen.[31] In noch höherem Ausmaß dürfte dies für die derzeit zur Weitergabe anstehenden Praxen zutreffen, die vor 30 oder mehr Jahren von den heute alten, meist männlichen Ärzten übernommen wurden. Diese zur Abgabe anstehenden Praxen sind von ihrer Organisation her so aufgestellt, dass der Arzt, oder seltener die Ärztin, eine umfassende medizinische, administrative und nicht zuletzt betriebswirtschaftlich-unternehmerische Verantwortung innehat. Zudem besteht eine hohe und nur schwer teilbare Bindung an die und Verantwortung gegenüber den Patienten und Patientinnen. Diese umfassende Alleinverantwortung und die damit einhergehende hohe zeitliche Belastung akzeptiert der medizinische Nachwuchs immer seltener. Dies ist neben dem generellen Mangel an ärztlichem Fachpersonal der Hauptgrund für die schwierige Suche nach Nachfolgern und Nachfolgerinnen für ländliche Praxen und die daraus resultierenden medizinischen Versorgungsprobleme auf dem Land.

Aus dieser Perspektive besteht eine Hauptaufgabe bei der Sicherung der ärztlichen Versorgung darin, die nicht mehr zukunftsfähigen Einzel- bzw. Kleinpraxen in neu aufzubauende lokale Gesundheitszentren zu überführen. Vielfach lässt sich derzeit beobachten, dass die abgebende ältere Ärzteschaft in den vergangenen Jahren ihrer Berufstätigkeit nicht mehr das Engagement mitbringt, diesen Übergang zu organisieren. Insofern sind hier Impulse von außen und häufig auch eine kommunale Initiative oder Beteiligung erforderlich. In diesem Übergang sind viele fachliche Fragen zu beantworten:

- Welche Praxisstandorte sind zur Versorgung der Bevölkerung unerlässlich und sollten beibehalten werden?
- Welche dezentralen Angebote sind zur Versorgung peripherer Regionen nötig (z. B. Fahrdienste, Filialstandorte, mobile Angebote durch Assistenzmodelle)?
- Welche fachlichen Schwerpunkte sollte das Zentrum ausgehend von bestehenden Versorgungsangeboten und Versorgungsdefiziten setzen?

Besonders wichtig ist jedoch, dass die Übernahme von Einzelpraxen in leistungsfähigere größere »Betriebe« auch ein wirtschaftlicher Konzentrationsprozess ist, der neue Formen der unternehmerischen Verantwortung voraussetzt. Die vorgelagerte und letztlich entscheidende Frage ist insofern, »wer« die unternehmerische (d. h. juristische und wirtschaftliche) Verantwortung für den Aufbau und den Betrieb dieser neuen Praxen oder Gesundheitszentren übernimmt. Zulassungsrechtlich wurden hier in den vergangenen Jahren neue Möglichkeiten geschaffen, sodass neben dem ärztlichen Personal selbst und den Kliniken auch Kommunen und Eigenbetriebe der Kassenärztlichen Vereinigung als Träger bzw. Betreiber infrage kommen. Sowohl die Ärzteschaft als auch die Lokalpolitik favorisieren in der Regel eine private Trägerschaft aus dem ärztlichen Bereich. Dies würde bedeuten, dass entweder einzelne Personen ihre bestehende Praxis durch den Ankauf und die Integration weiterer Praxen zu einem entsprechenden Zentrum fortentwickeln oder sich Ärzte und Ärztinnen zu diesem Zweck zusammenschließen (z. B. als Partnergesellschaft / BAG, GmbH oder Genossenschaft). Allerdings kommt diese favorisierte Lösung derzeit noch nicht überall dort in Gang, wo Mangel an Ärzten und Ärztinnen sowie Praxisschließungen drohen. Deswegen werden quasi als »zweitbeste« Alternative auch (kommunale) Kliniken für diese Aufgabe herangezogen. Allenfalls als Ausnahmen kommen derzeit kommunale oder von der Kassenärztlichen Vereinigung getragene Gesundheitszentren in Betracht.

Fazit: Neue kommunale Aufgaben in der Gesundheitsplanung

Der auch vom Fachkräftemangel vorangetriebene Strukturwandel des Gesundheitssektors auf dem Land (stationär wie ambulant) ist gleichermaßen Problem und Lösung. In diesem Strukturwandel liegt die Chance, orientiert am Modell der lokalen Gesundheitszentren, die neben der Arztpraxis weitere gesundheitsbezogene Dienstleistungen anbieten, innovative und qualitativ höherwertige Versorgungsangebote zu realisieren. Das damit verbundene Risiko ist jedoch, dass im Wege der Zentralisierung schlechter versorgte Räume zurückbleiben.

Ganz wesentlich für adäquate Lösungen wird es folglich sein, dass der Strukturwandel und der Aufbau von Gesundheitszentren in Kenntnis und in Auseinandersetzung mit den räumlichen Gegebenheiten und den daraus resultierenden Versorgungsaufgaben vorangetrieben werden. Von den meistens favorisierten privatwirtschaftlichen Lösungen kann man nicht ohne Weiteres erwarten, dass sie diese Perspektive einnehmen und z. B.

wohnortbezogene Leistungen für eher peripher gelegene Dörfer anbieten (wie Fahrdienste, Betrieb von Filialpraxen, mobile Praxisassistenten und -assistentinnen, Tages- und Kurzzeitpflege, ambulante Versorgungsbetten). Die Einrichtung derartiger Angebote liegt an der Schnittstelle privater bzw. ärztlicher Leistungen und eines flankierenden öffentlichen Engagements. Sie kann zwar durch Honoraranreize und rechtliche Spielräume unterstützt werden, setzt zugleich aber bei Planung und Betrieb eine Kooperation zwischen der öffentlichen Hand und dem Gesundheitssektor auf der regionalen Ebene voraus.

Viele Regionen und Kommunen haben das erkannt und beschäftigen sich derzeit intensiv mit Fragen der Gesundheitsversorgung. Da hier über Jahrzehnte hinweg weder Zuständigkeit noch Handlungsbedarf bestanden, müssen sie dabei nicht nur neue Kompetenzen, sondern zugleich Partnerschaften zu den handelnden Personen und Institutionen des Gesundheitssektors aufbauen und mit ihnen zusammen passende Lösungen erarbeiten. Eine derartige regionale Gesundheitsplanung, die unter Public-Health-Perspektive agiert und zugleich umsetzungsfähig ist, dürfte eine wichtige Voraussetzung für die Sicherung der medizinischen Versorgung auf dem Land sein.

Anmerkungen

1 Pressemitteilung des Bundesgesundheitsministeriums vom 8.7.2019.
2 Bundesministerium für Verkehr und digitale Infrastruktur (BMVI), MORO Praxis. Anpassungsstrategien zur regionalen Daseinsvorsorge. Empfehlungen der Facharbeitskreise Mobilität, Hausärzte, Altern und Bildung, Berlin 2015.
3 Bertolt Kuhn / Jost Steinhäuser / Sveja Eberhard / Rolf Hufenbach / Volker Amelung, Die Rolle von niedersächsischen Kommunen für die zukünftige ärztliche Versorgung. Eine Befragung der Bürgermeister und Landräte, in: Gesundheitswesen 2018, 80 (08/09), S. 711-718.
4 Sachverständigenrat zur Begutachtung der Entwicklung im Gesundheitswesen (SVR Gesundheit), Bedarfsgerechte Versorgung – Perspektiven für ländliche Regionen und ausgewählte Leistungsbereiche. Gutachten 2014, Kurzfassung, Bonn–Berlin 2014, S. 121.
5 Statistisches Bundesamt, Online-Datenbank Destatis (abgerufen am 9.7.2019).
6 Statistisches Bundesamt (Anm. 5).
7 Vgl. SVR Gesundheit (Anm. 4), S. 123.
8 SVR Gesundheit, Bedarfsgerechte Steuerung der Gesundheitsversorgung. Gutachten 2018, Bonn–Berlin 2018, S. 181; Reinhard Busse, Statement auf der Pressekonferenz zum Krankenhaus-Report 2018, Krankenhausstruktur weder bedarfs- noch qualitätsorientiert: zu viele Häuser, zu viele Betten, zu wenig Zentralisierung, Berlin 2018.

9 Bertelsmann Stiftung, Zukunftsfähige Krankenhausversorgung. Simulation und Analyse einer Neustrukturierung der Krankenhausversorgung am Beispiel einer Versorgungsregion in Nordrhein-Westfalen, Gütersloh 2019, S. 7f.
10 IT.NRW, Krankenhausstatistik: Grunddaten, Stand: 29.5.2019.
11 Deutsches Krankenhaus Institut (DKI)/BDO AG Wirtschaftsprüfungsgesellschaft, Ländliche Krankenhausversorgung. Heute und 2020, Köln 2014, S. 10.
12 DKI, Krankenhaus Barometer. Umfrage 2018, Düsseldorf 2018, S. 24 ff.
13 Vgl. DKI/BDO AG (Anm. 11), S. 20.
14 Jürgen Klauber/Max Geraedts/Jörg Friedrich/Jürgen Wasem (Hrsg.), WIdO Krankenhaus-Report 2015. Schwerpunkt: Strukturwandel, Stuttgart 2014, Kap. 3.3.
15 Bertelsmann Stiftung, Faktencheck Krankenhausstruktur. Spezialisierung und Zentrenbildung, Gütersloh 2016, S. 63; vgl. J. Klauber/M. Geraedts/J. Friedrich/J. Wasem (Anm. 14), Kap. 1.3.
16 Vgl. J. Klauber/M. Geraedts/J. Friedrich/J. Wasem (Anm. 14), Tabelle 3-2, Kap. 3.3.
17 Vgl. J. Klauber/M. Geraedts/J. Friedrich/J. Wasem (Anm. 14), Tabelle 3-2, Kap. 3.3.
18 Vgl. Bertelsmann Stiftung (Anm. 15), S. 55; Bertelsmann Stiftung (Anm. 9), S. 83; den online verfügbaren GKV Kliniksimulator, https://gkv-kliniksimulator.de (abgerufen am 23.9.2019).
19 Beschluss des Gemeinsamen Bundesausschuss (G-BA) zu Regelungen für die Vereinbarung von Sicherstellungszuschlägen vom 24.11.2016.
20 Statistische Informationen aus dem Bundesarztregister, KBV.
21 Ärztestatistik der Bundesarztekammer, Stand 31.12.2018.
22 Ärztestatistik (Anm. 21).
23 Ärztestatistik (Anm. 21).
24 Ärztestatistik (Anm. 21).
25 BPL-Umfrage der KVen, 31.12.2017, KBV.
26 Bernhard Gibis/Andreas Heinz/Rüdiger Jacob/Carl-Heinz Müller, Berufserwartungen von Medizinstudierenden. Ergebnisse einer bundesweiten Befragung, in: Deutsches Ärzteblatt, Jg. 109, Heft 18 (2012), S. 327-332.
27 Jost Steinhäuser/Stefanie Joos/Joachim Szecsenyi/Katja Götz, Welche Faktoren fördern die Vorstellung, sich im ländlichen Raum niederzulassen?, in: Zeitschrift für Allgemeinmedizin, 89, 1 (2013), S. 10-15.
28 Ärztestatistik (Anm. 21).
29 Vgl. die Sammlung von Gesundheitsmodellen, -ansätzen und Ideen des Instituts für Allgemeinmedizin der Goethe-Universität Frankfurt, www.innovative-gesundheitsmodelle.de (abgerufen am 23.9.2019).
30 Vgl. SVR Gesundheit (Anm. 4), S. 178.
31 Institut für Allgemeinmedizin der Goethe-Universität Frankfurt/Quaestio Forschung & Beratung, Modellprojekt zur ambulanten Versorgung in der Region Schwarzwald-Baar-Heuberg. Abschlussbericht, Bonn 2018.

Holger Jahnke

Bildung in ländlichen Räumen – aktuelle Entwicklungen im Zeichen des demographischen Wandels

Bei einer Fahrt durch die ländlichen Räume Deutschlands begegnen uns vielfältige Hinweise auf die Geschichte, die Gegenwart und die Zukunft der Bildung in ländlichen Räumen. Alte Schulgebäude erzählen von den frühen Schulgründungen als Kirchspielschulen ab dem 16. Jahrhundert; andere wurden errichtet, als Geflüchtete aus den ehemaligen Ostgebieten auf dem Land angesiedelt wurden und historische Schulgebäude nicht mehr groß genug waren. Viele ehemalige Volksschulen werden heute als Grundschule fortgeführt, andere sind umgenutzt als Kindergarten, Kinderheim, Dorfmuseum, Gaststätte, Bibliothek, Kulturzentrum oder einfach als Wohngebäude (s. Abb). Manchmal erinnern nur noch die Straßennamen »Schulstraße« oder »Zur alten Schule« an das abgerissene Gebäude. In den Mittelzentren Westdeutschlands finden wir »Mittelpunktschulen«, »Dörfergemeinschaftsschulen« oder »Schulzentren« – zentrale Bildungseinrichtungen im Stile der funktionalen Moderne, die an die Zeit der Bildungsexpansion der 1960er- und 1970er-Jahre erinnern; in den ostdeutschen Ländern sind es die modernistischen Grundschulen und Oberschulen der DDR.

In ländlichen Räumen findet man auch eine Vielfalt anderer Bildungseinrichtungen – die jedoch eher vereinzelt auftreten: Waldorfschulen, Eliteinternate, freie Privatschulen, Fachhochschulen, Volkshochschulen, Akademien unterschiedlichster Art, Musikschulen, Bibliotheken und noch viele weitere. Neuere Schilder am Ortseingang verweisen auf die »Bildungslandschaft« oder die »Bildungsregion«, im Ortskern befindet sich dann manchmal ein postmodern inspirierter Bildungs- oder Dorfcampus. Aber auch Landwirt*innen, Windanlagenbetreiber*innen oder lokale Naturschutzgruppen werben für eigene Bildungsangebote. Dies ist Ausdruck eines aktuellen Bildungsverständnisses, das Bildung nicht mehr auf Schule reduziert, sondern als lebenslangen Lernprozess definiert. Wagt man sich in die ganz abgelegenen Orte vor, so trifft man in einst fast leer

Ehemalige Dorfschule in Boren, Schleswig-Holstein. Ursprünglich wurde das Gebäude als Wohnhaus des Küsters errichtet und zwischen 1790 und 1828 als Schulgebäude genutzt. Nach der Errichtung eines neuen Schulbaus gegenüber wurde es zum Erweiterungsbau. Heute ist es Veranstaltungs- und Versammlungsort der Kirchengemeinde.
© Holger Jahnke

stehenden Dörfern kleine Aussteiger-Communitys, häufig von ehemaligen Großstädter*innen, die auf der Suche nach der »Ländlichen Verheissung [sic!]«[1] Bildungsarbeit für nachhaltigere Lebensformen praktizieren, um ihre Kinder auf die Postwachstumsgesellschaft vorzubereiten.

Diese Reihe von Bildungsinstitutionen und -anbietern ließe sich noch weiter fortsetzen. Sie vermittelt einen Eindruck von der Vielfalt der Bildungsaktivitäten, die sich heute in ländlichen Räumen finden lassen. Diese Vielfalt existiert allerdings nur in der Summe, denn in vielen peripheren ländlichen Regionen sieht die Realität düsterer aus. Hier ist eher von einer Bildungswüste zu sprechen, wo Kinder mehr als 30, manchmal 60 Minuten mit dem Bus zur nächsten Grundschule fahren müssen, weil die Grundschule am Ort wegen zu geringer Schülerzahlen nach mehr als zwei Jahrhunderten geschlossen wurde. Andere Schulen mussten schließen, weil die neu eröffnete Privatschule im Nachbarort viele Kinder angezogen hat. In Zeiten rückläufiger Kinderzahlen funktionieren Grundschulen wie kommunizierende Röhren: Jede Schulschließung verlängert die Lebensdauer der Nachbarschule, umgekehrt kann die Eröffnung einer neuen Privatschule die Existenz der umliegenden staatlichen Schulen gefährden.

Die strukturelle Bildungsbenachteiligung ländlicher Räume

Im Jahr 1964 veröffentlichte Georg Picht sein berühmt gewordenes Pamphlet »Die deutsche Bildungskatastrophe«, in dem er die damaligen Missstände im deutschen Bildungswesen anklagte. Die Bekämpfung der strukturellen Bildungsbenachteiligung der Menschen auf dem Land war für ihn ein zentrales Anliegen, denn der »schlimmste Notstand herrscht auf dem Lande. [...] Hier ist in weiten Landstrichen die Bevölkerung sozial deklassiert, weil der Jugend die Schulen fehlen, die sie braucht.«[2] Entsprechend forderte er in seinem »Entwurf eines Notstandsprogramms« ein »Sofortprogramm für die Schule auf dem Lande, das der ländlichen Jugend die gleichen Bildungschancen einräumt wie ihren Altersgenossen in den Städten«[3]. Er propagierte die Abschaffung der »ein- oder zweiklassigen Volksschulen [...] als eine aus dem vorindustriellen Zeitalter stammende Schulform«[4] und deren Ersatz durch zentrale »Mittelpunktschulen«, zu denen die Schüler*innen mit Bussen gefahren werden.

Genau 55 Jahre und viele Bildungsreformen später lässt sich die strukturelle Bildungsbenachteiligung der Bevölkerung in ländlichen Regionen immer noch statistisch nachweisen. So stellt der jüngste Bildungsbericht[5] fest, dass die Bildungsbeteiligung und der Bildungsstand in den ländlichen und strukturschwachen Räumen nach wie vor deutlich unter denen der Städte und strukturstarken Regionen liegen. Dies betrifft vor allem die Akademikerquote, die in den Städten fast doppel so hoch ist. Auch der jüngste Raumordnungsbericht 2017 zeigt die ungleichen Abiturquoten und Anteile der Schulabgänger*innen ohne Hauptschulabschluss in ländlichen und städtischen Regionen. Beide Indikatoren unterstreichen die strukturelle Bildungsbenachteiligung der Bevölkerung in den peripheren Landkreisen, insbesondere in den ostdeutschen Bundesländern. Erschwerend hinzu kommt ein demographisch bedingter Wandel durch deutlich rückläufige Schülerzahlen.

Demographisch bedingter Wandel der Schullandschaft

Die Bildungslandschaft in den ländlichen Räumen hat sich in den vergangenen Jahren verändert, vor allem durch den demographischen Wandel und die sinkenden Zahlen von Kindern im schulpflichtigen Alter. Dies wird besonders deutlich, wenn man die Entwicklung der Grundschülerzahlen seit der deutschen Vereinigung betrachtet. Deutschlandweit stieg diese bis 1997 noch kontinuierlich auf fast 3,7 Mio. an und fiel anschließend bis 2014 um fast 30 % auf 2,7 Mio. zurück. Bedingt durch Abwanderung und sinkende Geburtenzahlen ist diese Entwicklung in den peripher-ländlichen Regionen – insbesondere in Ostdeutschland – noch sehr viel schneller verlaufen, und viele Prognosen sagen gerade hier weiterhin fallende Zahlen voraus[6]. Der vermehrte Zuzug von Migrant*innen hat zwar seit 2015 in allen Bundesländern zu einem moderaten Anstieg der Schülerzahlen geführt. Wie nachhaltig sich dieser jedoch auf die demographische Entwicklung in den ländlichen Räumen auswirken wird, ist bislang ungewiss.

Die lange rückläufigen Schülerzahlen zwangen die Bildungsplaner*innen in den Kreisen, geeignete Maßnahmen zur Anpassung der öffentlichen Bildungsinfrastruktur zu entwickeln. Hierbei war einerseits eine flächendeckende wohnortnahe öffentliche Bildungsversorgung in den schrumpfenden Regionen zu gewährleisten, andererseits aber auch unter dem Einfluss negativer Bevölkerungsprognosen innerhalb der administrativen und juristischen Vorgaben zu operieren. In diesem Spannungsfeld zwischen maximal zumutbarer Schulwegdistanz, gesetzlich vorgeschriebener Mindestschülerzahlen und Kosteneffizienz wurden deutschlandweit zwischen 1992 und 2017 insgesamt 3 186 öffentliche Grundschulen und damit fast jede fünfte (18 %) geschlossen; im gleichen Zeitraum wurden 654 private Grundschulen eröffnet.[7] Dieser Prozess lief in den einzelnen Bundesländern unterschiedlich ab.

In Ostdeutschland hat der massive Geburtenrückgang seit den 1990er-Jahren vor allem in den ländlichen Räumen zu einem regelrechten Kahlschlag der existierenden Schulen geführt. Dies lässt sich an der Entwicklung der Grundschulen in Mecklenburg-Vorpommern, einem besonders ländlich geprägten Bundesland, verdeutlichen: Die Zahl der Grundschulkinder ist hier zwischen 1992 und 2002 von 111 282 auf 39 836 um fast zwei Drittel zurückgegangen und seitdem wieder langsam auf 55 072 (2017) und damit immerhin auf die Hälfte von 1992 angewachsen. Interessant ist hierbei, dass die Anzahl der öffentlichen Grundschulen seit 1994 fast kontinuierlich rückläufig ist: von 575 (1994) auf 269 (2017). Mehr als jede zweite öffentliche Grundschule wurde geschlossen – die überwiegende Mehrheit in ländlichen Räumen. Im gleichen Zeitraum wurden 54 private Grundschulen gegründet, sodass heute jede sechste Einrichtung nichtstaatlich ist (s. u.).

In den westdeutschen Flächenländern begann die Welle der Schulschließungen deutlich später, denn selbst die ländlichen Räume erlebten zu Anfang der 1990er-Jahre durch Zuzug noch einen Anstieg der Grundschülerzahlen. Deren Rückgang setzte erst zum Ende der 1990er-Jahre ein und hat sich seit Mitte der 2000er-Jahre in einzelnen Bundesländern erkennbar beschleunigt. Zwischen 2004 und 2015 wurden beispielsweise in Schleswig-Holstein 123 der 657 existierenden Grundschulstandorte – also eine von sechs Einrichtungen – geschlossen oder in eine Nebenstelle einer anderen Schule umgewandelt.

Erst der verstärkte Zuzug von Migrant*innen seit 2015 hat die rückläufige Entwicklung in den westdeutschen Flächenländern gestoppt und sogar zu steigenden Schülerzahlen geführt. Dieser neue positive Trend folgt damit den Entwicklungen in den Stadtstaaten und Großstädten, wo als Folge einer längeren Zuwanderungsgeschichte die Geburtenzahlen und folglich auch die Schülerzahlen schon seit Langem ansteigen.

Politisierung von Schulplanung auf der kommunalen Ebene

Anders als in den 1970er-Jahren, als im Kontext ansteigender Schülerzahlen eine Zusammenlegung und Zentralisierung der ländlichen Volksschulen viel Unterstützung fand, sind aktuelle Schulschließungen meistens von massiven Protesten – sowohl vonseiten der Eltern als auch der Kommunalpolitik – begleitet. Aus pädagogischer Perspektive kämpfen die meisten Eltern für eine wohnortnahe kleinere Landschule mit einer familiäreren Atmosphäre, wodurch auch lange Schulwege vermieden werden; aus lokalpolitischer Perspektive dominiert im aktuellen Kontext der demographischen Schrumpfung in ländlichen Räumen die Sorge, dass mit der Schulschließung das Dorfleben, der soziale Zusammenhalt und das Kulturangebot in Mitleidenschaft gezogen werden. Mit der Schließung der Grundschule sinkt die Hoffnung auf den Zuzug junger Familien und damit auf die Zukunft des Dorfes als Ganzes. Der Schriftzug »Mit der Schule stirbt das Dorf« ist daher häufig auf Transparenten zu lesen. In jüngerer Zeit sind solche Proteste immer öfter erfolgreich: So wurde beispielsweise in Rheinland-Pfalz die geplante Schließung von 41 Grundschulen durch massive Bürgerproteste an fast allen betroffenen Standorten verhindert.[8]

Privatisierung der Bildungsversorgung in den ländlichen Räumen

In den Orten, wo sich der Staat aus der Bildungsversorgung zurückzieht, treten vermehrt private bzw. nichtstaatliche Bildungsträger in Erscheinung. Wie am Beispiel Mecklenburg-Vorpommerns gezeigt, ist der Anteil der privaten Grundschulen als Folge der massenhaften Grundschulschließungen in den ostdeutschen Bundesländern besonders hoch. Während in den westlichen Flächenländern der Privatschulanteil zwischen 2% (Niedersachsen) und 5% (Hessen) liegt, bewegen sich die Zahlen in Ostdeutschland zwischen 10% (Sachsen und Sachsen-Anhalt) und 16,7% (Mecklenburg-Vorpommern). Bezogen auf ländliche Räume gehen Schätzungen davon aus, dass in den ostdeutschen Bundesländern etwa jede zehnte Grundschule in ländlichen Räumen in freier Trägerschaft ist.[9] Nach Jahrzehnten der Schließungen öffentlicher Schulen stellen Privatschulen in manchen Regionen häufig das einzige wohnortnahe Bildungsangebot im Primarschulbereich dar.

Bei »Privatschulen« handelt es sich nur selten um schulgeldpflichtige Eliteinternate (Ergänzungsschulen), sondern meist um »Schulen in freier Trägerschaft«. Als Ersatzschulen können sie nach drei erfolgreichen Betriebsjahren eine staatliche Anerkennung und eine Grundfinanzierung in Form festgelegter »Schülersätze« beantragen. Im Gegensatz zu staatlichen Schulen sind sie jedoch nicht an gesetzliche Mindestschülerzahlen gebunden.

Der Begriff der »Freien Schule« umfasst ein breites Spektrum an pädagogischen Richtungen und Trägermodellen. Ihre Gründung erfolgt in ländlichen Räumen häufig auf Eltern- oder Bürgerinitiative im Kontext einer (drohenden) Schulschließung mit dem Ziel, den lokalen Schulstandort zu erhalten; private Standortneugründungen sind hier vergleichsweise selten anzutreffen.

Daraus ist in den ländlichen Räumen ein Flickenteppich von Privatschulen entstanden, von lokalen Eltern- oder Bürgerinitiativen über Montessori- oder Waldorf-Schulen, Schulen der dänischen Minderheit in Schleswig-Holstein bis hin zu Schulen in kirchlicher Trägerschaft oder anderer gemeinnütziger Träger wie der AWO. Die meisten Schulen haben die Rechtsform des eingetragenen Vereins, es gibt aber auch genossenschaftlich organisierte Schulen oder die Form der gewinnorientierten oder gemeinnützigen GmbH.

Die Übernahme von Schulstandorten durch freie Träger ist in ländlichen Räumen nicht unproblematisch. Auf der einen Seite bieten sie häufig interessante und teilweise zukunftweisende pädagogische Konzepte, auf der anderen Seite haben die Eltern selten eine staatliche Schule als erreichbare Alternative. Hinzu kommt, dass freie Schulen mit einem attraktiven Profil Schüler*innen aus öffentlichen Schulen abwerben können und somit zur weiteren Ausdünnung der staatlichen Schulversorgung in ländlichen Regionen beitragen. Der plötzliche Konkurs eines privaten Anbieters kann zudem die Bildungsversorgung einer ganzen Region gefährden.

Mangel an Lehrer*innen als Entwicklungsbarriere

Neben den rückläufigen Schülerzahlen hat sich auch der Mangel an Lehrkräften in den vergangenen Jahren in nahezu allen Bundesländern massiv zugespitzt. Zu Schuljahresbeginn 2018 beklagte der Deutsche Lehrerverband den »schlimmsten Pädagogenmangel seit Jahrzehnten«, da es an 40 000 ausgebildeten Lehrkräften fehle: 10 000 unbesetzte Stellen sowie 30 000 Stellen, die notdürftig von Seiteneinsteiger*innen, Quereinsteiger*innen, Pensionist*innen, Studierenden oder anderen Nichtlehrer*innen besetzt seien.[10] Insbesondere Stellen von Schulleiter*innen, Grundschul-, Förderschul- und Berufsschullehrer*innen können in ländlichen Regionen häufig nicht mehr adäquat besetzt werden.

In einzelnen Bundesländern wurden daher eigene Programme entwickelt, um Lehrer*innen für ländliche Gebiete anzuwerben. So bezahlt Sachsen an Referendar*innen eine Gehaltszulage von ca. 1 000 € während des 18-monatigen Referendariats, wenn dieses in einer »ländlichen Bedarfsregion« absolviert wird und die Person nach dem Studium die ersten fünf Berufsjahre in einem solchen Gebiet unterrichtet. In Sachsen-Anhalt erhalten Lehrer*innen, die eine Stelle in dünn besiedelten Gebieten antreten, die über mehrere Jahre nicht besetzt werden konnte, eine »Buschzulage« von 600 bis 800 €. Baden-Württemberg versucht junge Gymnasiallehrer*innen für unbesetzte Grundschulstellen in ländlichen Räumen zu gewinnen, indem es ihnen nach drei Jahren eine Verbeamtung auf einer Gymnasialstelle mit der passenden Fächerkombination verspricht.

Strategien zur Sicherung der flächendeckenden staatlichen Bildungsversorgung in ländlichen Räumen

Unter Lokalpolitiker*innen in ländlichen Regionen hat sich inzwischen das Bewusstsein durchgesetzt, dass ein qualitativ ansprechendes Bildungsangebot – sowohl im Bereich der formalen als auch der non-formalen Bildung für die Zukunftsfähigkeit von Gemeinden und Kreisen wesentlich ist. Entsprechend werden an unterschiedlichen Stellen Lösungsansätze entwickelt, die zum einen die Verfügbarkeit und Qualität des formalen Bildungsangebots vor Ort sichern, zum anderen auch Praktiken der formalen Bildung mit lebenslangem Lernen, gemeinschaftlichem Engagement und lokaler Partizipation aller Menschen vor Ort verbinden.

Pädagogische Lösungsmodelle

Die bislang praktizierten Lösungsansätze folgen meist einer planerischen Logik, denen vielfach eine Finanzarithmetik zugrunde liegt. Mit Blick auf die Schulstandorte operieren die meisten Bundesländer mit gesetzlich verankerten Mindestschülerzahlen, die nach Rentabilitätskriterien auf Grundlage der Relation von Schüler*innen und Lehrer*innen festgelegt werden. Nur in Ausnahmefällen wird der Fortbestand von Kleinst- oder Zwergschulen unterstützt, um auch in besonders peripheren Lagen die Erreichbarkeit eines primären Bildungsangebots zu gewährleisten. Hier findet dann ein jahrgangsübergreifender Unterricht statt, der in der Regel zwei, manchmal aber auch drei oder vier Klassen umfasst. Ein hervorstechendes Beispiel sind hier die Halligschulen, die im schleswig-holsteinischen Schulgesetz geschützt sind und in der Vergangenheit auch schon mit einer Schülerin betrieben wurden, aber auch Grundschulen im Alpenraum, die aufgrund ihrer schwierigen Erreichbarkeit insbesondere in den Wintermonaten einen besonderen Schutz genießen. Neben den hohen Kosten sowie den fachlichen und pädagogischen Bedenken stellt auch die Rekrutierung von Lehrkräften eine immer größere Schwierigkeit für den Erhalt solcher Schulen dar.

Organisatorische Lösungsmodelle

Um kleine Schulstandorte zu erhalten, werden diese zu administrativen Einheiten zusammengeschlossen, die entweder arbeitsteilig oder hierarchisch mit einem Hauptstandort und einer oder mehreren Nebenstellen organisiert sind. Auf diese Weise können unter Einsparung von Schulleitungsstellen auch kleine Standorte als Nebenstellen – zumindest übergangsweise – erhalten bleiben. Je nach Modell sind Schüler*innen oder Lehrer*innen oder beide zwischen den einzelnen Standorten mobil.

Konzentration von Schulstandorten

Dem Modell der dezentralen Bildungsversorgung steht die Praxis der räumlichen Konzentration bestehender Schulstandorte gegenüber. In Anlehnung an das Modell der »Mittelpunktschulen« werden kleine Schulstandorte aufgelöst und durch eine zentrale Schule ersetzt, die aufgrund der Bündelung von Ressourcen ein attraktives und qualitativ hochwertiges Bildungsangebot bereitstellen kann. Allein durch die Größe der Einrichtung und des Lehrkörpers können solche Zentralschulen eine größere pädagogische Vielfalt sowie eine höhere Verlässlichkeit der Unterrichtsversorgung und des Ganztagsangebots gewährleisten. Gerade in Zeiten eines aktuellen Lehrkräftemangels erweisen sich größere Standorte für die Rekrutierung von Lehrkräften als attraktiver.

Meist werden solche bildungspolitischen Standortentscheidungen auch in größere raumplanerische Konzepte eingebettet, sodass auf diese Weise Synergien für verschiedene Nutzungen der regionalen Daseinsvorsorge – Mobilität, Gesundheitsversorgung, Einkaufsmöglichkeiten und kulturelle Angebote – entstehen können.

Von der flächendeckenden Bildungsplanung zur Entwicklung kommunaler Bildungslandschaften

Jenseits der geschilderten Lösungsansätze, die sich auf die Reorganisation schulischer Bildungsangebote konzentrieren, lassen sich Strategien beobachten, die darauf abzielen, Synergien durch die Zusammenführung mit non-formaler und informeller Bildung zu schaffen. Zum einen stellen die ortsansässigen Schulen häufig ihre Räumlichkeiten für Vereinsaktivitäten, Vorträge, Konzerte, Aufführungen oder andere Bildungsaktivitäten zur Verfügung; zum anderen wurden in den vergangenen Jahren vermehrt multifunktionale Bildungshäuser errichtet, die unter Namen wie »Bildungscampus«, »Bildungshaus« oder »Dorfcampus« sowohl formale als auch non-formale und informelle Bildungsangebote des lebenslangen Lernens in einem Gebäude beherbergen. Sie stellen den Versuch dar, der Vielfalt von Wissensformen und Erfahrungsschätzen einen gemeinsamen Ort des Austauschs und der Weitergabe zu geben und auf diese Weise eine intergenerationelle Lern- und Begegnungsstätte zu schaffen.

Darüber hinaus hat sich für ländliche Räume die Entwicklung kommunaler Bildungslandschaften oder Bildungsnetze als interessante Strategie etabliert. Diese wurde vom Bundesförderprogramm »Lernen vor Ort«[11] maßgeblich angestoßen und von den einzelnen Bundesländern umgesetzt. So hat beispielsweise das Land Schleswig-Holstein eine mehrstufige Politik der Förderung lokaler Bildungslandschaften in ländlichen Räumen entwickelt. Kommunale Bildungslandschaften zielen darauf ab, die vielfältigen bereits bestehenden Kultur- und Bildungsangebote ortsübergreifend zu vernetzen und zu koordinieren. Auf diese Weise entstehen Bildungsnetze, deren gemeinsame Bildungsangebote den Bewohner*innen aller beteiligten Orte besser zugänglich gemacht werden. Der Aufbau solcher Bildungslandschaften ist weder an bestimmte Verwaltungsstrukturen noch an geographische Grenzen gebunden. Vielmehr entstehen diese in einem offenen Beteiligungs- und Entwicklungsprozess.

Die Organisationsform kommunaler Bildungslandschaften kann dabei unterschiedlich sein: In einem Teil der Fälle bilden Schulen mit ihren offenen Ganztagsangeboten den Mittelpunkt, da sie über entsprechende Räumlichkeiten und Strukturen verfügen. In anderen Fällen können aber auch die Jugendhilfe, die ortsansässige Volkshochschule, die lokale Bibliothek oder das Gemeindezentrum als zentraler Bezugspunkt bzw. Koordinations- und Informationszentrum fungieren. Dies bedeutet jedoch nicht zwangsläufig, dass die zugehörigen Bildungsangebote auch räumlich konzentriert werden. Vielmehr geht es gerade in ländlichen Räumen darum, die Vielfalt bestehender dezentraler Bildungsangebote zu stärken und sie der Bevölkerung wohnortnah oder zumindest in guter Erreichbarkeit zugänglich zu machen. Über den Ansatz der Bildungslandschaften wird der Versuch unternommen, vorhandene Bildungsangebote in einem definierten Territorium besser zu koordinieren. Bildungslandschaften verfolgen das Ziel, auch in ländlichen Räumen einem ganzheitlichen Bildungsanspruch gerecht zu werden, der formale, non-formale und informelle Bildungsprozesse zusammenführt.

Bezüglich der Bildungsinhalte lässt sich im Zuge dieser Entwicklungen eine Tendenz zur Stärkung lokaler Wissensbestände und Kompetenzen beobachten. So werden ortsansässige Künstler*innen, Handwerker*innen und Betriebe, aber auch die Feuerwehr, Kultur- und Sportvereine oder die Landfrauen in die Gestaltung des offenen Ganztags eingebunden. Zudem lassen die neuen Bildungspläne der meisten Bundesländer den Schulen heute mehr Raum für profilbildende Maßnahmen und eröffnen damit die Möglichkeit zur Verankerung von lokal relevantem Wissen und lebensweltlichen Praktiken auch in der formalen Bildung.

Mit Blick auf das staatliche Ziel der flächendeckenden Bildungsversorgung, der Chancengleichheit und der Bildungsgerechtigkeit ist diese Entwicklung zweischneidig zu beurteilen. Denn der Ausbau non-formaler Bildungsangebote birgt die Gefahr der Entstehung neuer regionaler Bildungsdisparitäten, solange das Angebot überwiegend auf den lokal verfügbaren Ressourcen basiert – insbesondere dann, wenn die offenen Ganztagsangebote nicht auf eine adäquate staatliche Finanzierung, sondern auf den lokal verfügbaren finanziellen, kulturellen und sozialen Ressourcen basieren. Im Gegensatz zur zentralistisch organisierten staatlichen Daseinsvorsorge gewährleistet die Entwicklung einzelner Bildungsregionen keine flächendeckende Versorgung, sondern es ergibt sich eine lückenhafte Mosaikstruktur, die zur Stärkung bestimmter Gebiete und gleichzeitig zu fortschreitenden Abwärtsspiralen in anderen führen kann.

Zukunft der Bildungsangebote in ländlichen Räumen

Betrachtet man die Entwicklungen der Bildungsangebote in ländlichen Räumen, so lässt sich in übergreifender Perspektive eine schleichende Verschiebung von einer flächendeckenden staatlichen, schulzentrierten Bildungsversorgung zu einer kommunal gesteuerten, ganzheitlichen Bildungslandschaft beobachten, die in hohem Maße auf dem lokal vorhandenen ökonomischen, sozialen und kulturellen Kapital aufbaut. Die Verantwortung für die Bildung – auch für Teile der schulischen Bildung – wird damit immer weiter auf die kommunale Ebene verlagert. In Bayern ist die kommunale Schule bereits gesetzlich verankert, in anderen Bundesländern gehen lokale Initiativen den Weg über eine Privatschulgründung, um ein ortsnahes Schulangebot zu sichern. Auch an den staatlichen Schulen findet inzwischen ein stärkerer Austausch mit dem lokalen Umfeld statt, was durch die Einführung offener Ganztagsangebote als Schnittstelle zwischen Schule, Bildungslandschaft und lokaler Bevölkerung begünstigt wird. Viele Beispiele zeigen, dass mit der kommunalen Verantwortung für Schule und Bildung auch ein starkes Engagement verbunden ist.

Auf der anderen Seite besteht die Gefahr, dass Orte in strukturschwachen Regionen in eine fortschreitende Abwärtsspirale von Abwanderung, Mangel an Schüler*innen und Lehrer*innen, Schulschließung und weiterer Abwanderung geraten können. Wenn lokale Ressourcen fehlen, kann der Rückzug der Länder aus ihrer staatlichen Verantwortung für ein adäquates flächendeckendes Bildungsangebot zu negativen Folgen für die Bildungschancen junger Menschen in strukturschwachen Regionen führen. Gerade in ländlichen Räumen Ostdeutschlands war ab den 1990er-Jahren ein Rückbau öffentlicher Bildungsinfrastruktur zu beobachten, der mit einem Gefühl von Isolation und Perspektivlosigkeit einherging und somit die Bevölkerungsschrumpfung ganzer Regionen befördert hat.

Einzelne dieser fast verlassenen Orte in Ostdeutschland erleben durch den Zuzug junger Großstädter*innen auf der Suche nach alternativen Lebensstilen und -formen aktuell eine Renaissance. Die von ihnen gegründeten Kindergärten und Schulen können als Reallabore alternativer pädagogischer Modelle verstanden werden, die Kinder für eine naturnahe, auf Solidarität und Nachhaltigkeit basierte Gesellschaft vorbereiten.

Eine notwendige Voraussetzung für eine zukunftsorientierte Bildungsentwicklung in ländlichen Räumen ist der Ausbau einer adäquaten digitalen Anbindung, der den barrierefreien Zugang zu globalen Wissensbeständen ermöglicht. Durch die Vernetzung mit qualitativ hochwertigen Online-Lehrangeboten, die Durchführung von Videokonferenzen und den Aufbau gemeinsamer Bildungsprojekte mit Partnerschulen im In- und

Ausland können sich dann auch in abgelegenen ländlichen Räumen zukunftsweisende Formen der Bildung in translokalen Lerngemeinschaften entwickeln.

Anmerkungen

1 Mathias Burke / Eleonore Harmel / Leon Jank / Sabeth Kerkhoff, Ländliche Verheissung. Arbeits- und Lebensprojekte rund um Berlin, Berlin 2019.
2 Georg Picht, Die deutsche Bildungskatastrophe. Analyse und Dokumentation, Olten – Freiburg / Breisgau 1964, S. 68.
3 Vgl. G. Picht (Anm. 2), S. 69.
4 Vgl. G. Picht (Anm. 2), S. 36.
5 Autorengruppe Bildungsberichterstattung, Bildung in Deutschland 2018. Ein indikatorengestützter Bericht mit einer Analyse zu Wirkungen und Erträgen von Bildung, Bielefeld 2018, S. 52-57, hier S. 5.
6 Vgl. Autorengruppe Bildungsberichterstattung (Anm. 5), S. 70.
7 Diese und alle nachfolgenden Zahlen basieren auf Veröffentlichungen des Statistischen Bundesamtes: Statistisches Bundesamt, Allgemeinbildende Schulen. Schuljahr 2017/2018. Bildung und Kultur (Fachserie 11, Reihe 1), Wiesbaden 2018; Statistisches Bundesamt, Private Schulen. Schuljahr 2017/2018. Bildung und Kultur (Fachserie 11, Reihe 1), Wiesbaden 2018.
8 www.zeit.de/gesellschaft/schule/2018-08/grundschule-lehrermangel-rechnungshof-schliessung-aufstand-rheinland-pfalz/seite-3 vom 10.8.2019 (abgerufen am 26.3.2020).
9 Heiner Ullrich, Die nachmoderne Dorfschule. Privatschulgründungen in neuen Nischen, in: Margret Kraul (Hrsg.), Private Schulen, Wiesbaden 2015, S. 185 – 201, hier S. 185f.
10 www.rnz.de/nachrichten_artikel,-es-fehlen-40000-lehrkraefte-schlimmster-paedagogenmangel-seit-jahrzehnten-_arid,380570.html vom 10.8.2019 (abgerufen am 26.3.2020).
11 www.lvo.transferinitiative.de/121.php (abgerufen am 26.3.2020).

Michael Lobeck

Digitalisierung in ländlichen Räumen

Digitalisierung ist seit einigen Jahren in aller Munde. Kaum ein Tag vergeht, ohne dass dieses Thema im gesellschaftspolitischen Diskurs auftaucht. Das Internet und insbesondere die mobilen Zugriffsmöglichkeiten durch Smartphones und Tablets beeinflussen den Alltag vieler Menschen immer mehr. Die ländlichen Räume waren hingegen lange Zeit nicht im Fokus der öffentlichen Aufmerksamkeit. Das hat sich jedoch seit Kurzem erheblich geändert. Drei Gründe sprechen dafür, dass das Thema ländliche Räume und deren Digitalisierung aktuell Konjunktur hat.

1. Das Land verliert Bevölkerung und Infrastruktur
Die ländlichen Räume verlieren Bevölkerung. 2017 lebten 825 000 Einwohner (3 %) weniger in ländlichen Räumen als 1995.[1] Durch den Verlust an Bevölkerung wird Infrastruktur pro Person immer teurer. In der Folge führt das dazu, dass Infrastruktur konzentriert und abgebaut wird (s. Beitrag von Naumann in diesem Band).

»Verlierer« dieser Entwicklung sind diejenigen, die zurückbleiben – »Verlierer« in dem Sinne, dass für sie weniger Infrastruktur zur Verfügung steht als für andere. Da ein Teil dieser »Verlierer« sich politisch bei Wahlen zuungunsten der etablierten Parteien artikuliert, reagiert das politische System mit Aufmerksamkeit und Geld für die ländlichen Räume.

2. Kommunen aller Größenordnung wollen »smart« werden
Es scheint fast, als wollten alle Kommunen jetzt digitalisieren, was irgendwie digitalisierbar ist. Alle wollen Smart City oder Smart Region sein. Oder zumindest sehr, sehr viele – von Berlin, Hamburg und München bis Oerlinghausen, Finsterwalde und Burglengenfeld.[2]

Ein Treiber für die Digitalisierung in den Kommunen ist, dass alle anderen Kommunen auch digitalisieren. So wird es offenbar zu einem Standortnachteil, wenn Formulare nicht im Netz verfügbar sind, wenn Schulen keine Tablets zur Verfügung stellen oder der Nahverkehr seine Verspätungen nicht über eine App kommuniziert. Weil alle Kommunen in

Digitalisierung investieren, machen es auch Kommunen in den ländlichen Räumen.

3. Digitalisierung als Hoffnungsträger
Mit Digitalisierung wird oft verbunden, dass konkrete Orte keine Rolle mehr spielen, weil alles überall und ständig verfügbar sei. Dadurch keimt die Hoffnung auf, dass mit diesem Zaubermittel ländliche Räume vor dem »Aussterben« gerettet werden könnten, weil diese für viele Menschen dann interessant blieben oder sogar Menschen von der Stadt aufs Land zögen. Digitalisierung könnte das Mittel sein, den Alltag in dünn besiedelten Räumen besser zu organisieren. Ob Digitalisierung entscheidende Unterschiede zwischen Stadt und Land wirklich beseitigen kann, wird im Folgenden diskutiert.

Warum ist der Unterschied zwischen Stadt und Land für die Frage der Digitalisierung wichtig?

Was macht den Unterschied zwischen Stadt und Land aus – eingedenk der Tatsache, dass es »das« Land ebenso wenig gibt wie »die« Stadt? Und warum ist das für die Diskussion über Digitalisierung in ländlichen Räumen wichtig?

Zwischen 1995 und 2017 wuchsen städtische Räume laut BBSR (Bundesinstitut für Bau-, Stadt- und Raumforschung) um rund 2,2 Mio. Menschen (+4,1%). Im gleichen Zeitraum verloren ländliche Räume 825 000 Einwohner (-3%). Die Entwicklung ist jedoch im Bundesgebiet keineswegs einheitlich. Es gibt ländliche Kreise, die im genannten Zeitraum um mehr als 20% gewachsen sind, während andere ländliche Kreise mehr als 25% ihrer Bevölkerung verloren. Ebenso gibt es Städte, die Einwohner gewinnen, und Städte, die Einwohner verlieren. In der Summe scheinen zurzeit allerdings städtische Räume für die meisten Menschen als Wohnstandort deutlich attraktiver zu sein als ländliche Räume.

Wie unterscheiden sich Stadt und Land, und warum ist das für das Thema der Daseinsvorsorge wichtig? Ländliche Räume sind weniger dicht besiedelt als städtische Räume. Daher entstehen für Infrastrukturen, die alle erreichen sollen, auf dem Land höhere Kosten pro Person als in der Stadt (s. Beitrag von Naumann in diesem Band). Güter oder Menschen über Entfernungen zu transportieren, kostet Zeit und Geld. Wenn die Strecken länger werden, kostet das zusätzlich Zeit und Geld.

Auf dem Land gibt es mehr Platz. Wohneigentum sowie Mietwohnungen kosten auch deshalb meist weniger als in der Stadt. Die Leute können sich hier eher größere Wohnungen leisten. Der Weg ins Grüne ist tendenziell kürzer. Oft ist es in ländlichen Räumen auch ruhiger, weil viel weniger Verkehrslärm vorhanden ist.

In der Stadt gibt es mehr Gedränge. Besonders zu Stoßzeiten, wenn viele Menschen unterwegs sind, sind die Verkehrsmittel und -wege überlastet. In der Stadt ist vieles fast rund um die Uhr in der Nähe verfügbar. Viele Infrastrukturen (Bildung, Einkauf, Ärzte ...) sind besser ausgebaut als auf dem Land. Und Städte bieten eine deutlich höhere Wahrscheinlichkeit, für eigene Interessen oder Lebensstile Gleichgesinnte in erreichbarer Umgebung zu finden.

Für die Frage der Digitalisierung in ländlichen Räumen sind nun drei Aspekte besonders wichtig:
1. Infrastrukturnetze sind auf dem Land pro Person teurer als in der Stadt. Daran ändert Digitalisierung fast nichts. Das führt dazu, dass Infrastrukturen in Ballungsgebieten, in denen sie schneller refinanzierbar sind, grundsätzlich eher aufgebaut werden als auf dem Land. Dies gilt auch für die Mobilfunkversorgung.
2. Die Ausstattung mit Versorgungseinrichtungen (Einkaufen, Bildung, Ärzte ...) ist auf dem Land schlechter als in der Stadt. Hier besteht die Hoffnung, zumindest Teile dieser Versorgung durch digital organisierte Angebote ersetzen zu können. Chancen werden etwa beim Online-Handel, beim Online-Unterricht oder bei Online-Arztsprechstunden gesehen.
3. Die Digitalisierung bietet die Möglichkeit, sich mit Gleichgesinnten zu vernetzen, die nicht am gleichen Ort leben. Auch hier könnte eine Kompensationsmöglichkeit zum Dichteangebot der Städte liegen.

Inwieweit die Digitalisierung geeignet ist, damit verbundene Hoffnungen zu erfüllen, wird in den folgenden Kapiteln diskutiert.

Was kann Digitalisierung grundsätzlich leisten?

Unabhängig von der Verfügbarkeit digitaler Angebote in Stadt oder Land soll kurz überlegt werden, was Digitalisierung grundsätzlich leisten kann – und was auch nicht.

Bequemer, schneller, leichter, immer und überall

Um die digitale Verarbeitung von Daten mit Computern zu ermöglichen, muss bisher Analoges digitalisiert werden. Musik mit analogen Instrumenten erzeugt beispielsweise analoge Schallwellen, die mit speziellen Geräten in digitale Signale übersetzt werden, die anschließend von Computern weiterverarbeitet werden können. Die fertigen digitalen Produkte können nahezu ohne Zeitverlust über große Entfernungen transportiert werden. Streaming-Dienste ermöglichen so die Nutzung zahlreicher Musikangebote an allen Orten, an denen ausreichender Zugang zum Internet besteht.

Im Zeitalter ausschließlich analoger Aufzeichnungen der analogen Schallwellen z. B. auf Vinyl-Schallplatten war der Gang – oder für ländliche Räume eher: die Fahrt – in einen Plattenladen erforderlich, um das neue Album der Lieblingsband kennenzulernen. Diese Notwendigkeit entfällt durch die Digitalisierung, und da ein Großteil der Kundinnen und Kunden die neue Bequemlichkeit zu schätzen weiß, entfällt auch die Geschäftsgrundlage der Plattenläden.[3]

Auch Dienstleistungen wie Bildung, Beratung oder Gesundheitsvorsorge können auf diese Weise digital »reisen«, wie Musik. Immer neue Angebote für ein bequemeres Leben entstehen, für das man sich nicht mehr aus dem Haus bewegen muss. Ob dieser Zuwachs an Bequemlichkeit auch die »Lebensqualität« erhöht, müssen die Einzelnen für sich entscheiden.

Das Virtuelle schwebt schwerelos und mit Lichtgeschwindigkeit durch Zeit und Raum und erzeugt ein Gefühl fast unbegrenzter Möglichkeiten. Im vorigen Kapitel wurde noch festgestellt: »Güter oder Menschen über Entfernungen zu transportieren, kostet Zeit und Geld.« Damit wurde begründet, dass viele Infrastrukturen in ländlichen Räumen eine geringere Breite und Tiefe aufweisen als in städtischen Räumen, also quantitativ und qualitativ nicht mithalten können. Für digitale, virtuelle Güter und Dienstleistungen scheint der Aufwand des Transports in der digitalen Welt (fast) nicht zu gelten. Auf diese Weise könnten Nachteile ländlicher Räume gegenüber städtischen Räumen ausgeglichen werden.

Neue Kombinationen

Liegen einmal digitale Daten vor, lassen sich diese sehr schnell und ohne Verluste über weite Strecken transportieren – eine leistungsfähige Verteilinfrastruktur vorausgesetzt. Sie lassen sich ohne Beschädigungen der Originaldaten kopieren, bearbeiten und mit anderen Daten zusammenführen. Die Standardisierung von Formaten für Daten, Netze und Computer ermöglicht so eine unaufwändige Kooperation über physische Grenzen hinweg.

Die riesigen Mengen anfallender und speicherbarer Daten können mit immer schnelleren Computern auf immer neue Art und Weise ausgewertet werden. Dadurch entstehen aus alten und neuen Daten neue Ideen und Erkenntnisse.

Wenn ich z. B. durch Tracking seiner Handydaten weiß, dass Herr Maier täglich beruflich von A-Stadt nach B-Dorf fährt, ich gleichzeitig durch

Analyse der Bestellungen in der Sonnen-Apotheke in A-Stadt erkenne, dass Menschen in B-Dorf regelmäßig Medikamente benötigen, und ich diese Daten zusammenführen kann, liegt es – einmal abgesehen von Fragen des Datenschutzes – nahe, Herrn Maier zu fragen, ob er die Medikamente nach B-Dorf nicht mitnehmen kann.

Virtuelle Vernetzung mit Gleichgesinnten

Die Digitalisierung erleichtert die Möglichkeit, sich mit Gleichgesinnten zu vernetzen, die nicht am gleichen Ort leben. Auch hier könnte eine Kompensationsmöglichkeit zum Dichteangebot der Städte liegen, die eine deutlich höhere Wahrscheinlichkeit bieten, für eigene Interessen oder Lebensstile Gleichgesinnte in erreichbarer Umgebung zu finden.[4] Eine queere Fußballmannschaft dürfte in großen Großstädten aber dennoch leichter zu organisieren sein als in ländlichen Räumen.

Potenziale und Möglichkeiten für ländliche Räume?

In vielen Untersuchungen zur Digitalisierung in ländlichen Räumen findet man positive Formulierungen zu den Potenzialen und Möglichkeiten, die mit den neuen Technologien verbunden werden, um mögliche Standortnachteile auszugleichen.[5] Besonders häufig genannte Bereiche sind dabei Bildung, Mobilität, Gesundheit und eine neue Organisation von Arbeit. Dazu kommen Nachbarschaftshilfe, Landwirtschaft, Versorgung, Freizeitgestaltung, Tourismus und öffentliche Verwaltung.[6] Grundsätzlich lassen sich drei Zugänge unterscheiden, wie Digitalisierung in den genannten Bereichen wirken kann:
- Digitalisierte Güter und Dienstleistungen ersetzen bisherige analoge (z. B. das YouTube-Video den Nachhilfeunterricht, die Online-Arztsprechstunden den Besuch in der Praxis, das Musik-Streaming die CD).
- Analoge Güter werden durch digitale Kommunikation und Vernetzung mit geringerem Aufwand verfügbar (z. B. digitale Plattformen für Carsharing oder Online-Bestellungen).
- Digitale Plattformen bringen Menschen zum Austausch oder zur Abstimmung gemeinsamer Aktivitäten zusammen (z. B. Plattformen zum gemeinsamen Arbeiten, Koordinierung von und Motivation zu ehrenamtlicher Tätigkeit).

Damit dies im Alltag des Landlebens ankommt, braucht es primär einen Zugang zum Internet, da alle heute als digital vorgestellten Lösungen und Ideen auf einer solchen Verbindung zu Computern im Internet beruhen.

An einem solchen Zugang fehlt es aber in einigen ländlichen Regionen. Daneben sind Konzepte und Beispiele erforderlich, wie eine Digitalisierung die Situation in ländlichen Räumen konkret verbessern kann. Zudem bedarf es einer Umsetzung dieser Konzepte in die Breite.

Wie sieht die digitale Realität auf dem Land aus?

Wie ist nun der aktuelle Stand der Digitalisierung in ländlichen Räumen – werden die beschriebenen Potenziale dort genutzt? Was hilft bei ihrer Realisierung, und was behindert eine Umsetzung?

Zugang zum Internet

Der Zugang zu einem schnellen Netz fehlt häufig – gerade auf dem Land. Betrachtet man den interaktiven Breitbandatlas der Bundesregierung, so zeigen sich deutliche regionale Unterschiede. Selbst in prosperierenden Bundesländern wie Baden-Württemberg oder Bayern finden sich zahlreiche ländliche Gemeinden, in denen weniger als die Hälfte der Haushalte Zugang zu einem Breitbandinternet mit 50 Mbit/s oder mehr haben (s. Abb. 1).[7] Mit der Ersteigerung der 4G-Frequenzen hatten sich die Betreiber der Mobilfunknetze verpflichtet, bis Ende 2019 mindestens 98 % der deutschen Haushalte mit entsprechenden Übertragungsgeschwindigkeiten zu versorgen. Wegen fehlender Baugenehmigungen oder Umweltschutzbedenken konnten diese Ziele bisher jedoch nicht eingelöst werden. Zudem wehren sich die großen Anbieter von Telekommunikationsdienstleistern gegen ein sogenanntes lokales Roaming, durch das die Kunden die Netze anderer Mobilfunkanbieter mitnutzen könnten.[8]

Das Vorhandensein einer funktionierenden leistungsfähigen Infrastruktur ist die Basis einer modernen Gesellschaft. »Sie soll uns Freiräume verschaffen für kreative Tätigkeiten und uns ermöglichen, unseren Horizont zu erweitern. [...] Infrastruktur könnte man definieren als alles Stabile, das notwendig ist, um Mobilität und einen Austausch von Menschen, Gütern und Ideen zu ermöglichen.«[9] Was bedeutet es, wenn Teilen des Landes diese Freiräume für kreative Tätigkeiten verwehrt bleiben, die ermöglichen, den Horizont zu erweitern? Wenn große Teile ländlicher Räume abgeschottet bleiben von einer Infrastruktur, die Mobilität und Austausch erst ermöglicht? Was kann man von Potenzialen der Digitalisierung halten, wenn das Digitale auf dem Land fast nicht erreichbar ist?
Die Bundesregierung hat lange Zeit darauf gewartet, dass gewinnorientierte Unternehmen die Versorgung sicherstellen, und Förderung erst bereit-

Abbildung 1: Breitbandverfügbarkeit in Deutschland

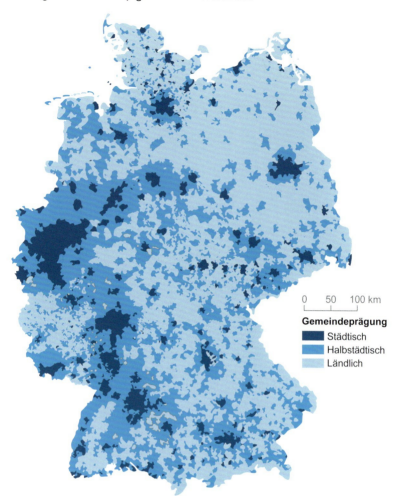

Breitbandverfügbarkeit in Deutschland (% der Haushalte)

Bandbreite (Mbit/s)	Städtisch	Halbstädtisch	Ländlich
Mind. 6	100	99,6	98,0
Mind. 50	95,2	82,9	64,1
Mind. 200	84,0	56,0	23,8
Mind. 1000	38,8	14,5	7,7

Quelle: Verändert nach BMVI 2018[10]

gestellt, wenn dies nicht geschah. Die Versorgung mit einem Zugang zu breitbandigem Internet wurde nicht als Kernbereich der Daseinsvorsorge verstanden. Wäre es beispielsweise für Kommunen eine Pflichtaufgabe, diesen Zugang herzustellen, könnten sie auch mit angespanntem Haushalt selbst investieren sowie Fördermittel abrufen und Leistungen am Markt ausschreiben. Dieses Zusammenwirken von staatlichem Rahmen und unternehmerischer Umsetzung hat in Deutschland nur schlecht funktioniert.

Konzepte und Beispiele

An Konzepten, wie eine Digitalisierung die Situation in ländlichen Räumen konkret verbessern kann, fehlt es in Deutschland jedoch nicht. Zumindest auf der Ebene zahlreicher Einzelprojekte gibt es den Versuch, selbst in komplexen und stark reglementierten Themenfeldern wie Gesundheitsversorgung, öffentlicher Verkehr oder Bildung mithilfe von Digitalisierung die Lebenssituation von Bewohnern und Bewohnerinnen ländlicher Räume zu verbessern. Hier sind zahlreiche Akteure aktiv, von Bürgerinnen und Bürgern, die Ideen entwickeln und Leistungen einfordern, über Unternehmen sowie Freiberuflerinnen und Freiberufler und ihre Verbände bis hin zu verschiedenen Einrichtungen der öffentlichen Hand, die ihre vorhandenen Spielräume nutzen.

Beispiel Gesundheit: TeleArzt

Die hausärztliche Versorgung auf dem Land ist schwierig (s. Beitrag von Faller / Bendler in diesem Band). Der Nachwuchs hat am Landarztleben kaum noch Interesse. Neben unterschiedlichen Kooperationsmodellen[11], die häufig mit digitaler Unterstützung die Zusammenarbeit verschiedener Ärztinnen und Ärzte ermöglichen, ist die digital ausgestattete Arzthelferin oder der digital ausgestattete Arzthelfer ein Modell der Zukunft.

Beispielsweise werden beim Tele-Arzt in Lindlar medizinische Fachangestellte, die über eine besondere Zusatzausbildung verfügen, mit einem »TeleArzt-Rucksack« ausgestattet, der sie bei Hausbesuchen von Patienten und Patientinnen unterstützt. Sie können z. B. wichtige Vitalwerte der Patienten einschließlich eines EKGs erheben und direkt in die EDV der Praxis senden. Bei Bedarf ermöglicht ein Tablet eine Videotelefonie mit der Ärztin oder dem Arzt.[12]

Mit Projekten dieser Art wird das grundlegende Problem des fehlenden medizinischen Nachwuchses für die Landarzttätigkeit nicht behoben, aber dessen Auswirkungen für die Patientinnen und Patienten reduziert.

▶ **Der Kreis Höxter auf dem Weg in die digitale Zukunft**

Dörfer im Kreis Höxter nutzen die Chancen der Digitalisierung, um die Daseinsvorsorge, das Vereinsleben und das Miteinander der Menschen vor Ort zu stärken. Nachdem das bundesweite Leuchtturmprojekt Smart Country Side (SCS) erfolgreich endete und die Breitbandanbindung auf den Weg gebracht ist, erproben jetzt 30 Dorfgemeinschaften im Rahmen des Leader-Projekts »Dorf.Zukunft.Digital« (DZD) drei Jahre lang bedarfsgerecht digitale Anwendungen. Dabei spielt das »digitale Dorf in der Hosentasche« eine große Rolle. Es handelt sich bei dieser digitalen Dorf-Plattform um eine Kombination von Website und Dorf-App. Egal wo sich die Bürgerinnen und Bürger befinden, sie erhalten in Echtzeit aktuelle Informationen auf ihr Smartphone und wissen Bescheid, was vor Ort los ist. Nachbarschaftshilfe und Vereinstreffen können so schnell über den digitalen Marktplatz organisiert werden.

Die App DorfFunk ist über eine Schnittstelle mit den Dorf-Webseiten verbunden, die zuvor geschulte »Dorf-Digital-Experten« mit viel ehrenamtlichem Engagement gemeinsam erstellt haben. Alles, was die aktiven Vereine, die Kirche oder einzelne Bürgerinnen und Bürger dort als Neuigkeit oder Veranstaltungshinweis einstellen, erscheint als Pop-up-Nachricht auf dem Smartphone, über das inzwischen auch viele ältere Menschen verfügen. So sind auch Berufspendler, Urlauber, Studierende, Hinzugezogene und Menschen, die krank und immobil sind, stetig auf dem Laufenden.

Von Kirche und Kapelle gibt es 360- Grad-Ansichten, unterlegt mit Orgelmusik, die Besucher auch über QR-Codes an den Gebäuden aufrufen können. Es gibt Tageslosungen online, Informationen zu den Wegekreuzen und zum Pfarrverbund Corvey. Vereine und Gewerbetreibende nutzen die Website, um über ihre Angebote zu informieren. Die Dorf-Digital-Experten organisieren unter dem Titel »Das sorgende Dorf« bei Bedarf analog und digital Hilfsangebote. Die Gesundheits- und Senioren-App »Gut versorgt in Höxter« hilft dabei, wohnortnah Apotheken, Arztpraxen und Pflegeeinrichtungen zu finden und zu erreichen. Sie ist barrierefrei und bietet zusätzlich Hörbücher, Online-Spiele und weitere Informationen an. Über den digitalen Dorf-Hilferuf wird im Dorf Unterstützung beim Einkauf, bei Fahrten zum Arzt oder bei der Gartenarbeit koordiniert.

Zahlreiche weitere Dörfer werden ab Sommer 2020 mit ihren Dorfgemeinschaften die digitale Dorf-Plattform erproben. Sie alle beteiligen sich am Leader-Projekt »Dorf.Zukunft.Digital« und haben innovative Ideen entwickelt, wie sie die Digitalisierung bis 2025 nutzen wollen. Die digitale Transformation ist also längst in ländlichen Räumen angekommen.

www.dorfdigital.com   *Heidrun Wuttke*

Beispiel Mobilität: die Projekte Mobilfalt und Betzdorf Digitale Dörfer

Im Bereich Mobilität gibt es zahlreiche Apps, die private Mobilität als moderne Mitfahrzentrale oder Autovermietung organisieren. Sie funktionieren allerdings auf dem Land aufgrund der geringeren Dichte schlechter als in der Stadt. Eine besondere Herausforderung liegt darin, für spezifische Bedürfnisse in ländlichen Räumen und abgestimmt auf den öffentlichen Personennahverkehr (ÖPNV) Angebote zu entwickeln, die für die potenziellen Fahrgäste einen Mehrwert schaffen.

Der Nordhessische Verkehrsverbund (NVV) bietet mit dem Projekt Mobilfalt die Integration privater Fahrten in den ÖPNV und zudem eine Mobilitätsgarantie: »Wir wollen private und geschäftliche Fahrten, die ohnehin auf Strecken gemacht werden, für den öffentlichen Personennahverkehr nutzen und so den Menschen als neue Mobilitätsalternative anbieten. Die Fahrten werden in den Fahrplan des Nahverkehrs eingebunden. Und falls es kein Angebot für festgelegte Fahrten gibt, übernehmen wir die Organisation und Finanzierung zur Beförderung auf der gewünschten Strecke.«[13]

In diesem Beispiel wird die Nachfrage nach Mobilität mit einem Angebot aus der Kombination von privaten, geschäftlichen und öffentlichen Fahrten zusammengebracht. Die Nutzerin oder der Nutzer finden im Online-Fahrplan die privaten Angebote integriert. Neben dieser Koordinationsleistung lösen die Anbieter auch Abrechnungs- und Versicherungsfragen,[14] sodass die Fahrgäste ein dem normalen öffentlichen Verkehr vergleichbares Angebot erhalten.

Ein weiteres Beispiel im Mobilitätsbereich betrifft die Gütermobilität und wurde vom Fraunhofer-Institut für Experimentelles Software Engineering (IESE) im rheinland-pfälzischen Betzdorf im Rahmen des Projekts »Digitale Dörfer« entwickelt und getestet.

Mit der sogenannten LieferBar wird organisiert, wie ein Produkt zum Kunden kommt. Einmal angemeldet, kann man in einer App sehen, ob ein Produkt eines regionalen Anbieters zur eigenen Wohnung geliefert werden kann. Bestellt jemand ein Produkt, wird geprüft, ob Nachbarn oder Handwerker auf ihrem regulären Weg am entsprechenden Shop vorbeikommen und das Paket beim Empfänger abliefern können. Diese »Paketboten«, die ihre Wege dafür im System hinterlegt haben, erhalten eine lokale Währung, sogenannte DigiTaler, die sie z. B. in der ebenfalls entwickelten TauschBar für die Ausleihe von Geräten oder für ehrenamtliche Dienstleistungen einlösen können.[15]

Beispiel Bildung: Schule für Distanzlernen Niedersachsen

In der Schule für Distanzlernen Niedersachsen wird Schülerinnen und Schülern von Inselschulen ermöglicht, per Videokonferenz am Unterricht des Gymnasiums auf dem Festland teilzunehmen. 2012 bis 2017 konnten 300 Schülerinnen und Schüler diesen Unterricht besuchen, der ihnen ersparte, frühzeitig auf ein Internat wechseln zu müssen.[16]

Nicht der gesamte Schulunterricht wird hier einfach durch YouTube ersetzt, sondern ein spezifisches Problem, nämlich das eines schwer erreichbaren Raums, mithilfe eines didaktischen Konzepts und passgenauer digitaler Technik gelöst.[17]

Auch zu allen anderen genannten Themenfeldern könnten Pilotprojekte aufgezählt werden. In der zitierten Literatur sind weitere Beispiele zu finden. Was hingegen weitgehend fehlt, sind übergreifende Masterpläne zum Einsatz digitaler Technologien und unabhängige Evaluationen der vielen Projekte, die öffentlich zugänglich sind. Grundsätzlich könnten alle Akteure, die Projekte durchführen, auch unabhängige Evaluationen beauftragen. Da in Einzelprojekten jedoch häufig das Hauptinteresse in der Lösung einer spezifischen Herausforderung besteht, ist der Zusatznutzen einer Evaluation nach Lösung des Problems für die einzelnen Akteure oft gering. Daher bedarf es übergreifender Initiativen, um aus vielen Einzelprojekten Schlüsse für zukünftige Vorhaben zu ziehen und darüber hinaus die gesamte Entwicklung reflektieren und beeinflussen zu können. Hier sind Kommunen, Länder und der Bund gefragt, mithilfe direkter Beauftragungen oder Forschungsförderung unabhängige Evaluationen zu ermöglichen.

Das Land profitiert, die Stadt profitiert stärker

Ein besonderer Aspekt bei der Diskussion der Digitalisierung in ländlichen Räumen ist, dass fast alle Verbesserungen, die das Leben auf dem Land erleichtern können, für das Leben in der Stadt ebenfalls wirksam sind – und das häufig noch viel stärker.

Der besondere Anziehungspunkt der Städte ist ihre Dichte. Viele attraktive Angebote finden sich auf engem Raum und viele Gleichgesinnte[18] in der Nähe. Die Dichte der Stadt ist zugleich ihre besondere Herausforderung. Sie führt zu hohen Preisen für Wohnraum und zu verkehrlicher Überlastung.

Die positiven Aspekte der Digitalisierung, die auf dem Land analoge Güter durch digitale ersetzen, wirken auch in den Städten. Auf dem Land spart das YouTube-Video den möglicherweise weiten Weg zum Nachhilfelehrer, in der Stadt führt der gleiche Effekt zur Entlastung von Straßen und Verkehrsmitteln.

Die im Bereich der Mobilität diskutierten Möglichkeiten entlasten die Infrastrukturen der Städte ebenso, wie sie Bewohnerinnen und Bewohnern in ländlichen Räumen einen Komfortgewinn versprechen. Egal ob es sich um Carsharing-Lösungen handelt, die über digitale Plattformen organisiert werden, oder um das sich abzeichnende autonome Fahren gemeinsam genutzter Fahrzeuge – eine Entlastung der Straßen und Verkehrsmittel würde den Städten einen erheblichen Attraktivitätsgewinn verschaffen.

Neben einem möglichen Rückgang der direkten Verkehrsbelastung könnten als weitere Folge daraus zusätzliche Areale verfügbar werden. Hier könnten Grünflächen und Wohnungen entstehen und damit zwei Nachteile der Städte gegenüber den ländlichen Räumen – fehlendes Grün und zu wenig Wohnraum zu günstigen Preisen – verringert werden.

Die in einigen Berufen zu beobachtenden Möglichkeiten, sich unabhängig vom eigenen Standort über digitale Plattformen auszutauschen und zusammenzuarbeiten, können auf dem Land wie in der Stadt zur Einsparung von Wegen führen und den jeweiligen Standort mit zusätzlichem virtuell verfügbarem Know-how anreichern. Darüber hinaus werden sich zukünftige Innovationen durch marktwirtschaftliche Akteure wie bisher an den zu erwartenden Erträgen orientieren, die zur Refinanzierung von Investitionen erforderlich sind. Daher werden von neuer Technologie auch zukünftig zuerst die dichter besiedelten Räume profitieren.

Ausblick

Die Digitalisierung in ländlichen Räumen kann deren Attraktivität absolut erhöhen. Relativ zu städtischen Räumen kann sie dies hingegen nicht. Gleichwohl ist es sinnvoll, digitale Möglichkeiten in ländlichen Räumen zu nutzen und mit privatem und öffentlichem Engagement Digitalisierung in der Fläche zu realisieren. Dadurch wird »das« Land absolut attraktiver für gewisse Zielgruppen, aber sicher nicht für die Mehrheit der Menschen, die das Wohnen in Städten bevorzugen.

Jenseits der Digitalisierung scheint vor allem aus planerischer und regionalpolitischer Sicht die Frage zentral, welche Rolle die ländlichen Räume für die Gesellschaft spielen. Welche Rolle haben sie für ihre Bewohnerinnen und Bewohner, welche für die Stadtbevölkerung, die das Land ab und an besucht, und welche für jene, denen das Land egal ist? Klar herauszuarbeiten, worin die Vorteile des Landes für die Gesamtgesellschaft liegen, das scheint eine der wichtigsten Aufgaben für die ländliche Entwicklung zu sein. Damit könnte es gelingen, dass auch eine geringere Bevölkerungs- und Siedlungsdichte und weniger Infrastruktur mehr erzeugen als vermeintliche »Verlierer«, die auf dem Land zurückgeblieben sind.

Entscheidend sind in der Stadt und auf dem Land Akteure, die eine solche Diskussion engagiert führen und gemeinwohlorientierte Ziele entwickeln und umsetzen. Das können sowohl Bürgerinnen und Bürger als auch Vereine, Verbände, die Verwaltung, die Politik oder Unternehmerinnen und Unternehmer sein. Die Frage der Digitalisierung ist dabei zweitrangig, kann aber, wie an einigen Beispielen gezeigt wurde, helfen, einzelne Aspekte des ländlichen Lebens attraktiver zu gestalten. Um festzustellen, ob und wie sehr Digitalisierung tatsächlich hilft, das Leben auf dem Land zu erleichtern, wären unabhängige Evaluationen von Projekten wichtig.

Für Digitalisierungsprojekte auf dem Land – wie auch in der Stadt – gilt damit, dass die Ziele, Konzepte und ihre Umsetzung bedeutender sind als die Technik, die genutzt wird. Digitale Innovationen in ländlichen Räumen können helfen, einige Schwierigkeiten im Alltag zu überwinden. Eine bessere Gesellschaft mit gleichwertigen Lebensverhältnissen entsteht damit aber nicht automatisch.

Anmerkungen

1 Bundesamt für Bau-, Stadt- und Raumforschung (BBSR), Auch ländliche Kreise wachsen, 2019, www.bbsr.bund.de/BBSR/DE/Service/Medien/2019/demografie-anwendung.html (abgerufen am 27.5.2020).

2 Michael Lobeck, Smart Cities, in: Harald Heinrichs / Ev Kirst / Jule Plawitzki (Hrsg.), Gutes Leben vor Ort, Berlin 2017, S. 193–204, hier S. 193.

3 56,7% des Umsatzes aus dem Musikverkauf 2018 entfällt inzwischen auf digitale Verbreitungswege. Nur noch 4,4% wird mit Vinyl-Schallplatten umgesetzt, die Musik-CD kommt noch auf 36,4%. Bundesverband Musikindustrie, Umsatz, www.musikindustrie.de/markt-bestseller/musikindustrie-in-zahlen/umsatz (abgerufen am 8.10.2019).

4 Harald Simons / Lukas Weiden, Schwarmstädte in Deutschland. Ursachen und Nachhaltigkeit der neuen Wanderungsmuster, GdW Bundesverband deutscher Wohnungs- und Immobilienunternehmen e. V., Berlin 2015.

5 Willi Kaczorowski / Gerald Swarat, Smartes Land – von der Smart City zur Digitalen Region. Impulse für die Digitalisierung ländlicher Regionen, Glückstadt 2018; Bundesministerium für Ernährung und Landwirtschaft (BMEL), Digitale Perspektiven für das Land, Berlin 2017, S. 7, www.bmel.de/SharedDocs/Downloads/Broschueren/Digitale_Perspektiven.pdf?__blob=publicationFile (abgerufen am 8.10.2019); Michael Lobeck, Digitale Zukunft auf dem Land. Wie ländliche Regionen durch die Digitalisierung profitieren können, Gütersloh 2017, S. 1, www.bertelsmann-stiftung.de/fileadmin/files/180423_Endfassung_Digitale_Zukunft_korrigiert__ergaenzt.pdf (abgerufen am 14.10.2019).

6 Vgl. BMEL (Anm. 5); W. Kaczorowski / G. Swarat (Anm. 5); Michael Lobeck, Digitales Revier. Eine explorative Studie zu Optionen der Digitalisierung bei der Ent-

wicklung des Rheinischen Reviers, Innovationsregion Rheinisches Revier, Jülich 2018.
7 Bundesministerium für Verkehr und Infrastruktur (BMVI), Breitbandatlas, www.bmvi.de/DE/Themen/Digitales/Breitbandausbau/Breitbandatlas-Karte/start.html (abgerufen am 14.10.2019).
8 www.tagesschau.de/inland/gruene-mobilfunk-101.html (abgerufen am 14.2.2020).
9 Dirk van Laak, Alles im Fluss, Die Lebensadern unserer Gesellschaft. Geschichte und Zukunft der Infrastruktur, Frankfurt/Main 2018. S. 13.
10 BMVI, Aktuelle Breitbandverfügbarkeit in Deutschland, Berlin 2018.
11 Für einen Überblick über solche Kooperationsmodelle siehe www.innovative-gesundheitsmodelle.de (abgerufen am 14.10.2019); Lisa Ulrich/Bernhard Faller/Linda Barthen/Michael Lobeck/Antje Erler, Strategien zur Verbesserung der regionalen hausärztlichen Versorgung. Das Konzept der lokalen Zukunftswerkstätten in Rheinland-Pfalz, in: Mario A. Pfannstiel/Axel Focke/Harald Mehlich (Hrsg.), Management von Gesundheitsregionen IV. Bedarfsplanung und ganzheitliche regionale Versorgung und Zusammenarbeit, Berlin 2018, S. 77–88.
12 TAG TeleArzt GmbH, tele-arzt.com.
13 Verkehrsverbund und Fördergesellschaft Nordhessen mbH, mobilfalt.de.
14 Bernhard Faller/Michael Lobeck/Nora Wilmsmeier/Jürgen Aring (Hrsg.), Anpassungsstrategien zur regionalen Daseinsvorsorge. Empfehlungen der Facharbeitskreise Mobilität, Hausärzte, Altern und Bildung, Bonn 2015, S. 29, www.bbsr.bund.de/BBSR/DE/Veroeffentlichungen/ministerien/MOROPraxis/2015/DL_MORO_Praxis_2_15.pdf?__blob=publicationFile&v=5 (abgerufen am 8.10. 2019); vgl. zum Beispiel Mobilfalt und zu weiteren ÖPNV-Angeboten dies., S. 20 ff. und W. Kaczorowski/G. Swarat (Anm. 5), S. 101 ff.
15 Vgl. M. Lobeck (Anm. 6), S. 13.
16 Vgl. BMEL (Anm. 5), S. 8; W. Kaczorowski/G. Swarat (Anm. 5), S. 91; zu den Beispielen und zu Tele-Learning-Ansätzen allgemein B. Faller/M. Lobeck/N. Wilmsmeier/J. Aring (Anm. 14), S. 85 ff.
17 Vgl. zum Umgang mit Schulen auf dem Land ausführlich B. Faller/M. Lobeck/N. Wilmsmeier/J. Aring (Anm. 14), S. 70 ff.
18 Vgl. H. Simons/L. Weiden (Anm. 4).

Dörte und Heiner Monheim im Interview
mit Claus-Christian Wiegandt

Verkehr und Mobilität in ländlichen Räumen

Das Ehepaar Prof. Dr. Heiner und Dörte Monheim vertritt sozusagen exemplarisch zwei Richtungen in der Debatte um eine Neuausrichtung von Verkehr und Mobilität in ländlichen Räumen.
 Claus Wiegandt, mit dem die beiden aus ihrer Bonner Zeit befreundet sind, findet ihre regelmäßigen verkehrspolitischen Dispute so interessant, dass er sie für diesen Band um ein Interview gebeten hat.

C = Claus Wiegandt, **D** = Dörte Monheim, **H** = Heiner Monheim

C: *Dörte und Heiner, ihr lebt seit einigen Jahren zusammen in Malente, einem Städtchen mit 10 000 Einwohnern in Ostholstein. Mit welchen Verkehrsmitteln bewegt ihr euch im Alltag in eurer ländlich geprägten Region?*

D: Für die kürzeren Strecken und wenn das Wetter passt, nehme ich gerne das Fahrrad, das bei mir zugegebenermaßen eher ein Hobby ist. Bei den durchgeplanten »Rundreisen« mit mehreren Aktivitäten und dementsprechenden Kilometerleistungen dann aber mehr das Auto. Und zum Einkaufen sowieso, der nächste Supermarkt ist hier nun mal nicht um die Ecke, da organisiere ich die eher größeren Einkäufe ebenfalls mit dem Auto.

H: Ich allein am liebsten mit dem Fahrrad oder bei weiteren Strecken zu Zielen, die mit der Bahn erreichbar sind, mit dem Nahverkehrszug. Wenn Dörte mit dabei ist, dann doch öfter auch mit ihrem Auto, z. B. in die Ostseebäder.

C: *Welche Verkehrsmittel nutzt ihr, um in die großen Städte zu kommen?*

D: Auch da kommt es ganz drauf an, was ich vorhabe. Ein einfaches Beispiel: Hamburg, Stadtbummel, dann schon mal den Zug, aber eher selten.

Auf Rügen, Mecklenburg-Vorpommern
© Stefan Schmitz

Da ich dabei auf dem Hin- oder Rückweg auch gerne noch meinen Sohn auf dem Land oder Freunde besuche, ist schon wieder das Auto dran. Und der Weg zum Bahnhof nach Malente: tja, das Auto … Hinzu kommt, dass ich aus gesundheitlichen Gründen mit dem Laufen größerer Strecken schnell überfordert bin, der Weg zum Auto ist nun mal der kürzeste, und Bahnhöfe sind nicht immer besonders innenstadtnah.

H: Ich eigentlich immer mit dem Zug, meist mit Umsteigen in Lübeck, Kiel, Hamburg oder Lüneburg, und dann weiter mit dem Fernverkehr. Im Zug habe ich fast immer mein Faltrad dabei, damit ich am Zielort mobil bin. Und weil ich so schneller zum Bahnhof Malente komme.

C: *Wie kommt es, dass du, Dörte, eher das Auto bevorzugst?*

D: Ich bin auf dem Lande groß geworden, 17 Kilometer betrug schon der Schulweg. Mit dem Bus, der in drei Kilometern die nächste Haltestelle für uns hatte, dauerte die tägliche Sightseeing-Tour ab da durch alle Dörfer etwa anderthalb Stunden. Mit der Fahrgemeinschaft später nur 15 bis 20 Minuten. Also früh geprägt. Der Führerschein war hier das wichtigste

Ziel aller Jugendlichen, das eigene Auto wurde schon ganz früh angespart. Das war der erste und größte Schritt in Richtung Unabhängigkeit. Und die erste Möglichkeit, auch mal ein Kino, eine Disco oder einfach nur Freunde außerhalb des Dorfes nach 18 Uhr zu besuchen, ohne das Mama-Taxi in Anspruch nehmen zu müssen.

C: *Welche Vorteile hat das Auto für dich?*

D: Hier auf dem Lande kann ich mit dem Auto einfach schnell und unabhängig von A nach B kommen, ohne eine Tagesreise mit langen Wartezeiten, großen Umwegen und mehrfachem Umsteigen planen zu müssen. Ein ganz einfaches Beispiel: Ich liebe die kleine Stadt Scharbeutz an der Ostsee. Mit dem Auto sind das 25 Minuten. »Öffentlich« müsste ich erst mal mit Auto oder Fahrrad nach Malente, in den Zug nach Eutin. Von da aus mit dem Bus bis Süselerbaum, ab da gibt es dann manchmal einen Bus oder ein Linientaxi, das man extra bestellen muss. Fahrzeit insgesamt im günstigsten Fall 65 Minuten. Oder ich fahre mit dem Zug bis Bad Schwartau, um dann mit einer wenig gut getakteten Regio-Bahn weiter nach Scharbeutz zu fahren. Der ziemlich außerhalb liegende Bahnhof lässt mich den Rest dann laufen oder noch mal in ein Taxi steigen. Fahrzeit im Zickzack insgesamt 80 Minuten. Damit ist die Entscheidung doch sofort gefallen.

Diese Beispiele könnte ich beliebig fortführen, nehmen wir nur mal meine beiden beruflichen Aktivitäten. Ich habe 30 Jahre als Tanzlehrerin gearbeitet, unter anderem in Lübeck. Fahrzeit von der Holsteinischen Schweiz, wo ich damals lebte, mit dem Auto 45 Minuten. »Öffentlich« mindestens anderthalb Stunden, von den zu transportierenden, damals noch großen Musikanlagen mal ganz abgesehen. Und nachts auf kalten und zugigen Bahnsteigen im Winter eine halbe Stunde auf den nächsten Zug warten zu müssen, dann am Zielort noch mal wieder umpacken für die restlichen Kilometer im Auto – nein danke! Für meine zweite Tätigkeit als Reitlehrerin in verschiedenen Ställen könnte ich diese Beispiele beliebig fortführen. Bahnhöfe gibt es hier zwar manchmal in Kleinstädten, aber Reitställe liegen nun mal nicht an Bahnhöfen, und Busse halten bestenfalls mitten im Dorf, und dann?

C: *Wie kommt es, Heiner, dass du dich so leidenschaftlich für den öffentlichen Verkehr, das Rad und den Fußverkehr einsetzt?*

H: Schon in meiner Kindheit habe ich eine große Skepsis gegen den Autoverkehr entwickelt und sehr bedauert, dass Postbusse, Bahnbusse, Straßenbahnen und Regionalbahnen stillgelegt oder doch ausgedünnt wurden.

Zudem habe ich als leidenschaftlicher Radfahrer erlitten, wie wir zunehmend an den Rand gedrängt wurden. Und die immer hässlicheren Straßen mit abgeholzten Alleen, vielen abgerissenen Häusern und öden, übermarkierten Fahrbahnen haben mich wütend gemacht. Vor allem das suburbane Autochaos mit Großparkplätzen und breiten mehrspurigen Straßen und riesigen Kreuzungen sowie endlos zersiedelten Baugebieten fand ich total abstoßend.

Dann fing ich an, mich im Studium und später beruflich mit dieser Fehlentwicklung zu befassen und Konzepte für Verkehrsberuhigung, Fahrradstädte und eine Renaissance von Bussen und Bahnen zu entwickeln. Und bekam erst in der Bundesanstalt für Landeskunde und Raumordnung und dann im nordrhein-westfälischen Städtebau- und Verkehrsministerium Gelegenheit, Modellprojekte und Stadterneuerungsprogramme für nachhaltige Mobilität umzusetzen. Ich hatte bei meinen Reisen in die Schweiz, die Niederlande, nach Frankreich und Dänemark Gelegenheit zu studieren, wie die ihren Verkehr viel intelligenter, stadtverträglicher und effizienter organisieren. Das hat mich immer wieder motiviert, in Deutschland ähnliche Projekte anzuschieben und bei meinen vielen Publikationen, Vorträgen und Medienbeiträgen solche Perspektiven aufzuzeigen. Aber Deutschland ist in seiner Verkehrspolitik sehr innovationsresistent, voller Tabus und abwehrender Emotionen, weil Deutschland Autoland und Stauland sein will.

C: *Welche Vorteile haben der öffentliche Verkehr und das Fahrrad in dünn besiedelten ländlichen Räumen?*

H: Zunächst sind ländliche Räume selten die extrem dünn besiedelte Pampa, wo angeblich Mobilität ohne Auto unmöglich ist. Stattdessen gibt es dort viele vitale Klein- und Mittelstädte. In denen kann man hocheffiziente Stadt- und Ortsbussysteme organisieren, zu vertretbaren Kosten und mit meist 20- bis 30-mal mehr Fahrgästen als im Durchschnitt ländlicher Regionen. Voraussetzung sind kundengerechte Effizienzsysteme mit etwa zehnmal mehr Haltestellen und dichtem Taktverkehr. Je 10 000 Einwohner kann man dort rund eine Millionen Fahrgäste pro Jahr generieren, wenn man drei bis vier Linien mit etwa 60 Haltestellen im Takt von 20 bis 30 Minuten fahren lässt, vorzugsweise mit modernen Niederflur-Midibussen mit drei Türen. Die Fläche drum herum kann man mit einem attraktiven Landbusnetz erschließen, ebenfalls im Taktverkehr und mit zwei Linientypen: dem schnellen Plusbus und dem langsamen, feinerschließenden Flächenbus. In den Tagesrandzeiten kann man das auf Rufbusbedienung umstellen. Dann gibt es keine Autoabhängigkeit mehr, die Straßen sind sicher, die touristische Erreichbarkeit ist gut, und man kann dezentrale Versorgungsstrukturen erhalten. Wenn man dann auch noch mit dem Landbus Kombibusbedienung wie in Skandinavien einführt, also im Bus Personen und Güter (Stückgut) befördert, kann man zwei gute Geschäfte in einem machen und kleinteiligen Einzelhandel erhalten, weil der zweimal am Tag vom Kombibus auch mit kleinen Margen bedient wird.

Und natürlich hat auch das ländliche Radfahren riesige Potenziale, wie man am florierenden Fahrradtourismus merkt. Seit es massenhaft Pedelecs gibt, machen auch die Berge in Mittelgebirgslandschaften und der Gegenwind in Küstennähe keine Probleme mehr. Und das ländliche Wegenetz bietet oft attraktive, autoarme Verbindungen abseits der klassifizierten Straßen, die man durch gute Wegweisung und offensives Marketing in Wert setzen muss. Auch in ländlichen Räumen gibt es einen hohen Anteil der Nahmobilität, die man auch ohne Auto gut bewältigen kann, wenn man die Dörfer durch Verkehrsberuhigung auch fußgängerfreundlich macht.

Leider kommt derzeit in ländlichen Räumen die Kombination von ÖPNV und Fahrrad viel zu kurz. Es gibt viel zu wenige ländliche Leihradsysteme. Radstationen sind dort eine Seltenheit, und an den meisten Haltestellen fehlen Fahrradabstellanlagen, die am besten in das Haltestellenhäuschen integriert werden. Und natürlich braucht man überall unentgeltliche Fahrradmitnahme in Bussen und Bahnen.

C: *Warum werden diese Vorteile, die du beschreibst, nicht gesehen?*

H: Bislang sind die Entscheidungsträger in Politik und Verwaltungen in den Landkreisen und Gemeinden stark autofixiert, meist Männer im höheren Alter, die sich eine Welt mit weniger Autos, weniger Straßen und Parkraum und mit Tempolimits nicht vorstellen können. Die halten einen attraktiven Umweltverbund nicht für finanzierbar und übersehen, welche riesigen Ausgaben sie zusammen mit Bund und Ländern regelmäßig in den Ausbau des Autosystems stecken. Allein die vielen Ortsumgehungen. Und dann der massenhafte Parkraum. Und Autobahnen bis in den letzten Winkel. Bei Bussen und Bahnen dagegen verordnen sie regelmäßig Spar- und Schrumpfkurse. Aber die junge Generation lässt sich das auch in ländlichen Räumen nicht mehr bieten. Sie weiß, dass es auch anders geht, gehen muss.

D: Man »übersieht« durch die Bequemlichkeit des Autos hier schnell die eventuell vorhandenen, meist sehr mühsamen Möglichkeiten. Ein defektes Auto bedeutet: Woher bekomme ich schnell Ersatz? Und nicht: Welche Möglichkeit gibt es sonst noch? Auf einem außerhalb liegenden Hof ist ein Auto pro Erwachsenem wohl eher die Regel als die Ausnahme.

C: *Wie erklärt ihr euch euer eigenes Mobilitätsverhalten?*

D: Wenn man einen Job hat, in dem man wie in Heiners Fall den Zug als Büro nutzen kann und somit dann Zeit einspart: wunderbar! In meinem Fall lassen sich Tanzstunden und Reitunterricht in Zügen und Bussen wohl eher nicht realisieren – also gibt es unterschiedliche Bedürfnisse.

Und auch wenn das jetzt merkwürdig klingen mag: Für mich ist die tägliche Zeit im Auto meist die entspannteste; kein Telefon, niemand will was – meine Gedanken sind dann mal frei und ungestört. Im Zug weiß ich nie, ob ich nicht gleich Nachbarn habe, die gerade ihre Frikadellen und Eibrote auspacken! Und ich muss mir nicht unfreiwillig die Privat- oder Geschäftsgespräche anderer Leute am Telefon antun. Von einer funktionierenden Klimaanlage und Heizung mal ganz abgesehen, das Auto bietet mir einfach einen viel größeren Komfort. Die Stauproblematik, die jetzt gleich wieder als Gegenargument kommen wird, trifft mich hier auf dem Land eher selten.

H: Meine stark reduzierte Autonutzung ist kein Opfer, sondern ein Gewinn. Ich habe meistens gar keine Zeit zum Autofahren, weil ich ja unterwegs immer arbeiten will, lesen, am Laptop schreiben oder einfach mal entspannen bei einem Nickerchen. Das geht nur in Bus und Bahn. Zudem genieße ich den Service, mich von Profis fahren zu lassen, ohne selber hinterm Steuer die Schwerarbeit des Pilotierens machen zu müssen. Und meine regelmäßige Fahrradnutzung hält mich fit. Am meisten leidet unter meinem knappen Zeitbudget das Laufen. Flanieren und Spazierengehen sind bei mir seltener »Luxus«.

C: *Kommen wir zu besonderen Formen des öffentlichen Verkehrs für die ländlichen Räume. Was hältst du, Heiner, vom Bürgerbus, also den Kleinbussen mit ehrenamtlichen Fahrern auf dem Lande?*

H: Der Bürgerbus ist ein Notnagel, der eigentlich nur von Menschen ohne Auto genutzt wird. Weil er normalerweise nur ein paar Mal am Tag fährt, manchmal auch nur ein paar Mal in der Woche. Trotzdem ist er ein gutes Beispiel für ehrenamtliches Engagement, wie auch das Bürgerauto, bei dem nach dem gleichen Prinzip kleinere Fahrzeuge eingesetzt werden. Generell haben alle Mitnahmeverkehre in ländlichen Räumen große Potenziale. In den 1950er-Jahren war der durchschnittliche Besetzungsgrad der Pkw in ländlichen Räumen 3,6, weil die Motorisierung gering war und die Autobesitzer regelmäßig Freunde, Verwandte und Bekannte mitgenommen haben. Mit modernen, digitalen Kommunikations- und

Bad Sassendorf in Westfalen
© Stefan Schmitz

Matching-Techniken und sinnvollen Rahmensetzungen für die Tarifierung und Versicherung der nichtgewerblichen Mitnahme könnte man heute wieder viel ländlichen Autoverkehr einsparen. Auch das wäre eine moderne Form des Bürgerautos.

Ich habe in meiner NRW-Ministerienzeit von 1985 bis 1995 nach dem niederländischen Buurtbus-Vorbild mitgeholfen, dass in NRW über hundert Bürgerbussysteme ans Laufen kamen. Trotzdem darf das kein Ersatz für einen ländlichen Qualitäts-ÖPNV mit dichtem Netz und Takt sein. Den brauche ich zwingend für eine Verkehrswende.

C: *Wie findest du, Dörte, dieses Konzept? Würdest du es nutzen?*

D: Na ja, der Bürgerbus fährt ja oft nur zwei- bis dreimal die Woche oder nur zwei- bis dreimal am Tag, also ist das für multilokale Menschen mit knappen Zeitbudgets keine Option. Aber trotzdem lieben natürlich viele Senioren das Bürgerbusangebot als Mobilitätsgarant und sozialen Treffpunkt. Aber die Politik darf sich nicht auf dem Bürgerbus »ausruhen«.

Noch bin ich Gott sei Dank in der Lage, selber zu fahren! Aber für »später« finde ich die Idee des Bürgerbusses großartig, es schafft für viele ältere

Menschen oder Autolose auf dem Land wenigstens eine Möglichkeit der Mobilität.

C: *Heiner, wie könntest du Dörte vom öffentlichen Verkehr überzeugen?*

H: Wir sind schon sehr unterschiedlich sozialisiert und gepolt. Dörte ist eingefleischte Autofrau, fährt ziemlich forsch, liebt Cabrios und ist bedingt durch ihren Job in der Reiterei natürlich auch SUV-geprägt, sie kann sich ein Leben ohne Auto nicht richtig vorstellen. Und sie kann in Bus und Bahn nicht lesen oder den Laptop bedienen. Ich bin dagegen eigentlich ein Autohasser, der sich an der Automafia der Autolobby, dem Autokanzler und Autoverkehrsminister abgearbeitet hat und weiter abstrampelt für eine Verkehrswende. Ich fühle mich im Auto unwohl. Und kann mir eine Welt ohne massenhafte Autos und Autobahnen und Großparkplätze sehr gut vorstellen.

Mit diesen gegensätzlichen Einstellungen finden wir aber trotzdem unsere Kompromisse. Während unserer Zeit in Bonn hat Dörte ihr Auto sehr selten genutzt. Und in Malente fahre ich dann halt öfter als Beifahrer mit.

C: *Zu einer anderen Möglichkeit, Mobilität in ländlichen Räumen zu organisieren. Welche Rolle könnten hier Fahrgemeinschaften jenseits der Idee der Bügerbusse spielen?*

H: Intelligent »gematchte« Fahrgemeinschaften haben in Stadt und Land große Potenziale. Und zwar nicht wie früher umständlich statisch vereinbarte, sondern spontane. Früher war in ländlichen Räumen Trampen sehr verbreitet. Moderne digitale, spontane Mitfahroptionen können die Zahl der Autos massiv reduzieren, wenn man sicher sein kann, nach kürzester Wartezeit mitgenommen zu werden. Im Prinzip ist das die moderne, digitale »Mitnahmebank«. Mit registrierten Anbietern und Nachfragern und klaren Tarifen für die Fahrkostenbeteiligung, aber klarer Abgrenzung gegen die gewerblichen Mitnahmedienste.

D: Im Prinzip eine gute Idee und durch die heutigen technischen Möglichkeiten auch viel besser realisierbar. Es wird aber schwer werden, das in die Dickköppe auf dem Land Einzug halten zu lassen: Da ist Schwerstarbeit im Umdenken gefragt. Wer verzichtet schon gerne auf seinen eigenen transportablen »Schrank«, in dem Sporttasche, Reitstiefel, Einkaufsbeutel oder was auch immer einfach und sofort greifbar sind?

Ohne die Digitalisierung wären Fahrgemeinschaften heute wohl gar nicht durchsetzbar. Mein älterer Sohn nutzt die Mitfahrgelegenheiten sehr häufig, allerdings nur als Anbieter auf seinen langen Strecken. Der jüngere, der bisher in Hamburg keinen Führerschein brauchte und mit öffentlichem Verkehr und Rad bestens zurechtkam, nutzt sie, seitdem er auf dem Land wohnt. Er ist jetzt allerdings auch so weit zu erkennen, dass ein Führerschein und ein Auto auf dem Land wohl vonnöten sind.

C: *Welche Angebote könnten denn darüber hinaus diese vermeintliche Abhängigkeit vom eigenen Auto aufheben?*

H: Ländliche Räume können durch intelligente Angebotskonzepte die Nachteile fehlender Siedlungs-, Nachfrage- wie Angebotsdichten sehr gut kompensieren. Das beginnt mit flexiblen Konzepten für eine Mehrfach- und Mehrzwecknutzung – z. B. die Postagentur im Laden, das Bürgerhaus in der Gaststätte, universale Landärzte oder Kombibusse. Die starren Standards für Mindestgrößen müssen in der öffentlichen wie privaten Wirtschaft aufgeweicht werden. Dann folgt der Aufbau mobiler Angebote wie im Lebensmitteleinzelhandel mit mobilen Verkaufswagen oder Sparkassenbussen oder fahrenden Büchereien oder eben Landärzte mit mobilen Hausbesuchspraxen oder die mobilen Pflegedienste. Auch das Ehrenamt kann natürlich Angebote machen, die sonst entfallen würden, wie bei der Freiwilligen Feuerwehr, dem Nachbarschaftsladen, dem Bürgerbus oder der Erziehungshilfe. Entscheidend ist, dass die kostentreibenden Standards und stark zentralisierungsfixierten Rationalisierungsbestrebungen, die meist unter dem Einfluss der Betonmafia und Rationalisierungsperfektionisten entwickelt wurden, – etwa zentrale Kanalisation und Klärwerke, zentrale Energiegewinnung, Zentralmolkereien, Zentralkrankenhaus – gebremst werden durch viel flexiblere Regularien und dezentralere Versorgungssysteme. Die Leistungsfähigkeit solcher Strategien wurde in vielen Pilotprojekten bewiesen, aber die systematische Einführung durch Änderungen in den Rahmensetzungen ist bei Bund und Ländern fast immer unterblieben. Damit wurde aus erfolgreichen Modellprojekten selten ein kompletter Strategiewechsel.

C: *Nun ist die Schiene für den öffentlichen Verkehr ganz sicher von Vorteil. Wie schätzt du ihren Rückzug aus der Fläche in ländlichen Räumen ein?*

H: Das deutsche Schienennetz wurde seit den 1950er-Jahren halbiert, 35 000 Kilometer wurden abgehängt, 6 000 Bahnhöfe geschlossen, 80 % aller Güterzugangsstellen und Anschlussgleise gekappt. Ein aberwitziger Kahlschlag, auch hier Resultat einer völlig blinden Rationalisierungs- und Sparwut. Die Politik hat nahezu tatenlos zugeschaut. Autofixierte

In der Eifel
© Stefan Schmitz

Verkehrspolitik hielt eine leistungsfähige Flächenbahn für entbehrlich, diskreditierte die Bahn als antiquiert und beschränkte sich auf ein paar Hochgeschwindigkeitsprojekte auf wenigen Korridoren. Aber wir werden eine Renaissance der Schiene bekommen. Die Chinesen bauen jedes Jahr 4000 Kilometer neue Schienen. Und organisieren ein perfektes Bahnsystem. Wir brauchen Hunderte von Streckenreaktivierungen. Viele neue Haltepunkte. Und eine regionalisierte Güterbahn. Mit vielen Güter-, Regional- und S-Bahnen. Das sind Zukunftsaufgaben einer nachhaltigen Infrastrukturpolitik. Dafür können wir aufhören, das Autobahnnetz weiter auszubauen.

C: *Dörte, was müsste passieren, dass du die Schiene nutzt, um nach Hamburg zu kommen?*

D: Wie gesagt, Hamburg ist einfach, das nutze ich dann schon mal. Wenn nicht zu viele Ziele auf diesem Weg noch zusätzlich angefahren werden müssen. Sonst wird mir das Ganze schon wieder zu mühsam. Vor allem müsste es einfache Tarifsysteme geben, damit ich mit meiner BahnCard 50 nicht einen anderen, weiter entfernten Zielort angeben muss, um die

Wismar an der Ostsee
© Stefan Schmitz

BahnCard überhaupt nutzen zu können. Und Automaten müssten leichter zu bedienen sein. Ich halte mich technisch nicht gerade für unfähig, aber manchmal verzweifelt man. Vor allem wenn dann noch die Automaten unter freiem Himmel stehen und man im Regen oder in der Sonne durch Blendung nichts mehr erkennen kann. Bessere Vertaktung, wie in der Schweiz erlebt, könnte die Fahrzeitdifferenz zum Auto wieder angleichen und die Bahn damit attraktiver machen. Service ist auch ein Thema, von der funktionierenden Heizung bzw. Klimaanlage bis hin zur Sauberkeit der Toiletten ist da noch sehr viel Luft nach oben. Und wer das Fahrrad, den Rollstuhl, Rollator oder Kinderwagen mitnehmen möchte, wäre dankbar für breitere Türen mit besseren Einstiegsmöglichkeiten. So ein E-Bike zum Beispiel hievt sich nicht so einfach in den Zug.

C: *Oft wird gefordert, den Spritpreis zu erhöhen, um den Verkehr zu verlagern. Was haltet ihr davon?*

H: Natürlich brauchen wir endlich das Verursacherprinzip im Straßenverkehr. Mit einer fahrleistungsabhängigen Maut für alle Kfz, gestaffelt nach Gewicht, Emissionen, Tageszeit sowie Empfindlichkeit des jeweiligen Straßenumfeldes. Eine Fahrt bei Nacht über eine dicht bebaute Hauptverkehrsstraße muss deutlich teurer sein, ebenso eine Fahrt im Stau, das sind dann marktwirtschaftliche Knappheitspreise. Und natürlich kostet ein Kilometer mit dem SUV vier- bis fünfmal mehr als eine Fahrt im Smart, weil das Gewicht und die Größe wegen der höheren Schadenswirkung und des größeren Platzbedarfs höher bemautet wird. Eine solche intelligente, digital geregelte Maut verändert sofort die Verkehrsentwicklung. Und das Geld kriegen hauptsächlich die Kommunen, denn sie haben die größten Straßennetze, leider oft auch die marodesten. Und abgesehen vom Unterhalt gehen dann alle anderen Mauteinnahmen in den Umweltverbund. Damit Städte und Dörfer endlich attraktive Alternativen entwickeln können, für Fuß- und Radverkehr und ÖPNV.

D: Welch eine Frage! Von der Erhöhung des Spritpreises halte ich natürlich nicht viel! Ich würde dann zwar die ein oder andere Fahrt genauer überdenken oder noch mehr miteinander kombinieren, aber zu einem totalen Verzicht auf das Auto würde das bei mir nicht führen. Und ob Smart oder SUV, das ist ja nicht immer eine freiwillige Entscheidung, manchmal gibt es für die Größe des Autos einfach Vorgaben zur Erfüllung eines Jobs. Und somit stelle ich die Gerechtigkeit schon wieder infrage. Zum Thema Maut: Warum muss der nachts gerufene Notarzt jetzt mehr Maut zahlen als am Tag? Damit könnte diese eh schon schlechte Versorgung auf dem Land noch mehr leiden, um nur ein Beispiel zu nennen. Und wenn ich eine Strecke von mehr als 500 Kilometer vor mir habe, fahre ich gerne nachts oder ganz früh, eben um nicht im Stau zu stehen. Dafür soll ich jetzt auch noch mehr bezahlen? Das alles aufzuschlüsseln und gerecht auszurechnen nach an den Job gebundenen Ausnahmen (Ärzte, Polizei, Feuerwehr, Kühl- und Lebensmitteltransporte usw.) halte ich für unmöglich. Den Aufschrei in der Bevölkerung kann ich mir lebhaft vorstellen.

H: Na, wie gerecht ist es denn, dass Menschen an hochbelasteten Hauptverkehrsstraßen eine kürzere Lebenserwartung haben. Und Kinder nicht mehr auf der Straße spielen können? Wie sollen wir denn sonst aus dem Stau kommen? Man muss die wahren Preise eben transparent kommunizieren.

C: *Zum Fahrrad: Hat das E-Bike eine Zukunft in ländlichen Räumen?*

H: Wir meinen mit E-Bike das Pedelec, also das Fahrrad mit Elektrounterstützung beim Treten! Natürlich, das kann man doch schon jetzt an den Verkaufs- und Bestandszahlen ablesen. In Mittelgebirgslandschaften und ländlichen Regionen werden mehr Pedelecs verkauft und genutzt als in flachen urbanen Räumen.

D: Super! Ich fahre seit 17 Jahren Pedelec, allerdings mehr als Sport- und Hobbygerät. Beruflich ist das Pedelec für mich wenig von Nutzen. Aber seitdem es das Pedelec gibt, fahre ich relativ viel und gerne, da unsere Hügel in der Holsteinischen Schweiz und die steife Brise an der Küste keine Hindernisse mehr sind. Wenn sich jetzt die Radwege dem noch anpassen würden … Für die Zeit in Bonn hatte ich mir ein City-E-Bike gekauft, mit Körbchen hinten und vorne, einkaufen mit dem Rad, in die Stadt, das Auto stand tagelang ungenutzt rum. Für die Stadt ein guter Autoersatz. Nach unserer Rückkehr nach Malente habe ich mir dann sehr schnell wieder das Auto angewöhnt bzw. mir für unsere lausig schlechten Radwege, wenn überhaupt vorhanden, ein Mountain-E-Bike gekauft. Querfeldein ist hier oft die bessere Lösung, auf der Straße ist das Fahren hier oft nicht gerade ein Vergnügen.

C: *Welche Zukunft haben autonome Fahrzeuge für ländliche Räume?*

H: Das ländliche Straßennetz ist sehr viel leichter digital steuerbar. Deutlich weniger Kreuzungen mit viel größeren Abständen von Ecke zu Ecke. Weniger komplexe Straßennetze. Eine geringere Verkehrsdichte. Deswegen begannen die ersten Versuche mit autonomen Kleinbussen ja auch in ländlichen Räumen. Schon jetzt kann man von verschiedenen Herstellern elektrische Kleinbusse beziehen. Bis elektrische Großraumgelenkbusse auf den Markt kommen, dauert es noch viel länger. Mit dem autonomen Fahren beginnt auch eine flächenhafte Verkehrsberuhigung der Dörfer, denn bei 20 km/h muss das autonome Fahren abgeregelt werden, wegen der Konfliktpotenziale im gemischten Verkehr mit Fußgängern und Radfahrern. Damit bekommt der öffentliche Raum im Dorf wieder eine ganz andere Bedeutung, man braucht keine überdimensionierten Fahrbahnen. Der Dorfplatz erlebt eine Renaissance.

C: *Zum Abschluss: Was muss passieren, damit öffentliche Verkehrsmittel auch für die ländlichen Räume attraktiv werden?*

D: Fußläufig erreichbare Haltestellen. Nicht nur zur Schulzeit fahrende Busse, die durch die Überfüllung und den Lärm für alle anderen Mitfahrer auch schnell zur Tortur werden können. Fahrradmitnahme als Selbstverständlichkeit. Niederflur, damit man das Rad, den Rollstuhl oder Kinderwagen nicht immer nur mit fremder Hilfe rein- und rausbekommt. Auch nach 17 oder 18 Uhr wieder ins Dorf zurückkommen können.

H: Man muss kundengerechte Angebote machen, differenziert und mit dem Ehrgeiz, alle Siedlungsgebiete und alle Teilmärkte vollumfänglich zu bedienen. Also immer im Taktverkehr. Integral verbinden mit allen Linien. Mit differenzierten Produkten vom Minibus bis zur Regionalbahn. Für den großen Aktionsradius mit Schnell- oder Plusbus, für den kleinen Aktionsradius mit feinerschließenden Orts-, Dorf- und Quartiersbussen. Natürlich wird auch der Einkaufsverkehr, Freizeitverkehr und Tourismus bedient. Und der ÖPNV fährt auch noch abends und an Wochenenden. Komplizierte Fahrpläne voller Fußnoten gibt es nicht mehr. Ob Ferien oder Feiertag, Bus und Bahn fahren immer. Nach festem Taktfahrplan. Das ist alles finanzierbar. Weil es die immensen Kosten für den Autoverkehr spart. Und Abwanderung verhindert. Und Standortattraktivität sichert.

VI Regionale Fallbeispiele aus Ost und West

Heiner Schüpp / Florian Kühne

Die erfolgreiche Entwicklung ländlicher Räume – das Beispiel Emsland

Die Entwicklung des Emslandes seit dem Ende des Zweiten Weltkriegs wird gern als Beispiel dafür herangezogen, wie angewandte Landesplanung maßgeblich für die erfolgreiche Entwicklung eines vernachlässigten Raumes sein kann.[1] Wenn hier vom »Emsland« die Rede ist, dann wird damit ein nicht eindeutig abgrenzbarer Raum bezeichnet. Historisch umfasste er im Wesentlichen das Gebiet des alten münsterschen Amtes Meppen sowie die Grafschaften Lingen und Bentheim. Namengebend wirkte der wichtigste Fluss, die Ems. Heute ist mit »Emsland« im Allgemeinen das Gebiet des Landkreises Emsland gemeint, der 1977 im Zuge der Gebiets- und Verwaltungsreform in Niedersachsen gebildet wurde. Kreissitz ist seitdem die Stadt Meppen. Heute leben im Landkreis Emsland auf 2 882 km² Fläche rund 325 000 Einwohner in sieben Städten, fünf Einheits- und neun Samtgemeinden, wie in Niedersachsen der Zusammenschluss mehrerer Gemeinden zu einem Gemeindeverband genannt wird.

Geschichte

Jahrhundertelang galt das Emsland als Armenhaus Deutschlands. Die naturräumlichen Voraussetzungen waren hier mit ausgedehnten Moorflächen und ertragsarmen Böden nicht gerade günstig. Daher war der Landstrich nur dünn besiedelt und »städtearm«. Wegen seiner Randlage im Nordwesten des Deutschen Reiches stand das Emsland nie im Blickpunkt der Politik – das gilt vom Mittelalter bis zum Beginn des 20. Jahrhunderts. Davon zeugen weitgehend gescheiterte Ansiedlungsprojekte und isolierte Infrastrukturinvestitionen, die wie Eisenbahn (Preußische Westbahn 1856) und Kanalbau (Dortmund-Ems-Kanal 1899) kaum auf die Entwicklung des Emslandes zielten, sondern es als Durchgangsraum sahen.[2]

◀ Bei Nöthen in der Eifel, © Stefan Schmitz

In vielen Statistiken schnitt das Emsland ungünstig ab. Es wies wirtschaftliche Merkmale auf, wie sie für ländliche Regionen von Entwicklungsländern typisch waren. Der Anteil der in der Landwirtschaft erwerbstätigen Bevölkerung lag bis weit in die 1950er-Jahre bei über 50%. Die Landwirtschaft wurde auf vielen kleinen Flächen ohne Einsatz von Maschinen unrentabel betrieben. Die verkehrliche Erschließung war unterdurchschnittlich entwickelt, sodass es zwischen vielen Gemeinden nur Moor- und Sandwege gab, die bei Regenwetter völlig aufgeweicht und im Winter oft wochenlang unpassierbar waren. Auch die Trinkwasserversorgung und die Abwasserbeseitigung waren unzureichend, in manchen Ortsteilen fehlte noch lange elektrischer Strom. Die Wohnsituation war zum Teil sehr miserabel. Dies wirkte sich unmittelbar auf Gesundheit und Hygiene aus. Die Zustände führten zu Rheuma und Lungenentzündung; Kinder litten an Rachitis und Verflohung, vor allem aber an Tuberkulose. Eine Kommission des preußischen Wohlfahrtsministeriums sprach 1928 von den gesundheitlich schlechtesten Verhältnissen in Preußen. Auch die Ernährung war einseitig und vitaminarm. Minderwertiges blieb für die Bevölkerung, Höherwertiges mussten die Landwirte verkaufen, damit sie Geld für ihre sonstigen Lebensbedürfnisse aufbringen konnten.[3]

Erst der demokratisch verfasste soziale Rechtsstaat der Weimarer Republik entdeckte das Emsland. Die Weimarer Reichsverfassung legte in Artikel 151 die Sicherung und Förderung eines menschenwürdigen Daseins für alle als Sozialstaatsauftrag fest. Der Staat hatte von nun an auch die Aufgabe, Daseinsvorsorge für seine Bürger zu betreiben und angemessene Lebensverhältnisse für alle zu schaffen. Der damalige Osnabrücker Regierungspräsident Adolf Sonnenschein stellte vor diesem Hintergrund schon 1929 eine schonungslose Analyse der Verhältnisse im Emsland an und legte einen »Generalplan zur Verbesserung der Lage im Emsland« vor.[4] Mit Beginn der NS-Herrschaft wurde der Plan nicht weiterverfolgt, und alles blieb beim Alten.

Moderne Entwicklung nach 1945 – der Emslandplan

Nach dem Ende des Zweiten Weltkriegs erhöhte sich der Druck auf die Politik, endlich umfassend gegen die Rückständigkeit des Emslandes anzugehen.[5] Drei Gründe waren dafür maßgeblich:
- Nach dem Ende des Zweiten Weltkriegs waren 18% der emsländischen Bevölkerung Flüchtlinge und Vertriebene, die untergebracht und versorgt werden mussten.

- Aus den Niederlanden gab es Gebietsforderungen als Entschädigung für die erlittenen Kriegsschäden. Es drohte der Verlust großer Flächen im linksemsischen Raum.
- Seit Ende der 1930er-Jahre waren umfangreiche Erdöl- und Erdgasvorkommen im Emsland und der angrenzenden Grafschaft Bentheim gefunden worden. Diese galt es endlich umfassend zu nutzen.

Die niedersächsische Landesregierung griff in Verbindung mit dem Regierungspräsidium in Osnabrück auf die erwähnten Überlegungen Adolf Sonnenscheins zurück und entwickelte daraus einen detaillierten Zehnjahresplan zur Gesamterschließung des Emslandes, der auf eine kombinierte Siedlungs- und Wirtschaftsplanung zielte. Wegen des finanziellen Umfangs der durchzuführenden Maßnahmen sah sich das Land Niedersachsen allerdings nicht in der Lage, den Plan in die Tat umzusetzen. Erst die Entscheidung des Deutschen Bundestages am 5. Mai 1950, für den sogenannten Emslandplan Bundesmittel aus dem »Marshallplan« *(European Recovery Program)* einzusetzen, brachte den Durchbruch. Zu seiner Verwirklichung wurde am 7. März 1951 die Emsland GmbH gegründet. Eine Gesellschaft nach Handelsrecht sollte schnellere Entscheidungsprozesse als die traditionellen Verwaltungsstrukturen ermöglichen. Die Gesellschafterversammlung beschloss das durch einen Planungsausschuss vorbereitete jährliche Arbeitsprogramm und den Finanzplan.

Die Verwaltung der Emsland GmbH war schlank. Mit einem Geschäftsführer an der Spitze umfasste sie abhängig vom Aufgabenanfall nur zwischen 10 und 16 Mitarbeitende. Ihre Hauptaufgabengebiete waren Planung und Finanzierung von Maßnahmen einschließlich Rechnungsüberwachung. Die Emsland GmbH führte die Erschließungsarbeiten nicht selbst durch, sondern koordinierte und finanzierte die von verschiedenen Trägern beantragten Maßnahmen.

Die Emslanderschließung bestand aus einem Bündel von Vorhaben, die aufeinander abgestimmt waren und einen Raum von rund 5 300 km² im Blick hatte, das sogenannte Emslanderschließungsgebiet. Neben den drei Emslandkreisen Aschendorf-Hümmling, Meppen und Lingen gehörten dazu die Grafschaft Bentheim sowie die Kreise Bersenbrück, Cloppenburg, Leer und Vechta. In der Rückschau lässt sich die Arbeit der Emsland GmbH in drei Erschließungsphasen gliedern.

Schwerpunkte der ersten Entwicklungsphase, die bis etwa 1960/62 dauerte, bildeten der Aufbau einer funktionierenden Infrastruktur, die Ansiedlung von Flüchtlingen und Vertriebenen und vor allem die Schaffung landwirtschaftlich nutzbarer Flächen, um die Nahrungsmittelproduktion zu erhöhen. Eine bedeutende Aufgabe war ebenfalls die großräumige Verbesserung der Wasserwirtschaft.

Zwar wurden etwa 62% der insgesamt ca. 835 Mio. DM, die durch die Emsland GmbH in dieser ersten Phase bewirtschaftet wurden, direkt oder indirekt für die Förderung der Landwirtschaft ausgegeben; dennoch ergaben sich bereits zu diesem Zeitpunkt positive Wirkungen für die Entwicklung mittelständischer Handwerks- und Gewerbebetriebe. Die Emsland GmbH ließ die Aufträge so weit wie möglich durch bestehende heimische Betriebe durchführen und förderte so indirekt ebenfalls die Gründung von Unternehmen zur Erledigung der Arbeiten.

Die zweite Erschließungsphase, die etwa von 1963 bis 1972 dauerte, stand unter dem Vorzeichen einer geänderten Landwirtschaftspolitik. Die bis dahin vorrangige Aufgabe, die Bevölkerung mit Nahrungsmitteln zu versorgen, wurde durch eine stärkere Hinwendung zur Veredelungswirtschaft abgelöst. Durch Flurbereinigung, Zusammenlegung von Flächen und Aussiedlung von Höfen entstanden größere Betriebe zwischen 25 und 75 ha. Hinzu traten Maßnahmen, um mehr gewerbliche und industrielle Arbeitsplätze zu schaffen. Die Emsland GmbH stieg dabei nicht unmittelbar in die Industrieförderung ein, sondern unterstützte die Kommunen bei der Erschließung von Flächen, was die Ansiedlung von Industrie- und Gewerbebetrieben ermöglichte. Mit dem Bau von Straßen, Gleisanschlüssen und Hafenerweiterungen sowie Wasserversorgungs- und Abwasserbeseitigungsleitungen wurde die Infrastruktur weiter verbessert, was nun allerdings nicht mehr vorrangig der Landwirtschaft zugutekam. Das Emsland entwickelte sich zwar deswegen nicht zu einer Industrielandschaft, aber allmählich stieg die Quote der in der Industrie Beschäftigten.

Die letzte Phase der Emslanderschließung dauerte von 1973 bis zur Auflösung der Emsland GmbH 1989. Mit der Herausbildung einer besonders von den Landkreisen getragenen eigenständigen kommunalen Wirtschaftsförderung verengte sich der Wirkungsbereich der Emsland GmbH allmählich. Hinzu kam, dass mit der Schaffung der Gemeinschaftsaufgabe »Verbesserung der Agrarstruktur und des Küstenschutzes« seit 1969 eine nationale Strategie zur Entwicklung der ländlichen Räume entwickelt wurde. Insgesamt investierten Bund, Land und Kommunen rund 2 Mrd. DM an öffentlichen Mitteln in das Emslanderschließungsgebiet.

Reformen

In den 1960er-Jahren änderten sich die planungs- und förderpolitischen Rahmenbedingungen. Dies lag an einem neuen Verständnis der Aufgabe staatlichen Handelns. Zur Lenkung des sozialen und ökonomischen Wandels in der Bundesrepublik Deutschland wurden fortzuschreibende

Abbildung 1: Das Emsland in der Region

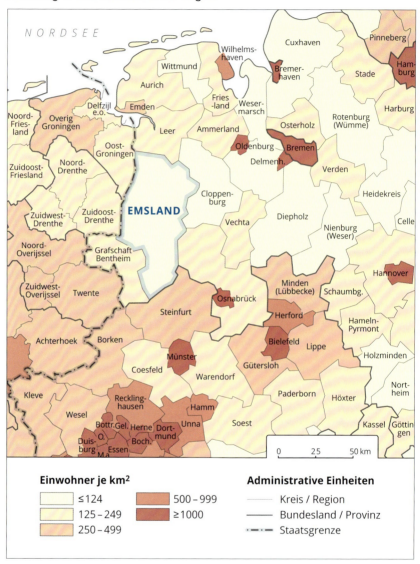

Landes- und regionale Raumordnungspläne aufgestellt.[6] Zur Verwirklichung der dort entwickelten Ziele sollte die Verwaltungskraft in ländlichen Räumen durch die in Niedersachsen 1965 eingeleitete Gebiets- und

Verwaltungsreform gesteigert werden. Die Leistungsfähigkeit der Kommunen sollte durch die Bildung größerer Einheiten so professionalisiert werden, dass sie die ihnen übertragenen Aufgaben erledigen konnten. So wurden im Emsland zunächst aus den 161 bestehenden Gemeinden 20 Einheits- und Samtgemeinden gebildet. Im nächsten Schritt wurde nach zähem Ringen am 1. August 1977 durch Zusammenschluss der Landkreise Aschendorf-Hümmling, Meppen und Lingen der Landkreis Emsland gebildet. Mit dieser Struktur war die Hoffnung verbunden, die Zukunft des damals flächengrößten Landkreises der Bundesrepublik erfolgreich gestalten zu können.[7]

Entwicklung bis heute

Für die moderne Entwicklung des Emslandes waren mit den Maßnahmen des Emslandplans die Grundlagen gelegt worden. Die wesentlichen Investitionen in die Infrastruktur hatten dazu geführt, dass das Emsland wirtschaftlich stetig aufstieg und so allmählich den Stand ländlicher Räume in der übrigen Bundesrepublik erreichte. Dies zeigt die Bevölkerungsentwicklung als wichtiger Faktor für die Tragfähigkeit einer Region. Seit den 1960er-Jahren wächst die Bevölkerung.

Abbildung 2: Bevölkerungsentwicklung 1950 bis 2017

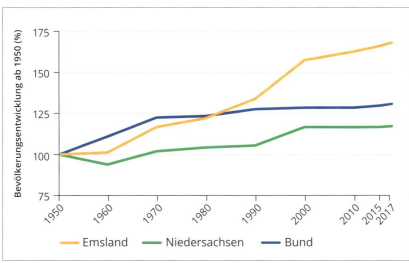

Quelle: Landesbetrieb für Statistik und Kommunikationstechnologie Niedersachsen[8]

Mit dem Lückenschluss der A31 am 19. Dezember 2004 wurde das letzte große Infrastrukturprojekt abgeschlossen, dessen Planung noch zu Zeiten der Emsland GmbH eingeleitet worden war. An diesem Beispiel lässt sich gut zeigen, wie im Zusammenspiel von Verwaltung, Politik und Wirtschaft, gepaart mit Hartnäckigkeit, Ideenreichtum und Durchsetzungskraft, ein für die wirtschaftliche Weiterentwicklung der Region maßgebliches Projekt verwirklicht werden konnte. Seit der Fertigstellung der Autobahn sind entlang der Strecke zahlreiche Gewerbegebiete angelegt worden, die zusätzliche sozialversicherungspflichtige Arbeitsplätze bieten.[9] Gab es im Jahr 2004 im Emsland rund 90000 entsprechende Beschäftigungsverhältnisse, so waren es im September 2018 rund 140000, und das bei rund 325000 Einwohnern. Die Arbeitslosenquote liegt aktuell (Juni 2019) bei 2,1%.[10] Durch den seit 2007 aktiv betriebenen Prozess des vierstreifigen Ausbaus der E233 als Ost-West-Verbindung zwischen A1 und A31 soll die Wettbewerbsfähigkeit der emsländischen Wirtschaft weiter gestärkt werden. Ähnliches gilt für die Verbreiterung des Dortmund-Ems-Kanals und die Ertüchtigung der Eisenbahnstrecken.

Abbildung 3: Entwicklung der Arbeitslosigkeit im Landkreis Emsland

Quelle: Landesbetrieb für Statistik und Kommunikationstechnologie Niedersachsen[11]

Die ökonomische Struktur besteht heute aus einer Mischung vorwiegend mittelständischer Industrie-, Handwerks- und Gewerbebetriebe, die im produzierenden Sektor tätig sind. Bundesweit bekannt dürften dabei die Meyer Werft in Papenburg (Kreuzfahrtschiffe) sowie die Maschinenfabrik

Krone in Spelle (Landmaschinen) und Werlte (LKW-Auflieger) sein. Mittlerweile sind aber mehr als die Hälfte aller sozialversicherungspflichtig Beschäftigten im Dienstleistungsbereich tätig. Die Landwirtschaft stellt zwar nur noch rund 3% der Beschäftigten, ihre Wertschöpfung ist aber in absoluten Zahlen gegenüber früheren Zeiten um ein Vielfaches gestiegen. Insgesamt entspricht dieses Gesamtbild grundsätzlich der Wirtschaftsstruktur Deutschlands, wobei der produzierende Sektor im Emsland im Vergleich stärker aufgestellt ist.[12]

Zur Infrastruktur gehört ebenso der Bereich Bildung und Forschung. Neben den üblichen Schulformen hat der Landkreis Emsland mit den Berufsbildungszentren in Lingen, Meppen und Papenburg Einrichtungen, die fast das gesamte Spektrum der beruflichen Bildung abdecken und so für qualifizierten Nachwuchs für Handel, Handwerk und Gewerbe sorgen. Erst spät, nämlich 1996, hat das Emsland mit der Fachhochschule Lingen (seit 2010 Hochschule Osnabrück Campus Lingen) auch eine Hochschuleinrichtung bekommen. Sie ist auf anwendungsorientierte Forschung und Ausbildung ausgerichtet. Ein wichtiger Faktor sind zudem die eigenen Forschungsabteilungen, die viele Unternehmen unterhalten. Das gilt etwa für den Maschinenbau, die Elektrotechnik- und Chemiebranche. Gleichwohl bleibt die mangelhafte Ausstattung mit Hochschulen ein Schwachpunkt der ökonomischen und gesellschaftlichen Rahmenbedingungen im Emsland.

Die allmähliche Angleichung an die Lebensverhältnisse in der übrigen Bundesrepublik brachte aber auch ähnliche Probleme wie in anderen Landesteilen der Republik mit sich, vor allem im ökonomischen Bereich. Konjunkturelle Schwankungen führten seit Beginn der 1980er-Jahre zum raschen Anstieg der Arbeitslosigkeit. Sie erreichte im Emsland ein noch höheres Niveau als auf Ebene des Bundes oder des Landes Niedersachsen. Vor allem die Jugendarbeitslosigkeit war besorgniserregend hoch. Neue Instrumente, wie die Berufsausbildungskommission, in der Verwaltung, Politik und Arbeitgeber zusammenarbeiteten, um Jugendlichen Ausbildungschancen zu eröffnen, führten zu guten Ergebnissen. Sie zeigten zudem, welche positiven Effekte zielorientiertes Zusammenwirken für die und in der Region bewirken konnte.[13] Ähnlich gingen Politik und Verwaltung mit der allgemeinen Arbeitslosigkeit um. Neben den üblichen Fördermöglichkeiten wurden etwa in Beschäftigungsinitiativen ungewöhnliche Projekte für Langzeitarbeitslose entwickelt, um ihnen Perspektiven auf dem Arbeitsmarkt zu verschaffen. Seit 2005 ist der Landkreis Emsland zudem »Optionskommune«. Er ist damit alleiniger Träger der Leistungen nach dem SGB II (»Hartz IV«) und hält so viele arbeitsmarktpolitische Instrumente in der eigenen Hand.[14]

Erfolgsbedingungen

Insgesamt kann die Entwicklung des Emslands seit den 1950er-Jahren als Erfolgsgeschichte gewertet werden. Die Bildung des »Großkreises« Emsland 1977 hat sich als wichtige Voraussetzung für die positive Entwicklung erwiesen. Seine leistungsfähige Verwaltung wirkt in Verbindung mit den Verwaltungen in Städten und Gemeinden unterstützend und steuernd. Auf der Grundlage solider Haushaltspolitik blieb der Landkreis handlungsfähig und war so in der Lage, überregionale Fördermittel in das Emsland zu holen. Die Linie des Emslandplans, Infrastrukturmaßnahmen zu unterstützen, wurde dabei weiterverfolgt, so etwa die Schaffung von Gewerbegebieten auch in kleineren Dörfern gefördert. Hinzu traten die Instrumente der allgemeinen Wirtschaftsförderung. Insgesamt wurde das Ganze von dem Bewusstsein getragen, dass die Akteure im Emsland selbst die Initiative ergreifen mussten, um erfolgreich zu sein. Seit der Mitte des ersten Jahrzehnts des 21. Jahrhunderts sinkt die Arbeitslosigkeit, und die Parameter für die wirtschaftliche Entwicklung steigen. Ein Abbild dieser Entwicklung ist der aktuelle Haushaltsplan des Landkreises Emsland. Bei Gesamtausgaben von rund 577 Mio. € sind rund 131 Mio. € an Investitionen vorgesehen, die wiederum weitere Investitionen auslösen.[15]

Zu den Rahmenbedingungen der erfolgreichen Entwicklung des Emslandes seit dem Ende des Zweiten Weltkriegs gehören fraglos auch stabile politische Verhältnisse. Die katholische Grundprägung des Emslands kennzeichnet schon seit den Zeiten Ludwig Windthorsts (1812–1891) als Abgeordneter des Zentrums im Deutschen Reichstag die politische Ausrichtung im Emsland. Nach dem Zweiten Weltkrieg konnte die CDU daran anknüpfen und ist seither die maßgebliche politische Kraft im Emsland.[16]

Das emsländische Erfolgsrezept besteht also aus schlanken Strukturen, der Bündelung der politischen, wirtschaftlichen und gesellschaftlichen Kräfte einer Region und der Fähigkeit, dadurch zu zügigen, tragfähigen Entscheidungen zu gelangen. Es gehört aber auch die Bereitschaft dazu, gewisse Zumutungen hinzunehmen, etwa den Bau eines Kernkraftwerks, die Ansiedlung von Industrie, Belastungen aus dem Ausbau der Verkehrsinfrastruktur und der Landwirtschaft, solange die Bevölkerung darin die Chance sieht, das Elend der Vergangenheit dauerhaft hinter sich zu lassen.

So hat das Emsland das sprichwörtliche »Armenhaus« verlassen und ist zu einer der wachstumsstärksten Regionen Deutschlands aufgestiegen. Diese Entwicklung erhielt schon vielfach in der Vergangenheit, aber nun auch wieder aktuell bundesweit Beachtung. In der jüngst erschienenen Publikation »Die demografische Lage der Nation« des Berlin-Instituts für

Bevölkerung und Entwicklung wurde dem Emsland zusammenfassend attestiert, dass das »Selbstbewusstsein der Emsländer […] kaum zu überbieten und der peripher gelegene und dünn besiedelte Landkreis […] wirtschaftlich wie demografisch auf Wachstumskurs« sei.[17]

Allein mit Blick auf die Entwicklung der sozialversicherungspflichtig Beschäftigten wird die enorme Dynamik deutlich. Gab es im Landkreis Emsland im Jahr 1980 noch 65 000 sozialversicherungspflichtig Beschäftigte, so stieg die Zahl bis 2018 auf 140 000, was einen Anstieg um 115 % bedeutet. Im gleichen Zeitraum betrug der Anstieg niedersachsenweit rund 26 %.[18]

Woher aber rührt dieses ungemeine Selbstbewusstsein, woher diese enorme wirtschaftliche Entwicklung einer vormals strukturschwachen ländlichen Region? Hierzu arbeitete das Berlin-Institut in der 2017 erschienenen Studie »Von Kirchtürmen und Netzwerken« heraus, dass das Emsland noch auf ein weitgehend intaktes Dorfleben bauen könne, in dem es für viele Menschen selbstverständlich sei, Verantwortung füreinander und für die Gemeinschaft zu übernehmen – z. B. in Politik, Kirche und Vereinen. Dabei verfolgten sie nicht nur die positive Entwicklung des eigenen engeren Umfeldes, sondern auch der Region. Unterstützung erhielten die lokal Engagierten dabei von übergeordneter Ebene, allen voran dem Landkreis Emsland.[19]

Von hoher Bedeutung ist dabei sicherlich auch, dass die Kommunen finanziell gut aufgestellt sind, um handlungsfähig zu bleiben und wirkungsvoll Weichen für die weitere Entwicklung stellen zu können. Bemerkenswert dürfte in diesem Zusammenhang sein, dass der Landkreis Emsland im Jahr 2019 trotz des oben angeführten Investitionsvolumens von rund 131 Mio. € vollständig ohne neue Kreditaufnahmen auskam. Zudem wird Ende 2019 mit einer Pro-Kopf-Verschuldung von weniger als 10 € gerechnet, der Landesdurchschnitt liegt mit rund 368 € Schulden (2018) pro Einwohner deutlich höher.[20] Das schafft Spielräume bei der Gestaltung der Region.

Doch auch ein enger Austausch und Dialog mit den häufig erfrischend unkompliziert und unkonventionell auftretenden niederländischen Nachbarn war im Emsland immer selbstverständlich – und ist dies noch immer. Das ist sicherlich ebenfalls ein Grund, warum man im Emsland auch eher unorthodoxen Ideen und Projekten immer offen und mit Pioniergeist begegnet ist.

Herausforderungen der Zukunft

Wie beschrieben ist der Landkreis Emsland schon historisch bedingt stark landwirtschaftlich geprägt und kann dabei auch aktuell auf eine wirtschaftlich starke und Raum beanspruchende Landwirtschaft bauen. Der Klimawandel wird das Emsland als Flächenlandkreis künftig jedoch vor große, nicht zuletzt gesellschaftliche Herausforderungen stellen, wenn es gelingen soll, den Spagat zwischen dem Hoch- und Grundwasserschutz, dem Schutz vor Hitzefolgen und dem Umgang mit Wasserknappheit erfolgreich zu meistern. Insbesondere die Folgen hoher Nitrateinträge – kein rein emsländisches Problem – sowie eine deutliche Reduzierung dieser Einträge wird eine ganz wesentliche Zukunftsaufgabe sein, um die Trinkwasserversorgung auch für künftige Generationen sicherstellen zu können. Bevor dazu geeignete Maßnahmen gefunden und benannt werden können, wird es zunächst einen intensiven und sehr wahrscheinlich auch äußerst kontrovers geführten Dialog geben. Hier wird sich beweisen müssen, dass das emsländische Gesellschaftsmodell auch die diesbezüglich zwingend erforderlichen Anpassungsstrategien mitträgt. Nutzungskonflikte bei der Sicherung des Wasserdargebots müssen gelöst werden.

Auch für das Emsland gilt es, wie deutschlandweit, an einer energiesparenden und verkehrsvermeidenden Siedlungs- und Verkehrsflächenentwicklung mitzuwirken sowie Vorsorge hinsichtlich steigender Klimagefahren zu treffen. Die vielfach in Ballungsräumen verstärkt entstehenden Diskussionen um Mobilitätsalternativen können und dürfen nicht vor den ländlichen Räumen Halt machen. Auch das Emsland wird sich der Frage stellen müssen, wie der ressourcenschonende Individualverkehr der Zukunft aussehen wird und ob nicht neue Formen des öffentlichen Personennahverkehrs bzw. dessen Ausbau entwickelt und in die Tat umgesetzt werden müssen. Neben klassischen Instrumenten wie der Neuaufstellung des Nahverkehrsplans mitsamt einem Bündel verschiedener Maßnahmen zur Verbesserung des öffentlichen Nahverkehrs setzt der Landkreis Emsland verstärkt auf Projekte und Maßnahmen, etwa mit dem Projekt »Spurwechsel – 4 Wochen ohne Auto«, die auf einen Bewusstseinswandel und mehr Klimafreundlichkeit in der Mobilität zielen.[21]

Eine besondere Herausforderung ist auch das Thema digitale Infrastruktur. Diese stellt ein unverzichtbares Element der wirtschaftlichen Entwicklung von Regionen dar. Um hier den Anschluss nicht zu verlieren, hat der Landkreis Emsland selbst ein millionenschweres Investitionsprogramm mit dem Ziel aufgelegt, allen emsländischen Haushalten bis Mitte 2021 mit mindestens 30 Mbit/s Zugang zum Breitband zu verschaffen – der Großteil des Weges ist bereits geschafft. Seit dem Frühjahr 2018 läuft das flächendeckende Breitbandausbauprojekt im Landkreis Emsland. Es umfasst kreisweit fast 12 000 Glasfaseranschlüsse und eine neu gebaute Trassenlänge von insgesamt mehr als 1 900 km. Bund und Land bezuschussen den kreisweiten Ausbau, der bis Ende 2019 abgeschlossen sein soll, mit insgesamt rund 33 Mio. € bei einer Wirtschaftlichkeitslücke – dem Delta zwischen Förderung und tatsächlichen Investitionen – von 63 Mio. €. Den verbleibenden Rest von rund 30 Mio. € bringen der Landkreis Emsland und die 19 emsländischen Kommunen auf.[22]

Beim Thema Energiewende und hier den regenerativen Energien hat das Emsland dagegen schon heute seine Hausaufgaben gemacht. Mit der raumordnerischen Festlegung im Regionalen Raumordnungsprogramm, dem Regionalplan des Landkreises, wurden mit fast 4 400 ha große Flächenanteile regionalplanerisch für die Windkraft gesichert, sodass der vom Land Niedersachsen in einem Windenergieerlass für das Emsland bis zum Jahr 2050 festgelegte Flächenumfang von rund 3 368 ha bereits heute deutlich überschritten ist.[23] Aktuell liegt die installierte Leistung aller erneuerbaren Energien im Emsland bei rund 1,76 Gigawatt. Damit wird im Emsland regenerativ schon fast 140 % des Stromes produziert, der selbst verbraucht wird.[24]

Dagegen heißt Ausbau der regenerativen Energien auch: Ausbau des Stromnetzes, um den Strom dort hinzubringen, wo er gebraucht wird. Damit ist das Emsland seit über zehn Jahren befasst, sieht sich aber nicht nur als nicht partizipierende Transitregion. Die im Rahmen der Energiewende bevorstehenden Veränderungen der Energielandschaft (z. B. durch das Abschalten des Kernkraftwerks in Lingen im Jahr 2021 mit Umnutzung der vorhandenen Infrastruktur bei gleichzeitigem Ausbau des regenerativen Energieanteils) werden keinesfalls mit Sorge betrachtet, sondern vielmehr als Chance für Neuentwicklungen. So gilt der Landkreis Emsland als ideale Pilotregion, um einer ersten Power-to-Gas-Anlage in der 100-Megawatt-Klasse Platz zu bieten. Dabei wird Strom aus erneuerbaren Energien über einen Elektrolyseur in »grünen« Wasserstoff und zum Teil in »grünes« Methan umgewandelt.[25]

Auch der demographische Wandel verlangt Beachtung. Zwar hat das Emsland in den vergangenen Jahrzehnten immer auf eine stabil wachsende Bevölkerungsentwicklung blicken können, doch offenbart die Bevölkerungspyramide auch im Emsland die klassischen Schwachstellen, wie eine zunehmende Überalterung der Gesellschaft, eine Abwanderung der jüngeren Bevölkerung durch die unvermindert starke Sogwirkung attraktiver Stadtregionen – nicht zuletzt wegen ihrer vielseitigen Hochschulkulisse – oder ein Geburtendefizit mit der Folge, dass die gewohnt dynamische Entwicklung der vergangenen Jahrzehnte nicht von Dauer bleiben wird. Besonders der drohende Fachkräftemangel bedarf vor dem Hintergrund einer schon historisch niedrigen Arbeitslosenquote einer besonderen Beachtung, zumal die Zahl der sozialversicherungspflichtig Beschäftigten im Emsland wie dargestellt erheblich gestiegen ist.

Es gilt also, die Herausforderungen des demographischen Wandels anzunehmen, aber zugleich den Wandel des Ehrenamts und den Wandel in Wirtschaft und Arbeitswelt aktiv mitzugestalten. Dabei ist davon auszugehen, dass die Menschen im Emsland auch künftig ähnlich pragmatisch und im gemeinschaftlichen Konsens die Zukunft zum Wohle und zur Entwicklung der Region in die (eigene) Hand nehmen werden. Gleichwohl wird das Emsland künftig nicht vor den beschriebenen Herausforderungen – z. B. Klimawandel, Grundwasserschutz und Energiewende, demographischer Wandel, Mobilität – verschont bleiben. Politik und Gesellschaft sehen sich aber gerüstet, diese schwierigen Themenfelder erfolgreich zu meistern, wenn es gelingt, die Menschen wie bisher dabei mitzunehmen.

Anmerkungen

1 Die Entwicklung wurde in ihren Facetten in den letzten Jahren umfangreich erforscht. Die beste, noch immer gültige Zusammenstellung bietet die aus Anlass des 25-jährigen Bestehens des Landkreises Emsland erschienene Kreisbeschreibung, die auch eine umfangreiche Bibliographie enthält: Werner Franke / Josef Grave / Heiner Schüpp / Gerd Steinwascher (Hrsg.), Der Landkreis Emsland. Geographie. Geschichte. Gegenwart, Meppen 2002, www.emsland.de/das-emsland/kreisbeschreibung/kreisbuch/kreisbuch.html (abgerufen am 31.5.2019).

2 Zum Eisenbahnwesen Heiner Schüpp, 100 Jahre Meppen-Haselünner Eisenbahn 1894–1994, in: Jahrbuch des Emsländischen Heimatbundes 40 (1994), S. 73–93; Evert Heusinkveld, Die Meppen-Haselünner Eisenbahn, Nordhorn 1994; Heiner Schüpp, Die Hümmlinger Kreisbahn, Nordhorn 1998; zum Kanalbau Emsländischer Heimatbund, 100 Jahre Dortmund-Ems-Kanal. Die Geschichte einer Wasserstraße im Emsland, Sögel 1999.

3 Dazu Helmut Lensing / Bernd Robben, »Wenn der Bauer pfeift, dann müssen die Heuerleute kommen!« Betrachtungen und Forschungen zum Heuerlingswesen in Nordwestdeutschland, Haselünne 2014[7].

4 Niedersächsisches Landesarchiv-Standort Osnabrück, Dep 116 Akz 2001/059 Nr. 66.

5 Insgesamt zur Geschichte des Emslandplans Christoph Haverkamp, Die Erschließung des Emslandes im 20. Jahrhundert als Beispiel staatlicher regionaler Wirtschaftsförderung (Emsland / Bentheim. Beiträge zur Geschichte Bd. 7), Sögel 1991. Im Emsland Moormuseum in Geeste / Groß Hesepe wird eine umfangreiche Dauerausstellung zur Geschichte der Emslandentwicklung gezeigt (www.moormuseum.de, abgerufen am 31.5.2019).

6 Niedersächsischer Minister des Innern, Landesraumordnungsprogramm Niedersachsen, Hannover 1969. Der Landkreis Emsland legte 1981 ein erstes Regionales Raumordnungsprogramm vor.

7 Dazu Heiner Schüpp, Gebiets- und Verwaltungsreform, in: W. Franke/J. Grave/H. Schüpp/G. Steinwascher (Anm. 1), S. 528–552.
8 Landesbetrieb für Statistik und Kommunikationstechnologie Niedersachsen 01.02.2.1; LSN-Online A 1050002.
9 Dazu Michael Schmidt, Unternehmen Lückenschluss. Die Geschichte der Emslandautobahn A31 (Emsland/Bentheim. Beiträge zur Geschichte Bd. 23), Sögel 2014.
10 Kreisarchiv Emsland (KrA EL) Rep 1 Nr. 1878 Emsland Statistik 08/19, Arbeitslosenquote Ende Juni 2019.
11 Landesbetrieb für Statistik und Kommunikationstechnologie Niedersachsen 02.02.2.3.
12 Dazu Einleitung zum Haushaltsplan 2019 des Landkreises Emsland mit Darstellung der Wirtschaftsstruktur, KrA EL Rep 1 Nr. 1895, S. 6–21. Interessante Vergleichsdaten auch in Hans-Ulrich Jung, Klein- und Mittelstädte als Wirtschaftsstandorte in den ländlichen Räumen Niedersachsens, in: Neues Archiv für Niedersachsen II (2017), S. 50–80.
13 Die archivische Überlieferung zur Berufsausbildungskommission findet sich in KrA EL Rep 1.
14 Einleitung zum Haushaltsplan 2019 des Landkreises Emsland (Anm. 12), S. 20 f.
15 Haushaltsplan 2019 des Landkreises Emsland (Anm. 12).
16 Helmut Lensing, Die Wahlen zum Reichstag und zum Preußischen Abgeordnetenhaus im Emsland und der Grafschaft Bentheim 1867 bis 1918. Parteiensystem und politische Auseinandersetzung im Wahlkreis Ludwig Windthorsts während des Kaiserreichs (Emsland/Bentheim. Beiträge zur Geschichte Bd. 15), Sögel 1999; Helmut Lensing, Ludwig Windthorst. Neue Facetten seines politischen Wirkens (Studien und Quellen zur Geschichte des Emslandes und der Grafschaft Bentheim Bd. 1), Haselünne 2011. Zu den modernen Wahlen Heiner Schüpp, Besatzungsherrschaft und politischer Neubeginn nach dem Zweiten Weltkrieg, in: W. Franke/J. Grave/H. Schüpp/G. Steinwascher (Anm. 1), S. 500–528, hier S. 512–519, weitere Unterlagen in KrA EL Rep 1.
17 Berlin-Institut für Bevölkerung und Entwicklung, Die demografische Lage der Nation. Wie zukunftsfähig Deutschlands Regionen sind, Berlin 2019, S. 26.
18 KrA EL Rep 1 Nr. 1878 Emsland-Statistik 08/19, Entwicklung der sozialversicherungspflichtig Beschäftigten 1980–2018.
19 Berlin-Institut für Bevölkerung und Entwicklung, Von Kirchtürmen und Netzwerken. Wie engagierte Bürger das Emsland voranbringen, Berlin 2017, S. 46. Noch breiter angelegt ist ein Forschungsprojekt der Wüstenrot Stiftung, die das Niedersächsische Institut für Historische Regionalforschung unter Leitung von Carl-Hans Hauptmeyer und Rainer Danielzyk durchgeführt hat: Wüstenrot Stiftung, Erfolgreiche metropolenferne Regionen. Das Emsland und der Raum Bodensee-Oberschwaben, Ludwigsburg 2019. Bei einer Tagung der Evangelischen Akademie in Loccum wurden 2018 Ergebnisse vorgestellt. Die Tagungsbeiträge sind erschienen in: Stefan Krämer/Joachim Lange (Hrsg.), Erfolgreiche metropolenferne Regionen. Lehren für die Regionalentwicklung. Eine gemeinsame Veröffentlichung der Wüstenrot Stiftung und der Evangelischen Akademie Loccum, Ludwigsburg–Loccum 2019.
20 Landesamt für Statistik Niedersachsen, LSN-Online, Tabelle K 960050, Schulden der Kernhaushalte, EVAS-Systematik 71327 »Jährliche Schulden der Gemeinden« (abgerufen am 16.8.2019).

21 www.emsland.de/wirtschaft-struktur/auto-und-verkehr/spurwechsel/start-der-bewerbungsphase.html (abgerufen am 25.6.2019).
22 Pressemitteilung des Landkreises Emsland vom 4.7.2019, www.emsland.de/buerger-behoerde/aktuell/pressemitteilungen/glasfaser-mit-licht-beschaltet.html (abgerufen am 15.5.2020).
23 Ministerium für Umwelt, Energie und Klimaschutz, Planung und Genehmigung von Windenergieanlagen an Land (Windenergieerlass), in: Nds. Ministerialblatt 66 Nr. 7 vom 24.2.2016, S. 190–211, hier Tabelle S. 207.
24 Landkreis Emsland / Energieeffizienzagentur Landkreis Emsland e. V., eigene Berechnungen für 2018.
25 Pressemitteilung Amprion GmbH vom 11.2.2019, www.amprion.net/Presse/Presse-Detailseite_18113.html (abgerufen am 15.5.2020).

Peter Dehne

Auf der Suche nach dem Regionalmanagement – die Mecklenburgische Seenplatte

Die BKM Bausparkasse Mainz hat im August 2019 gemeinsam mit dem Handelsblatt anhand von zehn Gesundheitsfaktoren analysiert, wo die Deutschen gesund leben.[1] Im östlichen Mecklenburg-Vorpommern leben die Menschen zwar mit durchschnittlich 79 Jahren nicht so lange wie in anderen Regionen, dafür stimmen Feinstaub- und Stickstoffdioxidwerte, Grundwasser- und Lichtqualität. Das reicht für den ersten Platz der gesündesten Region.

Ein ganz anderes Bild zeichnet eine fast zeitgleich erschienene Studie des Instituts der deutschen Wirtschaft über die Zukunft der Regionen.[2] Sie identifiziert die Mecklenburgische Seenplatte als eine von 19 Regionen in Deutschland, die drohen, »abgehängt« zu werden. Es ist weniger die Wachstumsschwäche als vielmehr das hohe Durchschnittsalter, das die Seenplatte zu einer Problemregion macht. Die Wirtschaft entwickelt sich positiv. Immerhin hatte Zeit online bereits 2013 Neubrandenburg als »Kaff der guten Hoffnung« bezeichnet und über die Stadt mit dem zweitgrößten Bruttoinlandsprodukt aller Städte in Ostdeutschland berichtet[3].

Die Mecklenburgische Seenplatte ist mit Abstand der flächengrößte Landkreis Deutschlands. Er entstand 2011 im Zuge einer Kreisgebietsreform aus dem Zusammenschluss von drei Landkreisen und der kreisfreien Stadt Neubrandenburg im Nordosten Mecklenburg-Vorpommerns. Hier wohnen knapp 260 000 Einwohner (31. Dezember 2018) auf einer Fläche von 5 500 km². Das ergibt eine Bevölkerungsdichte von nur 47 Einwohnern pro km². Wenige Städte, kleine, verstreute Dörfer, Gutshöfe, die eiszeitlich geprägte, hügelige Landschaft, die Müritz sowie die Seen der Mecklenburger Kleinseenplatte und der Feldberger Seenlandschaft prägen das Erscheinungsbild der Region. Wirtschaftliche Zentren sind das Oberzentrum Neubrandenburg (64 000 Einwohner) sowie die Mittelzentren Waren/Müritz (21 000 Einwohner) und Neustrelitz (20 000 Einwohner).

Abbildung 1: Der Landkreis Mecklenburgische Seenplatte

Daten: OpenStreetMap-Mitwirkende, GeoBasis-DE / BKG 2019, SRTM: Jarvis et al. (2008) Kartographie: I. Johannsen

Besonders dünn besiedelt sind die südlichen und östlichen Randbereiche an der Grenze zur Uckermark und Prignitz (Brandenburg). Fast 40 % der Gesamtfläche stehen unter Naturschutz. Neben dem Müritz-Nationalpark gibt es drei weitere Naturparks. Land- und Forstwirtschaft sowie Tourismus spielen traditionell eine große Rolle.

Die Wirtschaft ist, typisch für ländliche Regionen, durch kleine und mittelständische Betriebe geprägt. Neben dem Dienstleistungssektor sind es Unternehmen aus der Ernährungswirtschaft, dem Maschinenbau, der Metallverarbeitung und der Automotive-Branche. Im August 2019 lag die Arbeitslosenquote bei 8,2 %. Das ist der geringste Wert seit 1990. Noch im Juni 2007 betrug sie 18,8 %. Die Zahl der Beschäftigten und der offenen Stellen sind in den vergangenen Jahren gewachsen.[4] Damit zeichnet sich einerseits ein robuster Arbeitsmarkt ab, allerdings auf einem geringen Lohnniveau. Andererseits wird der Mangel an Fachkräften zunehmend zu einem Problem. Besonders problematisch erscheint in diesem Licht der hohe Anteil von Kindern und Jugendlichen, die Transferleistungen beziehen,[5] sowie der im Bundesdurchschnitt hohe Anteil von Schulabbrechern und Förderschülern[6].

Es ist das demographische Problem der Überalterung, das hier vieles bestimmt und in Zukunft bestimmen wird. Zum Ende der DDR galt Neubrandenburg mit einem Durchschnittsalter von 32,7 Jahren als jüngste Stadt der DDR. Lediglich 5,7% der Bevölkerung waren älter als 65 Jahre.[7] 30 Jahre später sind es 26%[8] – bei einem Durchschnittsalter von 46,6 Jahren[9].

Eine dünn besiedelte Abwanderungsregion war die Mecklenburgische Seenplatte schon zu DDR-Zeiten. Das führte u. a. in den 1960er-Jahren zu der planwirtschaftlichen Entscheidung, Neubrandenburg zum industriellen Zentrum auszubauen, und zu Gedankenspielen der Territorialplanung, das Siedlungsnetz auf wenige wachsende Städte zu konzentrieren. Ganz so radikal lief die tatsächliche Entwicklung dann doch nicht ab. Aber die Zahlen spiegeln einen deutlichen innerregionalen Konzentrationsprozess zugunsten der Städte wider. Neubrandenburg wuchs von 22 412 Einwohnern im Jahr 1950 auf 90 953 Einwohner im Jahr 1990. Der Altkreis Demmin büßte in diesem Zeitraum 40% seiner Bevölkerung ein.[10]

Tabelle 1: Bevölkerungsentwicklung in der Region Mecklenburgische Seenplatte 1950–2040

	1950	1970	1990	2000	2018	2040
LK Mecklenburgische Seenplatte	355 043	329 185	336 328	309 026	259 130	226 706
MV	2 028 206	1 904 909	1 906 678	1 775 703	1 609 675	1 530 845[1]

1 Standardvariante der 5. Landesprognose Mecklenburg-Vorpommern
Quelle: Statistisches Landesamt Mecklenburg-Vorpommern[11]

Tabelle 2: Ausgewählte Strukturdaten des Kreises Mecklenburgische Seenplatte (MSE) im Vergleich

	Deutschland	MSE	MV
Bevölkerungsentwicklung 1990–2018, in %	+3,8	-23	-15,6
Bevölkerungsdichte 2018, Einwohner je km²	237	47	69
Bruttoinlandsprodukt 2016, in € je Einwohner	38 370	24 984	25 454
Kaufkraft 2018, in € je Einwohner	22 992	19 767	19 356
Arbeitslosenquote 7/2019, in %	5	8,2	6,7

Quelle: Eigene Darstellung auf Basis der statistischen Ämter von Bund und Ländern

In den 30 Jahren seit dem Ende der DDR verlor die Region über 20% ihrer Bevölkerung, das Oberzentrum Neubrandenburg sogar ein Drittel.

Erfolgte der erhebliche Bevölkerungsrückgang bis in die 2000er-Jahre vor allem durch Abwanderungen, sind es heute die Überalterung und der natürliche Bevölkerungssaldo. Das kann durch leichte Wanderungsgewinne seit 2017 nicht ausgeglichen werden.[12] Die aktualisierte 5. Bevölkerungsprognose des Landes geht für die Mecklenburgische Seenplatte von einem weiteren Rückgang von 13 % der Bevölkerung bis 2040 aus, in den dünn besiedelten ländlichen Regionen sogar von über 20 %. Der Anteil der Bevölkerung über 67 Jahre steigt in Teilregionen auf über 40 % an.[13]

Innovative Regionalentwicklung nach dem Ende der DDR – die Regionalkonferenz

Auch in der Mecklenburgischen Seenplatte flossen Anfang der 1990er-Jahre viele Fördermittel in Konzepte, Strategiepapiere und Planungen. Das meiste davon blieb Theorie. Planer und Verwaltungsmitarbeiter aus dem damaligen Müritzkreis, der Stadt Neubrandenburg und dem Amt für Raumordnung und Landesplanung ergriffen daraufhin 1994 die Initiative und entwarfen das Handlungsprogramm »Integrierte Strukturförderung für die Mecklenburgische Seenplatte«. Grundlage waren die programmatischen Leitbilder des Regionalen Raumordnungsprogramms. Daraus entwickelte sich ein Prozess, der zunächst Projekte und konkrete Maßnahmen in den Mittelpunkt stellte. Aus den Erfahrungen mit der Umsetzung sollten dann Schritt für Schritt die allgemeinen Ziele und Strategien für die Regionalentwicklung entstehen. Dieser induktive, projektorientierte Entwicklungsprozess wurde von 1995 bis 2000 vom Bundesbauministerium als Modellvorhaben »Regionalkonferenz Mecklenburgische Seenplatte« gefördert.

Die Regionalkonferenz war Prozess und Veranstaltung zugleich. Sie hatte den Anspruch, umsetzungsorientiert und kooperativ zu sein. Projekte sollten von unten entwickelt werden, eigentliche Träger der Regionalentwicklung die Gemeinden, Bürger, Vereine und Wirtschaftsbetriebe sein. Der gesamte Prozess war ergebnisoffen gedacht, ohne Einengung durch starre Programme und Handlungsvorgaben. Ziel war es vielmehr, regional bedeutsame Projekte anzustoßen, sie eigenständig vor Ort zu organisieren und die Projektakteure zu einem regionalen Netzwerk zu verbinden. Dies geschah u. a. über die Regionalkonferenzen als Tagungen, die 1995, 1997 und 2000 stattfanden.

Hauptakteur war der regionale Planungsverband bzw. seine Geschäftsstelle, das Amt für Raumordnung und Landesplanung in Neubrandenburg. Eine Arbeitsgruppe aus Vertretern der Landesministerien, des Vorstands des Planungsverbandes und wichtigen regionalen Akteuren aus den

Projekten begleitete den Prozess und traf wichtige Grundsatzentscheidungen. Die Projekte der Regionalkonferenz wurden durch den Vorstand beschlossen und durch das Amt für Raumordnung und Landesplanung in Form von Koordination, Moderation, Informationstransfer unterstützt und teilweise mitfinanziert. Die Idee war letztlich, dass die Vielfalt der Projekte zu einer neuen Qualität von Regionalentwicklung führen würde, von unten entwickelt und gemeinschaftlich gesteuert.

Abbildung 2: Die Kooperationsbereiche der Regionalkonferenz Mecklenburgische Seenplatte 1995–2000

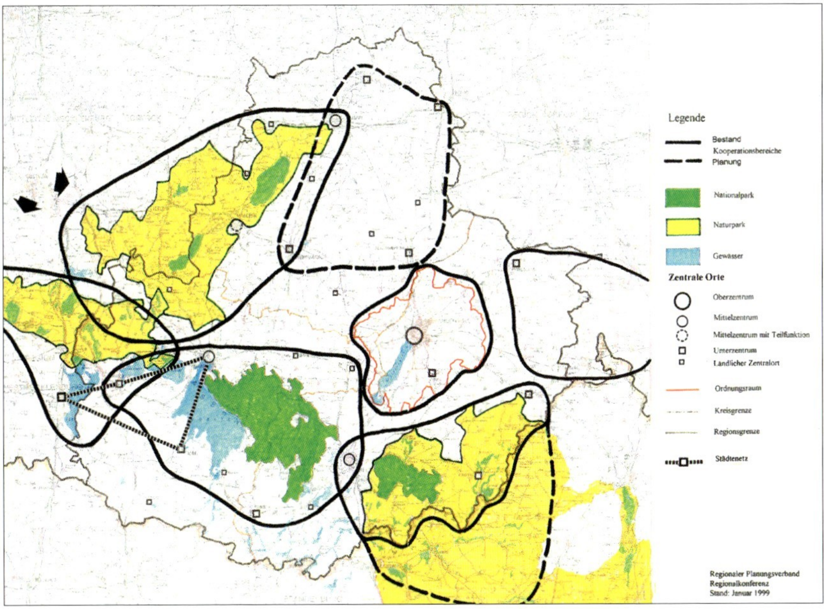

Quelle: Regionaler Planungsverband Mecklenburgische Seenplatte

Schon bald stellte sich heraus, dass die Planungsregion zu groß war für ein aktives, selbstgesteuertes Netzwerk. Es formierten sich daher kleinere Kooperationsregionen für konkrete Projekte. Aus den Arbeiten in diesen Kooperationsbereichen und aus den ersten Projekten bildeten sich wiederum Handlungsbereiche und Querschnittsthemen heraus. In diesem Sinne verfolgte die Regionalkonferenz Mecklenburgische Seenplatte einen sehr modernen Planungsansatz, der durch fortlaufende Reflexion optimiert werden sollte.

Projekte der Regionalkonferenz waren u. a. ein Verkehrsleitsystem aus dem Jahr 1997 mit dem Müritz-Nationalparkticket, ein multimediales

Touchbox-System zur Besucherinformation und zur Vernetzung der kommunalen Touristinformationen in der Region, ein Netz von Informationszentren und Eingangsbereichen in den Müritz-Nationalpark und die Naturparke, eine ökologische Bauausstellung im kleinen Dorf Jägerhof bei Waren/Müritz, ein Eisenbahn-Erlebnispark aus Erlebniszügen entlang der wenig genutzten Nebenstrecken, die Sanierung des Zierker Sees bei Neustrelitz, ein regionales Reitwegenetz sowie der Umbau der größten norddeutschen Backsteinscheune im Dorf Bollewick zu einem überdachten Gewerbepark und ländlichen Zentrum für regionale Produkte und Kultur.

Nüchtern betrachtet waren am Ende der Projektlaufzeit, zehn Jahre nach dem Ende der DDR, Ergebnisse und Wirkungen der projektorientierten Regionalentwicklung eher begrenzt.[14] Sicherlich gab es viele gute Projektideen, Teilerfolge und ein wachsendes Bewusstsein für die Notwendigkeit von Zusammenarbeit und Vernetzung. Allerdings hatten bis zu diesem Zeitpunkt nur wenige Ideen den Schritt vom Konzept zur Realität geschafft, obwohl die schnelle Umsetzung von Projekten erklärtes Ziel war. Es fehlte häufig der aktive Wille zur Zusammenarbeit, die nötige Professionalität und das Personal, um die Kernprobleme der Umsetzung zu lösen: die Finanzierung und die Trägerschaft. Die Wirkung der Regionalkonferenz in der Fläche war somit begrenzt. Lediglich das Müritz-Nationalparkticket und die Touchbox können als erfolgreiche Projekte dieser ersten Phase bezeichnet werden. Zudem hatte sich die Scheune Bollewick bei Einheimischen und Touristen etabliert. Aber auch diese Projekte hatten mit erheblichen Umsetzungsproblemen zu kämpfen, nachdem die jeweiligen Projektkoordinatoren aus unterschiedlichen Gründen ausgefallen waren. Letztlich waren es Einzelprojekte. Die handelnden Personen waren locker miteinander vernetzt und trafen sich gelegentlich.

In der Region war die Regionalkonferenz über diesen kleinen inneren Kreis von Akteuren wenig bekannt. Eine »Marke« für gute Regionalentwicklung, die ausstrahlt und andere mitnimmt, war sie zu diesem Zeitpunkt nicht. Vielmehr zeigte die Regionalkonferenz erste Ermüdungserscheinungen und geriet zunehmend in die Kritik. Für Außenstehende wirkte sie wie ein »geschlossenes System«, das wenig Raum für Ideen und Projekte anderer bot. Privatwirtschaftliche Akteure waren kaum eingebunden. Insgesamt blieben die Projektpalette und die Anzahl der eingebundenen Akteure und Institutionen zu gering, um in der Fläche Wirkung zu erzielen. Sie waren am Ende lediglich eine – vielleicht nicht unbedeutende – Teilmenge der regionalen Aktivitäten. Das Grundproblem war jedoch lange Zeit die Finanzierung des Prozesses. Es gelang nicht, über einen längeren Zeitraum verlässliche und akzeptierte Personen für die Koordination und Moderation des Prozesses zu gewinnen.

Anders war allerdings der Blick von außen. In der überregionalen Fachöffentlichkeit galt die Regionalkonferenz Mecklenburgische Seenplatte als erfolgreiches Modell einer projektorientierten Regionalentwicklung in Trägerschaft der Regionalplanung. Mit diesem Außenbild gelang es immer wieder, Fördermittel einzuwerben sowie Projekte und Prozesse fortzusetzen. So ermöglichte es ein Forschungs- und Entwicklungsvorhaben (F + E) des Umweltbundesamtes im Jahr 2000, eine kritische Bilanz zu ziehen und eine Strategie für den anschließenden Prozess zu formulieren.[15] Empfohlen wurden ein konzeptioneller Rahmen, stabile Arbeits- und Managementstrukturen sowie eine stärkere Verankerung in der Region.

Versuch der Verstetigung – Regionales Entwicklungskonzept und Regionalmanagement

Noch im Jahr 2000 verabschiedete der Regionale Planungsverband das Regionale Entwicklungskonzept (REK) als konzeptionellen Rahmen. Über eine kritische Bestandsaufnahme und Reflexion im kleinen Kreis konnte der Prozess der Regionalkonferenz inhaltlich und organisatorisch neu ausgerichtet werden. Bewusst wurde zunächst auf eine ausführliche und häufig quälende Leitbilddiskussion verzichtet. Die Aufstellung des REKs fand in einer Zeit inflationärer Forderung nach und Förderung von Entwicklungskonzepten aus unterschiedlichsten Ressorts statt. Teile der Region waren bereits mehrfach mit Entwicklungskonzepten überplant worden.[16] Drei Jahre später, im Jahr 2003, wurde die Leitbilddiskussion nachgeholt und gemeinsam mit regionalen Akteuren das Leitbild »natürlich! Mecklenburgische Seenplatte – gesund! Leben – zukunftsfähig! Wirtschaften – gemeinsam! Handeln« entwickelt. Daran anknüpfend entstand ein eigenes Logo »natürlich! Mecklenburgische Seenplatte«. Es hat sich über die Zeit durchgesetzt, ist noch

Abbildung 3: Logo und Leitbild der Mecklenburgischen Seenplatte

Quelle: Regionaler Planungsverband

heute in der Region präsent und hat zu einer besseren Sichtbarkeit und Steigerung der Identifikation mit der großen Region beigetragen.

Das Entwicklungskonzept sah u. a. vor, regional bedeutsame Kooperationen, Netzwerke und Projekte durch eine professionelle regionale Entwicklungsagentur fachübergreifend zu initiieren und zu begleiten. Die finanzielle Grundlage hierfür lieferte zunächst das Landesprogramm »Arbeit und Qualifizierung für Mecklenburg-Vorpommern«. Von 2000 bis 2002 konnten die regionalen Planungsverbände in Mecklenburg-Vorpommern so die erste Generation von Regionalmanagern einstellen. Allerdings unterlag die Finanzierung den Fördervoraussetzungen des Arbeitsmarkts. Eine Einstellung qualifizierter, erfahrener und auch im politischen Raum akzeptierter Personen war damit nur begrenzt möglich.

Das Instrument Regionalmanagement wurde zu diesem Zeitpunkt auch in anderen Förderbereichen ernsthaft diskutiert und erwogen, z. B. in der regionalen Strukturpolitik. Ende 2000 stellten Bund und Länder über den 29. Rahmenplan »Verbesserung der regionalen Wirtschaftsstruktur« erstmals Mittel für das Regionalmanagement bereit. Kreise und kreisfreie Städte konnten über drei Jahre bis zu 200 000 € beantragen. Das Land Mecklenburg-Vorpommern griff dies auf und förderte von 2002 bis 2004 ressortübergreifend fünf Regionalmanagerinnen und Regionalmanager in den vier Planungsregionen und im damaligen Landkreis Uecker-Randow.

Während die anderen Regionen auf sogenannte Regionalmarketingvereine setzten, wollte der Regionale Planungsverband Mecklenburgische Seenplatte die Gelegenheit nutzen und in zwei Schritten eine regionale Entwicklungsagentur aufbauen. Eine Stabsstelle beim Amt für Raumordnung und Landesplanung sollte zu einer Geschäftsstelle eines noch zu gründenden Vereins Regionalmanagement Mecklenburgische Seenplatte weiterentwickelt werden. Man versprach sich davon, mit neuen Vereinsmitgliedern aus Privatwirtschaft, Zivilgesellschaft und Kommunen die kooperative Regionalentwicklung und das Regionalmanagement auf eine deutlich breitere Basis zu stellen.

Mit drei Stellen beim Amt für Raumordnung und Landesplanung wurden die personellen Voraussetzungen geschaffen. Schnell zeigte sich aber, wie schwierig es war, im gewachsenen Personal-, Institutionen- und Interessengeflecht der Region ein »neues« Regionalmanagement zu etablieren. Wiederum konnten die Stellen nicht mit starken Persönlichkeiten besetzt werden. Zudem gab es bei den regionalen Institutionen und politischen Entscheidern unterschiedliche Vorstellungen und Ansprüche an eine Regionale Entwicklungsagentur.[17] Gegründet wurde schließlich am 10. September 2003 die Regionale Wirtschaftsinitiative (RWI) Ost Mecklenburg-Vorpommern e. V. Sie besteht als wirtschaftsorientiertes Netzwerk mit begrenzter Ausstrahlungskraft bis heute und betreibt u.a. das Welcome Center Mecklenburgische Seenplatte. Die eigentliche Idee einer ressortübergreifenden, initiierenden und begleitenden Geschäftsstelle für regionale Netzwerke und Projekte hat sie allerdings nicht aufgegriffen und umgesetzt.

Eine Regionale Entwicklungsagentur gibt es in der Mecklenburgischen Seenplatte bis heute nicht. Wie in vielen Regionen scheiterte auch hier die Idee eines übergreifenden Regionalmanagements an unklaren Vorgaben, mangelndem politischen Willen, zu geringen Ressourcen, unklaren Strukturen und dem fehlenden Willen zur Zusammenarbeit.

Neue Aufgaben – Demographie und Daseinsvorsorge

Institutionelle Konstante und zentraler Akteur war bis zu diesem Zeitpunkt der Regionale Planungsverband mit seiner Geschäftsstelle, dem Amt für Raumordnung und Landesplanung. Nach dem Scheitern des Regionalmanagements widmete sich der Planungsverband den Folgen des demographischen Wandels. Diese traten Anfang der 2000er-Jahre durch eine zweite Abwanderungswelle deutlich hervor. Vor allem die Angebote der Daseinsvorsorge drohten ihre Tragfähigkeit in der Fläche zu verlieren. »Aktiv gestalten statt passiv erleiden« hieß nun die Devise.

Und wieder waren es Modellvorhaben der Raumordnung (MOROs), die als Treiber und Innovatoren geschickt für die Region genutzt wurden. Von 2001 bis 2004 war die Seenplatte Modellregion im Programm »Anpassungsstrategien für ländliche / periphere Regionen mit starkem Bevölkerungsrückgang« und von 2005 bis 2007 im Nachfolgeprogramm »Regionalplanerische Handlungsansätze zur Gewährleistung der öffentlichen Daseinsvorsorge«.

Auf der Grundlage kleinräumiger Bevölkerungsprognosen und Erreichbarkeitsmodellierungen wurden in fachübergreifenden Arbeitsgruppen zunächst die Bereiche Berufsschulstruktur und hausärztliche Versorgung diskutiert und analysiert. Daraus entstanden ein regionales Berufsschulkonzept, das Eingang in die Schulentwicklungspläne fand, ein Ärztemonitoring, das bis heute fortgeführt wird, sowie das Leitbild »Zentrale Gesundheitshäuser für den ländlichen Raum«. Das Gesundheitshaus wurde als »kleiner Bruder« der damals diskutierten medizinischen Versorgungszentren bezeichnet. Fast zehn Jahre später wurde 2014 das erste Haus in der Kleinstadt Woldegk eröffnet.

Im zweiten Modellvorhaben wurden die Handlungsfelder Schulinfrastruktur, Kinderbetreuung, Altenpflege und ÖPNV nach der gleichen Methodik diskutiert und bearbeitet. Auch hier schlossen sich Folgeplanungen und -projekte an, z. B. für alternative Bedienformen im ÖPNV, die Pflegesozialplanung oder das Modellprojekt kitaFLEX zu bedarfsorientierten und flexiblen Angebotsformen und Öffnungszeiten in der Kindertagesbetreuung.

Die Ergebnisse mündeten schließlich in einem »Strategiepapier zum Umgang mit den Folgen des demografischen Wandels«. Es wurde 2005 vom Planungsverband beschlossen und 2011 fortgeschrieben. Den Kommunen werden darin grundlegende Handlungsoptionen im Umgang mit dem demographischen Wandel gegeben und aufgezeigt, wie sich dieser Wandel aktiv gestalten lässt.[18]

Die Mecklenburgische Seenplatte war damit eine der ersten Regionen in Deutschland, die sich intensiv und systematisch mit den Folgen des demographischen Wandels für die regionale Daseinsvorsorge beschäftigte. Anfang der 2000er-Jahre war dies eher ungewöhnlich und das Thema noch weitgehend politisch und gesellschaftlich brisant. Mithilfe der MOROs ist es gelungen, diese Ängste und Blockaden aufzubrechen und in eine konstruktive Diskussion über Folgen und Handlungserfordernisse überzuleiten. Wie gezeigt, konnte die Verschiebung der Altersstruktur dadurch allerdings nicht aufgehalten werden. Dazu waren die Grundlagen bereits mit den starken Abwanderungen Anfang der 1990er- und 2000er-Jahre und dem dramatischen Einbruch der Geburtenzahlen unmittelbar nach dem Ende der DDR gelegt worden.

Die vertane Chance – Kreisgebietsreform 2011

Die Kreisgebietsreform 2011 war bereits der zweite Anlauf des Landes, die Landkreise neu zu ordnen. Zuvor hatte das Landesverfassungsgericht am 26. Juli 2007 eine erste Reform mit lediglich fünf Landkreisen für verfassungswidrig erklärt. Sie hatte sich weitgehend orientiert an den Zuschnitten der Regionalen Planungsverbände. Im Zuge dieser ersten Debatte über einen Großkreis bildete sich 2006 ein Gesprächskreis »Mecklenburgische Seenplatte 2020«.

Ausgangspunkt war das anhaltend negative Stimmungsbild sowohl in der öffentlichen Wahrnehmung – östliches Mecklenburg-Vorpommern als Armenhaus Deutschlands – als auch in der regionalen Selbsteinschätzung. Trotz erfolgreicher industrieller Inseln, einer wettbewerbsfähigen Landwirtschaft, sich entwickelnder Tourismusstrukturen und einem hohen Naturpotenzial waren die Arbeitslosigkeit weiterhin sehr hoch und die soziale Situation für viele prekär. Die Initiatoren konstatierten Ratlosigkeit, Perspektivlosigkeit und Uneinigkeit der regionalen Akteure und Entscheidungsträger über den »richtigen Weg« zu einer Stabilisierung und Entwicklung der Region. Die Kreisgebietsreform wurde als Chance gesehen, wieder an die Regionalstrategien der 1990er-Jahre anzuknüpfen und ein gemeinsames Bewusstsein wie auch eine Aufbruchstimmung für die Mecklenburgische Seenplatte zu schaffen. Die Neustrukturierung der Gebietskulisse und der Verwaltungen bot die Möglichkeit, sich neu zu organisieren und Aufgaben wie Wirtschaftsförderung, Tourismusentwicklung und die Förderung der ländlichen Entwicklung zu optimieren. Wieder wurde über ein übergreifendes Regionalmanagement und eine Regionalkonferenz diskutiert.

Nach einjähriger Diskussion fand am 15. Juni 2007 an der Hochschule Neubrandenburg das Regionalforum »Die Zukunft der Mecklenburgischen Seenplatte 2020« statt. Über 100 Teilnehmerinnen und Teilnehmer diskutierten mit verschiedenen Sichtweisen – Wirtschaft, Kultur, Tourismus oder Soziales – intensiv über die Zukunft der Region und die Möglichkeit einer gemeinsamen Identität für den neuen Großkreis. Im Prinzip war es die Fortsetzung der Regionalkonferenzen aus den 1990er-Jahren mit ähnlichen Ergebnissen: Wir brauchen mehr fachübergreifenden Dialog, Zusammenarbeit und eine bessere Außenwirkung.

Einen Monat später war dieser erste Anlauf für eine Kreisgebietsreform und damit der Schwung des Regionalforums beendet. Die anschließenden kontroversen und emotionsgeladenen Debatten in der Region erlaubten es nicht, an die Diskussionen anzuschließen. Die Zusammenlegung der Landkreise vier Jahre später ließ Politik und Verwaltung erst recht keinen Spielraum, die Kreisreform für neue Aufgabenzuschnitte und Organisationsformen zu nutzen. Zu sehr waren Politik und Verwaltung des neuen Großkreises damit beschäftigt, sich selbst zu finden.

Die Vielfalt der Regionalinitiativen und der Neustart 2015

Im Vorfeld des Regionalforums 2007 hatten viele gesagt: »Wir kennen uns doch alle. Wir denken alle dasselbe. Was soll das? Müssen wir darüber nochmals diskutieren?«[19] Und tatsächlich gab es schon damals eine Vielzahl von Institutionen, Initiativen und Akteuren, die mehr oder weniger unabhängig voneinander ihren Beitrag zur Regionalentwicklung leisteten: neben den Landkreisen die Stadt Neubrandenburg, deren Wirtschaftsförderungen, der Müritz-Nationalpark, drei Naturparke, drei LEADER-Gruppen,[20] zwei Tourismusverbände, der Regionalbeirat sowie Netzwerke der Kunst, Kultur, Wirtschaft und Zivilgesellschaft, aber auch Unternehmen, Städte und kleine Gemeinden mit ihren eigenen Vorstellungen und Aktivitäten. Sicherlich bildete der Regionale Planungsverband lange Zeit die strategische Konstante in diesem Spiel, während die LEADER-Netzwerke sowie der Regionalbeirat den Zugriff auf Fördertöpfe boten. Hinzu kamen und kommen über die Region verstreut – aber sehr aktiv – Raumpioniere, die in ihren eigenen Lebenswelten neue Wege des Wirtschaftens, der Kulturarbeit und des Zusammenlebens ausprobieren. Letztlich bestimmt gerade diese Mischung und Vielfalt von Aktivitäten, Initiativen und Projekten die Entwicklung einer Region und macht sie lebenswert. Vieles läuft dabei nebeneinander oder sogar gegeneinander, und es ist nicht immer leicht, von außen Impulse zu geben und zu lenken.

Immerhin kennen sich die maßgeblichen Akteure seit Mitte der 1990er-Jahre. Die drei LEADER-Aktionsgruppen gibt es seit 1995. Der Regionalbeirat entstand nach der Jahrtausendwende aus der regionalisierten Arbeitsförderung des Landes. Der Grundgedanke ist, ähnlich dem LEADER-Ansatz, dass die Akteure vor Ort am besten wissen, was wirkungsvoll ist für den Arbeitsmarkt, die Beschäftigtenförderung sowie die Regional-, Struktur- und Wirtschaftsentwicklung und wie Gelder eingesetzt und Ideen gefördert werden sollen. Grundlage für die Vergabeentscheidungen im Regionalbeirat sind auch wieder regionale Handlungskonzepte und konkrete Auswahlkriterien, wie überhaupt jede Förderung ihre eigenen Entwicklungskonzepte einfordert.

Die Anzahl der Regionalen Entwicklungskonzepte (REKs) ist in der Region seit Anfang der 2000er-Jahre zurückgegangen. Dennoch existierten noch viele Handlungskonzepte nebeneinander. Die EU gab den Mitgliedsstaaten in der aktuellen Förderperiode 2014–2020 daher erstmals das Instrument des sogenannten Multifonds an die Hand. Ziel ist es, die Regionalfonds unter einem strategischen Dach zu koordinieren.

Der Regionale Planungsverband nahm diese Idee 2015 auf. Er ließ das REK von 2003 aktualisieren und richtete es als Dachkonzept und konzeptionelle Grundlage für die unterschiedlichen Förderungen aus EU, Bund und Land aus. Diese einfache Verknüpfung unter einem strategischen Dach wirkt. Tatsächlich beziehen sich die verschiedenen Ressortkonzepte auf das REK Mecklenburgische Seenplatte. Es garantiert somit ein Mindestmaß an Koordination von unten.

Auch in diesem Prozess wurden die Ideen aus den 1990er-Jahren aufgegriffen. Gleichsam als Neustart fand am 7. Mai 2015 eine Regionalkonferenz in Neubrandenburg statt. In den folgenden Monaten folgten drei moderierte Gesprächsrunden in Teilräumen der Region mit Vertretern aus den Gemeinden, der Wirtschaft und Zivilgesellschaft. Ziel war es, die zentralen regionalen Bedarfe und Anknüpfungspunkte für Vernetzung, Projekte und Unterstützung zu identifizieren. Sie wurden bewusst in den »Ländlichen GestaltungsRäumen« ausgewählt, einer neuen Raumkulisse der Landesplanung Mecklenburg-Vorpommern für Regionen mit strukturellen Schwächen und besonderem Aufmerksamkeitsbedarf. Bei den Gesprächsrunden ging es vorrangig um Aufgaben der Daseinsvorsorge wie Mobilität oder Gesundheitsversorgung in ländlichen Räumen. Einzelne Projektideen werden seitdem mit Unterstützung des Planungsverbandes aufgegriffen und weiterverfolgt.

Diese Ausrichtung auf Teilräume ähnelte der Strategie aus den 1990er-Jahren, in Kooperationsräumen zu arbeiten. Wie damals geht es auch heute darum, in einem großen Planungsraum eine projektbezogene, akteursbezogene Regionalentwicklung handlungsfähig umzusetzen. »Wir stehen wieder ganz am Anfang« heißt es dann auch in einem Vortrag über regionale Kooperationen in der Mecklenburgischen Seenplatte.[21]

Die »Dritte Mission« der Hochschule Neubrandenburg

In den Jahren 2018 und 2019 nahm die Hochschule Neubrandenburg den Faden auf und führte die Tradition der Regionalkonferenzen fort. Bereits Ende der 1990er-Jahre hatten Mitglieder der Hochschule im Auftrag des Regionalen Planungsverbandes das F+E-Vorhaben »Auswertung neuer Vorgehensweisen für die regionale Umsetzung ökologischer Ziele« durchgeführt. Ergebnisse waren ein Strategiepapier mit Empfehlungen für die Fortführung der Regionalkonferenz Mecklenburgische Seenplatte sowie ein Managementleitfaden »Kooperative Regionalentwicklung«[22].

In der Folge entwickelte sich eine kontinuierliche fachliche Zusammenarbeit zwischen der Hochschule sowie Akteuren und Institutionen der Region. Ein größer werdender Teil der Hochschuldozentinnen und -dozenten verstand die Stadt Neubrandenburg und die Region als »Labor für eine nachhaltige ländliche Entwicklung« und erweiterten Seminarraum für die Studierenden. Öffentliche Vorlesungsreihen wie »Land in Sicht«, Lehrformate wie »UniDorf« und die »LehrPraxisStellen« in zwei Quartiersbüros, anwendungsbezogene Forschungen in der und für die Region sowie große Verbundprojekte mit den Landkreisen wie »Lernen vor Ort« führten über die Jahre zu einer engen Verknüpfung und Zusammenarbeit zwischen Hochschule und Region. Es ist die Idee der »Dritten Mission« – gesellschaftliches Engagement neben Lehre und Forschung –, die hier sichtbar wird und in Deutschland seit einigen Jahren hochschulpolitisch diskutiert und gefördert wird.[23]

Daraus entstand die Förderinitiative »Innovative Hochschule« des Bundesministeriums für Bildung und Forschung (BMBF), aus der an der Hochschule Neubrandenburg seit 2017 das Projekt »Hochschule in der

Region« finanziert wird. Regionales Engagement und Wissenstransfer in Wirtschaft und Gesellschaft soll zum Profil der Hochschule Neubrandenburg werden, die Hochschule sich als Wissensknoten und Impulsgeber für eine nachhaltige Regionalentwicklung und offene Gesellschaft etablieren. In elf Reallaboren und Lernnetzwerken werden mit Partnern aus Hochschule und regionaler Praxis dialogorientierte Formate zum gegenseitigen Wissenstransfer erprobt, um z. B. Lösungen für Mobilität, Regionalvermarktung, Stärkung der Familien oder Digitalisierung in Betrieben zu entwickeln und umzusetzen. Eine Transferstelle Daseinsvorsorge sorgt für die Vervielfältigung der Ergebnisse und knüpft Netzwerke zwischen Hochschule und regionalen Akteuren.

Der Kreis schließt sich. Am Ende scheint es nichts anderes zu sein als die projekt- und dialogorientierte Regionalentwicklung aus der Anfangszeit, begrenzt auf den Kompetenzbereich der Hochschule.

Bilanz und Fazit

In einer Studie zur Lebensdauer regionaler Kooperationen stellten Diller, Nischwitz und Kreutz 2014 ernüchternd fest, es gebe keine Hinweise darauf, »dass sich Regionen, in denen verstärkt Regionalinitiativen gefördert wurden, in der Bevölkerungszahl und Wirtschaftskraft besser entwickelten als jene, in denen dies nicht geschah«[24]. Nichts anderes lässt sich für die Mecklenburgische Seenplatte sagen; eine Region, in der seit 1990 viele modellhafte Förderungen für eine endogene Regionalentwicklung umgesetzt worden sind und in der über 30 Jahre hinweg »eine Kontinuität der Modellvorhaben« gelungen ist.

Die Region hat sich gerade in den vergangenen Jahren wirtschaftlich stabilisiert und verzeichnet positive Wanderungssalden. Andererseits ist die Mecklenburgische Seenplatte im Vergleich zu anderen ländlichen Regionen immer noch strukturschwach und liegt in vielen Bereichen unter dem Bundesdurchschnitt. Insbesondere die starke Überalterung wird sich in Zukunft fortsetzen und in Verbindung mit den schwachen Jahrgängen im erwerbsfähigen Alter das zentrale Entwicklungsproblem sein.

Haben Regionalkonferenz, Regionalmanagement, Regionale Entwicklungskonzepte und die vielen Projekte und Netzwerke also nichts gebracht? Man kann die Frage auch andersherum stellen: Was wäre heute, wenn es die hier geschilderten Initiativen und Prozesse nicht gegeben hätte? Auch dann wäre viel entstanden, sicherlich aber nicht einzelne regional bedeutsame Projekte wie das Nationalparkticket, das heute »Müritz rundum« heißt und mit dem Verkehrsverbund Berlin Brandenburg vernetzt werden soll. Und es wäre auch kein gemeinsames Bewusstsein für eine projektorientierte, kooperative Regionalentwicklung entstanden. Am Ende wurden und werden die hier geschilderten Prozesse und Projekte seit Mitte der 1990er-Jahre von einem locker verbundenen Netzwerk der immer gleichen Personen getragen – vielleicht war in dieser Zeit ein übergeordnetes Regionalmanagement gar nicht nötig. Das Problem liegt vielmehr darin, dass dieses Personennetzwerk gemeinsam gealtert ist und in den nächsten Jahren aus der fachlichen Verantwortung scheidet. Ohne klare Netzwerk- und Kommunikationsstrukturen könnte es schwierig werden, diese Kontinuität des Handelns und der Zusammenarbeit aufrechtzuerhalten.

Inwieweit das Fallbeispiel Mecklenburgische Seenplatte für andere ländliche, periphere Regionen in Ostdeutschland exemplarisch ist, kann an dieser Stelle nicht abschließend beurteilt werden. Es spiegelt aber eindrücklich die allgemeine Diskussion zur Regionalentwicklung ländlicher Räume wider: von einer projektorientierten Strategie als Antwort auf die umsetzungsschwachen Planungen und Konzepte der frühen 1990er-Jahre über die letztlich gescheiterten Versuche, ein Regionalmanagement aufzubauen, und die neuen Herausforderungen von Demographie und Daseinsvorsorge in den 2000er-Jahren bis hin zur Kreisgebietsreform und der Rolle von Hochschulen als Motoren der Regionalentwicklung. Insbesondere die Regionalplanungsstelle hat dabei immer wieder aktuelle Themen frühzeitig aufgegriffen. In diesem Sinne waren die Ansätze in der Mecklenburgischen Seenplatte innovativ. Dennoch ist es nicht gelungen, nachhaltige regionale Managementstrukturen aufzubauen. Letztlich fehlte hierfür der politische Wille. Auch dieses Scheitern des Regionalmanagements kann als exemplarisch für viele Regionen gelten.

Anmerkungen

1 Wo wohnt man in Deutschland am gesündesten – 10 Gesundheitsfaktoren. Eine Untersuchung der BKM Bausparkasse, Mainz, 2018, www.bkm.de/service/wo-wohnt-man-am-gesuendesten/ (abgerufen am 27.10.2019).
2 Michael Hüther/Jens Südekum/Michael Voigtländer (Hrsg.), Die Zukunft der Regionen in Deutschland. Zwischen Vielfalt und Gleichwertigkeit, Köln 2019.
3 Torsten Hampel, Kaff der guten Hoffnung, in: Zeit online vom 3. Januar 2013, www.zeit.de/2013/02/Neubrandenburg-Aufschwung (abgerufen am 27.10.2019).
4 Presseinfo Nr. 51 der Agentur für Arbeit Neubrandenburg vom 1.7.2019, www.arbeitsagentur.de/vor-ort/neubrandenburg/content/1533726273169 (abgerufen am 27.10.2019).
5 Regionaler Planungsverband, Regionales Entwicklungskonzept Mecklenburgische Seenplatte, Neubrandenburg 2015, S. 41.

6 Oliver Wolff / Enrico Niemczewsky / Kathleen Werner, Bildungsbericht 2014. Erster Bildungsbericht des Landkreises Mecklenburgische Seenplatte, Neustrelitz 2014, S. 300.
7 Statistisches Landesamt Mecklenburg-Vorpommern, Statistische Daten 1950–1990, Rostock 1996, S. 195.
8 Stat. Landesamt, Statistisches Jahrbuch Mecklenburg-Vorpommern 2019, Schwerin 2019.
9 Bertelsmannstiftung, Demographiebericht Neubrandenburg, o. J., S. 4.
10 Stat. Landesamt (Anm. 7), S. 192 f.
11 Stat. Landesamt (Anm. 7), S. 192 f.; Stat. Landesamt (Anm. 8), S. 27; Ministerium für Energie, Infrastruktur und Digitalisierung Mecklenburg-Vorpommern (MEID MV), 5. Bevölkerungsprognose Mecklenburg-Vorpommern bis 2040, Landesprognose, Schwerin 2019, www.regierung-mv.de/static/Regierungsportal/Ministerium für Energie%2C Infrastruktur und Digitalisierung/Dateien/Downloads/Bevölkerungsprognose-Landesprognose.pdf (abgerufen am 27.10.2019); MEID MV, Regionalisierung für die Landkreise, kreisfreien Städte sowie die Mittelbereiche der Zentralen Orte, Schwerin 2019.
12 Stat. Landesamt (Anm. 8), S. 24.
13 MEID MV (Anm. 11, Titel 1).
14 Peter Dehne, Regionalplanung in den neuen Bundesländern – erfolgreich oder gescheitert? Das Beispiel Mecklenburgische Seenplatte, in: Informationen zur Raumentwicklung, Heft 7/8 (2001), S. 181–191; Peter Dehne, Regionalmanagement als neues Instrument der regionalen Entwicklungspolitik. Erfahrungen aus Mecklenburg-Vorpommern, in: Regional- und Landesplanung in der Praxis. Referatesammlung zum 433. Kurs des Instituts für Städtebau und Landesplanung vom 6. bis 8. Mai 2002, Berlin 2002, S. 139–152.
15 Hermann Behrens / Peter Dehne / Johann Kaether / Elfriede Schmidt, Auswertung neuer Vorgehensweisen für die regionale Umsetzung ökologischer Ziele am Beispiel der Mecklenburgischen Seenplatte, in: Umweltbundesamt, Texte 27/02, Berlin 2001.
16 Jens Hoffmann, Regionale Entwicklungskonzepte in Mecklenburg-Vorpommern – ein Überblick, in: Institut für Umweltgeschichte und Regionalentwicklung e. V, Standpunkte 1, Neubrandenburg 2002.
17 Vgl. P. Dehne (Anm. 14).
18 Regionaler Planungsverband Mecklenburgische Seenplatte, Strategiepapier zum Umgang mit den Folgen des demografischen Wandels, Neubrandenburg 2011.
19 Dokumentation der Veranstaltung Diskussionsforum »Die Zukunft der Mecklenburgischen Seenplatte 2020« am 15. Juni 2007, überarbeitete Abschrift des Tonband-Mitschnitts, Neubrandenburg 2007, S. 87, unveröffentlicht.
20 LEADER steht für die europäische Gemeinschaftsinitiative *liaison entre actions de developpement de l'economie rurale*; s. Beitrag von Grabski-Kieron in diesem Band.
21 Jens Hoffmann, Regionale Kooperationen in Mecklenburg-Vorpommern. Viel gefordert – wenig gefördert, Vortrag auf der gemeinsamen Tagung der LAG Bremen, Hamburg, Niedersachsen, Schleswig-Holstein und der LAG Berlin, Brandenburg, Mecklenburg-Vorpommern der Akademie für Raumforschung und Landesplanung, Hamburg, 27. April 2017.

22 Elfriede Schmidt/Johann Kaether/Hermann Behrens/Peter Dehne, Managementleitfaden Kooperative Regionalentwicklung, hersg. v. Umweltbundesamt, Berlin 2002.
23 S. z.B. Justus Henke/Peer Pasternack/Sarah Schmid, Third Mission bilanzieren. Die dritte Aufgabe der Hochschulen und ihre öffentliche Kommunikation. in: HoF Handreichungen 8, Beiheft zu die hochschule 2016, Halle–Wittenberg 2016.
24 Christian Diller/Guido Nischwitz/Benedict Kreutz, Förderung von Regionalen Netzwerken: Messbare Effekte für die Regionalentwicklung?, in: Raumforschung und Raumordnung 72 (2014), S. 415–426, hier S. 424.

Thomas Schwarze

Grenzfall Eifel – über zugeschriebene Randlagen eines Mittelgebirges und Konsequenzen für die Lebensqualität

Die »Eifel« erhielt ihren Platz im geographischen Grundwissen der gebildeten deutschen, genauer preußischen Öffentlichkeit in den turbulenten Jahren nach dem Sturz Napoleons. 1816 schrieb Joseph von Görres, Herausgeber des Rheinischen Merkur, von Koblenz aus: »Seit Monaten schon nähren sich im Innern der Eifel viele Tausende Menschen von erfrorenen Kartoffeln [...], um ihr elendes Leben notdürftig zu fristen.« Ein Jahr später berichtete eine Regierungskommission: »Der größte Teil der Bevölkerung schleicht umher mit eingeschwundenen kleinen Augen, hohlen eingefallenen Wangen, an den Knochen klebt die Haut, unfähig zur Arbeit [...] betroffen sind über 50 000 Menschen in den Bezirken Prüm, Daun und zum Teil Blankenheim.« Was hatten sich die Preußen da im tiefen Westen nur eingehandelt? Die aus den alten preußischen Provinzen stammenden Beamten fremdelten ohnehin mit der Mentalität der neuen rheinischen Untertanen. Die Versetzung auf Verwaltungsstellen in Orten wie Blankenheim, Prüm, Daun, Schleiden oder Adenau galt als unbillige Härte. So wurde etwa über Blankenheim geklagt: »Die Wege [...] führen durch stundenlange Heiden, keine Spur einer menschlichen Wohnung ist anzutreffen, sie führen über Berge durch unwegsame Wälder, sie sind beschwerlich und gefährlich.«[1]

Das Negativbild der Eifel erreichte Mitte des 19. Jahrhunderts sogar deren Bewohner, die zum Erstaunen auswärtiger Besucher die Zugehörigkeit zu diesem Gebirge verleugneten. 1928 konstatierte der Landeskundler Emil Meynen, das Bitburger Land gehöre nicht zur Eifel: »Es ist nicht das rauhe, ungeschlachte Land, wo die Bewohner auch heute dem Boden nur mühsam Roggen und Kartoffeln abringen, wo auch heute noch extensive Wirtschaft durch klimatische Lage bedingt ist.«[2] Und bis in die zweite Hälfte des 20. Jahrhunderts hielt sich dieses Bild. So wählte 1975 der Schriftsteller Andreas Höfele den Bereich um Daun zum Schauplan seiner Anti-Idylle »Das Tal«[3].

In den vergangenen Jahrzehnten ist das Image der Eifel allerdings deutlich komplexer und positiver geworden, mit medialer Hilfe gar auf dem Weg zu einem Sehnsuchtsort. So erschien 2015 »Eine kulinarische Entdeckungsreise – Eifel & Ostbelgien« über gastronomische Vielfalt in einem »der aufregendsten Naturparadiese Europas«[4]. In den 1980er-Jahren begründeten die Eifelkrimis des aus München zugezogenen Michael Preutes (Pseudonym Jacques Berndorf) das Genre der Regionalkrimis und erzielten Millionenauflagen. Auf seinen Spuren folgten in Köln-Hürth produzierte Vorabendserien, die die »Voreifel« mit ihren pittoresken Fachwerkhäusern als Hintergrundszenerie entdeckten. Zugleich verlor der Gegensatz zwischen karger Eifel und den warmen und lieblichen Gefilden entlang von Rhein und Mosel sowie den fruchtbaren Börden um Düren, Jülich und Garzweiler an Prägnanz.

Die Eifel wird seit jeher von Auswärtigen beschrieben und beurteilt. Die Eifelbewohner selbst haben wenig zu der Außendarstellung beigetragen – vielleicht auch, weil sich die Gegebenheiten vor Ort komplexer und differenzierter darstellen als in der Außenansicht. So wurde der »Eifelverein« 1888 in Düren gegründet, befindet sich die »Eifel-Bibliothek« in Mayen – allesamt Orte außerhalb der eigentlichen Eifel. »Eifel« umfasst heute mehr als die 5 325 km^2 »Naturraum«.[5] Randlandschaften wie Pellenz, Maifeld, Gutland oder Ahrtal ordnen sich gern der Eifel zu; Wortneuschöpfungen und Regionalbezeichnungen wie »Voreifel«, »Moseleifel«, »Rheineifel« oder »Südeifel« finden Resonanz. Und dann gibt es ganz im Norden zwischen Schleiden und Monschau in der Rureifel noch den »Nationalpark Eifel«. Der stark frequentierte Wanderweg »Eifelsteig« reicht seit 2009 von Aachen bis Trier, ergänzt vom »Ahrsteig« von Blankenheim bis zur (noch) naturbelassenen Mündung der Ahr in den Rhein bei Sinzig. Nie war mehr Eifel als heute.

Die Vielfalt der Eifel und die kulturelle Tiefe verleiten dazu, Einzelaspekte aus Geographie und Geschichte kaleidoskopartig nebeneinander zu platzieren. Im Folgenden soll jedoch der Fokus auf den historischen Kernbereich gelegt werden, die Kalkmulden mit den Hauptorten Prüm, Hillesheim, Gerolstein und Blankenheim (s. Abb. 1). Selbst in diesem überschaubaren Raum trifft eine Vielzahl von Einflussfaktoren aufeinander, angefangen von Dialekten, Hausbautraditionen, menschenleeren und vergleichsweise dicht besiedelten Bereichen. Um Blankenheim gibt es Fachwerkhäuser, in Hillesheim wird mit Verputz auf Bruchstein gebaut. Quer durch Stadtkyll verläuft die Dialektgrenze zwischen Moselfränkisch und ripuarischem (Kölner) Fränkisch. Die »Schneifel« im Westen ist eine der kältesten Regionen in Deutschland mit wenigen und kleinen Dörfern; lange Monate liegt hier der Schnee. Der Ortsname Bleialf verweist auf eine Bergbauvergangenheit als Lebensgrundlage bzw. Ergänzung kümmerlicher bäuerlicher Existenz. Nur wenige Kilometer entfernt befindet sich die Kalkeifel, weniger bewaldet, landwirtschaftlich intensiver genutzt und dichter besiedelt. Die Kalkmulden bildeten seit jeher gleichsam Siedlungsinseln inmitten der ausgedehnten Wälder der Schiefereifel.

Abbildung 1: Kernbereich der Eifel

Daten: OpenStreetMap-Mitwirkende, GeoBasis-DE/BKG 2019, SRTM: Jarvis et al. (2008), Kartographie: I. Johannsen

Ein kurzer Abriss der Prägungsphasen der Eifel

Seit der letzten Eiszeit haben in der Eifel kontinuierlich Menschen gelebt, wie archäologische Funde belegen. Aus römischem Militärbesitz entstand ab 600 fränkisches Königsgut im Grenzbereich der drei Diözesen Köln, Trier und Lüttich. Der Name Eifel erscheint erst im Hochmittelalter in karolingischen Urkunden. Zuvor wurde alles Bergland zwischen Maas, Rhein und Mosel als Ardennerwald *(Arduenna silva)* bezeichnet. Während der spätmittelalterlichen Klimagunst wurden weite Teile der bis dahin bewaldeten Eifel bis in die Höhenlagen gerodet und durch die jeweiligen Grundherren mit Bauernstellen besetzt. Kleine Marktorte wie Hillesheim, Schleiden, Blankenheim oder Gerolstein entstanden in dieser Zeit und erhielten Stadtrechte.

Im Hoch- und Spätmittelalter hatte sich eine komplexe Siedlungsstruktur aus kleinen Städten, Klosteranlagen und Dörfern herausgebildet. Wohlstand brachten die Eisenverarbeitung mittels Hammermühlen und der Handel mit dem überregional begehrten Schmiedeeisen sowie mit Leder. Die Bauern entwickelten im 14. Jahrhundert mit dem »Schiffeln« eine Art Brandrodung, die zunächst guten Ertrag an Roggen und Buchweizen brachte, dann aber für mehrere Jahrzehnte eine mit Ginster bewachsene Heide hinterließ. Die örtlichen Waldressourcen wurden weitestgehend genutzt, ansatzweise auch schon übernutzt.

Im 16. Jahrhundert geriet die Eifel in eine Abfolge von Kriegen im europäischen Kontext, die die bis dahin vielversprechende Entwicklung brutal abwürgte – und einherging mit Verwüstung, Verrohung und Verwirrung in Glaubensdingen. Vieh- und Menschenseuchen und die gehäuften Unwetter der »Kleinen Eiszeit« erklärte die bedrängte Bevölkerung mit Hexerei und Wetterzauber. Die Eifel wurde ein Zentrum der Hexenverfolgung. Noch Jahrhunderte später waren Sagen von Teufelswerk, Verhexungen und gewalttätigen Gespenstern unter der bäuerlichen Bevölkerung allgegenwärtig. Bücher wurden ebenso gefürchtet wie Menschen, die »mehr konnten als Brotessen«.[6] Über zwei Jahrhunderte fiel die Eifel in eine Art Schockstarre. Die Städte waren verwüstet, die Dörfer verwaist. Die Eisenhütten, in der Hand auswärtiger Betreiber, florierten aber weiterhin, weil ihre Erzeugnisse für alle Kriegsparteien von Nutzen waren.

Mit dem Tod Ludwigs XIV. 1715 und dem Übergang Luxemburgs an Österreich endeten für die Eifel die ständigen kriegerischen Beeinträchtigungen; eine allmähliche Erholung setzte ein. Um 1780 war die Eifel wieder ein Wirtschaftsraum, in dem über weite Entfernungen Holzkohle und Eisenerz gehandelt wurden, mit dem Anbau von Kartoffeln begonnen wurde, erste Wollstoff-Manufakturen entstanden, Branntwein produziert und sogar Stadterweiterungen erwogen wurden.

Franzosen und Preußen – Gemeinsamkeiten und Kontinuitäten

Die Flucht der Manderscheider Grafenfamilie vor den Franzosen markierte 1794 das Ende der alten Zeit. Die neuen Herren aus Paris prägten für die Eifel den Begriff »rheinisches Sibirien«. Bis 1801 galt das Kriegsrecht, wurde das eroberte Land als »Feindesland« behandelt und ausgeplündert. Die Neuordnung der Verwaltung erfolgte ohne Kenntnis des Landes und musste wiederholt den Gegebenheiten angepasst werden. Der Grundbesitz der Adligen und der Kirche wurde verstaatlicht und so rasch wie möglich versteigert. Wallonische Hüttenbesitzer konnten für geringe Summen riesige Waldflächen erwerben und begannen umgehend mit dem Abholzen. Die Hüttenbetreiber profitierten von sicheren Absatzmärkten in Lüttich (Gewehre) und Boulogne (Hafenbefestigung). Hingegen litten die Bauern vor allem unter der neuen Militärpflicht. In den zwei Jahrzehnten der Franzosenherrschaft hatten Belange des Militärs generell Vorrang vor bürgerlichen Bedürfnissen. Ansätze einer allgemeinen Schulpflicht wurden hintangestellt, zumal die Amtssprache nun Französisch war. So wuchs der Anteil der Analphabeten – 1818 wurde er für das linksrheinische Rheinland auf 75 % geschätzt. Zwangsrekrutierungen sowie die Beschlagnahme von Vieh und Vorräten ließen ungezählte Familien vollends verarmen. In seiner Schilderung »des unkultiviertesten und traurigsten Strich Landes im westlichen Deutschland« beschrieb der in Diensten der Franzosen stehende »Jakobiner« J. N. Becker die Eifler als träge, ungeschickt, roh, grob, bigott und abergläubig.[7]

Mit den Preußen wurden in der Eifel die Grenzen neu gezogen. Preußen erhielt den Teil der luxemburgischen Eifel inklusive Bitburg und der »Preußischen Wallonie« um St. Vith und Malmedy mit insgesamt 50 000 Bewohnern. Davon wurden die drei Kantone Kronenburg, Schleiden und Gemünd mit »10 000 Seelen« von Preußen dem Großherzog von Mecklenburg-Strelitz übertragen. Auch wenn die Mecklenburgische Phase bereits 1819 beendet war, ist die gezackte Grenzziehung an der oberen Kyll bis heute als Landesgrenze zwischen NRW und Rheinland-Pfalz ein Überbleibsel dieser Episode. Fast sieben Jahre benötigten die Preußen mit der Organisation der Verwaltung, die auf Kreis- und Kommunalebene weder an die Zeit vor 1794 noch allzu sehr an die Franzosenzeit anknüpfen sollte. 1822 war die Verwaltung organisiert und drei Regierungsbezirke (Aachen, Koblenz, Trier) für die Eifel zuständig.

Die Erkundung der Eifel erfolgte seit Mitte der 1840er-Jahre zumeist von Bonn aus – Gottfried Kinkel und Ernst Moritz Arndt waren die Ersten. Deutschlandweit betrachtet war die Eifel Teil einer Raumkategorie, die Wilhelm Heinrich Riehl um 1850 als »Land der armen Leute« beschrieb, zu der außerdem Hunsrück, Westerwald, Vogelsberg, Spessart, Rhön und Fichtelgebirge gehörten. Allerdings gründeten Auswanderer aus dem Hunsrück 1842 statt in Amerika bei Stadtkyll das Dorf Neu-Reuth.

Strukturveränderungen in der Eifel vollzogen sich nun im preußischen bzw. deutschen Kontext. Die traditionelle Verbindung zur Wallonie wurde durch hohe Zollgrenzen gekappt. Auch in Preußen gab es bis 1818 Binnenzölle. Das Eisengewerbe verlagerte sich zu großen Teilen an Rhein und

Ruhr. Die fortdauernde Geltung des Code civil war für die Eifel von Nachteil. Gab es vor der Franzosenzeit in weiten Teilen das Anerbenrecht (Stockerben), so verschärfte die nun geltende Realerbteilung von Generation zu Generation die Problematik immer kleinerer Bauernstellen, von denen weder Mensch noch Vieh leben konnten. Hinzu kam, dass zunächst kein Kataster geführt wurde. 1831 gab es in den Eifelkreisen Daun, Wittlich, Bitburg und Prüm bei knapp 130 000 Einwohnern insgesamt 1,235 Mio. steuerpflichtige Parzellen – je Einwohner 9,5 Grundstücke. Der geforderte Preis für solche Parzellen lag deutlich über dem Ertragswert. Der Not und Perspektivlosigkeit entzogen sich viele Eifler zunächst durch Auswanderung nach Amerika, dann Richtung Rhein und Ruhr. Allein im Zeitraum 1840–1871 suchten 40 000 Bewohner der Eifel in Übersee ihr Glück.

Die erschlossene Eifel – Aufschwung und Konjunktur im Kaiserreich

Die Eifelbahn Köln – Trier wurde 1869/71 fertiggestellt, zeitgleich mit dem deutsch-französischen Krieg. Vom Anschluss an die Eisenbahn profitierten Überbleibsel der Eifel-Industrie wie die Jünkerather Hütte. Das bislang bedeutungslose Gerolstein reüssierte als Bahnknotenpunkt, von dem aus bald auch Daun und Prüm erreichbar wurden.

Die Erschließung der Eifel mit Eisenbahnlinien unterlag vor allem strategischen Erwägungen. So entstand eine Strecke von Stadtkyll zum 1894 eingerichteten Truppenübungsplatz Elsenborn direkt an der belgischen Grenze, zudem eine Vielzahl von Stich- und Verbindungsbahnen. Innerhalb weniger Jahre umfasste das Eisenbahnnetz in der Eifel eine Länge von 1058 km mit 200 Bahnhöfen und Haltepunkten – 1914 die höchste Eisenbahndichte weltweit.[8] Die neuen Verkehrsanbindungen veränderten die Eifel grundlegend. In den kleinen Städten entstanden Krankenhäuser und erste Ladengeschäfte, als private Gründung in Gerolstein eine weiterführende Schule ebenso Angebote für den Fremdenverkehr. Die neue Eifel-Konjunktur wurde durch Eifelmaler (Fritz v. Wille) oder naturalistische Literatur (Clara Viebig) befeuert. 1913 kam das deutsche Kaiserpaar nach Gerolstein. Das örtliche Gastgewerbe suchte Assoziationen zu Südfrankreich; so wurde Bad Neuenahr mit Monte Carlo und Hillesheim mit Nizza verglichen.[9] Bei dieser Art von Tourismus blieben die Eifel und ihre Bewohner Kulisse. Er berührte ihr Leben weit weniger als die jährlichen Herbstmanöver des Heeres mit ihren Flurschäden und Einquartierungen. Diese Manöver stellten eine nicht unbedeutende Einkommensquelle für die Bauern dar, von der sie mehr profitieren konnten als vom Tourismus.

Im Ersten Weltkrieg war die Eifel Hinterland der Westfront. Quer hindurch wurde mit dem Bau einer mehrspurigen Bahnstrecke vom Ruhrgebiet über Remagen und Hillesheim Richtung Lothringen begonnen – die Brückentürme von Remagen sind Zeugnisse dieses Vorhabens. In Hallschlag inmitten der Schneifel wurde ein ursprünglich zur Strukturförderung gedachtes Sprengstoffwerk zu einem der größten Rüstungsbetriebe mit zeitweise über 2000 zumeist dienstverpflichteten Arbeitskräften aus Großstädten. Die Espagit lag so abgelegen, dass die Alliierten erst nach Kriegsende von ihrer Existenz erfuhren.

»Grenzlandnot«

Nach Ende des Ersten Weltkrieges verlor die Eifel einen Großteil der zuvor erst fertiggestellten Infrastruktur. Eisenbahnstrecken wurden zurückgebaut, das Espagit-Werk explodierte 1920 und hinterließ eine unsanierte Altlastenfläche. Belgien übernahm die zuvor »preußische Wallonie« und zudem Eupen. Der Truppenübungsplatz Elsenborn lag nun in Belgien. Insbesondere für von Militär, Verwaltung und Eisenbahn geprägte Orte hatte die französische Besatzung weitreichende Auswirkungen. So verlor Gerolstein 1923 durch amtliche Ausweisungen 45% seiner Bevölkerung. Zollgrenzen wurden nicht nur gegenüber Luxemburg errichtet, sondern auch zwischen dem besetzten Rheinland und dem übrigen Deutschland. 1927 bereiste der preußische Innenminister die westlichen Grenzgebiete und äußerte, »größeres Elend und größere Armut nirgends auf seinen Reisen durch Preußen gesehen zu haben«[10]. 1926/28 wurde im Preußischen Landtag ein »Westgrenzfonds« mit 15 Mio. RM aufgelegt, mit dem insbesondere arbeitsintensive Baumaßnahmen finanziert wurden. Hierdurch erhielten zahlreiche Eifeldörfer erstmals Wasserleitungen. Durch die Abtrennung des Saargebietes vom Regierungsbezirk Trier richtete die Behörde ihre Aufmerksamkeit stärker auf die Eifel. 1931 wurde hier der Begriff der »Grenzlandnot« geprägt. Im zum Regierungsbezirk Koblenz gehörenden Kreis Adenau wurde auf Initiative des Landrats zwecks Wirtschaftsförderung die Rennstrecke Nürburgring erbaut. Allerdings sparte auch der Staat, löste 1931 den Kreis Adenau auf und konzentrierte die Verwaltung des Ahrtales in Ahrweiler.

1935 lag die Arbeitslosigkeit im Regierungsbezirk Trier mit 9,3% höher als 1933. Während der NS-Zeit diente daher der Bau des »Westwalls«, eines militärischen Verteidigungssystems entlang der Westgrenze des Deutschen Reiches, als Arbeitsbeschaffungsmaßnahme und Strukturförderung. Tausende auswärtige Arbeitskräfte kamen in die Westeifel – in Hillesheim wurde mit 4000 Mann das Dreifache der damaligen Bevölkerung einquartiert. Lange galt die Eifel als sicheres Hinterland. Für die Großstädter wurde die neue innovative Schulform »Deutsche Hauptschule« (mit dem Fach Englisch) eingerichtet, die auch von manch Einheimischen besucht werden konnte.

Beim Kampf um den »Westwall« wurden im Winter 1944/45 Dörfer und Städte in der Westeifel zerstört. Stadtkyll lag zu 75%, Gerolstein zu 70% und Hillesheim zu 36% in Trümmern. Daun wurde insgesamt 23-mal bombardiert und zu 52% zerstört. Im Juli 1949 explodierten gelagerte Sprengstoffe unterhalb der bereits weitgehend in Trümmern liegenden Altstadt von Prüm.

Der Wiederaufbau vollzog sich in Eigenregie ohne Rücksicht auf Bautraditionen oder besondere Qualität. Enge Ortsdurchfahrten wurden beseitigt, die Neubauten waren nicht mehr typisch »Eifel«, sondern typisch »Nachkriegszeit«. Mehrere Jahre war in den besonders intensiv umkämpften Gegenden keine Land- oder Forstwirtschaft möglich – erst mussten Munition und Minen entfernt werden.

Zwischen Rheinland-Pfalz und Nordrhein-Westfalen

Die Einrichtung der Besatzungszonen machte die bisher bedeutungslose Grenze zwischen Regierungsbezirken zu einer Zollgrenze. Die Kreise Prüm, Daun und Ahrweiler lagen in der französischen, der Kreis Schleiden in der britischen Zone. Stadtkyll wurde von seinem traditionellen Hinterland abgeschnitten, wovon Blankenheim profitierte. Nach 1949 war die Eifel auf zwei Bundesländer verteilt. Lange wurde die Zugehörigkeit der Kreise Prüm und Daun zu Rheinland-Pfalz als Nachteil wahrgenommen. So verzögerte sich die Wiederherstellung zerstörter Verkehrswege hier deutlich länger als in der zu Nordrhein-Westfalen gehörenden Nordeifel. Der Grenzkreis Prüm lag im staatlich geförderten Notstandsgebiet der »Roten Zone«, der Kreis Daun erst nach energischer Intervention des Landrates.

1964 betrug das Bruttosozialprodukt im Kreis Prüm nur 46% des Bundesdurchschnitts.[11] Noch 1972 war die Eifel im Raumordnungsbericht der Bundesrepublik als »Notstandsgebiet« klassifiziert. Wesentliche Impulse erhielt die gewerblich-industrielle Entwicklung seit 1969 durch das regionale Aktionsprogramm Eifel-Hunsrück, das als Gemeinschaftsaufgabe »Verbesserung der regionalen Wirtschaftsstruktur« konzipiert war. Bis zu 15% der gewerblichen Investitionskosten wurden staatlicherseits übernommen, ebenso wurde die kostspielige Erstausweisung von Industrie- und Gewerbeflächen unterstützt. Weitere Maßnahmen zielten auf die schuli-

An der Ahr, Rheinland-Pfalz
© Stefan Schmitz

sche Infrastruktur und die Ansiedlung von Behörden. Daun hatte vor dem Zweiten Weltkrieg als Sitz der Kreisverwaltung weder Stadtrecht noch eine weiterführende Schule besessen. Nun entstanden innerhalb weniger Jahre eine Vielzahl von Verwaltungsgebäuden und ein Schulzentrum. Die Angleichung der Lebensverhältnisse ging einher mit der Abschaffung der oft einklassigen Dorfschulen, was vor Ort als Identitätsverlust wahrgenommen, aber in der fortschrittseuphorischen Zeit selten artikuliert wurde. Bereits die Grundschüler wurden nun per Schulbus in das nächstgelegene Schulzentrum gefahren. Neu angesiedelte Industrie und Gewerbe konzentrierten sich dank gelenkter Subventionen auf bestimmte Entwicklungsschwerpunkte; einzelne nunmehr auch offiziell zu Städten erklärte Orte (Daun, Gerolstein, Hillesheim) verwandelten sich im Erscheinungsbild und dank gebündelter Infrastruktur.

Zeitgleich wurden 1964/1975 mit der kommunalen Neugliederung in Nordrhein-Westfalen und Rheinland-Pfalz unterschiedliche Wege beschritten (s. Abb. 2): In Nordrhein-Westfalen entstanden Großgemeinden mit mehreren Ortsteilen, während in Rheinland-Pfalz das Konzept der Verbandsgemeinden fortgeschrieben wurde. Beide Bundesländer präferierten jedoch Großkreise. Schleiden wurde Randbereich des Landkreises Euskirchen. Prüm verlor den Kreissitz an Bitburg. Einzig Daun blieb als Kreisverwaltung in der Hocheifel bestehen, wobei der Fortbestand des Kreises Daun (2007 in Vulkaneifel umbenannt) bis heute infrage gestellt wird. 1970 sollten Jünkerath und Stadtkyll zum bipolaren Grundzentrum Kyllstadt fusioniert werden. Als dies 1973 am Bürgerwillen scheiterte, entstand die Verbandsgemeinde Obere Kyll im Kreis Daun. Bedingt durch den Verlauf der Landesgrenze war man sowohl in Nordrhein-Westfalen als auch in Rheinland-Pfalz ständig zu Kompromissen und Unzulänglichkeiten gezwungen. So blieb Dahlem nördlich der Grenze kommunal eigenständig, wurde aber mit der Zeit zur mit Abstand kleinsten Gemeinde Nordrhein-Westfalens (4202 Ew. in fünf Ortsteilen 2018, im Durchschnitt 44 Ew./km^2).

Abbildung 2: Politische Gemeinden in der Eifel (Stand 2018)

Hillesheim gelang 1964 die Aufnahme in das Bundesprogramm »Stadterneuerung«, wobei der zunächst vorgesehene Totalabriss von den Bürgerinnen und Bürgern verhindert und in einer zweiten Planung 1981/85 die traditionelle Marktfunktion fortgeschrieben wurde. Hillesheim wurde bundesweit für die europäische Kampagne zur Ortskernsanierung ausgewählt und kann auch 40 Jahre später als städtebaulicher Glücksfall gewertet werden. Deutlich später versuchte man 2017 städtebauliche Missstände in Gerolstein in direktem Zusammenhang mit der Planung eines großflächigen Einzelhandelsprojekts zu beheben. Nachdem das Vorhaben 2018 scheiterte, bleibt die Umsetzung der Stadtsanierung in Gerolstein ungewiss.

Daun blieb die einzige Kreisverwaltung inmitten der Eifel. Immer wieder wurden Neugliederungspläne diskutiert, die stets größere Einheiten präferierten. Dies galt auch für die Verbandsgemeinden. Drei der fünf Verbandsgemeinden im Kreis Vulkaneifel erreichten nicht die 2011 vom Land angesetzte Mindestgröße von 10 000 Einwohnern. Es kam zu jahrelangen Kontroversen, bis die fusionierte Verbandsgemeinde Gerolstein (inklusive Hillesheim und Obere Kyll) zu Beginn 2019 rechtswirksam wurde. Verbunden mit dieser Fusion sind der Verlust von Verwaltungsfunktionen in Hillesheim und Jünkerath und weitere Wege für die Bevölkerung durch Verteilung von Funktionen an die drei Rathäuser. So befindet sich die technische Bauaufsicht nun in Jünkerath, die Bauverwaltung in Gerolstein und das Ordnungsamt in Hillesheim.

Die Eifel heute

Die deutsche Vereinigung hat der Eifel gutgetan. Sie hat bundesdeutsche Durchschnittswerte abgesenkt und hierdurch die Kennziffern der Eifel subjektiv verbessert. Wichtiger aber war die Reduzierung der Inanspruchnahme durch das Militär, sei es die Umnutzung von Truppenübungsplätzen wie die Umwandlung des belgischen Truppenübungsplatzes Vogelsang zum Nationalpark Eifel oder die Reduzierung der Tiefflüge und Manöver. Auch der Bunker der Bundesregierung im Ahrtal wurde zur Touristenattraktion. Dank des Schengen-Abkommens von 1994 ist die Grenze zwischen deutscher Eifel und belgischen Ardennen nurmehr an unterschiedlichen Verkehrszeichen und Bauvorschriften erkennbar – der von Delhaize betriebene »Schmugglermarkt« bei Losheim nutzt seine Lage genau auf der Grenze ganz legal, um die Kunden am Preisvorteil in Belgien oder Deutschland teilhaben zu lassen.

Das Wohlstandsniveau der Vulkaneifel liegt aktuell knapp unter dem Bundesdurchschnitt. Die einzelhandelsrelevante Kaufkraft lag 2014 mit 94,0 (Verbandsgemeinde (VG) Hillesheim), 91,7 (VG Gerolstein) und 90,3 (VG Daun) deutlich über der Gesamtregion Trier (86,4).[12] Eine deutlich geringere Kaufkraft weist mittlerweile der Bereich um Bitburg, Neuerburg und Kyllburg entlang der Grenze zu Luxemburg auf. Durch die Nähe zum boomenden Wirtschaftsraum Luxemburg ergeben sich hier struktu-

Voreifel, Nordrhein-Westfalen
© Stefan Schmitz

relle Verwerfungen, von denen der Bereich Vulkaneifel so nicht betroffen ist. Auch die Arbeitslosigkeit ist derzeit kein Thema, eher der Fachkräftemangel. Der bundesweite Vertrieb von Mineralwässern (Gerolsteiner, Dreiser) dient als regionaler Markenbotschafter.

Sorgen bereitet der schleichende und unkoordinierte Verlust an Infrastruktur: Der Fortbestand von Krankenhäusern, von Schulen und selbst Pfarrbezirken wird ständig infrage gestellt. Vor wenigen Jahren galt das auch für die Eifelbahn. Bedeutsame Arbeitgeber haben hier selten mehr als 100 bis 200 Mitarbeitende und sind damit potenziell von Übernahmen oder Stilllegungen bedroht. Gerolsteiner Brunnen gehört zum Konzernverbund Bitburger-Brauerei. Die seit 1687 existierende traditionsreiche Eisengießerei in Jünkerath ist immer wieder in den Schlagzeilen – aktuell wurden 60 von 260 Arbeitsplätzen abgebaut. Wurden noch in den 1960er-Jahren ganze Jahrgänge von Schulabgängern aus der Vulkaneifel als Lehrlinge ins Ruhrgebiet vermittelt, so bemüht man sich heute um hoch qualifizierte Arbeitsplätze vor Ort. Die Übernahme eines renommierten Automobilzulieferers in Prüm durch Tesla brachte überregionale Schlagzeilen und dem Unternehmen dadurch erstmals Bewerbungen auswärtiger Fachkräfte. Immer noch müssen Abiturienten aus der Eifel zum Studium die Region verlassen, und nur ein geringer Teil findet nach der Ausbildung in Köln, Aachen oder Trier Berufsperspektiven daheim. Entsprechend hoch ist der Pendleranteil, insbesondere Richtung Köln und Bonn über die Autobahn A1 und die Eisenbahn. In Steffeln – einer engagierten Dorfgemeinschaft mit 600 Bewohnern – gibt es zweimal täglich eine Busanbindung und für Kunden der Telekom keinen Handy-Empfang. Einheimische haben sich notgedrungen damit abgefunden, und Touristen mag dies sogar idyllisch erscheinen – es sind dennoch schwerwiegende Beeinträchtigungen der Standortqualität.

Den wachsenden Anforderungen an Mindestgrößen bei Bevölkerungszahl, Kaufkraft oder Infrastrukturausstattung können weite Teile der Eifel nicht gerecht werden – im Kreis Vulkaneifel leben auf 911 km^2 insgesamt gut 60000 Menschen, die Zahl der Einwohner entspricht dem Mittelzentrum Hürth im Kölner Speckgürtel. In der Vulkaneifel verteilt sich diese Bevölkerung jedoch auf 109 eigenständige Ortsgemeinden. Eine Bevölkerungsdichte von 67/km^2 ist im Vergleichsrahmen Bundesrepublik oder Bundesland Rheinland-Pfalz niedrig. Zuwanderung ergab sich nach Kriegsende durch Heimatvertriebene (Anteil von 6 bis 7% um 1960), nach der deutschen Einheit 1989/90 u.a. auch durch Russlanddeutsche sowie Geflohene 2015. So betrug 1990 die Einwohnerzahl im Kreis Vulkaneifel 58980, erreichte 2001 (jeweils 31.12.) die Marke von 64464, sank dann bis 2012 auf 60073 und stabilisierte sich 2013/18 bei 60603 bis 60794. Seit 1990 liegt die Sterbeziffer deutlich höher als die Geburtenzahl. Gab es 2015 im Kreis 823 Sterbefälle, standen dem nur 439 Geburten gegenüber. Die dennoch einigermaßen stabile Bevölkerungsentwicklung resultiert aus der Zuwanderung, der Beliebtheit der Region als Altersruhesitz, gerade auch bei Niederländern, die eine wichtige Klientel der örtlichen Makler bilden und ggf. in ihrer Muttersprache beworben werden. Daraus ergibt sich ein extrem hoher Altersdurchschnitt – 2017 waren im Bereich der Oberen Kyll 34,6% der Bewohner (Erstwohnsitz) 60 Jahre und älter, bei den Nebenwohnsitzen betrug der Anteil sogar 43,8%. Spitzenreiter war die Gemeinde Schüller mit 46,9% (Erstwohnsitz) bei den Jahrgängen 1957 und älter. Schüller zählt aktuell 305 Einwohner, hat keinerlei verbliebene Versorgungsinfrastruktur und ist nur über kurvige und teils steile Straßen von Jünkerath aus zu erreichen.

Die Sensibilität für die Bewahrung der Landschaft ist in den vergangenen Jahren gewachsen. Es gibt Debatten um den Lavasand-Abbau ebenso wie um den Ausbau der Windkraftnutzung. Durch die Intensivierung und Nutzungsstandardisierung bei Forst- und Landwirtschaft hat das Landschaftsbild jedoch kaum noch Ähnlichkeit mit jener Heide- und Felsenszenerie, die um 1900 Touristen in die Eifel lockte und diese an das schottische Hochland erinnerte.

Die Eifelbevölkerung lebt zu großen Teilen in Dörfern, die bereits jegliche Infrastruktur (Einzelhandel, Schule etc.) eingebüßt haben. Der ÖPNV ist rudimentär, der Besitz eines Autos lebensnotwendig. Die 805 km Bundes-, Land- und Kreisstraßen[13] sind in der Regel in gutem Zustand, die Reparaturen müssen aufgrund fehlender Alternativrouten rasch und ohne Verzug erfolgen. Die »Städte« in der Eifel sind nach bundesdeutschen Maßstäben winzig – mit 8 000 Einwohnern sollen sie hier mittelzentrale Funktionen erfüllen. Diesem Anspruch können weder Gerolstein (7 504 Ew.) noch Daun (7 994 Ew.) oder Prüm (5 488 Ew.) wirklich gerecht werden.[14] Jenseits der Grundversorgung braucht die Bevölkerung fundierte Kenntnisse der örtlichen und überörtlichen Einzelhandelslandschaft.[15] Geschäfte finden sich zumeist in Kleinstädten (Grundzentren, sobald ein »großflächiger Lebensmittler« vor Ort ist), aber auch (noch) in einigen Dörfern und zum Teil in Einzellage. Zwar finden sich immer noch Nachfolger mit kreativen Ideen, doch ergeben zumeist altersbedingte Geschäftsaufgaben größere Angebotslücken. Bestimmte Sortimente (z. B. Schuhe, Elektro) drohen bereits flächendeckend zu fehlen. Viele Gemeindevertreter in der Eifel betrachten den damit einhergehenden Kaufkraftabfluss aus der Region als unabwendbares Schicksal. Verbliebene Einzelhändler vor Ort werden ggf. als Kuriosum belächelt.[16] Sehr viel stärker als in der Stadt sind Konsumenten zur Mobilität gezwungen, etwa wenn im 1 100-Einwohner-Ort Lissendorf Zeitungsabonnenten mit Gutscheinen abgespeist werden, die sie selbst dann täglich im nächstgelegenen größeren Ort – Jünkerath oder Hillesheim stehen zur Auswahl – einlösen dürfen. Die insbesondere aus den Niederlanden stammenden Touristinnen und Touristen, viele wohnen in Ferienanlagen, haben mittlerweile große Bedeutung für den Umsatz vor Ort, während andererseits viele Eifeler für den Großeinkauf zum Rand der Eifel, u. a. nach Euskirchen, Trier und Koblenz / Mülheim-Kärlich fahren – oder gleich nach Köln.

Die Zahl der Touristen stagniert derzeit, die touristische Infrastruktur der 1970er-Jahre ist oftmals nicht mehr zeitgemäß. Viele Gäste sind allerdings auch sehr preissensibel und goutieren preiswerte Unterkunft und Verpflegung. Einige wenige Angebote im höheren Preis- und Qualitätssegment haben sich dennoch im Markt etablieren können, profitieren von speziellen Wochenend-Arrangements und in beträchtlichem Maß von der Nähe zum Nürburgring. Die Übernachtungszahlen im Dreiländereck Obere Kyll um den 1973 erbauten Kyll-Staudamm bei Kronenburg haben sich von 800 000 (1992) mittlerweile mehr als halbiert (2014: 365 000, 2015: 396 596). 2016 wurde der seit 1971 bestehende grenzüberschreitende Verkehrsverein Oberes Kylltal aufgelöst.

Im Zusammenhang mit der Erreichbarkeit steht auch die Diskussion um die »Autobahnlücke« in der Region. In den 1970er-Jahren wurde die

A48 von Trier nach Koblenz gebaut, die bei Daun einen Schwenk nach Norden aufwies. Bis 1982 wurde von Köln her die A1 bis Höhe Tondorf/ Blankenheim fertiggestellt. Bereits 1980 war der Lückenschluss A1 Tondorf-Mehren im Bundesverkehrswegeplan auf erster Dringlichkeitsstufe vermerkt. Der Lückenschluss wurde im Süden bis 2012 mit Anschluss der A1 an die B410 bei Kelberg vorbereitet. Der Transitverkehr zwischen Kelberg und Tondorf verläuft seither über Bundesstraßen und direkt durch Ortskerne. Der A1-Lückenschluss über die Landesgrenze hinweg ist zwar immer noch vorgesehen, doch hat mittlerweile die autobahnähnlich ausgebaute B51 zwischen Blankenheim und Prüm zur A64 einen beträchtlichen Teil des Verkehrsaufkommens übernommen. So profitiert die Eifel heute von guten Verkehrsanbindungen Richtung Niederrhein, Mosel und Ardennen, ohne gänzlich zum Transitraum degradiert zu sein. Innerhalb einer guten Stunde Fahrzeit per Auto oder Bahn von Köln aus ist hier eine landschaftlich attraktive Region zu finden, in der erschlossenes Bauland für 19–22 €/m² offeriert wird.

Anmerkungen

1 Zitate in: Heinz Renn, Die Eifel, Düren 2000, S. 123.
2 Zitiert bei: Josef Birkenhauer, Die Eifel in ihrer Individualität und Gliederung, Köln 1960, S. 170.
3 Andreas Höfele, Das Tal, Frankfurt 1979.
4 Hannelore Hippe / Susanne Schug, Eifel & Ostbelgien, Neustadt a. d. Weinstraße 2015.
5 Heinz Fischer, Die naturräumliche Gliederung der Eifel, in: Die Eifel – Beiträge zu einer Landeskunde, Düren 2013, S. 11–38, Flächenangabe S. 11.
6 Vgl. Matthias Zender, Sagen und Geschichten aus der Westeifel, Bonn 2013.
7 Sabine Doering-Manteuffel, Die Eifel – Geschichte einer Landschaft, Frankfurt 1995, S. 86 f.
8 Angaben bei Karl Lüttgens, Chronik des Kreises Schleiden / Euskirchen und seiner Nachbarn 1792–1980, 2010.
9 Hermann Meyer, Hillesheim, 1990; Jürgen Haffke / Franz-Josef Knöchel, Die Eifel als Tourismusgebiet, in: Eifelverein e.V., Die Eifel. Beiträge zu einer Landeskunde, Düren 2013, S. 227–246.
10 Zitiert in: Dreis-Brück. Eine Dorfchronik, 1997, S. 92.
11 Reinhold Wacker, Das Land an Mosel und Saar mit Eifel und Hunsrück. Strukturen und Entwicklungen 1815–1990, Trier 1990.
12 Angaben Stichjahr 2014 GfK GeoMarketing Darstellungen der IHK Koblenz und Trier.
13 Angaben für Kreis Vulkaneifel 2017.
14 Angaben 2016 jeweils mit Eingemeindungen.
15 Einzelhandels- und Zentrenkonzept Stadt Hillesheim 2017, Einzelhandels- und Zentrenkonzept VB Obere Kyll 2018.
16 Eigene Beobachtung 2018 im Rahmen der Gutachtertätigkeit, z. B. in Dahlem.

Martin Graffenberger

Das Erzgebirge – ländlicher Raum zwischen Tradition und Innovation

Das Erzgebirge gilt weithin als abwechslungsreiche Naturlandschaft und unverwechselbare Weihnachts-, Wintersport- und Kunsthandwerksregion. Zugleich ist es eine Region mit langer Bergbautradition, aus der sich eine moderne Industrielandschaft entwickelt hat. Solche Assoziationen spiegeln die Vielfalt dieses Landstrichs entlang der Grenze zwischen Sachsen und Böhmen wider. Brauchtum und Traditionen werden im Erzgebirge seit jeher hochgehalten und tragen maßgeblich zur regionalen Identität(sbildung) bei. Gleichzeitig sind technischer Fortschritt und Innovation bestimmendes Element regionaler Zukunftsgestaltung.

Dieser Beitrag will die im Erzgebirge praktizierte Verbindung zwischen Tradition und Innovation aufzeigen und die Region als überaus vielfältigen ländlichen Raum einordnen. Dazu werden zunächst historische Bezüge der Region sowie Transformationsprozesse nach der Vereinigung thematisiert, bevor die verschiedenen Bereiche vorgestellt werden, die das Erzgebirge als Industrie- und Innovationsregion heute prägen.

Räumliche, administrative und historische Einordnung

Naturräumliche und administrative Gliederung

Das Erzgebirge ist ein Mittelgebirge, das sich in die Teilräume Westerzgebirge, Mittleres Erzgebirge und Osterzgebirge gliedern lässt.[1] In südwestlich-nordöstlicher Richtung hat das Erzgebirge eine Ausdehnung von etwa 150 km sowie eine maximale Breite von etwa 60 km. Die höchsten Erhebungen sind auf tschechischer Seite der Keilberg (Klínovec; 1244 m) und auf deutscher Seite der Fichtelberg (1215 m).

Das sächsische Erzgebirge umfasst den südöstlichen Teil des Vogtlandkreises, den Erzgebirgskreis, den südöstlichen Teil des Kreises Mittelsachsen sowie südwestliche Gebiete des Kreises Sächsische Schweiz-Osterzgebirge (s. Abb. 1). Je nach naturräumlicher oder administrativer Abgrenzung leben im Erzgebirge, beiderseits der Grenze, zwischen 800 000 und 1,2 Mio. Menschen. Die größten Städte auf deutscher Seite sind Freiberg (ca. 40 000 Einwohner), Annaberg-Buchholz (21 000), Schwarzenberg (18 000), Marienberg (18 000) und Aue (17 000).

Abbildung 1: Die Region Erzgebirge

Daten: OpenStreetMap-Mitwirkende, GeoBasis-DE / BKG 2019, GADM Data, Flüsse: European Environment Agency, SRTM: Jarvis et al. (2008), Kartographie: I. Johannsen

Naturräumliche und administrative Abgrenzungen sind nicht deckungsgleich. In diesem Beitrag geht es in erster Linie um den Erzgebirgskreis, der innerhalb dieses Landschaftsraums liegt und trotz regionaler Unterschiede relevante Entwicklungen und Herausforderungen der weiter gefassten Erzgebirgsregion widerspiegelt. Im Rahmen einer Verwaltungsreform wurden 2008 vier Landkreise zu einem Erzgebirgskreis zusammengelegt. 2018 lebten im Erzgebirgskreis etwa 338 000 Menschen. Damit ist er der bevölkerungsreichste Landkreis Ostdeutschlands. Die Bevölkerungsdichte ist mit 188 Menschen je km², gemessen an seiner ländlichen Prägung, relativ hoch.

Historische Einordnung

Das Erzgebirge wurde erst spät besiedelt. Zu Beginn des 12. Jahrhunderts handelte es sich weitgehend noch um unbewohntes Waldland. Erst allmählich begann mit ersten Erz- und Silberfunden in der Nähe von Freiberg die Besiedlung. Eine zweite Phase demographischer und wirtschaftlicher Dynamik durchlebte die Region im 15. Jahrhundert. Die sich rasch verbreitende Kunde reicher Erz- und Silberfunde – das »Große Berggeschrey« – löste in der Region rege Bergbautätigkeiten aus; zahlreiche Bergwerke, Schmelzhütten und Hammerwerke entwickelten sich. Menschen aus dem gesamten mitteleuropäischen Raum zogen ins Erzgebirge, neue Bergbausiedlungen und -städte entstanden, darunter Annaberg, Marienberg und Schneeberg.[2] Im 16. Jahrhundert waren Annaberg-Buchholz und Freiberg die größten Städte in Sachsen. Im Zuge der bergbaulichen Aktivitäten sowie der damit einhergehenden Auf- und Abschwünge entwickelten sich bereits früh weitere Wirtschaftszweige wie die Textil-, Glas- und Papierherstellung sowie das holzverarbeitende Gewerbe.[3] Mit der Gründung der Bergakademie in Freiberg begann im Jahr 1765 eine dritte Bergbauphase, die durch die Entwicklung industrieller und wissenschaftlicher Verfahren zu Erzabbau und Erzschmelze sowie das Aufkommen der Maschinenbau- und Werkzeugindustrie geprägt war.

Zwischen den Weltkriegen führte die Wiederbelebung der Zinnproduktion zu einer vierten Phase, die durch die sowjetische Besatzung u. a. auch durch den Abbau von Uran im Westerzgebirge bis in die 1970er-Jahre hinein andauerte und umfassende natur- wie siedlungsbezogene Schäden in der Region hinterließ.[4] Parallel zum Bergbau entwickelte sich die Region in der DDR zu einem wichtigen und diversifizierten Industriestandort mit Konzentrationen der Textilindustrie, des Maschinenbaus (insb. Textil- und Werkzeugmaschinen) sowie der Möbel- und Spielzeugwarenindustrie. Im Laufe der Jahre entstand in diesen und anderen Bereichen umfassendes Know-how, von dem die Region auch gegenwärtig noch zehrt.

Sozialräumliche Transformationen

Hervorgerufen durch wirtschaftliche und gesellschaftliche Transformationsprozesse nach der Vereinigung hat das Erzgebirge, wie zahlreiche andere ländliche Räume Ostdeutschlands, einen tief greifenden demographischen und sozioökonomischen Strukturwandel durchlebt.

Bevölkerungsentwicklung

Das Erzgebirge ist seit Jahrzehnten stark durch demographische Schrumpfungsprozesse geprägt. Nach 1990 sind die Geburtenzahlen massiv eingebrochen und verbleiben seither auf niedrigem Niveau. Der Erzgebirgskreis hat seit 1990 etwa 25 % seiner Bevölkerung verloren. Auch wenn langfristige Prognosen mit Vorsicht zu betrachten sind, deuten diese auf weitere, substanzielle Bevölkerungsverluste hin – bis 2030 ist für den Erzgebirgskreis ein weiterer Rückgang um bis zu 25 % prognostiziert[5] – mit weitreichenden mittel- und langfristigen Folgen. Dies sind beispielsweise der alters- und qualifikationsselektive Rückgang des Erwerbspersonenpotenzials, die trotz Rückbaumaßnahmen zeitweilig hohen Leerstandsquoten in Wohn- und Gewerbegebäuden, die Unterauslastung und entsprechende Reduzierung sozialer (z. B. Schulen, Kulturangebote) wie technischer Infrastrukturen sowie allgemein Auswirkungen auf die kommunalen Finanzen.[6]

Der Bevölkerungsrückgang der vergangenen Jahrzehnte ist sowohl durch Sterbeüberschüsse als auch negative Wanderungssalden gekennzeichnet. Allerdings wurde 2014 zum ersten Mal seit 1995 ein positiver Wanderungssaldo (+538) erreicht, eine Tendenz, die sich in den Folgejahren fortsetzte. Es scheint, dass insbesondere der Erzgebirgskreis in den vergangenen Jahren von einer Rückwanderungsdynamik profitieren konnte. Der Kreis verzeichnet eine der höchsten Rückkehrquoten in Sachsen.[7] Rückkehrerinnen und Rückkehrer werden im Kontext regionaler Zukunftsgestaltung und Impulssetzung, wie auch zur Kompensation des jahrzehnteangen Braindrains, als wichtige Bezugsgruppe gesehen. Neben den überdurchschnittlich hohen Rückwanderungsquoten verzeichnet der Kreis inzwischen zudem eine niedrige Abwanderungsquote, gilt also als »Best Performer«.[8]

Dennoch können auch ein mittlerweile positiver Wanderungssaldo sowie die angedeutete Rückkehrdynamik an der demographischen Entwicklung mittelfristig nur wenig ändern. Insbesondere das hohe Geburtendefizit lässt sich auch langfristig nicht kompensieren. Folglich wird das regionale Arbeitskräfteangebot weiterhin deutlich sinken, und der Handlungs- und Anpassungsdruck in finanziellen, sozialen und kulturellen Bereichen wird hoch bleiben.

Wirtschaftlicher Strukturbruch

Mit der Privatisierung volkseigener Betriebe und der Schließung der letzten Bergwerke nahm im Erzgebirge die Beschäftigung, insbesondere auch im produzierenden Gewerbe, deutlich ab. Da regionale Unternehmen im nun weltweiten Wettbewerb häufig nicht konkurrenzfähig waren, kam es zu zahlreichen Schließungen und letztlich zu einem rapiden und vehementen wirtschaftlichen und sozialen Strukturbruch.[9] Dieser betraf insbesondere strukturbestimmende Wirtschaftsbereiche wie die Textil-, Maschinenbau- und Elektroindustrie. Da auch Neugründungen die Entlassungen nicht kompensieren konnten, stiegen Arbeitslosigkeit und in der Folge Abwanderungen stark an.[10] So musste die industriell geprägte Region einen starken Rückgang des teils hoch qualifizierten Arbeitskräftepotenzials (Stichwort Braindrain) hinnehmen – die indirekten Folgen dieser Prozesse setzen sich bis in die Gegenwart fort. Zeitgleich wuchs insbesondere das Bau- und Dienstleistungsgewerbe, vor allem durch umfassende Investitionen in die Infrastruktur sowie den Aufbau neuer Verwaltungsstrukturen.

Tabelle 1: Ausgewählte Strukturdaten des Erzgebirgskreises im Vergleich

	Deutschland	Sachsen	Erzgebirgskreis
Bevölkerungsentwicklung 2008–2018, in %	+2,6	−2,7	−10,5
Bevölkerungsdichte 2017, Einwohner je km²	231	221	187
Bruttoinlandsprodukt 2017, in € je Einwohner	39 650	29 960	23 350
Verfügbares Einkommen der privaten Haushalte 2017, in € je Einwohner	22 623	19 920	20 053
Arbeitslosenquote Jahresdurchschnitt 2017, in %	5,7	6,7	5,4
Industriedichte 2017	82	77	110

Quelle: Eigene Darstellung auf Basis der statistischen Ämter von Bund und Ländern

Erst mit Beginn der 2000er-Jahre lässt sich für das Erzgebirge von einer allmählichen Stabilisierung der wirtschaftlichen Situation sprechen – wenngleich die Erwerbstätigkeit deutlich unter dem Niveau von 1989/1990 verharrte. Es konnten sich neue und (zunächst) wettbewerbsfähige Wirtschaftszweige, beispielsweise die Halbleiter- und Solarindustrie in Freiberg, etablieren. Die Strukturveränderungen begründen zudem die eher kleinteilige Wirtschaftsstruktur und Dominanz von Kleinstunternehmen im Erzgebirge.[11] Die Zahl der Unternehmen mit mehr als 250 Beschäftigten (36) sowie mit 50 bis 250 Mitarbeitern (352) ist zwar vergleichsweise gering, dennoch generieren diese einen Großteil der Gesamtbeschäftigung.[12]

Das Erzgebirge als Industrie- und Innovationsregion

Industrielle Prägung

Trotz dieser sozio-strukturellen Umwälzungen und der damit verbundenen Herausforderungen ist das Erzgebirge – und insbesondere der Erzgebirgskreis – weiterhin eine wichtige Industrieregion. Der Anteil der Unternehmen aus dem produzierenden Gewerbe ist im Erzgebirgskreis mit über 30% in Sachsen am höchsten. Vor dem Hintergrund der gravierenden wirtschaftlichen Transformationsprozesse ist zudem die hohe Industriedichte bemerkenswert. Je 1000 Einwohner wurden im Jahr 2017 für den Erzgebirgskreis 110 sozialversicherungspflichtig Beschäftigte im verarbeitenden Gewerbe verzeichnet – ein Wert, der deutlich über dem sächsischen (77) wie auch dem bundesweiten (82) Durchschnitt liegt.[13] Herauszustellen ist zudem die starke Zunahme der Industriedichte (+ 45%) im Erzgebirgskreis seit dem Jahr 2000.

Die Branchenstruktur stellt sich im Erzgebirgskreis durchaus diversifiziert dar, wenngleich die Metallbranche der mit Abstand bedeutendste Zweig ist. Nahezu jedes dritte Unternehmen des verarbeitenden Gewerbes im Erzgebirgskreis ist mit der Erzeugung bzw. Verarbeitung von Metall befasst. Andere wichtige Bereiche sind der Maschinenbau und die Elektrotechnik. Insgesamt sind über 50% aller Unternehmen und etwa zwei Drittel der Beschäftigten in diesen Schlüsselbranchen tätig. Viele Unternehmen sind, etwa als Zulieferer, eng mit den Bereichen Automotive sowie dem Maschinenbau verflochten, insbesondere an den Standorten Chemnitz und Zwickau. In diesen auch historisch bedeutenden Bereichen werden die spezifischen Kernkompetenzen der Region verortet.[14] Viele Unternehmen knüpfen heute an diese regional eingebetteten Wissensbasen an. Ferner sind im Erzgebirgskreis die Ernährungs-, Kunststoff- und Textilindustrie bedeutsam. Auch der Unternehmensanteil im Bereich Holzwarenherstellung ist im Erzgebirgskreis mit 6% doppelt so hoch wie in Sachsen insgesamt.[15]

Etliche der heute aktiven Unternehmen haben ihre Produktion substanziell verändert und sie an technologisch anspruchsvollen und wertschöpfungsintensiven Marktsegmenten ausgerichtet. Viele von ihnen agieren innovativ und erfolgreich in spezifischen Nischen traditioneller Branchen, beispielsweise dem Bereich technischer Textilien, und vermarkten ihre Produkte auch international. Eine Bestandsaufnahme zu sogenannten Hidden Champions[16] zeigt, dass insgesamt 40% dieser im Kammerbezirk der IHK Chemnitz gelisteten Unternehmen im Erzgebirge ansässig sind. Ein Blick auf ihre Tätigkeitsprofile illustriert, dass sie insbesondere in den traditionellen Kompetenzbereichen der erzgebirgischen Wirtschaft,

Hauptsitz der Norafin Industries GmbH in Mildenau im Erzgebirgskreis. Das Unternehmen mit rund 230 Beschäftigten ist ein führender Anbieter vernadelter und wasserstrahlverfestigter Vliesstoffe sowie Composites. Diese werden beispielsweise als Schutzbekleidung in der Filtrations- und Medizintechnik eingesetzt.
© Norafin Industries GmbH

wie dem Metall- und Maschinenbau, der Textilbranche, der Pinselherstellung oder dem Musikinstrumentenbau, aktiv sind. Bei Hidden Champions handelt es sich um Unternehmen, die mit ihren Produkten und Dienstleistungen in spezifischen Nischen auch aufgrund ihrer Innovationsfähigkeit auf dem Weltmarkt eine führende Position bekleiden, in der öffentlichen Wahrnehmung jedoch meist unbekannt sind (s. Beitrag von Lang / Vonnahme in diesem Band).

Auch der Tourismus ist für das Erzgebirge ein wichtiger Wirtschaftsfaktor, insbesondere die durchschnittlich 92 000 Tagestouristen sowie saisonal auch die Wintermonate, in denen die Region mit Wintersportangeboten, stimmungsvollen Weihnachtsmärkten, traditionsreichen Bergparaden und Handwerkskunst lockt. Allerdings ist der Tourismus für Beschäftigung und Wertschöpfung keineswegs strukturbestimmend. Insgesamt sind lediglich knapp über drei Prozent der Beschäftigten direkt im Tourismussektor tätig.[17] Gleiches gilt für das Kunsthandwerk, mit dem die Erzgebirgsregion vielfach assoziiert wird und das in der Region etwa 2 000 Beschäftigte verzeichnet. Sein Anteil an der Gesamtbeschäftigung ist damit, trotz großer Bekannt- und Beliebtheit der Produkte, gering. Die traditionelle Handwerkskunst ist beispielsweise im Spielzeugdorf Seiffen, wo sich zahlreiche Spielzeugmacher und Werkstätten konzentrieren, eindrucksvoll erlebbar.

Insgesamt stellt sich die Wirtschafts- und Industriestruktur im Erzgebirgskreis überaus robust und dynamisch dar. Dies zeigt sich insbesondere in einer anhaltend geringen regionalen Arbeitslosenquote. Sie lag Mitte 2018 bei 4,6 % – sachsenweit auf Landkreisebene der niedrigste Wert. Jedoch ist das regionale Bruttoinlandsprodukt durch die Ausrichtung auf den sekundären Industriesektor vergleichsweise niedrig, da die dort erzielte Wertschöpfung, insbesondere im Vergleich zu zahlreichen Dienstleistungsaktivitäten, grundsätzlich eher gering ist. Sowohl auf die Erwerbstätigen als auch die Einwohner bezogen, liegen entsprechende Kennzahlen deutlich unter dem sächsischen Durchschnitt: Der Erzgebirgskreis erreicht mit einem Bruttoinlandsprodukt je Einwohner von 23 350 € (2017) lediglich 78 %[18] und bezogen auf die Erwerbstätigen 87 %[19] des Landesschnitts. Das verfügbare Pro-Kopf-Einkommen, ein Indikator der regionalen Kaufkraft, lag mit 20 053 € (2017) jedoch leicht über dem sächsischen Durchschnitt (s. Tab. 1).[20]

Universitätsstandort und »neues Berggeschrey«

Mit der Technischen Universität Bergakademie Freiberg ist das Erzgebirge zudem ein Universitätsstandort. Trotz dezentraler Organisation des deutschen Forschungssystems zeigt sich eine deutliche Konzentration der staatlich organisierten Forschung in den Verdichtungsräumen. Zusammengenommen befinden sich lediglich 12 % aller Standorte von Hochschulen und außeruniversitären Forschungseinrichtungen in ländlichen Räumen – gleichzeitig ist an diesen Standorten nur 6 % des wissenschaftlichen Personals tätig.[21] Somit kann der Standort der 1765 gegründeten TU Bergakademie Freiberg, der ältesten montanwissenschaftlichen Einrichtung der Welt, im ländlich geprägten Erzgebirge durchaus als Besonderheit betrachtet werden. Über Mechanismen wie die Bindung von Absolventinnen und Absolventen an die Region, kann die TU Freiberg zudem als Ressource für den regionalen Arbeitsmarkt fungieren. Die TU Freiberg versteht sich als Ressourcenuniversität und setzt in praxisrelevanter Lehre und Forschung Schwerpunkte in den Bereichen Rohstoff- und Energiewirtschaft, Kreislaufwirtschaft und Werkstoffe. Insgesamt beschäftigt sie etwa 2200 Personen, die Zahl der Studierenden liegt bei knapp über 4000 (Ende 2018). Auffallend ist der hohe Anteil internationaler Studierender (27 %) und, bedingt durch die technische Ausrichtung der Universität, der hohe MINT-Anteil (also der Bereiche Mathematik, Informatik, Naturwissenschaft und Technik; 79 % aller Studierenden). Die TU Bergakademie

Freiberg fungiert international, national sowie auch regional als wichtige Institution der Wissensgenerierung und -verbreitung.

Seit etwa zehn Jahren gewinnt die Montanwirtschaft in Sachsen allgemein und speziell im Erzgebirge wieder an Bedeutung, sodass eine umfassendere Wiederbelebung durchaus als realistische Option erscheint. Steigende Weltmarktpreise für Metallrohstoffe sowie insbesondere die erhöhte Nachfrage nach Lithium eröffnen derzeit vielfältige Perspektiven zur (Re-)Aktivierung vergangener (Zinn, Indium, Spaten, Wolfram) wie auch zur Etablierung neuer Bergbauaktivitäten. Der Wandel zur E-Mobilität treibt insbesondere die weltweite Nachfrage nach Lithium hoch, das zentraler Bestandteil leistungsstarker Akkus ist. Die im Osterzgebirge vermuteten Lithiummengen zählen zu den größten Vorkommen Europas.[22] Folglich ist in den vergangenen Jahren die Zahl neuer Antragsvorhaben, Bergbauberechtigungen und konkreter Projekte zur bergbaulichen Gewinnung deutlich gestiegen.[23] In Zinnwald-Georgenfeld, direkt an der Grenze zu Tschechien, nimmt die Lithium-Förderung und somit die mögliche Fortschreibung der Geschichte des sächsischen Bergbaus bereits konkret Gestalt an.[24] Im Hinblick auf dieses «neue Berggeschrey» kann die TU Freiberg künftig möglicherweise auch im aktiven Bergbau regional wieder eine größere Bedeutung für Forschung und Ausbildung haben.

Hinsichtlich des Bergbaus wird im Erzgebirge aktuell ein Spagat zwischen Tradition und Moderne unternommen. Einerseits gibt es konkrete Perspektiven zur Aufnahme neuer Bergbauaktivitäten. Andererseits werden seit 1998 Bestrebungen vorangetrieben, das montanindustrielle Kulturerbe grenzübergreifend als »Montane Kulturlandschaft Erzgebirge / Krušnohoří« in Wert zu setzen – sowohl durch die Förderung des Kulturtourismus als auch durch Prozesse regionaler Identitätsbildung. Diese Bestrebungen mündeten im Juli 2019 in der Verleihung des Welterbetitels durch die UNESCO.[25]

Aktivierende Wirtschaftsförderung

Im Rahmen eigener Forschungsarbeiten zu unternehmerischen Innovationsaktivitäten im Erzgebirgskreis[26] wurde in zahlreichen Gesprächen mit Unternehmensvertretern und regionalen Akteuren die aktivierende und moderierende Rolle der kreiseigenen Wirtschaftsförderungsgesellschaft sowie des angegliederten Regionalmanagements Erzgebirge deutlich. Durch vielfältige Maßnahmen, die sowohl in die Region hinein als auch nach außen gerichtet sind, werden regionale Entwicklungsdynamiken unterstützt und eigene Entwicklungsimpulse gesetzt. Mittels verschiedener Initiativen werden explizit Regionsbezüge hergestellt und die Identitätsbildung gefördert. Dazu gehören beispielsweise das seit Ende 2017 erscheinende Regionalmagazin HERZLAND sowie das 2010 eingerichtete Botschaftermarketing. Die mittlerweile über 100 Erzgebirgsbotschafterinnen und -botschafter sind Persönlichkeiten aus Wirtschaft, Bildung, Kultur, Sport, Gesellschaft und Politik, die die Entwicklung des Erzgebirges als Wirtschaftsstandort und lebenswerte Region unterstützen.

Diese Initiativen bieten auch Unternehmen die Möglichkeit, ihre Sichtbarkeit in der Region zu erhöhen und sich als attraktive Arbeitgeber zu präsentieren. So werden unterschiedliche Veranstaltungen für die Anwerbung von Fachkräften durchgeführt, darunter Ausbildungsmessen und der Pendleraktionstag Erzgebirge. Ebenso wurde ein zentrales und viel frequentiertes Fachkräfteportal, in das Unternehmen entgeltlich freie Stellen eintragen, eingerichtet. Das Welcome Center Erzgebirge bietet eine Anlaufstelle und Informationsquelle für (potenzielle) Zuwandernde aus dem In- und Ausland. Über zeitgemäße Social-Media-Angebote kommuniziert das Regionalmanagement aktuelle Entwicklungen in die Region und bewirbt die Region und ihre Akteure nach außen.

Einen weiteren Schwerpunkt bilden Unterstützungsangebote zur Vernetzung von Unternehmen und damit die Förderung von Kooperations- und Vermarktungsmöglichkeiten. Dazu werden beispielsweise seit vielen Jahren die Kooperationsbörse der Zulieferindustrie Erzgebirge organisiert sowie gemeinsame Messeauftritte regionaler Unternehmen zu (inter)-nationalen Leitmessen unter der Dachmarke des Erzgebirges zentral koordiniert. Solche Unterstützungsangebote zur Vernetzung / Kooperation fungieren mittelbar auch als Ansätze der Innovationsförderung.

Im Frühjahr 2019 konnten zudem erhebliche Fördermittel im Rahmen der neuen Regionalförderlinie »WIR! – Wandel durch Innovation in der Region« des Bundesministeriums für Bildung und Forschung eingeworben werden. Drei Innovationsbündnisse aus dem Erzgebirge (rECOmine, Smart composites ERZgebirge, Smart Rail Connectivity-Campus) werden in den kommenden Jahren mit jeweils bis zu 15 Mio. € durch Bundesmittel unterstützt – mit dem Ziel, den regionalen Wandel voranzutreiben und in spezifischen Themenfeldern bestehende Kompetenzen zu stärken und neue aufzubauen. An allen drei Bündnissen ist die Wirtschaftsfördergesellschaft beteiligt, das Bündnis »Smart composites ERZgebirge« wird federführend durch sie koordiniert.

Zusammenfassung und Fazit

Das Erzgebirge ist also eine sehr heterogene ländliche Region. Es ist Naturlandschaft, Weihnachts-, Wintersport- und Kunsthandwerks-, Montan-,

Industrie(kultur)-, Wissens- und Innovationsregion zugleich. Auf der Basis von Tradition und Brauchtum hat sich eine spezifische regionale Identität geformt. Diese ist einerseits stark mit dem Bergbau verbunden, andererseits daran geknüpft, stetig neue Betätigungsfelder zu schaffen und Wandlungsprozesse kreativ zu gestalten. Über Imagekampagnen und Projekte versucht das Regionalmanagement den scheinbar bestehenden Widerspruch zwischen Tradition und Innovation aufzulösen und in ein Miteinander aus Tradition und Innovation zu überführen, um »aus der Tradition und dem Berg heraus eine Brücke zu aktuellen Spitzenleistungen zu schlagen«[27].

In wirtschaftlicher Hinsicht ist die Region bis heute maßgeblich durch ihr industrielles Erbe geprägt. Das verarbeitende Gewerbe bildet ihr Rückgrat, bedingt ihre hohe Industriedichte und hat die Bildung regional verankerten Wissens befördert. Prozesse und Aktivitäten zur regionalen Zukunftsgestaltung knüpfen an diese Basis an (z. B. Welterbe, WIR!-Bündnisse) und versuchen, bestehende Potenziale und Qualitäten der Region in Wert zu setzen. Auch die seit einiger Zeit zu beobachtende Rückkehrdynamik abgewanderter Fachkräfte kann wichtige Impulse für die Region und ihre Entwicklung setzen. Gleichwohl werden die langfristigen Wirkungen der sozial-räumlichen Transformationsprozesse der Jahre nach 1989/90 und insbesondere demographische Entwicklungen sowie aktuelle Wandlungsprozesse, wie Umbrüche im Automotive-Bereich und Industrie 4.0, Region und Akteure herausfordern und innovative Ansätze zur Zukunftsgestaltung erfordern.

Anmerkungen

1 Andreas Peschel / Michael Wetzel, Naturraum Erzgebirge, in: Martina Schattkowsky (Hrsg.), Erzgebirge – Kulturlandschaften Sachsens, Leipzig 2010, S. 9–26.
2 Michael Wetzel, Das Erzgebirge im Wandel der Geschichte, in: M. Schattkowsky (Anm. 1), S. 27–72.
3 Carola Silvia Neugebauer / Isolde Roch, Experiences to Share? The Transformation and Regeneration of the Two Former Mining Regions Ruhrgebiet and Erzgebirge in Germany, Municipality: economics and management 4 (2014), o. S., http://municipal.uapa.ru/ru/issue/2014/03/07/ (abgerufen am: 14.8.2019).
4 Vgl. A. Peschel / M. Wetzel (Anm. 1); C. S. Neugebauer / I. Roch (Anm. 3).
5 Regionalmanagement Erzgebirge, Standortprofil Erzgebirge / Erzgebirgskreis, 2017, S. 34.
6 Marc Bose / Peter Wirth, Gesundschrumpfen oder Ausbluten?, in: Aus Politik und Zeitgeschichte, APuZ 21–22 (2006), S. 18–25.
7 Omar Martin Ahmad / Antje Weyh, Rückwanderung von Beschäftigten nach Sachsen, IAB-Regional. Berichte und Analysen aus dem Regionalen Forschungsnetz 2

(2015), S. 21; Herzland. Gedacht. Gemacht. Erzählt, Magazin des Regionalmanagements Erzgebirge, Annaberg-Buchholz 2019.
8 Vgl. O. M. Ahmad / A. Weyh (Anm. 7), S. 23.
9 Juliana Banse / Milan Jeřábek, Sozioökonomische Entwicklungsverläufe unter Berücksichtigung der Bevölkerungsentwicklung und des Arbeitsmarktes im sächsischbömischen Teil des Grünen Dreiländerecks, in: GEOSCAPE 4 (2009), S. 37 – 51.
10 Vgl. C. S. Neugebauer / I. Roch (Anm. 3).
11 Vgl. C. S. Neugebauer / I. Roch (Anm. 3).
12 Regionalmanagement Erzgebirge, Standortprofil Erzgebirge / Erzgebirgskreis, 2018, S. 14.
13 Sächsisches Staatsministerium für Wirtschaft, Arbeit und Verkehr (SMWA), Standort Sachsen im Vergleich mit anderen Regionen 2018, Dresden 2018.
14 Vgl. C. S. Neugebauer / I. Roch (Anm. 3); Wirtschaftsförderung Erzgebirge GmbH, Steckbrief 2017 – Wirtschaftsstandort Erzgebirge, Annaberg-Buchholz 2017.
15 Wirtschaftsförderung Erzgebirge GmbH, Steckbrief 2018 – Wirtschaftsstandort Erzgebirge, Annaberg-Buchholz 2018.
16 Industrie- und Handelskammer Chemnitz, Hidden Champions. Eine Erkundungsreise durch die Wirtschaftsregion Chemnitz, Chemnitz 2015.
17 Vgl. Regionalmanagement Erzgebirge (Anm. 12), S. 32.
18 Statistisches Landesamt des Freistaates Sachsen, Medieninformation 123/2019, Kamenz 2019.
19 Vgl. Stat. Landesamt Sachsen (Anm. 18).
20 Vgl. SMWA (Anm. 13), S. 44.
21 Rüdiger Meng, Verborgener Wandel. Innovationsdynamik in ländlichen Räumen Deutschlands – Theorie und Empirie, Dissertation, Universität Mannheim 2012; Sebastian Lentz, Leibniz-Institut für Länderkunde (IfL), Außeruniversitäre Forschung in Deutschland, Nationalatlas aktuell 8 (2014), http://aktuell.nationalatlas.de/Forschung.2_03-2014.0.html (abgerufen am 14.8.2019).
22 Sächsisches Oberbergamt, Der Bergbau in Sachsen. Bericht des Sächsischen Oberbergamtes und des Landesamtes für Umwelt, Landwirtschaft und Geologie (Referat Rohstoffgeologie) für das Jahr 2016, Freiberg 2016.
23 Sächsisches Oberbergamt (Anm. 22); Bernhard Cramer, Neuer Sächsischer Erz- und Spatbergbau im 21. Jahrhundert, in: Katrin Kleeberg / Torsten Heckler (Hrsg.), Vom Silber zum Lithium – historischer und neuer Bergbau im Osterzgebirge. Exkursionsführer und Veröffentlichungen der Deutschen Gesellschaft für Geowissenschaften 260 (2018), S. 77 – 86.
24 Tobias Schrörs, Im Erzgebirge liegt ein Schatz für E-Mobilität, in: Frankfurter Allgemeine Zeitung vom 4. Juni 2019.
25 Welterbe Montanregion Erzgebirge e. V., Webseite des Welterbe Montanregion Erzgebirge e. V., – o. J., www.montanregion-erzgebirge.de (abgerufen am 20.9.2019).
26 Martin Graffenberger, Bypassing structural shortcomings. Innovative firms in peripheral regions, in: Thilo Lang / Franziska Görmar (Hrsg.), Regional and local development in times of polarisation. Re-thinking spatial policies in Europe, Basingstoke 2019, S. 287 – 318.
27 Gespräch mit Dr. Peggy Kreller, Regionalmanagement Erzgebirge, August 2019.

Stephanie Arens / Christian Krajewski

Südwestfalen – Zukunftsgestaltung in einem wirtschaftsstarken ländlichen Raum mit demographischen Herausforderungen

Südwestfalen gilt als eine der jüngsten Regionen Deutschlands, die erst im Jahr 2007 durch den Zusammenschluss der Kreise Olpe, Märkischer Kreis und Hochsauerlandkreis mit dem Kreis Siegen-Wittgenstein sowie dem Kreis Soest als informelle »Handlungsregion« entstanden ist (s. Abb. 1). Anstoß war die Erkenntnis der politischen Entscheidungsträger zwischen Siegerland, Sauerland und Soester Börde, dass die wirtschaftsstarke Region, die zugleich alle Herausforderungen des demographischen Wandels eines ländlich geprägten Raums kennt, nur überregional wahrnehmbar wird und eine Zukunft hat, wenn sie über die Kreisgrenzen hinweg zusammenarbeitet. Der Weg zur Regionsbildung, der ganz eng mit dem Prozess und dem Instrument der REGIONALE in NRW verknüpft ist, soll im Folgenden nachgezeichnet werden. Im Fokus des Beitrags stehen dabei die Fragen nach dem spezifischen Entwicklungspfad der Region, den regionalen Charakteristika, den daraus resultierenden Problemen und Herausforderungen sowie zukunftsfähigen Lösungsansätzen.

Südwestfalen – ein Porträt

Der Name Südwestfalen bezeichnet heute den südlichen Teil der ehemals preußischen Provinz Westfalen. Eingeführt wurde er bereits 1991 durch das lokale Nachrichtenmagazin »Lokalzeit Südwestfalen« des WDR, das genau diese fünf Landkreise abdeckt. Die Region Südwestfalen umfasst etwa 20 Prozent der Fläche Nordrhein-Westfalens. In den 59 Städten und Gemeinden leben mit rund 1,4 Mio. Menschen jedoch nur rund acht Prozent der nordrhein-westfälischen Bevölkerung. Fast jede*r Zweite arbeitet im produzierenden Gewerbe. Gemessen an der Beschäftigtenquote in diesem Wirtschaftssektor ist Südwestfalen damit Industriestandort

Nummer 1 in Nordrhein-Westfalen. Über 150 Weltmarktführer, zumeist kleine und mittlere familiengeführte Unternehmen (Hidden Champions) haben in der Region ihren Sitz (s. Beitrag von Lang / Vonnahme in diesem Band).

Anders als das Ruhrgebiet ist die Region nicht flächendeckend zu einer stark be- und zersiedelten Industriekulturlandschaft geworden, sondern hat jenseits der Industriegassen in den größeren Flusstälern der Mittelgebirgslandschaft bis ins 21. Jahrhundert ihre ländliche Eigenart erhalten.

Abbildung 1: Die Region Südwestfalen

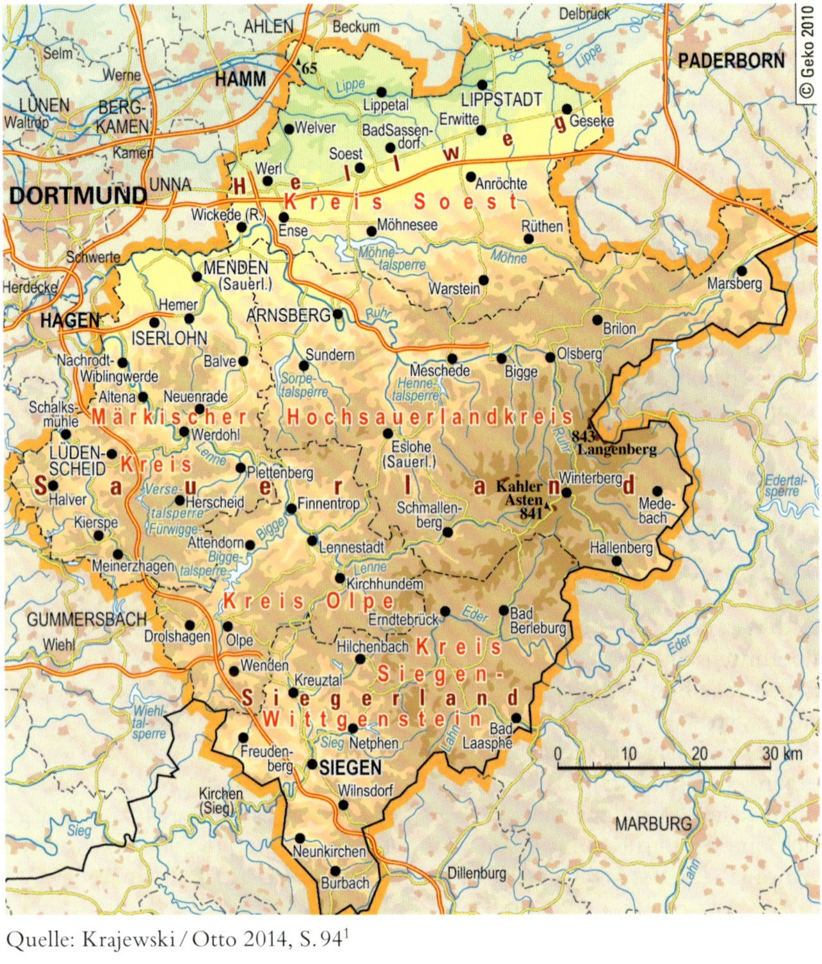

Quelle: Krajewski / Otto 2014, S. 94[1]

Mit einem hohen Wald- und Freiflächenanteil und fünf größeren Stauseen, die mittlerweile unter dem gemeinsamen Namen »Sauerland-Seen« touristisch zusammengefasst werden, bietet die Region zudem eine hohe landschaftliche Attraktivität. Diese zieht jährlich mehr als drei Millionen Gäste in die Region mit den Tourismusdestinationen Sauerland und Siegen-Wittgenstein. Damit ist Südwestfalen nach dem Teutoburger Wald die zweitbedeutendste Tourismusregion in NRW. Dabei ist die Region nicht nur für Tourist*innen attraktiv. Der hohe Freizeit- und Erholungswert stärkt die Region auch im Wettbewerb um die Anwerbung und Bindung von Einwohner*innen und Fachkräften.

Die überwiegend ländliche Region ist geprägt von einer polyzentrischen Struktur aus 59 kleinen und mittleren Städten und Gemeinden sowie mehr als 900 Dörfern mit mindestens 50 Einwohner*innen. Mit der Universitätsstadt Siegen gibt es nur ein Oberzentrum mit rund 100 000 Einwohner*innen ganz im Süden der Region. In der deutschlandweiten Typisierung ländlicher Räume des Thünen-Instituts wird die Region als ländlich, der südöstliche Teil der Region hinsichtlich Bevölkerungsdichte und Erreichbarkeit sogar als sehr ländlich eingestuft.[2] Nach den Raumabgrenzungen des Bundesinstituts für Bau-, Stadt- und Raumforschung (BBSR) gilt Südwestfalen – wie nahezu das ganze Bundesland NRW – verglichen mit dem Rest der Bundesrepublik Deutschland eher als städtisch geprägte Großregion (s. Beitrag Küpper / Milbert in diesem Band). Daran lässt sich ablesen, dass ländliche Räume in NRW hinsichtlich ihrer günstigeren Lage und Verkehrsanbindung zu den Metropolregionen an Rhein und Ruhr sowie einer im Vergleich zu ländlichen Räumen in anderen Bundesländern häufig höheren Bevölkerungs- bzw. Siedlungsdichte und Zentrenerreichbarkeit innerhalb Deutschlands eine Besonderheit darstellen.[3]

Wirtschaftliche Entwicklung

Südwestfalen zählt deutschlandweit zu den ländlichen Räumen mit einer überdurchschnittlich guten sozioökonomischen Lage. Basierend auf endogenen, also aus der Region selbst kommenden Wachstumsprozessen, hat sich in Südwestfalen in der jüngeren Vergangenheit eine überdurchschnittlich dynamische Regionalentwicklung vollzogen. Der Erfolg lässt sich auf einen langfristigen, bereits in das 18. Jahrhundert zurückreichenden wirtschaftlichen Entwicklungspfad zurückführen. In dessen Folge entwickelte sich eine Struktur innovativer klein- und mittelständischer Betriebe und regional vernetzter Produzenten mit klarem industriellem Fokus.[4]

Es lässt sich auf die Stärke der mittelständischen Wirtschaftsstruktur mit ihren ausgeprägten industriellen Schwerpunkten zurückführen, dass die Region Sauerland-Siegerland heute zu den Regionen in Nordrhein-Westfalen mit den statistisch höchsten verfügbaren Pro-Kopf-Einkommen zählt. Das produzierende Gewerbe nimmt dabei eine herausragende Stellung ein: Bezogen auf den Beschäftigtenanteil im produzierenden Gewerbe (in zwei Kreisen bis zu 44%) ist Südwestfalen nach den Industrie- und Handelskammer-Bezirken Schwarzwald-Baar-Heuberg und Ostwürttemberg »Deutschlands Industrieregion Nr. 3«[5].

Für den wirtschaftlichen Entwicklungspfad seit dem 20. Jahrhundert waren – und sind – die Metall erzeugende und verarbeitende Industrie sowie der Maschinenbau prägend. Sie sind aus frühneuzeitlicher Erzgewinnung und -verhüttung hervorgegangen und weisen an vielen Standorten innerhalb der Region eine jahrhundertelange Tradition auf.

Weitere Schwerpunkte im industriellen Sektor sind die Elektrotechnik- und Leuchtenindustrie, die Kunststoffindustrie, die Drahtindustrie und Werkstofftechnologie, die Gebäudetechnik und Armaturenindustrie sowie Zulieferer für Automobil- und Fahrzeugbau. Mit über 400 Unternehmen ist der Automotive-Sektor eine Schlüsselindustrie Südwestfalens: Jedes achte Unternehmen gehört zu den Automotive-Zulieferbetrieben, jeder sechste Industriearbeitsplatz in der Region entfällt auf diese Branche und jeder fünfte Arbeitsplatz in der Automobilzuliefererindustrie in NRW insgesamt.[6]

Tabelle 1: Schlüsselbranchen und Kennzahlen in Südwestfalen

Branche	Anzahl der Unternehmen	Anzahl der Beschäftigten	Spezifika
Maschinenbau	>450	29 400	v. a. Werkzeug- und Sondermaschinen, Antriebs- und Fördertechnik, Automationstechnik
Automotive-branche	>400	29 000	Automobilzulieferung und Fahrzeugbau für Bahnindustrie, Luftfahrt- und Raumfahrtindustrie sowie Schiffbau
Holz- und Forstwirtschaft	<300	25 000	eines der »Kerncluster« für Nadelholzbe- und -verarbeitung in Deutschland
Gesundheitsbranche	>200	66 000	Hersteller medizintechnischer Produkte und Zuliefererbetriebe für die technologische Gesundheitswirtschaft; außerdem 60 Fachkliniken
Gebäudetechnik	<200	26 000	Leitunternehmen aus den Bereichen Sanitärarmaturen, Gebäudeelektrik, und -elektronik, Leuchten sowie Tür- und Sicherheitstechnik; ergänzt um 300 Zuliefererunternehmen

Quelle: Krajewski 2014, verändert nach FAZ 2013[7]

Die wirtschaftliche Situation in der Region ist bisher durch klare Wachstumsprozesse gekennzeichnet. So hat sich die Beschäftigtenzahl seit 1980 deutlich positiver entwickelt als in NRW im Allgemeinen und im Ruhrgebiet im Besonderen: Der Anteil der sozialversicherungspflichtig Beschäftigten in Südwestfalen liegt heute mehr als 20% über dem Niveau von 1980 (s. Abb. 2). Die Bruttowertschöpfung übertrifft Landes- wie Bundesdurchschnitt.[8] Die insgesamt positive wirtschaftliche Entwicklung schlägt sich auch auf dem Arbeitsmarkt nieder. Mit einer Arbeitslosenquote von durchschnittlich 4,6% weist Südwestfalen gegenüber dem Landes- und Bundesdurchschnitt (6,8% bzw. 5,2% im Jahresdurchschnitt 2018) einen deutlich niedrigeren Wert auf. Die hohe Export- und Automobilzuliefererabhängigkeit der Region deutet allerdings zugleich auf anstehende Herausforderungen hin, die es im Zusammenhang mit der Krise der deutschen Automobilindustrie sowie der Digitalisierung im produzierenden Gewerbe (Industrie 4.0) zu bewältigen gilt. Ein Fachkräftemangel – auch im Handwerk – macht sich bereits heute in der Region bemerkbar. Zudem muss dem steigenden Qualifikationsbedarf in einer Wissensgesellschaft stärker Rechnung getragen werden.

Abbildung 2: Entwicklung der sozialversicherungspflichtig Beschäftigten von 1980 bis 2015

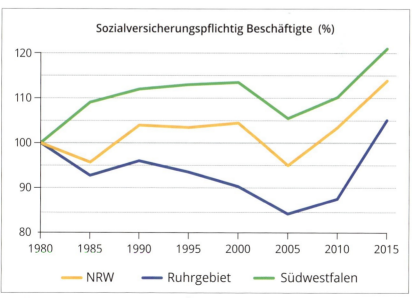

Quelle: Krajewski 2014/IT NRW 2019[9]

Da in Südwestfalen aufgrund der naturräumlichen Bedingungen schlechte Voraussetzungen für die Landwirtschaft existieren, ist ihr Beitrag zu Beschäftigung und Wirtschaftsleistung ähnlich gering wie in NRW insgesamt. Bei einem Waldflächenanteil von 50 % – der höchste in ganz NRW und größtenteils in Privatbesitz – stellt demgegenüber die Holz- und Forstwirtschaft einen bedeutenden Wirtschaftsfaktor dar (s. Tab. 1).

Unternehmensstruktur und -kultur

Charakteristisch für Südwestfalen und wesentlich für seinen ökonomischen Erfolg ist die Unternehmensstruktur und -kultur aus inhaber- bzw. familiengeführten klein- und mittelständischen Gewerbebetrieben.[10] Die durchschnittliche Betriebsgröße umfasst 110 Beschäftigte. Typisch für die klein- und mittelständischen Unternehmen (KMU) ist ihre lokale Verankerung bei globaler Vernetzung. Diese Unternehmenskultur ist oftmals eng verknüpft mit einem hohen regionalen Identifikationsgrad der Unternehmer*innen. Das spiegelt sich nicht selten in gesellschaftlichem und sozialem Engagement in der Region und trägt dazu bei, Abwanderungstendenzen der Unternehmen entgegenzuwirken und gegenseitige Bindungen zwischen Unternehmern und Beschäftigten herzustellen, zudem fördert es die konstruktive Zusammenarbeit. Die regionale Wirtschaft ist also nur in sehr geringem Maße von extern gesteuerten Großunternehmen abhängig.

Für eine anhaltend dynamische regionale Innovationskultur sind KMU von entscheidender Bedeutung – auch, weil sie sich in ihrer Struktur ggf. schneller an die neuen Herausforderungen anpassen lassen als Großkonzerne. Gerade die KMU fungierten in den vergangenen Jahren als Motor für wirtschaftliches Wachstum, als zentrale Quelle für Stabilität und die Schaffung neuer Arbeitsplätze. Es gilt daher, eine positive Dynamik im Bereich Forschung und Entwicklung weiter zu befördern, die auch durch die intensive Zusammenarbeit der Unternehmen mit den südwestfälischen (Fach-)Hochschulen und darüber hinaus entstanden ist, zumal stetige Innovationsfähigkeit zu einem zentralen Wettbewerbsfaktor geworden ist. Genau diese Qualitäts- und Technologieführerschaft zählt zu den typischen Merkmalen von Hidden Champions. Die hohe Anzahl von 150 solcher weniger bekannten Unternehmen, die aufgrund ihrer qualitativ hochwertigen oder innovativen Produkte zu den jeweiligen Branchenführern zählen, unterstreicht die Positionierung der Region als prosperierenden ländlichen Raum.[11]

Demographische Entwicklungstrends

Trotz der positiven Wirtschaftssituation hat sich in Südwestfalen mit Ausnahme der Kreise Soest und Olpe das Bevölkerungswachstum nach der Jahrtausendwende immer weiter abgeschwächt – stärker als in anderen ländlichen Regionen in NRW. Die drei südwestfälischen Kreise Siegen-Wittgenstein, Hochsauerlandkreis und Märkischer Kreis haben seit 2009 deutlich an Bevölkerung verloren. Dadurch wurden die in den fast 40 Jahren zuvor erworbenen Bevölkerungszuwächse bereits so stark aufgezehrt, dass sich der Saldo im Zeitvergleich 1970 bis 2017 ins leicht Negative verkehrt hat. Der positive Saldo in den Kreisen Soest und Olpe hat sich für den gesamten Zeitraum zwischen 1970 und 2017 auf 17% bzw. 13% reduziert. Die absolute Bevölkerungszahl hatte im Jahr 2005 mit 1,47 Mio. Einwohner*innen ihren Höchststand in der Region insgesamt erreicht und ist seitdem um 6% auf 1,39 Mio. Einwohner*innen im Jahr 2018 gesunken. Trotz zwischenzeitlicher Zuwanderungsgewinne (insbesondere durch internationale Migration in den Jahren 2015/16) setzt sich die leichte Bevölkerungsabnahme – kommunal differenziert – seit 2010 in der gesamten Region bis heute fort (s. Abb. 3).

Abbildung 3: Bevölkerungsentwicklung und -prognose 1970–2040

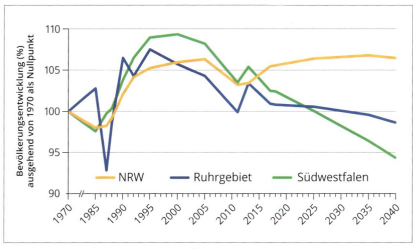

Quelle: Krajewski 2014/IT NRW 2019[12]

Die Bevölkerungsprognosen für die gesamte Region deuten für den Entwicklungszeitraum von 2018 bis zum Jahr 2040 insgesamt auf einen – verglichen mit anderen Räumen in NRW – eher überdurchschnittlichen Bevölkerungsrückgang von bis zu -13% (mehr als 140000 Einwohner*innen) hin, das entspricht in etwa der Einwohnerzahl des Kreises Olpe.[13] Dabei wird die Bevölkerungsschrumpfung deutlich stärker durch eine negative natürliche Bevölkerungsentwicklung (sogenannte Sterbeüberschüsse durch geringe Geburtenzahlen) als durch Wanderungsverluste verursacht. Abwanderungstendenzen vor allem in Großstädte wie Köln oder Dortmund sind dabei insbesondere in der Altersgruppe der unter 30-Jährigen festzustellen.

Die sinkende Bevölkerungszahl wie auch die Verschiebung der Alterszusammensetzung in Richtung einer starken Zunahme des Anteils der über 64-Jährigen bedeuten neue Herausforderungen für die soziale Infrastruktur (z. B. erhöhter Bedarf im Pflege- und Gesundheitssektor, nicht ausreichende Tragfähigkeit und damit Gefährdung von Schulstandorten) und für den Arbeitsmarkt hinsichtlich der Verfügbarkeit von Arbeitskräften (Fachkräftemangel), zielgerichteter Nachwuchsförderung oder Weiterqualifizierung.

Darüber hinaus führen rückläufige Bevölkerungszahlen zu einem sehr differenzierten Wohnungsmarkt. Während in den Ortsteilen und Dörfern eine zu großen Teilen entspannte Situation vorherrscht, die sich an sinkenden Preisen bei Mieten und Immobilien sowie zunehmenden Gebäude- und Wohnungsleerständen festmachen lässt, ist in den Zentren der Klein- und Mittelstädte der Region ein erhöhter Druck auf dem Wohnungsmarkt hin zu einer Wohnungsknappheit festzustellen. Der Umgang mit Wohnungsmärkten bei gleichzeitiger demographischer Schrumpfung und ökonomischem Wachstum wird somit zu einer immer wichtigeren Herausforderung für die Stadt- und Regionalentwicklung. Dabei geht es insbesondere um qualitativen Neubau bzw. Sanierung von Wohnungen und neue Wohnformen, die das für die Region klassische Wohnen im Einfamilienhaus ergänzen.

Südwestfalen auf dem Weg: Kooperation initiieren – Kollaboration etablieren

Die prosperierende regionalwirtschaftliche Gesamtsituation auf der einen und die seit der Jahrtausendwende rückläufigen Bevölkerungszahlen in immer mehr Kommunen auf der anderen Seite bestimmen die soziodemographischen Rahmenbedingungen in Südwestfalen. In diesem Spannungsfeld und vor dem Hintergrund der zentralen Herausforderungen im ökonomischen Struktur- sowie gesellschaftlichen und demographischen Wandel, in der digitalen Transformation und bei den Anpassungsstrate-

Ländliche Kulturlandschaft im Sauerland mit der Kleinstadt Attendorn und Gewerbebetrieben im Biggetal.
© Manuel Rueda

gien an den Klimawandel suchen die Entscheidungsträger in Südwestfalen neue Ansätze und Lösungswege, um die Region zukunftsfest zu gestalten.

Eine herausragende Möglichkeit für die regionale Kooperation und Kollaboration (im Sinne einer interdisziplinären gemeinsamen Arbeit an einem Projekt mit einem *gemeinsamen* Ergebnis) sowie zur aktiven Regionsbildung waren die erfolgreichen Bewerbungen in den Jahren 2007 und 2017 um die REGIONALEN 2013 und 2025.[14] Das Programm REGIONALE ist ein Strukturförderprogramm des Landes NRW, das urbane wie ländliche Räume adressiert und bundesweit einzigartig ist. REGIONALEN werden im Turnus von zwei bis drei Jahren ausgeschrieben. Regionen müssen sich im Wettbewerb mit anderen darum bewerben. Die Jahreszahl steht für das Präsentationsjahr. In diesem Jahr müssen in einer Art Leistungsschau die bis dahin umgesetzten Projekte der Öffentlichkeit präsentiert werden. Damit endet die REGIONALE.

Das Programm, hervorgegangen aus der erfolgreichen Internationalen Bauausstellung Emscher-Park 1989–99 im nördlichen Ruhrgebiet, ermöglicht den ausgewählten selbst definierten Regionen mit einer klaren Kooperationsstrategie, sich mit den eigenen Stärken und Herausforderungen auseinanderzusetzen, daraus Handlungsfelder zu definieren und ein Handlungskonzept zu formulieren. Ziel des zeitlich befristeten Programms ist es, auf der Grundlage des gemeinsamen Konzepts für die Region spezifische Entwicklungspotenziale und Lösungen für die Zukunft zu finden und in innovativen wie strukturwirksamen Projekten umzusetzen und zu präsentieren. So bekommen die Regionen selbst die Möglichkeit der Gestaltung und Steuerung ihres Strukturwandels und der Profilierung nach innen und außen. Ein zentrales Element der REGIONALE ist dabei das Verständnis als Experimentierfeld einer ganzheitlichen Stadt- und Regionalentwicklung – das heißt vor allem auch die Mobilisierung endogener Kräfte in der Region, vom ehrenamtlichen Verein über die Kommune bis hin zu Unternehmen und Hochschulen, die aufgerufen sind, eigene Projekte zu entwickeln. Eine erfolgreiche REGIONALE ist also auf die Teilnahme und die Projektideen der regionalen Akteure angewiesen.

Die Besonderheit des REGIONALE-Programms ist, dass nicht das Planen im Vordergrund steht, sondern vor allem die Entwicklung konkreter Projekte vor Ort und ihrer ereignisorientierten öffentlichkeitswirksamen Umsetzung. Dabei werden in einer REGIONALE den Regionen für die Umsetzung der Projekte keine eigenen Fördermittel zur Verfügung gestellt. Stattdessen werden die REGIONALE-Projekte über vorhandene Fördertöpfe des Landes NRW prioritär gefördert. Voraussetzung dafür: Nach dem Prinzip »Innovationserzeugung durch Wettbewerb« müssen die Projekte einen regionalen dreistufigen Qualifizierungsprozess durchlaufen – in Südwestfalen der »Sterneweg« genannt (1. Stern = gute Idee, 2. Stern = durchdachtes Konzept, 3. Stern = Realisierungsreife und gesicherte Förderung). Die Vergabe eines »dritten Sterns« durch regionale Gremien für die Umsetzungsreife mit Förderzusage entspricht damit einer Art regionalem Qualitätslabel für besonders innovative, bestenfalls übertragbare Projekte, die im regionalen Konsens getragen wurden und eine hohe mediale Aufmerksamkeit erhielten.

Durch die zeitliche Befristung des Programms und die groß angelegte »Leistungsschau« der Projekte im Präsentationsjahr 2013 wurde so in Südwestfalen eine Art Ausnahmezustand geschaffen, der über diesen Zeitraum hinweg besondere Anstrengungen mit einem klaren Endpunkt und einer intensiven Öffentlichkeitsarbeit ermöglichte.

REGIONALE 2013 – Anstoß für einen nachhaltigen Prozess

Mit der erfolgreichen Bewerbung um die REGIONALE 2013 im Jahr 2007 begannen die Entscheidungsträger in Südwestfalen, erstmalig Themen und Handlungsfelder mit dem Anspruch einer ganzheitlichen Raum- und

Strukturentwicklung für sich zu definieren und zu sogenannten Projektfamilien zusammenzufassen, an denen die Akteure in der Region vorrangig arbeiten wollten:[15]
- **WirtschaftWissen:** Die Zusammenarbeit und den Austausch zwischen der Wirtschaft und den Hochschulen fördern, um den KMU im synergetischen Austausch mit den Hochschulen den Zugang zu Forschung und Entwicklung zu ermöglichen und den Hochschulen im Gegenzug als Reallabor zu dienen.
- **StadtMensch:** Urbanes Lebensgefühl in die südwestfälischen Städte bringen, z. B. in die Universitätsstadt Siegen, wo in dem Projekt »Siegen zu neuen Ufern« ein neuer Zugang zum Fluss geschaffen und so die Aufenthaltsqualität in der Innenstadt nachhaltig verbessert wurde.
- **LandLeben:** Zukunft für ländliches Leben schaffen. Hier wurde an unterstützenden Netzwerken gearbeitet, um z. B. Vereine und Initiativen, die das Zusammenleben in den Dörfern prägen, zu unterstützen und bei der Sicherung der Daseinsvorsorge und Schaffung von Orten der Begegnung bei Projektentwicklung und -management zu begleiten.
- **NeuLand:** Ziel war es, die Tourismusregionen z. B. vor dem Hintergrund des Klimawandels weiterzuentwickeln und die landschaftliche Attraktivität z. B. rund um die Sauerland-Seen vor allem durch Infrastrukturverbesserungen in Wert zu setzen.

Insgesamt wurden im Rahmen der REGIONALE 2013 Projekte mit einem Gesamtvolumen von rund 256 Mio. € realisiert. Davon kamen 153 Mio. € an Fördermitteln von Land, Bund und EU (u. a. EFRE). Zuzüglich der bekannten Privatinvestitionen wurde in Südwestfalen zwischen 2008 und 2014 ein Gesamtvolumen von rund 300 Mio. € in Projekte investiert. Durch die umfassende Vernetzung politisch Verantwortlicher und anderer Akteure sowie den Einbezug der regionalen Wirtschaft wurde mit dem Programm eine Basis für die zukünftige Kooperation und Kollaboration geschaffen. Dies lässt sich z. B. auch im Entstehen von neun neuen LEADER-Regionen in Südwestfalen ablesen. Das sind kleinräumigere interkommunale Kooperationen (drei bis sechs Kommunen) innerhalb der Region, die aus dem Europäischen Landwirtschaftsfonds für die Entwicklung des ländlichen Raums (ELER) finanziert werden. Insgesamt liegen 11 von 28 nordrhein-westfälischen LEADER-Regionen in Südwestfalen.

Südwestfalen Agentur und Regionalmarketing

Zur Steuerung und Koordinierung zunächst nur des REGIONALE-Prozesses wurde im Jahr 2008 die Südwestfalen Agentur GmbH – mit den fünf Kreisen als Gesellschafter – als Sonderorganisation jenseits der vorhandenen Verwaltungsstrukturen eingerichtet und für den Zeitraum der REGIONALE mit 70% vom Land gefördert. Diese Organisationsform bot der Agentur Handlungsfreiräume, um Impulse zu setzen und Projektträger zusammenzuführen. Zugleich verantwortete sie die Qualitätssicherung im Prozess. Seit 2012 organisiert sie auch den unter dem Claim »Südwestfalen – Alles echt« laufenden Regionalmarketingprozess im engen Schulterschluss mit Politik und Wirtschaft. Dafür wurde im Jahr 2011 der Verein »Wirtschaft für Südwestfalen« mit zunächst 30 Mitgliedsunternehmen gegründet. Seit 2015 ist er mit heute über 350 Mitgliedern neben den fünf Kreisen sechster Gesellschafter der Südwestfalen Agentur.

Unabhängig von etwaigen Förderprogrammen arbeiten Regionalentwicklung und -marketing »am Produkt« Südwestfalen, z. B. durch Unterstützung der 59 Kommunen bei der Attraktivitätssteigerung von Innenstädten und Dörfern sowie beim Kooperationsaufbau zwischen Wirtschaft und Hochschule. Zu ihren Aufgaben zählt außerdem, die Wettbewerbsfähigkeit und Wahrnehmbarkeit Südwestfalens als dynamische Wirtschaftsregion mit hoher Industriedichte im Sinne der Standortwerbung zu verbessern und die Bekanntheit der Region zu steigern, den Imageaufbau sowie die Fachkräftesicherung zu unterstützen.

Vision 2030 für Südwestfalen und UTOPiA

Um möglichen Fliehkräften der noch jungen Region nach dem Ende der REGIONALE 2013 entgegenzuwirken, wurde aus Unternehmertum wie aus der Politik der dringende Wunsch formuliert, eine weitere gemeinsame Zielsetzung in Form einer Vision 2030 für Südwestfalen zu entwickeln. In einem intensiven Beteiligungsprozess entwarf die Region für sich drei Leitsätze, die seit 2016 als strategische Handlungsgrundlage dienen. Die Region Südwestfalen möchte 2030 sein:
- die stärkste Region des industriellen Mittelstands in Deutschland,
- der Inbegriff guten Lebens, Arbeitens und Erholens sowie
- bundesweit Vorbild für das kooperative Vorgehen bei der Zukunftsgestaltung.

Die Visionsziele sind ambitioniert. Sie fußen jedoch auf bereits Bestehendem, wie der starken Industrieregion, den attraktiven Tourismuszielen in Sauerland und Siegen-Wittgenstein sowie in Möglichkeiten der Kooperation.

Da trotz der Stärke der mittelständisch geprägten Wirtschaft vor allem jüngere Menschen abwandern, hat die Südwestfalen Agentur bereits im Jahr 2010 erste Projekte für und mit Jugendlichen initiiert, um zu erfahren, was sie zum Gehen bzw. zum Bleiben bewegt. Seit 2015 findet jährlich die Jugendkonferenz und Denkwerkstatt UTOPiA Südwestfalen statt. Seit 2018 ist UTOPiA Bundesmodellprojekt, gefördert vom Bundesministerium für Ernährung und Landwirtschaft. Ziel von UTOPiA ist es, junge Menschen stärker in die Regionalentwicklungs- und Entscheidungsprozesse einzubeziehen, Zukunftsthemen mit ihnen zu verhandeln und Raum für umsetzbare Projektideen zu schaffen. Mit dem Projekt »Gap Year Südwestfalen«, in dem jungen Schul- und Studienabsolventen und -absolventinnen während eines Jahres drei verschiedene Praktika in heimischen Unternehmen angeboten werden, ist das erste UTOPiA-Projekt bereits in der Umsetzung.[16]

Abbildung 4: UTOPiA Südwestfalen

Quelle: Südwestfalen Agentur GmbH 2018

Mit der Südwestfalen-DNA auf neuen Wegen in die Zukunft

Mit dem erneuten Zuschlag zur REGIONALE 2025 hat Südwestfalen die Möglichkeit, mit einem auf Basis der Vision 2030 weiterentwickelten Umsetzungskonzept an den begonnenen Prozess anzuknüpfen, den Herausforderungen der gesellschaftlichen, ökonomischen und technologischen Entwicklungen zu begegnen und bis zum Jahr 2025 mit neuen Projekten zur Gestaltung der Region einen weiteren Qualitätssprung zu schaffen. Dafür haben die in der Regionalentwicklung Aktiven unter dem Leitmotiv »Südwestfalen-DNA: digital – nachhaltig – authentisch« Handlungsfelder formuliert und Projektkorridore benannt. *Projektkorridore* beschreiben konkrete Themenfelder, z. B. Mobilität, Gesundheit, Bildung, in denen einzelne Projekte entwickelt werden sollen. *Handlungsfelder* sind als thematischer Überbau gedacht, z. B. Raum, Gesellschaft Wirtschaft und Arbeit.

Mit dieser besonderen »DNA« will Südwestfalen vor allem die Chancen der Digitalisierung nutzen. Es sollen exemplarische und zugleich nachhaltige Lösungen für die Probleme einer ländlichen Region entwickelt werden, die sich an den Fragen nach der Zukunft von Leben, Wohnen und Arbeiten orientieren. Die Lösungen müssen zur Region und den Bedarfen der Menschen – besonders der jungen – passen. Sie werden deshalb von Anfang an in die Beratungsgremien zur REGIONALE aktiv eingebunden.

Der inhaltliche Fokus liegt auf einem ganzheitlichen, systemischen und themenübergreifenden Ansatz mit neun für die Zukunftsentwicklung der Region relevanten Themenbereichen, die sich gegenseitig bedingen und ergänzen: Mobilität, Gesundheit, Bildung, Wirtschaft, regionale Wertschätzung und Wertschöpfung, Ehrenamt, Kultur, Stadt- und Dorfentwicklung. Für all diese Themen hat die Südwestfalen Agentur in Abstimmung mit den Akteuren der Region mit einem »suedwestfalen.compass« einen Leitfaden mit Zieldefinitionen für die Projekte entwickelt (s. Abb. 5).

Alle Projekte der REGIONALE 2025 sollen dabei digital, nachhaltig und authentisch sein:
- Digital: Digitale Hilfsmittel sind notwendig, um beispielsweise die Vereinsarbeit zu unterstützen, neue Märkte zu öffnen, Bürgerbeteiligung und Strukturen zu vereinfachen. Digitalisierung wird somit nicht als Selbstzweck verstanden, sondern als gestaltbares Instrument. Die Projekte können dabei auch analoge Antworten auf die Herausforderungen digitaler Transformation geben.
- Nachhaltig: In Südwestfalen sollen für nachfolgende Generationen Zukunftsperspektiven geschaffen werden. Diese bedarfsgerechte Langfristorientierung schließt Ressourcenschonung, Klimaschutz und Energieeinsparung ein.

- Authentisch: Der Charakter Südwestfalens soll erhalten bleiben. Bei aller Notwendigkeit zu neuen Impulsen im Berufs- und Privatleben der Menschen will Südwestfalen auch zukünftig als starke Wirtschaftsregion im Grünen mit lebenswerten Städten und Dörfern, innovativen Hochschulen, einem starken bürgerschaftlichen Engagement und einer intakten Landschaft gelten.

Den Bürger*innen kommt in dem Prozess eine zentrale Rolle zu. Daher ist es ein elementarer Bestandteil der südwestfälischen Herangehensweise für die REGIONALE 2025, diese auf dem Weg mitzunehmen, neue Kompetenzen aufzubauen, sie für Projekte zu gewinnen und mitwirken zu lassen.

Abbildung 5: Der suedwestfalen.compass level 01 als Leitfaden für die Projektentwicklung

Quelle: Südwestfalen Agentur GmbH 2018[17]

Fazit

Der demographische Wandel, die digitale Transformation und die Ansprüche der Wissensökonomie erfordern in dem bisher wirtschaftlich prosperierenden ländlichen Raum Südwestfalen derzeit den dringendsten Handlungsbedarf. Angesichts der aktuellen Herausforderungen liegen in der erfolgreichen Etablierung der interkommunalen und regionalen Zusammenarbeit durch die REGIONALE-Prozesse in Kombination mit Aktivitäten des Regionalmarketings und einer Profilierung der neu gebildeten Region nach innen und außen Notwendigkeit wie Chance zugleich.

Als Instrument regionalisierter und wettbewerbsorientierter Strukturpolitik sind die REGIONALEN in NRW ein Alleinstellungsmerkmal in der Regionalentwicklung. Sie aktivieren für einen befristeten Zeitraum und eine festgelegte Gebietskulisse endogene Potenziale und fördern flexible, interkommunal und kooperativ angelegte Governanceprozesse im Sinne einer regionalen Steuerung. Damit geben sie wichtige Impulse für eine zukunftsfähige Entwicklung der Regionen. Angepasst an die jeweiligen Besonderheiten ist dieses bisher NRW-spezifische Programm durchaus auf andere Bundesländer übertragbar. Es ermöglicht Regionen, eigenverantwortlich und innovativ Projekte und konkrete Lösungen zu entwickeln – bezogen auf ihre besonderen Eigenarten und Herausforderungen – und so mit förderpolitischer Unterstützung und Selbststeuerung durch Akteure vor Ort die Regionalentwicklung voranzutreiben.

In den vergangenen Jahren ließ sich – durch enge Zusammenarbeit und gegenseitiges Vertrauen der verschiedenen Akteursgruppen – die Präsentation der Region Südwestfalen nach innen und außen grundlegend verbessern. Dabei wurden Chancen der wirtschaftlich starken Region benannt sowie Möglichkeiten zur Behebung identifizierter Problemlagen aufgezeigt und auch umgesetzt. Basierend auf vorhandenen und zu entwickelnden regionalen Potenzialen sind weiterhin neben der Kooperationsbereitschaft sowohl anhaltende Innovationsfähigkeit als auch Kreativität gefordert. Ein besonderer Fokus liegt hier auf der aktiven Einbeziehung der jungen Menschen der Region und ihrer Ideen. Förderprogramme dienen hierbei als Anstoß, ersetzen jedoch nicht den erforderlichen Willen und das nötige Engagement in der Region, die Zukunftsgestaltung selbst in die Hand zu nehmen. Mit dem hier aufgezeigten Ansatz der »Südwestfalen-DNA« besteht aktuell die Möglichkeit, Südwestfalen zu einer digitalen Modellregion mit europäischer Ausstrahlung zu entwickeln. Dazu ist es erforderlich, mithilfe der Digitalisierung Lösungen für die Herausforderungen ländlicher Räume zu entwickeln. Das Beispiel Südwestfalen zeigt, dass – wenn man der Wettbewerbsorientierung folgen will – insbesondere prosperierende ländliche Räume mit einer entsprechenden Profilierung aus dem Schatten der metropolitanen Räume heraustreten können.

Anmerkungen

1 Christian Krajewski / Karl-Heinz Otto (Hrsg.), Zukunftsfähige Regionalentwicklung in Südwestfalen zwischen wirtschaftlicher Prosperität, demographischen Herausforderungen und Klimawandel (Siedlung und Landschaft in Westfalen Band 40), Münster 2014, S. 94.
2 Patrick Küpper, Abgrenzung und Typisierung ländlicher Räume (Thünen Working Paper 68), Braunschweig 2016.
3 Christian Krajewski, Entwicklungsperspektiven und -probleme eines ländlichen Zwischenraumes in Nordrhein-Westfalen – das Beispiel Südwestfalen, in: Europa regional 19, 2011 (2014), H. 2, S. 5 f.
4 Vgl. C. Krajewski (Anm. 3), S. 12.
5 Südwestfälische Industrie- und Handelskammern Arnsberg, Hagen, Siegen (SIHK), Weltmarktführer und Bestleistungen der Industrie aus Südwestfalen, Möhnesee 2013, S. 6.
6 Vgl. C. Krajewski (Anm. 3), S. 11.
7 Christian Krajewski, Regionalentwicklung in Südwestfalen zwischen wirtschaftlicher Prosperität, demographischen Herausforderungen und Klimawandel, in: C. Krajewski / K.-H. Otto (Anm. 1), S. 13.
8 Vgl. C. Krajewski (Anm. 3), S. 8.
9 C. Krajewski (Anm. 7), S. 4.
10 Vgl. SIHK (Anm. 5), S. 5.
11 Vgl. C. Krajewski (Anm. 3), S. 10.
12 Vgl. C. Krajewski (Anm. 3), S. 7; Information und Technik Nordrhein-Westfalen (IT NRW), Bevölkerungsentwicklung in Nordrhein-Westfalen von 2018 bis 2040, Düsseldorf 2019, www.wirtschaft.nrw/sites/default/files/asset/document/bevoelkerungsvorausberechnung2018-2040_kreise_3altersgruppen.pdf (abgerufen am 25.7.2019).
13 IT NRW 2019 (Anm. 12).
14 Infos zur REGIONALE 2013 und 2025: www.suedwestfalen-agentur.com/regionale-2025/ (abgerufen am 2.8.2019).
15 Südwestfalen Agentur GmbH, Südwestfalen Kompass 6.0. Abschlusspublikation, Olpe–Dortmund 2014, www.suedwestfalen-agentur.com/suedwestfalen-agentur/leseecke/ (abgerufen am 31.7.2019).
16 https://gapyear-suedwestfalen.com (abgerufen am 31.7.2019).
17 Südwestfalen Agentur GmbH, suedwestfalen.compass. level 01, www.suedwestfalenagentur.com/regionale-2025/der-ueberblick/ (abgerufen am 31.7.2019).

Verzeichnis der Autorinnen und Autoren

Dr. Stephanie Arens, Dipl.-Geographin, Master Raumplanung und Regionalentwicklung an der Université Laval, Quebec, Kanada, geb. 1971, arbeitet seit 2010 in der Südwestfalen Agentur GmbH in Olpe. Seit 2014 leitet sie den Bereich Regionale Entwicklung, seit 2018 als Prokuristin zusätzlich das NRW-Strukturförderprogramm REGIONALE 2025 für Südwestfalen.

Jan Bendler, M.Sc. Geographie, geb. 1988, ist seit 2017 als wissenschaftlicher Mitarbeiter bei der Quaestio Forschung & Beratung GmbH in Bonn tätig und arbeitet dort vorwiegend in Projekten zur Daseinsvorsorge in ländlichen Räumen.

Apl. Prof. Dr. Karl Martin Born, geb. 1964, arbeitet seit 2011 am Institut für Strukturforschung und Planung in agrarischen Intensivgebieten (ISPA) der Universität Vechta; seine Themenschwerpunkte umfassen ländliche Raumforschung, Dorf- und Regionalentwicklung, Governance und Rechtsgeographie.

Prof. Dr. Gabriela Christmann, Soziologin, geb. 1961, arbeitet seit 2008 als Leiterin der Forschungsabteilung Kommunikations- und Wissensdynamiken im Raum am Leibniz-Institut für Raumbezogene Sozialforschung (IRS) in Erkner (bei Berlin) und am Institut für Soziologie der Technischen Universität Berlin zu den Themenschwerpunkten: soziale Innovationen, Digitalisierung sowie Vulnerabilität und Resilienz in Städten und Regionen

Prof. Dr. Rainer Danielzyk, Dipl.-Geograph, geb. 1959, seit 2010 Professor für Raumordnung und Regionalentwicklung im Institut für Umweltplanung der Leibniz Universität Hannover, seit 2013 zugleich Generalsekretär der Akademie für Raumentwicklung in der Leibniz-Gemeinschaft, seit 2010 Vorsitzender des Beirats für Raumentwicklung beim Bundesministerium des Innern, für Bau und Heimat.

Prof. Dr. Peter Dannenberg, Dipl.-Geograph M. Sc., geb. 1977, arbeitet seit 2013 als Professor für Stadt- und Regionalentwicklung am Geographischen Institut der Universität zu Köln zu den Themenschwerpunkten: Wirtschaftsgeographie, Stadt- und Regionalentwicklung und Globalisierung.

Prof. Dr. Peter Dehne, geb. 1959, arbeitet seit 1997 als Professor für Baurecht / Planungsrecht an der Hochschule Neubrandenburg zu den Themenschwerpunkten: ländliche Entwicklung, kooperative Stadt- und Regionalentwicklung sowie zu Strategien der kommunalen Daseinsvorsorge.

Bernhard Faller, Dipl.-Geograph, geb. 1964, ist geschäftsführender Gesellschafter der Quaestio Forschung & Beratung GmbH in Bonn und befasst sich dort insbesondere mit Fragen der Stadt- und Regionalentwicklung sowie der Daseinsvorsorge in ländlichen Räumen.

Prof. Dr. Ulrike Grabski-Kieron, geb. 1956, arbeitete von 1996 bis 2018 als Professorin für Orts-, Regional- und Landesentwicklung / Raumplanung am Institut für Geographie der Westfälischen Wilhelms-Universität Münster. Forschungs- und Lehrgebiete entfalten sich in den Bereichen der Raumplanung und angewandten ländlichen Raumforschung. Seit 2018 ist sie freiberuflich tätig.

Dr. Martin Graffenberger, Wirtschaftsgeograph, geb. 1983, arbeitete von 2014 bis 2020 als wissenschaftlicher Mitarbeiter am Leibniz-Institut für Länderkunde in Leipzig zu den Themenschwerpunkten: räumliche Innovationsforschung, Wissenstransfer, regionaler Wandel und Kleinstadtentwicklung. Seit 2020 arbeitet er am deutschen Biomasseforschungszentrum (DBFZ) in Leipzig.

Prof. Dr. Holger Jahnke, geb. 1970, arbeitet seit 2007 als Professor für Geographie und ihre Didaktik in der Abteilung Geographie der Europa-Universität Flensburg zu den Themenschwerpunkten: Kulturgeographie, Bildungsgeographie, Migration und geographische Bildung.

Prof. Dr. Hubert Job, Dipl.-Geograph, geb. 1958, arbeitet seit 2008 als Professor für Geographie und Regionalforschung am Institut für Geographie und Geologie der Julius-Maximilians-Universität Würzburg zu den Themenschwerpunkten: Schutzgebietsmanagement, Tourismuswirtschaft, Raumordnung und -planung, Regionalforschung und Umweltwahrnehmung.

Dr. Stefan Kordel, Geograph, geb. 1983, arbeitet seit 2010 als wissenschaftlicher Mitarbeiter am Institut für Geographie der Friedrich-Alexander-Universität Erlangen-Nürnberg zu den Themenschwerpunkten: ländliche Räume, Migration und Methodenentwicklung.

Dr. Christian Krajewski, Dipl.-Geograph, geb. 1970, arbeitet seit 2009 als Akademischer Rat bzw. Oberrat am Institut für Geographie der Westfälischen Wilhelms-Universität Münster zu den Themenschwerpunkten: ländliche Raumforschung, Stadt- und Regionalentwicklung und Wohnungsmarktforschung.

Dr. Florian Kühne, Dipl.-Ing. Raumplanung, geb. 1966, arbeitet beim Landkreis Emsland in Meppen seit 2002 zunächst in der Stabsstelle des Landrats und seit 2010 als Abteilungsleiter zu den Themenschwerpunkten: Raumordnung und Städtebau.

Dr. Patrick Küpper, Dipl.-Geograph, geb. 1983, arbeitet seit 2009 als wissenschaftlicher Angestellter am Johann Heinrich von Thünen-Institut, Bundesforschungsinstitut für Ländliche Räume, Wald und Fischerei in Braunschweig zu den Themenschwerpunkten: räumliche Ungleichheiten, Daseinsvorsorge und Politiken für die Entwicklung peripherer Regionen.

Dr. Thilo Lang, Humangeograph und Raumplaner, arbeitet seit 2009 als Abteilungsleiter und Forschungsbereichskoordinator am Leibniz-Institut für Länderkunde in Leipzig zu sozial-räumlichen Polarisierungen und Regionalentwicklung, Innovationen in der »Peripherie« sowie Kleinstadtentwicklung, Governance und Resilienz.

Michael Lobeck, Dipl.-Geograph, geb. 1965, arbeitet als freiberuflicher Moderator und Berater in der Stadt- und Regionalentwicklung – besonders zu den Themen Bürgerbeteiligung, Daseinsvorsorge, Governance und Digitalisierung.

Dr. Marius Mayer, Dipl.-Geograph, geb. 1982, arbeitet seit 2020 als Universitätsassistent (Post-Doc) am Institut für Strategisches Management, Marketing & Tourismus, Team KMU & Tourismus der Universität Innsbruck zu den Themenschwerpunkten: Tourismus und Regionalentwicklung, ökonomische Bewertung von Umweltgütern (insb. Schutzgebiete), Klimawandelwahrnehmung und -anpassung.

Prof. Dr. Judith Miggelbrink, Dipl.-Geographin, geb. 1966, arbeitet seit 2018 als Professorin für Humangeographie an der Technischen Universität Dresden zu den Themenschwerpunkten: Grenzen, Politische Geographie, Geographien der Gesundheit und Peripherisierung.

Antonia Milbert, Dipl.-Ing. agr., geb. 1965, arbeitet seit 2010 als wissenschaftliche Referentin im Bundesinstitut für Bau-, Stadt- und Raumforschung im Referat Stadt-, Umwelt- und Raumbeobachtung in Bonn zu den Themenschwerpunkten: Indikatorenkonzepte zur nachhaltigen, gleichwertigen oder geschlechtergerechten Raumentwicklung, Raumtypisierungen, datengestützte Analysen der vergleichenden Raum- und Stadtbeobachtung.

Dörte Monheim, geb. 1958, arbeitet seit 1976 als Tanz- und Reitlehrerin in Ostholstein und ist seit 2013 mit Heiner Monheim verheiratet.

Prof. Dr. Heiner Monheim, geb. 1946, arbeitete von 1995 bis 2011 als Professor für Raumentwicklung und Landesplanung an der Universität Trier, vorher 15 Jahre in der Bundesanstalt für Landeskunde und Raumordnung und 10 Jahre im Ministerium für Stadtentwicklung und Verkehr NRW. Er ist Mitinhaber des raumkom-Instituts für Raumentwicklung und Kommunikation mit Sitz in Trier und Malente.

Dr. Matthias Naumann, Dipl.-Geograph, geb. 1976, vertritt derzeit die Professur »Didaktik der Geographie« am Institut für Geographie der Technischen Universität Dresden und arbeitet zu den Themenschwerpunkten Stadt- und Regionalentwicklung, Infrastrukturen und Kritische Geographie.

Prof. Dr. Claudia Neu, Dipl.-Oecotroph., geb. 1967, hat seit 2016 den Lehrstuhl für Soziologie ländlicher Räume an den Universitäten Göttingen und Kassel inne, zuvor war sie Professorin für Allgemeine Soziologie an der Hochschule Niederrhein. Sie arbeitet zu den Themenschwerpunkten: soziale Ungleichheit, Demografie und Daseinsvorsorge sowie Landforschung.

Ljubica Nikolic, Ernährungs- und Lebensmittelwissenschaftlerin (MSc), geb. 1969, arbeitet seit 2017 als wissenschaftliche Mitarbeiterin an der Georg-August-Universität Göttingen am Lehrstuhl für Soziologie ländlicher Räume. Als Projektmanagerin betreut sie das BMBF-Projekt »Das Soziale-Orte-Konzept. Neue Infrastrukturen für gesellschaftlichen Zusammenhalt«. Sie forscht und publiziert zu den Themen: ländliche Räume, demographischer Wandel, Daseinsvorsorge und globale Foodtrends.

Prof. Dr. Axel Priebs, Dipl.-Geograph, geb. 1956, ist Honorarprofessor am Geographischen Institut der Universität Kiel, Arbeitsschwerpunkte: Raumordnung, Stadt- und Regionalentwicklung.

Prof. Dr. Paul Reuber, geb. 1958, arbeitet seit 2001 als Professor und Leiter der Arbeitsgruppe »Politische Geographie / Sozialgeographie« am Institut für Geographie der Westfälischen Wilhelms-Universität Münster. Er ist Mitherausgeber des Lehrbuchs »Geographie. Physische Geographie und Humangeographie« im Springer-Verlag und Autor des Lehrbuchs »Politische Geographie«.

Heiner Schüpp, Historiker, geb. 1954, arbeitet seit 1988 beim Landkreis Emsland in Meppen, leitet dort das Kreisarchiv; Themenschwerpunkte sind die Stadt- und Landesgeschichte des Emslandes.

Dr. Thomas Schwarze, Dipl.-Geograph, geb. 1961, wissenschaftlicher Mitarbeiter und 1996 bis 2002 wissenschaftlicher Assistent am Lehrstuhl für Angewandte Sozialgeographie, Institut für Geographie der Westfälischen Wilhelms-Universität Münster. Seit 2002 Geschäftsführer bdS-Kommunalberatung mit Arbeitsschwerpunkt Zentrenkonzepte, Einzelhandelsgutachten für Klein- und Mittelstädte.

Dr. Annett Steinführer, Soziologin, M. A., geb. 1972, arbeitet seit 2010 als Wissenschaftlerin am Johann Heinrich von Thünen-Institut, Bundesforschungsinstitut für Ländliche Räume, Wald und Fischerei, in Braunschweig zu den Themenschwerpunkten: Daseinsvorsorge, demographischer Wandel und sozialräumliche Ungleichheit in ländlichen Räumen, Kleinstadt- und Dorfentwicklung.

Lukas Vonnahme, M.A. Geographie, geb. 1987, arbeitet seit 2016 als wissenschaftlicher Mitarbeiter am Leibniz-Institut für Länderkunde (IfL) in Leipzig zu den Themenschwerpunkten: Innovation außerhalb von Agglomerationen und Regionalentwicklung.

Tobias Weidinger, Geograph, geb. 1991, arbeitet seit 2016 als wissenschaftlicher Mitarbeiter am Institut für Geographie der Friedrich-Alexander-Universität Erlangen-Nürnberg zu den Themenschwerpunkten: ländliche Raumforschung, insbesondere Tourismus und Migration, qualitative Methoden.

Prof. Dr.-Ing. Silke Weidner, Stadtplanerin DASL, SRL, AK, geb. 1970, arbeitet seit 2009 als Professorin für Stadtmanagement im Institut Stadtplanung an der Brandenburgischen Technischen Universität Cottbus-Senftenberg (BTU) zu den Themenschwerpunkten: Innenstadtentwicklung und Handel, Klein- und Mittelstädte sowie europäische Stadtentwicklungspolitik.

Prof. Dr. Claus-Christian Wiegandt, Dipl.-Geograph, geb. 1958, arbeitet seit 2004 als Professor für Stadt- und Regionalforschung im Geographischen Institut der Rheinischen Friedrich-Wilhelms-Universität Bonn zu den Themenschwerpunkten: Stadtforschung, Governance und Digitalisierung.

Dr. Manuel Woltering, Dipl.-Geograph, geb. 1979, arbeitet seit 2008 zunächst im Zuge seiner Promotion und mittlerweile als Akademischer Rat am Institut für Geographie und Geologie der Julius-Maximilians-Universität Würzburg zu den Themenschwerpunkten: Freizeit- und Tourismusforschung, Regionalökonomie und Regionalentwicklung.

Heidrun Wuttke studierte Politische Wissenschaften und ist ausgebildete Referentin für Presse- und Öffentlichkeitsarbeit sowie Ehrenamtskoordinatorin. Von 2016 bis 2019 koordinierte sie das Projekt »Smart Country Side« für die Gesellschaft für Wirtschaftsförderung im Kreis Höxter und leitet seit 2019 das Projekt »Dorf.Zukunft.Digital«.